Zu diesem Buch

1967 interviewte der amerikanische Schriftsteller Eric Lasher in Berlin einige der etwa 1200 «nichtprivilegierten» Juden, die während des Zweiten Weltkriegs im Untergrund der Reichshauptstadt überlebt haben. Aus dem umfangreichen Material, das diese Gespräche ergaben, sollte ein Buch entstehen. Doch Lasher war so erschüttert über die Berichte der Überlebenden, daß er sich der Ausführung dieses Plans nicht gewachsen fühlte. Mitte der siebziger Jahre übergab er die Tonbandprotokolle seinem Freund, dem Autor Leonard Gross.

Nach der Lektüre dieser Aufzeichnungen war Gross fest entschlossen, das Vorhaben seines Freundes zu verwirklichen. 1978 flog er nach Berlin. «Ich war sehr skeptisch. Waren diese Personen überhaupt noch am Leben? Sie hatten alle ihre Geschichte schon einmal erzählt. Würden sie bereit sein, die damit verbundenen Qualen noch einmal auf sich zu nehmen?»

Sie waren bereit. Wochenlang haben sie Gross noch einmal ihre Lebensgeschichte erzählt. «Während der Arbeit an diesem Buch», schreibt der Autor, «ist mir klargeworden, daß kaum ein größeres Wunder denkbar ist als das Überleben eines Juden während der letzten Jahre des Zweiten Weltkriegs in Berlin.»

Leonard Gross

VERSTECKT

Wie Juden in Berlin die Nazi-Zeit überlebten

Deutsch von
Cornelia Holfelder-v. d. Tann

rororo
Rowohlt

Die Originalausgabe erschien 1982
unter dem Titel «The Last Jews in Berlin»
im Verlag Simon & Schuster, New York
Umschlaggestaltung Barbara Hanke
(Selbstbildnis von Felix Nußbaum, 1943.
Kulturgeschichtliches Museum Osnabrück)

Die Namen der im Buch erwähnten Personen sind nur in wenigen Ausnahmefällen verändert worden. Der Verlag dankt allen, die bei der Entstehung der deutschen Ausgabe geholfen haben, insbesondere Ingrid Baass, Institut für Zeitgeschichte, München; Margaret Carroux; Ruth und Wilhelm Glaser; Jürgen Landeck, Jüdische Gemeinde zu Berlin; Dr. Maria Gräfin von Maltzan; Kurt und Hella Riede; Ruth Thomas; Josef und Leokadia Wirkus.

Veröffentlicht im Rowohlt Taschenbuch Verlag GmbH,
Reinbek bei Hamburg, November 1988

Gesamtherstellung Clausen & Bosse, Leck
Printed in Germany
1280-ISBN 3 499 18495 8

Dem Andenken
meines Vaters
Benjamin Gross

Vorbemerkung

Die Interviews, auf denen dieses Buch im wesentlichen beruht, entstanden bereits zehn Jahre vor Beginn meiner Beschäftigung mit diesem Thema. 1967 reiste der amerikanische Schriftsteller und Journalist Eric Lasher nach Berlin, weil er hoffte, Juden ausfindig machen zu können, die die gesamten Kriegsjahre in der Stadt zugebracht und sich dort über einen langen Zeitraum vor den Nationalsozialisten versteckt gehalten hatten. Er hatte einigen Berichten entnommen, daß es solche Personen gegeben hatte, doch lag bis dahin noch keine umfassende Darstellung ihrer Geschichte vor.

Lasher gab eine Suchanzeige in einer in Berlin erscheinenden jüdischen Zeitung auf. Achtzehn Personen meldeten sich daraufhin bei ihm. Er interviewte sie und darüber hinaus weitere Überlebende, mit denen er über die Vermittlung seiner Gesprächspartner in Kontakt kam. Diese ausführlichen Interviews wurden alle auf Tonbändern festgehalten. Aus persönlichen Gründen sah er sich nicht mehr in der Lage, seine Arbeit an diesem Thema fortzusetzen. Unter anderem stellte sich bei ihm als Folge der Erschütterung über die Geschehnisse, von denen er auf diese Weise erfuhr, ein Stottern ein, sobald er darüber zu sprechen begann. Widerstrebend ließ er seinen Plan, das Material in einem Buch zu verarbeiten, vorerst fallen, hob jedoch die Interviewprotokolle und zahlreiche Aktenordner, die er mit weiteren Unterlagen gefüllt hatte, vorsorglich auf.

Zu Beginn der siebziger Jahre wurden Lasher und ich gewissermaßen Nachbarn, da wir uns beide mit unseren Familien nur wenige Kilometer voneinander entfernt im Westen von Los Angeles niederließen. Wir hatten uns auch vorher schon aus beruflichen Zusammenhängen gekannt, und als sich unsere Freundschaft nun festigte, erzählte er mir von seinem Vorhaben und seiner Enttäuschung darüber, daß er es nicht hatte zu Ende führen können. Ich fragte mich, ob ich es nicht weiterverfolgen könnte, und bot ihm nach Lektüre der Protokolle schließlich an, es zu tun.

Diese Protokolle warfen zwar mehr Fragen auf, als sie beantworteten, aber zusammen mit zusätzlichen Materialien, die ich im Laufe der Zeit zusammentrug, bewiesen sie immerhin, daß es allein in Berlin mehreren tausend Juden gelungen war, der Vernichtung zu entgehen.

Ich sah meine Aufgabe darin, einige Fallgeschichten aus Lashers Material, die mir repräsentativ erschienen, auszuwählen und detailliert nachzuzeichnen.

Im Sommer 1978 flogen meine Frau Jacquelyn und ich nach Berlin, um dort Kontakt mit diesen Juden, die das NS-Regime überlebt hatten, aufzunehmen. Ich war sehr skeptisch. Waren diese Personen überhaupt noch am Leben? Würde es gelingen, sie ausfindig zu machen? Sie hatten alle ihre Geschichte schon einmal erzählt. Würden sie bereit sein, die damit verbundenen Qualen noch einmal auf sich zu nehmen? Ich wollte sie mit meinen Fragen in emotional stark besetzte Erfahrungsbereiche hineinführen, die in den ursprünglichen Interviews nicht angesprochen worden waren. Würden sie mir folgen wollen? Die Gespräche mit Lasher lagen bereits elf Jahre zurück. Würden sich diese Menschen noch klar an jene Schreckenszeit erinnern oder sie nur noch vage und verzerrt darstellen können?

Bei der Rekonstruktion zeitgeschichtlicher Ereignisse auf der Grundlage von Augenzeugenberichten kann man sich normalerweise auf zweite oder gar dritte Quellen stützen, um diese Aussagen zu verifizieren. In diesem Fall waren an vielen Ereignissen nur die Interviewten selbst beteiligt gewesen. Also wußte außer ihnen niemand etwas darüber.

Doch bei meinen Begegnungen mit diesen Menschen und den ersten Versuchen, gemeinsam mit ihnen ihre Geschichte noch einmal zu rekonstruieren, wurde mir bald klar, daß es trotz der fehlenden üblichen Absicherungsmöglichkeiten andere Glaubwürdigkeitskriterien gab. Zunächst ließ sich die

Plausibilität beurteilen: Hörte sich die betreffende Geschichte wahr an und vertrug sie sich mit den Berichten anderer Zeugen, die den gleichen Gefahren und Problemen ausgesetzt gewesen waren? Das zweite Kriterium war die Widerspruchsfreiheit: War die Geschichte in sich konsistent? Blieb sie auch bei hartnäckigem Nachfragen in Form und Inhalt unverändert? Als drittes mußte nach der Ergiebigkeit jeder einzelnen Schilderung gefragt werden: Gab die Geschichte einen großen Ausschnitt aus jener Realität wieder, war sie lebendig erzählt, und deckte sie sich mit den historischen Fakten?

Ich kann guten Gewissens sagen, daß ich mein möglichstes getan habe, um die Authentizität der Berichte zu prüfen, die – nach der Chronologie der Ereignisse in Episoden gegliedert – in den vier Teilen des Buches immer wieder aufgenommen werden. Wo ich auf mich selbst verwiesen war, um Unklarheiten zu beseitigen, habe ich mich ausnahmslos an die klassischen Methoden der Geschichtsrekonstruktion gehalten und die Ereignisse so dargestellt, wie sie sich mit größtmöglicher Wahrscheinlichkeit abgespielt haben. Wenn ich mich jedoch in einigen seltenen Zweifelsfällen für eine Darstellung entschieden habe, die sich auch nach der Prüfung an sämtlichen genannten Kriterien noch immer wie eine Aneinanderreihung wundersamer Zufälle anhört, so geschah es deshalb, weil mir während der Arbeit an diesem Buch klargeworden ist, daß kaum ein größeres Wunder denkbar ist als das Überleben eines Juden während der letzten Jahre des Zweiten Weltkriegs in Berlin.

Leonard Gross

Bear Valley, Kalifornien,
November 1981

Einleitung

Als Adolf Hitler am 30. Januar 1933 an die Macht kam, lebten in Berlin etwa 160000 Juden, ungefähr ein Drittel der insgesamt 500000 in Deutschland ansässigen Juden. Die allermeisten von ihnen betrachteten sich zu jener Zeit mindestens ebensosehr als Deutsche wie als Juden – im Ersten Weltkrieg hatte es kaum vaterlandstreuere Deutsche gegeben als die Juden. Zu Beginn des Zweiten Weltkrieges war diese Bevölkerungsgruppe bereits um die Hälfte dezimiert. Dieser Rückgang war zum großen Teil auf die Tatsache zurückzuführen, daß die Juden angesichts der Verfolgung und der wirtschaftlichen Repressionen im «Dritten Reich» in Massen emigrierten, aber viele hatten sich auch das Leben genommen, waren verschwunden oder umgebracht worden – erste Anzeichen für die drohende systematische Verfolgung und Vernichtung, die nicht nur die noch in Deutschland verbliebenen Juden, sondern auch die etwa vier bis fünfeinhalb Millionen jüdischer Einwohner der von den Deutschen überrollten Länder betrafen.

Wie viele Juden im Zuge der «Endlösung» ums Leben kamen, wird sich vielleicht nie genau feststellen lassen, und dennoch ist dieser Genozid das bestdokumentierte Verbrechen in der Geschichte. Die Methoden der Massenvernichtung hatten sich im Laufe von Jahren, während derer die verschiedensten Anweisungen ergangen und Experimente angestellt worden waren, langsam herausgebildet. Am 20. Januar 1942 fand schließlich die berüchtigte Wannsee-Konferenz statt, die die Koordination der Aktivitäten der verschiedenen ausführenden Organe zum Ziel hatte. Den Vorsitz führte Reinhard Heydrich, der Chef der Sicherheitspolizei und des SD. Das Protokoll dieses Zusammentreffens der zweiten Riege von Staats- und Parteifunktionären führte SS-Obersturmbannführer Adolf Eichmann, der unter Heydrich mit der Überwachung der Reichszentrale für Judenemigration betraut war. Bei dieser Konferenz stellte Heydrich noch einmal die wesentlichen Prinzipien der nationalsozialistischen «Politik» gegenüber den Juden heraus. In Eichmanns Protokoll, in dem Worte wie «Verschleppung» und «Vernichtung» sorgfältig vermieden sind, heißt es: «Unter entsprechender Leitung sollen im Zuge der Endlösung die Juden in geeigneter Weise im Osten zum Arbeitseinsatz kommen. In großen Arbeitskolonnen, unter Trennung der Geschlechter, werden die arbeitsfähigen Juden straßenbauend in diese Gebiete geführt, wobei zweifellos ein Großteil durch natürliche Verminderung ausfallen wird. Der allfällig endlich verbleibende Restbestand wird, da es sich bei diesem zweifellos um den widerstandsfähigsten Teil handelt, entsprechend behandelt werden müssen, da dieser, eine natürliche Auslese darstellend, bei Freilassung als Keimzelle eines neuen jüdischen Aufbaus anzusprechen ist.» Eine Sonderbehandlung sollte lediglich solchen Juden zuteil werden, die entweder in Deutschland geboren und inzwischen älter als fünfundsechzig waren oder aber im Ersten Weltkrieg höchste Auszeichnungen erhalten hatten. Außerdem fielen unter diese Kategorie kriegsversehrte Juden, höhere jüdische Beamte und prominente Persönlichkeiten, deren Verschwinden das Regime kompromittieren könnte. Solche «privilegierten» Juden konnten jedoch nach Theresienstadt, einer alten böhmischen Kleinstadt, gebracht werden. Dort war ein «Modellgetto» errichtet worden, um diese Personen zu internieren und gleichzeitig der Welt die «Humanität» des NS-Staates zu demonstrieren. Allerdings stellte sich bald heraus, daß Theresienstadt für die Unterbringung aller dorthin verbrachten Juden zu klein war, so daß viele von ihnen doch noch in die Konzentrations- und Arbeitslager und damit in den Tod geschickt wurden.

Die Nationalsozialisten hatten eine Reihe unterschiedlicher Vernichtungsmethoden erprobt, sich schließlich aber endgültig für ein zwischen dem Dezember 1939 und dem August 1941 bei der Tötung von etwa 120000 als schwachsinnig, geistesgestört oder unheilbar krank eingestuften Personen angewandtes Verfahren entschieden: die Vergasung. Diese Massentötung hatte die Öffentlichkeit sehr beunruhigt. Die gleichen Leute, die für dieses «Euthanasieprogramm» verantwortlich gewesen waren, wurden nun in die Ostgebiete entsandt, um dort Massenvernichtungsanlagen zu errichten. Die Vergasung der Lagerinsassen begann schon bald nach der Einstellung der Euthanasieaktion in Deutschland.

Für diese Art der «Endlösung» gab es ein wichtiges Kriterium, das auch die Gespräche in Wannsee bestimmte: Die Vernichtung der Juden mußte streng geheim vor sich gehen, um jeden Widerstand von seiten der Opfer, der deutschen Bevölkerung und der neutralen Staaten zu vermeiden oder zumindest auf ein Minimum zu reduzieren. Wie gut es den Nazis gelang, ihre wahren Absichten zu verheimlichen, läßt sich an der Reaktion der Juden selbst ermessen: Viele der zur «Aussiedlung» bestimmten Juden hielten sich an die von den Nazis verbreiteten Illusionen und brachten ihre gesamten verbliebenen Wertsachen mit, die natürlich konfisziert wurden, nachdem man ihre Besitzer umgebracht hatte.

Während die «Endlösung» auf die Vernichtung *aller* Juden in Europa abzielte, hatte die Vernichtung der *deutschen* Juden für die Nationalsozialisten ein besonderes Gewicht. Nirgendwo wurden die Juden mit einer solchen Erbarmungslosigkeit gehetzt wie in Berlin, wo ihre politische, ökonomische, künstlerische, gesellschaftliche und physische Präsenz den führenden Parteifunktionären schon so lange ein Dorn im Auge gewesen war.

1941 lebte nahezu die Hälfte aller noch in Deutschland verbliebenen Juden in Berlin. Viele hatten sich aus ihren kleineren Heimatstädten dorthin geflüchtet, weil sie sich Schutz durch ihre zahlenmäßige Stärke und die größere Anonymität in der größten Stadt Deutschlands versprachen. Im Stadtgebiet Berlins lebten damals beinahe vier Millionen Menschen. Es gab zwei Stadtzentren: das offizielle – Unter den Linden mit seinen Regierungsgebäuden, dem Brandenburger Tor, den Museen, der Oper und den Botschaften – und das kommerzielle am Anfang des Kurfürstendamms, wo zahlreiche Hotels, Geschäfte,

Cafés und Theater um die Gedächtniskirche herum lagen. Das Stadtgebiet teilte sich auf in Dutzende deutlich voneinander abgegrenzter Wohngegenden, Geschäfts- und Industrieviertel. Die ganze Stadt war von einem Netz von Flüssen und Kanälen, die in Seen mündeten, durchzogen. In der Innenstadt lagen zahlreiche Parks, die Außenbezirke waren von großen Wäldern gesäumt – kurzum: Berlin war der gegebene Ort für jeden, der unauffällig untertauchen wollte.

Für die Juden, die während der Nazizeit hier lebten, war Berlin jedoch mehr als nur eine Stadt. Es war ein geistiges Klima: kultivierter und weltoffener und wesentlich weniger von den Nazis geprägt als irgendwo anders in Deutschland, seit der Jahrhundertwende eine Hochburg der Sozialdemokraten. Die Berliner neigten dazu, das übrige Deutsche Reich als eine Art Vorstadt Berlins zu betrachten. Umgekehrt galten die Berliner bei vielen Deutschen als arrogant und dekadent. Man verübelte ihnen ihre Debattierfreudigkeit, geistige Unabhängigkeit und ihre Toleranz gegenüber bohèmehaften Lebensformen. Für Hitler war Berlin «ein Sündenbabel». Er machte kein Hehl aus der Geringschätzung, die er für diese Stadt empfand, und er fühlte sich dort unwohl. Vor allem verübelte Hitler den Berlinern ihre mangelnde Begeisterung für den Nationalsozialismus und den Krieg.

Trotz aller Übergriffe der neuen Machthaber war Berlin in den ersten Jahren nach 1933 für die Juden keineswegs der Ort, wo es ihnen am schlimmsten erging. In den kleineren Städten Deutschlands hatte die Verfolgung – einschließlich willkürlicher, offiziell geduldeter Gewaltaktionen bis hin zu Ermordungen – bereits viel früher und heftiger eingesetzt als in den Großstädten. Diese Tatsache war einerseits auf die größere Meinungsvielfalt und differenziertere Denkweise der Großstadtbewohner zurückzuführen, andererseits aber auch darauf, daß die NSDAP in den Großstädten vorsichtiger zu Werke ging, um mit ihren Aktionen gegen die Juden kein Aufsehen zu erregen und insbesondere nicht die Aufmerksamkeit der ausländischen Presse auf sich zu lenken. Diese Strategie galt natürlich besonders für Berlin, die Reichshauptstadt, wo sich zahllose ausländische Diplomaten und Journalisten aufhielten.

Ende 1941, als ohnehin nur noch sympathisierende Beobachter in Deutschland verblieben waren, konnten sich die Nationalsozialisten ein offeneres Vorgehen leisten. Inzwischen hatte man die Juden aus den Außenbezirken wie Vieh in Quartieren in der Innenstadt, den «jüdischen Häusern», zusammengetrieben. Ihre Verschleppung in die Vernichtungslager im Osten war der vorletzte Schritt auf dem Weg zu ihrer Vernichtung.

Obgleich bereits im Oktober 1940 auf einen Schlag Hunderte von Juden in Berlin verhaftet und nach Polen deportiert worden waren, setzten die systematischen Massendeportationen erst genau ein Jahr später ein. Am 18. Oktober 1941 ging der erste große Transport von tausend Juden zum Getto von Lodz. Bis zum Frühjahr 1942 hatten die Deportationen die jüdische Bevölkerung auf ein Viertel ihrer ursprünglichen Zahl reduziert. Dieser ganze Prozeß hätte noch rascher vonstatten gehen können, hätte nicht die Wehrmacht darauf bestanden, daß die in kriegswichtigen Sektoren beschäftigten Juden so lange an ihrem Arbeitsplatz verbleiben sollten, bis Ersatz gefunden wäre. Doch einem führenden Mann in der Parteihierarchie war die Tatsache, daß sich immer noch Juden in der Reichshauptstadt aufhielten, unerträglich.

Dr. Joseph Goebbels, der fünfundvierzigjährige Reichspropagandaminister, war im Laufe seines zwanzigjährigen Einsatzes für Hitler zu einem mindestens ebenso unnachgiebigen Antisemiten geworden wie sein Führer selbst und verfolgte nun das Ziel der endgültigen Ausrottung der Juden mit geradezu religiösem Eifer auf allen Ebenen.

Goebbels war unter anderem auch Gauleiter von Berlin und somit für die politische Führung dieser Stadt verantwortlich. In dieser Funktion empfand er die Präsenz von Juden in der Stadt als besondere Demütigung. Schließlich war er selbst einer der Hauptverfechter der «Endlösung», und es war ihm noch immer nicht gelungen, seinen eigenen Gau «judenfrei» zu machen. Am 11. Mai 1942 schrieb er in sein Tagebuch: «Es befinden sich augenblicklich noch 40000 Juden in Berlin. Es ist außerordentlich schwer, sie nach dem Osten abzuschieben, weil ein großer Teil von ihnen in der Rüstungsindustrie beschäftigt ist und Juden immer nur familienweise abgeschoben werden sollen.» Sechs Tage später schrieb er: «Ich ... werde versuchen, alle Juden, die nicht in der Industrie tätig sind, zur Evakuierung zu bringen.»

Den ganzen Sommer über drängte Goebbels Hitler, die Deportation der restlichen Juden zu genehmigen. Hitler war seinen Plänen nicht abgeneigt, stieß jedoch auf den Widerstand anderer Minister, insbesondere des Reichsministers für Bewaffnung und Munition Albert Speer. Speers Einwände waren nicht moralischer, sondern pragmatischer Natur. In seinen Augen waren diese Deportationen ein Akt nationaler Selbstzerstörung. Insbesondere die Elektroindustrie, so argumentierte er, benötige nicht nur Körperkräfte, sondern auch Intelligenz. Die intelligentesten Arbeitskräfte, die zur Verfügung stünden, seien jedoch die Juden.

Mit Herbstbeginn spitzte sich die Auseinandersetzung zu. Hitler hatte für den 20. September eine Konferenz von Rüstungsexperten einberufen, die in seinem unterirdischen Hauptquartier Wolfsschanze stattfinden sollte. Hier sollte die Fortsetzung des Krieges und die damit verbundenen Maßnahmen erörtert werden. Auf seinem Feldzug zur «Eroberung neuen Lebensraumes» für das deutsche Volk hatte er – nach der unblutigen Annexion Österreichs und der Tschechoslowakei – Blitzsiege in Polen, Frankreich, Belgien, Holland, Dänemark, Norwegen und Griechenland errungen. Seine Truppen hatten, unterstützt von der Luftwaffe, weite Angriffskeile in die Sowjetunion vorgetrieben. Estland, Lettland und Litauen waren annektiert, Tunesien und Libyen besetzt. Jugoslawien war bis auf eine Handvoll Partisanen besiegt. Italiener, Ungarn und Rumänen kämpften an der Seite der deutschen Truppen, und im Pazifik erzielte Deutschlands Verbündeter Japan überraschende Siege gegen die amerikanische Flotte. Zu diesem Zeitpunkt konnte Hitler es sich leisten, seine Aufmerksamkeit seinem zweiten großen Ziel, der Vernichtung der Juden, zuzuwenden. Als sich die Konferenz ihrem Ende näherte, kam Hitler selbst auf die in Berlin verbliebenen Juden zu sprechen. Er fragte Fritz Sauckel, Generalbeauftragter für den Arbeitseinsatz (hauptsächlich für das Gebiet der «Fremdarbeiter»), ob er qualifizierte Ersatzkräfte aufbringen könne, falls die Juden deportiert würden.

«Wenn ich über die neuen Reservoirs an Arbeitskräften verfügen kann», antwortete Sauckel, «sehe ich keine Probleme darin, diese Arbeitsplätze zu besetzen.»

Daraufhin wandte sich Hitler an Speer. «Was wollen Sie mehr?» fragte er. «Sie haben keinen Grund, sich zu beklagen.»

Speer fügte sich resigniert. Die Verantwortung lag nicht mehr bei ihm.

Am 30. September schrieb Goebbels triumphierend in sein Tagebuch: «Der Führer gab seiner Entscheidung Ausdruck, daß die Juden unter allen Umständen aus Berlin evakuiert werden sollen. Was die Industriellen über die gute Arbeit der Juden sagten, hat mich nicht beeindruckt. Plötzlich werden alle Juden gelobt für die Qualität ihrer Arbeit. Überall werden Argumente laut, sie zu schonen. Aber die Juden sind keineswegs so unersetzlich, wie diese Intellektuellen behaupten. Wir können 250000 Fremdarbeiter bekommen. Die Juden können leicht durch Fremdarbeiter ersetzt werden. Die gute Arbeit, die Juden angeblich leisten, wird immer ein Argument der Judenfreunde bleiben.»

Während der folgenden fünf Monate verringerte sich die Zahl der noch in Berlin lebenden Juden – 40000 Personen, ein Viertel der jüdischen Bevölkerung Berlins vor der Nazizeit – durch Deportationen und Todesfälle, darunter viele Selbstmorde, um ein Drittel. Über den «Mundfunk» verbreitete sich das Gerücht von einer bevorstehenden Massenverhaftung, aber niemand kannte den genauen Zeitpunkt, und viele Juden glaubten auch weiterhin nicht an eine derartige Maßnahme, da sie sich für unentbehrlich hielten.

Sie wurden eines besseren belehrt.

In den frühen Morgenstunden des 27. Februar 1943 zog die SS in einer Blitzaktion aus, um die noch in Berlin verbliebenen Juden festzunehmen. Das Tarnwort für diese Massenverhaftung lautete «Fabrik-Aktion».

Am 2. März notiert Goebbels im Rückblick auf diese Aktion: «Sie sind am vergangenen Samstag schlagartig zusammengefaßt worden und werden nun in kürzester Frist nach dem Osten abgeschoben. Leider hat sich auch hier wieder herausgestellt, daß die besseren Kreise, insbesondere die Intellektuellen, unsere Judenpolitik nicht verstehen und sich zum Teil auf die Seite der Juden stellen. Infolgedessen ist unsere Aktion vorzeitig verraten worden, so daß uns eine ganze Menge von Juden durch die Hände gewischt sind. Aber wir werden ihrer doch noch habhaft werden. Jedenfalls werde ich nicht ruhen, bis die Reichshauptstadt wenigstens gänzlich judenfrei ist.»

Am 11. März ist Goebbels jedoch bereits klargeworden, wie schwierig dieses Unterfangen ist: «Die Evakuierung der Juden aus Berlin hat doch zu manchen Mißhelligkeiten geführt. Leider sind dabei auch die Juden und Jüdinnen aus privilegierten Ehen zuerst mit verhaftet worden, was zu großer Angst und Verwirrung geführt hat. Daß die Juden an einem Tage verhaftet werden sollten, hat sich infolge des kurzsichtigen Verhaltens von Industriellen, die die Juden rechtzeitig warnten, als Schlag ins Wasser herausgestellt. Im ganzen sind wir 4000 Juden dabei nicht habhaft geworden. Sie treiben sich jetzt wohnungs- und anmeldungslos in Berlin herum und bilden natürlich für die Öffentlichkeit eine große Gefahr. Ich ordne an, daß Polizei, Wehrmacht und Partei alles daransetzen, diese Juden möglichst schnell dingfest zu machen.»

In zwei Punkten irrte sich Goebbels. Zum einen waren zahlreiche Juden nicht erst am 27. Februar durch die Maschen des Netzes geschlüpft. Viele von ihnen waren bereits Monate vorher untergetaucht. Zum anderen irrte nur ein kleiner Teil dieser Juden heimatlos in der Stadt umher. Diejenigen, die die Deportationen vorausgesehen und deshalb untergetaucht waren, lebten auf engstem Raum in Wohnungen, Häusern, Schuppen, Büros und Läden – in den meisten Fällen dank der Protektion nichtjüdischer Freunde und selbst fremder Menschen, manchmal auch dank ihrer eigenen Klugheit und Findigkeit.

Aber die Jagd auf die letzten Juden in Berlin hatte nun begonnen.

I

Hinab ins Dunkel

I

Ein stattlicher Mann, dachten die Leute, die ihm begegneten. Aus seinem vollen, weichen Gesicht sprach Zufriedenheit. Nur im Zorn verhärteten sich seine Züge und ließen – bei aller Gelassenheit, die er zeigte – den unbeugsamen Willen erkennen, der sein Handeln und Denken bestimmte. Fritz Kreuger hatte die Nazis öffentlich beschimpft, als sie zum erstenmal in dem Bilderbuchstädtchen Deutsch-Krone, seinem Heimatort, in Erscheinung getreten waren. Auch nach der Machtergreifung lebte er unbeeindruckt von dem Wandel des politischen Klimas weiter, als wäre nichts geschehen. Er war der reichste unter den jungen Männern in Deutsch-Krone, Besitzer einer Fiat-Limousine und einer großen BMW. Es war seine größte Leidenschaft, mit dem Motorrad über die holprigen Straßen durch die Dörfer zu rasen, und immer wieder unternahm er, von unbezähmbarem Ehrgeiz ergriffen, den Versuch, die knapp zweihundertfünfzig Kilometer zwischen Deutsch-Krone und Berlin in weniger als drei Stunden zurückzulegen. Wenn er unterwegs war, stieß er häufig auf Schilder, die Juden den Zutritt zu Hotels oder Gaststätten verwehrten. Er beachtete sie nicht. Er aß und übernachtete, wo es ihm gefiel.

Noch 1939, als den Juden in Deutschland schon nahezu alle Lebensmöglichkeiten genommen waren, gingen Fritz und seine Frau Clara regelmäßig zum Tanztee in das mondäne ‹Hotel Eden›. Fritz hatte Clara im April 1936 in Zippnow kennengelernt, als er mit einem Freund mit dem Motorrad über Land gefahren war, um zu erkunden, wie es anderen jüdischen Familien erging. Clara hatte sich zufällig aus dem Fenster gelehnt, als Fritz und sein Freund gerade in Zippnow Rast machten. Fritz war entzückt. So eine hübsche junge Frau mit blonden Haaren und blauen Augen hatte er noch nie gesehen! Sie war drei Monate jünger als er und stammte – wie es sich nicht besser hätte treffen können – aus einer orthodoxen jüdischen Familie. Damals war er im Hause Groll zum Kaffee geblieben. Doch es war nicht möglich gewesen, Clara genauer kennenzulernen – ihre Mutter war einige Tage zuvor gestorben. Als die Trauerzeit vorüber war, fuhr er regelmäßig nach Zippnow, um Clara zu besuchen. Sie war ein ruhiger, zurückgezogen lebender Mensch, was Fritz sehr gefiel. Nach wenigen Monaten stand fest, daß sie heiraten würden. Die Hochzeit fand im März 1939 statt. Die Trauzeremonie wurde im Beisein sämtlicher Verwandten der beiden Brautleute von einem orthodoxen Rabbiner abgehalten. Abends um neun verließen Fritz und Clara die Hochzeitsgesellschaft und begaben sich in die Bar des ‹Hotel Eden›, um dort noch ein wenig allein weiterzufeiern. Seit jener Zeit waren sie, so schwierig die äußere Situation auch sein mochte, regelmäßig ins Kino und ins Theater gegangen. Sie waren fest entschlossen, sich ihr Leben nicht beschränken zu lassen.

Alle Merkmale, die die Nazis den Angehörigen der «nordischen Rasse» zuschrieben, trafen ohne Einschränkung auch auf Clara und Fritz zu. Clara war geradezu der Prototyp der «Arierin», und auch Fritz konnte niemand – sofern ihm seine Herkunft nicht bekannt war – für einen Juden halten, ein Eindruck, der nicht nur auf sein Aussehen, sondern auch auf seine innere Einstellung zurückzuführen war: Obgleich er strenggläubiger Jude war und sogar die Ernährungsvorschriften einhielt, hatte er doch tief im Innern das Gefühl, Deutscher zu sein. Dieses Gefühl, das in seinem ganzen Verhalten zum Ausdruck kam, sollte sich als seine beste Tarnung erweisen. Angehörigen und Freunden, die sich über seine gewagten Unternehmungen entsetzten, pflegte er zu erklären: «Ich bin in diesem Land zu Hause. Niemand hat das Recht, mich hinauszudrängen. Ich lasse nicht zu, daß irgend jemand mir vorschreibt, was ich tun und lassen soll. Ich bin Deutscher.»

In seinen Augen hatte er nicht nur eine durch seine Geburtsurkunde bescheinigte Berechtigung, sich als Deutscher auszuweisen und zu fühlen, sondern darüber hinaus ein auf historischen Gegebenheiten und langer Tradition beruhendes Recht. Deutsch-Krone, sein Geburtsort, lag im nordöstlichen Zipfel Deutschlands, unweit der polnischen Grenze. Niemand konnte mit Bestimmtheit sagen, wann sich seine Vorfahren in dieser üppigen, flachen Seenlandschaft mit ihren harten Wintern und herrlichen Sommern angesiedelt hatten, doch es stand in jedem Falle fest, daß die Kreugers dort bereits seit einigen Jahrhunderten ansässig waren. Fritz' Urgroßvater, 1804 geboren, war auf dem jüdischen Friedhof Deutsch-Krones begraben. Also lebten die Kreugers zumindest seit dem 18. Jahrhundert in dieser Gegend – und sie galten dort als angesehene Bürger. Fritz' Vater Willi, ein erfolgreicher Textilienhändler, war gleichermaßen stolz auf sein im Ersten Weltkrieg erworbenes Eisernes Kreuz wie auf sein Amt in der Synagoge. Eine Beinverletzung, die er an der Front erlitten hatte, behinderte ihn so stark, daß er am Stock gehen mußte, aber sie war ihm nur ein weiterer Beweis seiner Vaterlandstreue. Auch Fritz' Großvater mütterlicherseits war kriegsversehrt gewesen. Er war bei einem Einsatz im Krieg gegen Frankreich verwundet worden. Später war er Vorsitzender eines Kriegsversehrtenvereins geworden und hatte ein Amt in der Stadtverwaltung innegehabt. Als er starb, geleiteten Hunderte von Bürgern seiner Heimatstadt Arnswalde, darunter zahlreiche Nichtjuden, seinen Sarg zum jüdischen Friedhof, wo seine Kriegskameraden eine Ehrensalve an seinem Grab abfeuerten.

Deshalb bestand Fritz' eigentliches Geburtsrecht in dem Gefühl der Zugehörigkeit. Wie es gekommen war, daß gerade in Deutsch-Krone die Juden sich so verwurzelt fühlten, war ihm nie ganz klargeworden. Es war eine Tatsache, und bis zum Erscheinen der Nazis hatte sie niemand je in Frage gestellt. Als Kind hatte er viele nichtjüdische Freunde gehabt. Nie hatten seine Klassenkameraden Ressentiments ihm gegenüber gezeigt, nie waren ihm antisemitische Äußerungen zu Ohren gekommen.

Von den 12000 Einwohnern Deutsch-Krones waren etwa 300 Juden. Abgesehen von dem Zeitpunkt und der Art ihres Gottesdienstes unterschied sie nichts vom Rest der Gemeinde.

Sie fühlten sich in diesem Städtchen zu Hause und waren auf allen Ebenen in das Gemeindeleben integriert. Zwar kam es hin und wieder zu antisemitischen Umtrieben, die von Randgruppen der Bevölkerung ausgingen, doch sie wurden von der Mehrheit verurteilt und beeinträchtigten das Leben der Kreugers und der übrigen jüdischen Einwohner der Stadt nicht.

Die Kreugers waren, an den Maßstäben Deutsch-Krones gemessen, reiche Leute. Die Familie besaß das größte Bekleidungs- und Textiliengeschäft des Ortes. Der Vater kümmerte sich um die Belange der jüdischen Gemeinde und verkehrte zugleich mit zahlreichen Nichtjuden. An Politik waren weder er noch sein Sohn je sonderlich interessiert gewesen. Beide waren sie Mitglieder der sozialdemokratischen Partei, doch hatten sie sich nie dazu aufgerufen gefühlt, sich an politischen Aktivitäten zu beteiligen. Dies änderte sich jedoch schlagartig mit dem 31. März 1931, an dem die Nazis in der Stadt erstmals öffentlich in Erscheinung traten. In ihren Braunhemden, hakenkreuzgeschmückt, zogen sie zum Denkmal für die im Ersten Weltkrieg gefallenen Söhne Deutsch-Krones. Unter den Pfiffen der Mitglieder anderer Parteien legten sie Kränze mit Hakenkreuzbändern am Denkmal nieder und skandierten: «Juda verrecke!»

Da wurde aus der Menge der Ruf laut: «Hitler verrecke!» Es war Fritz, dessen zu kleinen Schlitzen verengte Augen wütend funkelten.

Wenige Stunden später wurde er verhaftet. Man bezichtigte ihn der öffentlichen Ruhestörung und verwarnte ihn. Solche Dreistigkeiten würden künftig nicht mehr geduldet werden. Daraufhin wurde er wieder freigelassen.

Gegen Ende 1932 war nicht mehr zu übersehen, daß die NSDAP unter den Einwohnern der Stadt immer mehr Anhänger gewann. Fritz dagegen war zu diesem Zeitpunkt zu einem leidenschaftlichen Gegner der Nazis geworden. Nachts zog er mit Sozialdemokraten durch die Straßen, um Wahlkampfplakate an Wände und Anschlagsäulen zu kleben und die der NSDAP herunterzureißen. Er beteiligte sich an Schlägereien – sehr zur Beunruhigung seines Vaters, der die Ansicht vertrat, man müsse die Nazis mit Verachtung strafen, anstatt sich mit ihnen zu prügeln.

In einer Hinsicht waren sich Fritz und sein Vater jedoch zu Beginn des Jahres 1933 einig: Die einzige Möglichkeit, Hitler loszuwerden, bestand in ihren Augen darin, ihn an die Macht kommen zu lassen. Dann würde, meinten sie, seine Unfähigkeit rasch zutage treten. Die Straßenkrawalle hatten inzwischen bedrohliche Ausmaße angenommen, insbesondere für die Juden. Lieber ein Ende mit Schrecken, sagten sich die Kreugers, als ein Schrecken ohne Ende.

Aber alle Übergriffe dieser Zeit waren harmloses Spiel im Vergleich zu der Hetze, die nach dem 30. Januar, dem Tag der Ernennung Hitlers zum Reichskanzler, einsetzte. Zu Fritz' Erstaunen erwuchsen die auch gegen seine Familie gerichteten Aktionen vor allem aus Ressentiments. Nicht politische Motive waren die Antriebskraft, sondern der Neid auf den Reichtum der Familie und auf Fritz' Erfolge bei den hübschesten Töchtern der Stadt. Allerdings gehörten die Leute, die jetzt so offen ihren Haß auslebten, nicht den Kreisen an, in denen die Kreugers bisher verkehrt hatten. Es waren kleine Leute, die nun die Gelegenheit nutzten, sich an all denen zu rächen, die erfolgreicher gewesen waren und in einer glanzvolleren Welt gelebt hatten als sie selbst.

Bevorzugtes Ziel ihrer Hetze war ein dreißigjähriger Jude namens Salinger, ein Hüne. Anscheinend war es ihnen eine besondere Genugtuung, einen so großen Menschen zu erniedrigen. Bereits Anfang Februar wurde Salinger mit anderen Juden und verschiedenen Kommunisten in das dreißig Kilometer entfernte Konzentrationslager Hammerstein gebracht. Wenige Tage später traf die Nachricht von seinem Tod ein. Die Leiche wurde der Familie übergeben. Willi Kreuger hatte auf Grund seines Synagogenamtes die Aufgabe, den Toten für die Beisetzung herzurichten. Ein Blick auf den zerschundenen Körper genügte, um festzustellen, daß Salinger zu Tode geprügelt worden war.

Aber noch immer wollte Willi Kreuger nicht an Emigration denken. Salingers Tod hatte ihn erschüttert, doch war er seiner Auffassung nach ein Ausnahmefall, das Werk neumächtiger

Hitzköpfe. Er war überzeugt, daß es mehr denn je darum ging, die Nationalsozialisten als das zu betrachten, was sie in seinen Augen waren: randständige Opportunisten, Hornissen, die einmal stechen und dann sterben würden.

Der landesweite Boykott der jüdischen Geschäfte, den die NSDAP am 1. April proklamierte, bestärkte ihn in dieser Ansicht. In Deutsch-Krone lief diese Kampagne ohne besondere Zwischenfälle ab. Die Parteimitglieder, die sich vor den Geschäften postieren mußten, um die Käufer wegzuschicken, fühlten sich sichtlich nicht wohl in ihrer Haut. So setzten die jüdischen Geschäftsleute dem allgemeinen Unbehagen ein Ende, indem sie nachmittags ihre Geschäfte geschlossen ließen.

Fritz befand sich seit anderthalb Jahren in der Ausbildung zum Textilkaufmann. Im Unterschied zu seinem Vater sah er jedoch immer klarer, daß er keine Aussichten hatte, je das Geschäft zu übernehmen. So beschloß er, einen anderen Beruf zu ergreifen. Er hatte sich schon immer für das Goldschmiedehandwerk interessiert und begann nun, einfache Schmuckstücke herzustellen und zu vertreiben. Schon bald zeigte sich, daß er sich mehr zum Händler als zum Handwerker eignete. Gegen Ende des Jahres 1933 reiste er immer häufiger nach Berlin, um Schmuck zu verkaufen. Nach Ablauf eines weiteren Jahres verwendete er bereits fast ebensoviel Zeit auf den Ausbau seiner Berliner Kontakte wie auf die Arbeit im Geschäft der Eltern in Deutsch-Krone.

Jedesmal wenn er nach Deutsch-Krone zurückkehrte, erschien es ihm schwieriger, die Beziehungen zu seinen nichtjüdischen Freunden aufrechtzuerhalten. Eines Tages traf er auf der Straße seinen Freund und ehemaligen Mitschüler Hans Beckmann. Er trug die Uniform eines Wehrmachtoffiziers. Fritz wollte ihm keine Unannehmlichkeiten bereiten, indem er auf offener Straße mit ihm sprach, und wandte sich ab. Aber Beckmann begrüßte ihn herzlich.

«Wirst du denn keine Schwierigkeiten bekommen?» fragte Fritz, als Beckmann auf ihn zukam.

«Das ist mir völlig egal», sagte Beckmann. «Ich freue mich so, dich zu sehen, und ich möchte mich mit dir unterhalten.

Ich tue es ganz bewußt. Das ist meine Art zu demonstrieren, daß ich die Repressalien gegen die Juden nicht billige.»

Doch diese Begegnung im Jahre 1937 war alles, was Fritz in dieser Zeit an moralischer Unterstützung zuteil wurde.

Fast zehn Jahre waren nun schon vergangen, seitdem die Machtergreifung der Nazis die Lawine der Judendiskriminierung ins Rollen gebracht hatte. Inzwischen war das Geschäft der Kreugers eingezogen und die Familie aus Deutsch-Krone vertrieben worden. Keiner ihrer nichtjüdischen Freunde hatte dagegen protestiert. Willi Kreuger fertigte jetzt Gewehrteile in einer Waffenfabrik, und Fritz arbeitete für ein paar Pfennige die Stunde in einer Arbeitsdienstkolonne bei der Bahn. Es zeigte sich, daß die Übel der ersten Jahre des NS-Regimes nur das Vorspiel dessen gewesen waren, was sich inzwischen an entsetzlichen Dingen ereignet hatte: die zunehmende Beschränkung der elementarsten Rechte für Juden, die ständig schärfer werdenden Hetzkampagnen, die immer brutaler werdenden Ausschreitungen, die schließlich, in der Nacht vom 9. auf den 10. November 1938, der «Kristallnacht», zum Pogrom eskalierten.

Fritz war in dieser Nacht in Berlin gewesen und hatte mitansehen müssen, wie die Nazis die Synagogen in Brand gesteckt, die Thora-Rollen zerrissen und die Silberschätze geplündert, die Schaufenster der jüdischen Geschäfte eingeworfen und die Läden ausgeräumt hatten. Inmitten dieses Hexenkessels war er eigenartig unberührt geblieben, als handle es sich um unbegreifbare, vernunftwidrige Auswüchse, die mit ihm nichts zu tun hatten. Er war Deutscher und ein rational denkender Mensch, und was sich hier vor seinen Augen abspielte, konnte keine deutsche Wirklichkeit sein, weil keine Spur von Rationalität mehr in diesem Geschehen erkennbar war.

Sein Gefühl, mit diesen Vorgängen nichts zu tun zu haben, hielt auch am nächsten Tag noch an, als die Plünderungen fortgesetzt wurden und die Polizei Tausende von Juden verhaftete – eine Aktion, die vordergründig als Vergeltungsschlag für das Pariser Attentat und als Mahnung an alle Juden gerechtfertigt wurde, sich nie wieder an einem Deutschen zu vergreifen. An diesem Tag erfuhr Fritz, was sich in Deutsch-Krone zugetragen hatte. Hätte er sich dort aufgehalten, wäre er nun nicht mehr am Leben gewesen. Eine Gruppe junger Männer war zum Kreugerschen Haus gezogen – offenbar in Unkenntnis der Tatsache, daß es längst konfisziert worden war –, um Fritz zu ergreifen und ihn an einem eigens für ihn errichteten Galgen aufzuhängen.

Fritz war lange Zeit fest entschlossen gewesen, nicht aus Deutschland zu flüchten, sondern zu bleiben und zu kämpfen. Deutschland war ebenso sein Vaterland gewesen wie das aller anderen Deutschen, und wenn er es freiwillig dem Pöbel überließe, so hatte er geglaubt, würde von seiner Heimat nichts übrigbleiben. Nun aber hatte sich dieses Deutschland von Grund auf gewandelt, und so war er schließlich Ende 1938 doch zum Auswanderungsbüro gegangen, um für sich und Clara die Einwanderungsgenehmigung für Palästina zu beantragen. Nun reihte er sich mehrmals wöchentlich in dem Gebäude in der Meineckestraße in die Schlange der Wartenden ein, um in Erfahrung zu bringen, was aus ihren Anträgen geworden war. Schließlich wurde ihnen die Einreise genehmigt. Fritz hatte vorsorglich mehrere tausend Mark bei einer Amsterdamer Bank deponiert. Jetzt packten Clara und er ihre Sachen und schickten sie zusammen mit dem Motorrad und einigen Möbelstücken auf dem Seeweg nach Palästina.

Am 20. Mai 1939 wurden die Kreugers aufgefordert, sich am Abend an einem vorgegebenen Sammelplatz einzufinden. Sie sollten mit dem Zug nach Marseille und von dort aus mit einem illegalen Transport übers Mittelmeer nach Palästina gebracht werden. Zwei Stunden später wurde ihnen jedoch mitgeteilt, daß bei diesem Transport nun doch kein Platz mehr frei sei. Man werde sie innerhalb der nächsten Tage informieren, sobald sich eine neue Möglichkeit ergebe. Fritz und Clara eilten zum Auswanderungsbüro, um gegen diese Verzögerung zu protestieren. Sie erklärten, daß sie bereits ihre gesamte Habe vorausgeschickt hätten und nun nahezu mittellos seien. Man vertröstete sie auf den nächsten Tag. Doch nichts geschah. Wieder suchten sie das Büro auf, wieder wurden sie vertröstet. So ging es einige Tage weiter. Schließlich versuchte es Fritz mit einem Bluff. Er behauptete, daß ihnen nun das

Geld ganz ausgegangen sei. Doch er erreichte damit das Gegenteil dessen, was er beabsichtigt hatte: Das Büro erstattete ihnen die Reisekosten zurück. Nun waren sie von der Liste gestrichen.

Fritz und Clara vermuteten, daß die Angestellten des Auswanderungsbüros zunächst ihren Freunden und Verwandten Schiffsplätze zuschanzten. Sie kamen rasch über ihre Enttäuschung hinweg. Im Grunde genommen, so versicherten sie sich gegenseitig, sei diese Wende ja ganz in ihrem Sinne. Eigentlich hatten sie ja gar nicht auswandern wollen. Auf jeden Fall, davon waren sie fest überzeugt, würden sie schon irgendwie durchkommen.

Doch schon bald mußten sie sich eingestehen, daß sie sich geirrt hatten. Am 2. September 1941 erging die Verordnung, daß vom 19. des Monats an auch alle im Deutschen Reich lebenden Juden über sechs Jahre den Davidstern auf der Brust zu tragen hätten, einen sechseckigen Stern aus zwei ineinandergeschobenen, schwarz umrandeten Dreiecken aus gelbem Stoff mit der gestickten Aufschrift «Jude». Man begann, die Juden in «jüdischen Häusern» zusammenzupferchen, wo sich bisweilen mehr als zwanzig Personen einen Raum teilen mußten. Es war ihnen untersagt, ohne Sondererlaubnis ihren Wohnbezirk zu verlassen und sich nach der Sperrstunde draußen aufzuhalten. Der Zweck dieser Maßnahmen wurde offensichtlich, als die Deportationen begannen. Zuerst drückte man dem Schlachtvieh ein Brandzeichen auf, dann trieb man es in gesonderten Pferchen zusammen, von wo aus es schließlich in die Schlachthäuser transportiert wurde.

Im Januar erging an alle Juden die Anweisung, ihre Wintermäntel, warmen Kleidungsstücke und Decken abzugeben, mit denen man die deutschen Soldaten an der Ostfront ausrüsten wollte. Schließlich mußte an den Wohnungstüren aller jüdischen Haushalte ein Davidstern angebracht werden. Juden wurde das Begehen belebter Straßen, an denen offizielle Gebäude lagen, und großer Einkaufsboulevards untersagt. Sie durften, abgesehen von besonderen Ausnahmefällen, keine öffentlichen Verkehrsmittel mehr benutzen und sich nicht in Wartesälen aufhalten. Auch das Telefonieren von öffentlichen Fernsprechern stand ihnen nicht mehr zu. In Parks durften sie sich zunächst nur noch auf besondere, gelbgestrichene Bänke setzen und schließlich überhaupt nicht mehr aufhalten. Am 15. Mai 1942 erging die Verordnung, daß Juden sämtliche Haustiere abzugeben hätten. Bald darauf zog man ihre Elektrogeräte, Kameras, Schreibmaschinen, Fahrräder und sonstigen Komfortartikel ein. Im Juli mußten blinde und taube Juden ihre Erkennungsarmbinden abnehmen. Es folgte der Entzug von Telefon und Radio, Zeitungen und Zeitschriften. Längst durften jüdische Kinder keine deutschen Schulen mehr besuchen. Nun wurden jedoch auch die jüdischen Schulen geschlossen und jede Form von Privatunterricht verboten. Juden war der Erwerb von Tabak, Milch, Fleisch, Fisch, Käse, Spirituosen, Kuchen und Weißbrot untersagt. Doch die meisten konnten sich Nahrungs- und Genußmittel dieser Art ohnehin nicht mehr leisten. Die Liste der den Juden unzugänglichen Lebensmittel wurden immer länger, bis ihnen schließlich nur noch Kartoffeln, grobes, dunkles Brot – und auch davon nur ein Fünftel der üblichen Ration, noch nicht einmal ein Pfund pro Woche – sowie Kohl und Rüben blieben. Aber auch von diesen Nahrungsmitteln waren zwischen vier und fünf Uhr nachmittags, der den Juden konzedierten Einkaufszeit, nur noch magere Reste übrig.

Fritz investierte ein Vermögen in Schwarzmarktware, um Corinna, ihre 1941 geborene Tochter, ernähren zu können. Der tägliche Kampf ums Überleben war aufreibend genug, aber viel schwerer wog die ständig drohende Gefahr der Deportation. Viele Nachbarn und Kollegen waren bereits verschwunden, und jeden Tag konnten auch sie an der Reihe sein.

Diese Entwicklung hatte bereits Tausenden von Juden den Lebensmut genommen und viele von ihnen in den Selbstmord getrieben. Dagegen hatte sich Fritz die Eigenschaften bewahrt, die es ihm vor vielen Jahren noch ermöglicht hatten, sich über die Nazis hinwegzusetzen: seine Zähigkeit, seine Unbeugsamkeit und seine Zuversicht, daß er in jedem Falle überleben werde. Er wußte, daß er irgendwann mit seiner Familie würde untertauchen müssen. «Um im Untergrund zu überleben, braucht man Geld, Geld und nochmals Geld – und Beziehungen», pflegte er zu sagen. Also hatte er sich um beides gekümmert. In den wenigen Stunden, die ihm neben der Arbeit auf dem Güterbahnhof geblieben waren, hatte er es allen Hindernissen zum Trotz geschafft, einen florierenden Handel mit Edelsteinen aufrechtzuerhalten und größere Mengen Bargeld und Schmuck zurückzulegen.

Über einen Mangel an Kunden hatte er nicht zu klagen. Mit der Geldentwertung stieg der Schmuck im Kurs. Alle, die noch über genügend Geldmittel verfügten, begannen plötzlich fieberhaft, in Schmuck jeder Art zu investieren. Dieser Handel lief zum größten Teil über die großen Juweliergeschäfte, aber diese brauchten Zwischenhändler wie Fritz, um ihr Sortiment aufzufüllen. Wenn zum Beispiel einer der großen Juweliere einen guten Einkaräter bei ihm bestellte, dann klapperte er die kleineren Läden und privaten Händler ab, bis er einen solchen Stein zu einem günstigen Preis gefunden hatte. Diesen verkaufte er dann seinem Auftraggeber weiter. Daran verdiente er mehrere hundert Mark – manchmal an einem einzigen Tag. Es kam vor, daß er mit Steinen im Wert von vielen tausend Mark in der Tasche unterwegs war.

Nicht einmal die Judensternverordnung konnte Fritz' Geschäfte beeinträchtigen. Clara steckte die Sterne einfach nur an ihren Kleidern fest; sie trugen sie in ihrem eigenen Viertel und nahmen sie ab, sobald sie es verließen. Das war natürlich streng verboten – deshalb hatten sie sich für alle denkbaren Zwischenfälle gewappnet.

Eines Tages im Dezember 1941 suchte sie ein Polizist in ihrer Wohnung auf. Er erklärte, daß ein anonymer Informant sie angezeigt habe, weil sie keinen Stern trügen.

«Ihr Informant muß sich irren», sagte Fritz. «Bitte, überzeugen Sie sich selbst.» Er zeigte auf zwei Mäntel mit festangenähten Sternen, die ständig neben der Eingangstür hingen. Der Polizist zupfte ratlos an den Sternen herum, zuckte die Achseln und ging. Sie sahen ihn nie wieder.

Doch solche Vorfälle zeigten Fritz deutlich, daß unausweichlich der Tag kommen würde, an dem sie untertauchen mußten. Er glaubte, auf Grund der Entwicklungen rechtzeitig erkennen zu können, wann dieser Zeitpunkt gekommen war. Am Morgen des 3. Dezember erschien er wie immer bei seiner

Arbeit auf dem Güterbahnhof. Zwei Kollegen zeigten ihm eine Mitteilung des Vorstands der Jüdischen Gemeinde, in der sie aufgefordert wurden, an jenem Tag wegen «statistischer Erhebungen» zu Hause zu bleiben. Fritz wußte sofort, was damit gemeint war. Seit Oktober 1941 hatte die Gestapo die Jüdische Gemeinde regelmäßig aufgefordert, eine bestimmte Anzahl Juden für die «Umsiedlung» zu benennen.

Fritz unterließ es, den Kollegen seine Befürchtungen mitzuteilen. Er beobachtete, wie sie die Benachrichtigungen dem Vorarbeiter zeigten, der sie unverzüglich beurlaubte. Dann wandte auch er sich an den Vorarbeiter. «Ich habe auch so einen Brief bekommen», sagte er. Der Trick funktionierte – der Vorarbeiter wollte das Schreiben nicht sehen. Mit einem Nicken, einer knappen Handbewegung und einem Blick, in dem Fritz das Wissen um den wahren Anlaß dieser Briefe zu erkennen glaubte, bedeutete er ihm, daß er gehen könne.

Zwei Stunden später war Fritz wieder zu Hause. Clara hatte Corinna gerade zum Mittagsschlaf ins Bett gebracht. Als sie ihn sah, wurde sie blaß.

«Es ist soweit», sagte er nur.

Clara nickte und begann sofort, Kleider und Nahrungsmittel für Corinna im Kinderwagen zu verstecken. Ihre eigenen Kleider konnten sie nicht mitnehmen. Ihre ganze zukünftige Existenz gründete sich auf die Steine, die Fritz für diesen Augenblick zurückgelegt hatte und die sie nun ebenfalls im Kinderwagen verstauten.

Als nächstes mußten Fritz' Angehörige verständigt werden. (Claras Vater hatte bereits vor einigen Jahren nach Shanghai auswandern können.) Fritz ließ seinen Eltern und seinem Onkel, dem Bruder seiner Mutter, ausrichten, sie sollten ihn abends um sieben, eine Stunde vor Beginn der Ausgangssperre für Juden, zu Hause aufsuchen. Dann begab er sich zur Wohnung von Frau Kosimer, einer fünfzigjährigen Dame, die er über Makarow kennengelernt hatte, einen staatenlosen, aus der Sowjetunion stammenden Juwelier. Frau Kosimer wohnte gut einen Kilometer von ihnen entfernt – unter normalen Umständen ein angenehmer Spaziergang von zehn Minuten durch noch unversehrte, baumgesäumte Straßen. Doch heute hätte

Fritz den Weg am liebsten in der halben Zeit zurückgelegt. Trotz der Angst, die ihm im Nacken saß, zwang er sich, langsam zu gehen. Auf keinen Fall durfte er jetzt auffallen.

Frau Kosimer war Witwe. Sie stammte aus Österreich und wohnte erst seit 1938 in Berlin. Ihr Mann, ein Jude, war im März jenes Jahres umgekommen, als die Deutschen Österreich besetzt hatten. Sie war nach Berlin gezogen, um in der Nähe ihrer besten Freundin zu leben.

Während der letzten Jahre hatten Fritz und Makarow Frau Kosimers Wohnung als Treffpunkt benutzt. Hier konnten sie ihre Geschäfte unbeobachtet abwickeln. Sie gaben Frau Kosimer ein Entgelt für ihre Bereitschaft, ihnen ihre Wohnung zur Verfügung zu stellen. Bisher hatten sie sich immer nachmittags oder am frühen Abend bei ihr getroffen. Als Frau Kosimer Fritz nun um diese Tageszeit vor der Tür stehen sah, vertieften sich augenblicklich die feinen Falten in ihrem eckigen, für ihr Alter noch immer jung wirkenden Gesicht. Vor einigen Monaten, als sich die Deportationen gehäuft hatten, hatte sie Fritz ruhig mitgeteilt, daß sie notfalls jederzeit bereit sei, ihn vorübergehend in ihrer Wohnung zu verstecken.

«Wir sind in Gefahr», stieß Fritz hervor. «Wir müssen sofort aus unserer Wohnung verschwinden.» Er gab sich Mühe, seine Angst zu überspielen, aber er hörte selbst, wie seine Stimme zitterte. Frau Kosimer war seine einzige Hoffnung. Er hätte nicht gewußt, wohin er sich mit seiner Familie flüchten sollte, wenn sie in der Zwischenzeit ihre Einstellung geändert hatte. Zugleich fiel es ihm sehr schwer, einem anderen Menschen diese Last aufbürden zu müssen. Nichtjuden, die in irgendeiner Weise Juden unterstützten – von den Nazis als «Judenknechte» bezeichnet – mußten mit Geldbußen, Haft und sogar der Todesstrafe rechnen.

Doch Frau Kosimer blieb bei ihrem Angebot. Sie sagte sofort: «Dann müssen Sie jetzt eben zu mir kommen.»

Am Abend teilte Fritz seinen Eltern und dem Onkel mit, daß er, Clara und das Kind im Begriff seien unterzutauchen. Alle waren entsetzt. Nichts erschien ihnen schrecklicher, als gezwungen zu sein, in der Illegalität zu leben. Sie konnten sich eine Existenz ohne ordentliche Papiere überhaupt nicht vorstellen. In Deutschland waren in dieser Zeit Papiere – Kennkarte, Aufenthalts- und Arbeitserlaubnis, Lebensmittel- und Kleidermarken, Ausgangsgenehmigungen und sogar ein besonderer Postausweis – so lebensnotwendig wie Essen und Trinken. Untergründig mischte sich in diese Reaktion wohl auch das vielen Deutschen eigene Widerstreben gegen die Vorstellung, in geradezu betrügerischer Absicht Anordnungen des Staates zu unterlaufen. Die Geschichte und ihre persönlichen Erfahrungen hatten gezeigt, daß Gehorsam und Untertanengeist sich auszahlten.

Fritz hielt ihren Einwänden entgegen, daß der Untergrund ihre einzige Chance sei, doch er wußte zugleich, daß er sie nicht würde überzeugen können. Die Illegalität war etwas für junge Leute, seine Eltern und sein Onkel waren zu alt dafür. Man brauchte starke Nerven und eine gute körperliche Verfassung. Man mußte ständig umherziehen. Wie sollte sein Vater diesen Anforderungen gewachsen sein? In der Illegalität leben hieß ferner, mit größter Aufmerksamkeit auf kleinste Details zu achten, und dazu hatte keiner von ihnen die nötige Ausdauer. Als die Nationalsozialisten die Abgabe von Gold, Silber und Schmuck angeordnet hatten, hatte sich Fritz die Mühe gemacht, die praktische Durchführung dieser Bestimmung zu beobachten. Er hatte gesehen, daß die Wertgegenstände, die die Juden ablieferten, nur nach Stückzahl, nicht aber nach Wert registriert wurden: «eine Uhr», «zwei Ringe» und so weiter. Also hatte er nur die weniger wertvollen Stücke abgeliefert und die besseren behalten.

Schließlich kostete das Leben im Untergrund eine Menge Geld. Fritz hatte eigens im Hinblick auf diese Tatsache gearbeitet und Geld zurückgelegt, während weder seine Eltern noch sein Onkel über finanzielle Reserven verfügten.

Noch ein weiterer Gedanke beschäftigte sie alle, wenn auch keiner wagte, ihn zur Sprache zu bringen. Fritz war seit Monaten für den größten Teil des Lebensmittelbedarfs seiner Angehörigen aufgekommen. Als «Illegaler» würde er alle Mühe haben, seine Frau und sein Kind zu ernähren, und er würde sein Geld im wesentlichen für die Anmietung geeigneter Verstecke ausgeben müssen.

Fritz versprach seinen Angehörigen, sich zu melden, sobald sie eine Bleibe gefunden hätten. Nachdem diese Familienzusammenkunft beendet war, begannen er und Clara, Kleidungsstücke auszuwählen, die mit einiger Wahrscheinlichkeit eine gewisse Zeit – vielleicht sogar bis zum Ende des Krieges – überdauern würden. Fritz entschied sich für Ledermantel, Lederhosen und Stiefel, Relikte aus seinen Motorradzeiten. Clara packte ihr bequemstes Kleid und den wärmsten Mantel ein. Dann verließen sie die Wohnung. Es schien, als wollten sie nur einen kurzen Spaziergang mit dem Baby machen. Beide fühlten sich, als seien sie soeben aus dem Gefängnis ausgebrochen. Von nun an waren sie Freiwild.

In der Nacht schliefen sie auf Frau Kosimers Sesseln. Corinna, zu diesem Zeitpunkt ein Jahr und vier Monate alt, lag in ihrem Kinderwagen. Am nächsten Morgen beschaffte Makarow ihnen eine Wohnung in der Prinzregentenstraße in Wilmersdorf, einem zentralgelegenen Stadtteil. Es hatten Juden in dieser Wohnung gelebt, die vor einiger Zeit deportiert worden waren. Sie war unmöbliert und ohne Kochgelegenheit. Der Hauswart, den Fritz ebenfalls kannte, erklärte, daß sie die Unterkunft bis zum 1. Januar 1943 wieder verlassen haben müßten, da dann eine nichtjüdische Familie einziehen werde. So war es meistens. Im Dritten Reich hatte man viel mehr Geld in Rüstungsgüter als in den Wohnungsbau investiert, und die Luftangriffe hatten den Wohnungsbestand so stark dezimiert, daß die Deportationen vielen in beengten Verhältnissen lebenden nichtjüdischen Familien die willkommene Möglichkeit eröffneten, in eine bessere Wohnung umzuziehen. Diese Zufluchtstätte war also nur ein Provisorium und kostete überdies 400 Mark im Monat, mehr als das Vierfache dessen, was Fritz monatlich bei der Bahn verdient hatte. Er war verzweifelt. Wie lange würden sie, selbst wenn es ihm möglich war, seine Schwarzmarktgeschäfte mit dem gleichen Erfolg weiterzubetreiben, diese Kosten tragen können?

Clara gegenüber ließ er sich seine Bedenken nicht anmerken. Er war fest davon überzeugt, daß sie es schaffen würden. Dies war ihr Leben, und niemand würde es ihnen nehmen können. Niemand auf der ganzen Welt würde sie aus Berlin vertreiben.

2

Hans Hirschel war Geisteswissenschaftler und Schriftsteller. Sein Stil war mit dem Thomas Manns verglichen worden. Vor der Machtergreifung der Nationalsozialisten hatte er eine avantgardistische Literaturzeitschrift, *Das Dreieck*, publiziert. Diese Zeitschrift verdankte ihr Dasein jenem geradezu explosionsartigen Ausbruch künstlerischer Kreativität im Nachkriegsdeutschland, der Berlin in den Augen der progressiven Intellektuellen auf eine Ebene mit Paris gehoben hatte. Hirschel gehörte zur «Oberschicht» der Berliner Künstlerszene. Mit Leidenschaft beteiligte er sich an den Diskussionen, in denen die eingefleischten moralischen Grundsätze des öffentlichen und privaten Lebens in Frage gestellt wurden. Obgleich er selbst nie der jüdischen Religionsgemeinschaft angehört hatte, setzte er sich intensiv, wenn auch kritisch mit Glaubens- und Religionsfragen auseinander und verfügte über ein beeindruckendes theologisches und philosophisches Wissen. Seine an der Universität Freiburg vorgelegte Dissertation über «Das Satanische in der Religion» hatte die gesamte Fakultät in Aufruhr versetzt, weil er in ihr die These vertreten hatte, daß jede religiöse Bewegung zwangsläufig ihre eigene Diabolik schaffe.

Hirschels Schwäche in dieser unheilschwangeren Zeit war sein Übermaß an Toleranz und Gutmütigkeit. Auch als die Fakultät seine Dissertation zurückwies, empfand er keine Verbitterung. Trotz der offenkundig antisemitischen Haltung, die sich an den deutschen Universitäten etabliert hatte, weigerte er sich, diese Ablehnung als Folge von Vorurteilen gegen ihn zu sehen. Er glaubte fest an das Gute im Menschen und war ständig bemüht, sich in die Situation anderer zu versetzen, um deren Verhalten verstehen zu können. Er wollte die Dinge, die ihm widerfuhren, nicht als gegen ihn persönlich gerichtete Handlungen verstehen und reagierte auf die Anfeindungen mit distanzierter Unvoreingenommenheit. An einem Wintertag gegen Ende der dreißiger Jahre mußte er im Rahmen einer Zwangsarbeitsmaßnahme zwölf Stunden lang die Kaiserallee vom Schnee freiräumen. Doch selbst als er an jenem Abend erschöpft nach Hause kam, weigerte er sich, das Negative, das in dieser Erfahrung lag, anzuerkennen. «Die Aufseher waren ganz freundlich zu uns», berichtete er.

So war Hirschel gut gerüstet für das Leben auf ständiger Flucht, das er seit Februar 1942 führen mußte. Zum einen war er überaus anpassungsfähig. Als Sohn einer der ersten jüdischen Familien in Kattowitz / Oberschlesien, die später nach Berlin ging, hatte er einen Großteil seines Lebens in einer geräumigen Wohnung in der Kaiserallee zugebracht – derselben Straße, auf der er später Sklavendienste verrichten mußte. Als untergetauchter Jude lebte er nun in schlichten Verhältnissen in einer kleinen Parterrewohnung, in der er selbst kochte und die Hausarbeit verrichtete. Hinzu kam sein ausgeprägter Gleichmut. Während sich viele Juden durch ihr ängstliches Verhalten selbst verrieten – sie sahen sich ständig um, als fürchteten sie, ertappt zu werden –, erschien der hochgewachsene, schlanke Hans mit seinem feingeschnittenen Gesicht stets ruhig und entspannt, wenn er mit einem freundlichen Lächeln durch die Straßen ging. Noch Monate, nachdem er untergetaucht war, pflegte er tagsüber durch sein altes Viertel zu schlendern, obwohl ein gesund wirkender Mann von Anfang vierzig ohne Uniform Verdacht erwecken mußte. Seine Selbstsicherheit schien ihn jedoch gegen jeden Argwohn zu feien.

Gelegentlich forderte er sein Schicksal geradezu heraus, wobei er weit mehr auf seine «Tarnung» – den Bart, den er sich wachsen ließ, und eine Sonnenbrille – vertraute, als dies in Anbetracht seiner unverwechselbaren Erscheinung gerechtfertigt war. So schlenderte er eines Tages an seinem ehemaligen Tennisclub vorüber, wo jetzt nur noch Parteimitglieder spielten. Ein anderes Mal ließ er sich in einem Frisiersalon die Haare schneiden, der bekanntermaßen einer der bevorzugten Jagdgründe von SS-Streifen auf der Suche nach «illegalen» Juden war. Die schlimmste Herausforderung leistete er sich, als er eines Tages bei einem Bummel über den Heidelberger Platz zufällig auf einen alten Freund der Familie, den Theaterregisseur Hans Küpper, stieß, der jetzt der Wehrmacht angehörte und sich in Berlin aufhielt, um Darbietungen für die Truppen vorzubereiten. Als Küpper ihn sah, schnappte er nach Luft. «Mein Gott», flüsterte er, «was machen Sie denn in Berlin? Ich habe geglaubt, die hätten Sie längst erwischt oder Sie hätten sich nach England abgesetzt.»

«O nein. Ich bin ganz o. k.», erwiderte Hans. «Ich lebe bei Maruschka.» Küpper fiel ihm ins Wort. «Um Himmels willen, Mann, erzählen Sie mir nicht, wo Sie wohnen!» Diese Warnung bedurfte keiner weiteren Erklärung. Nur solange Küpper nichts über Hans wußte, hätte ihn niemand zwingen können, ihn zu verraten.

Es war eine unbedachte Indiskretion, die nicht nur Küpper kompromittierte, sondern auch Hans selbst, und die darüber hinaus die Frau, die ihn verborgen hielt, gefährdete. Eine Zeitlang war er zu betroffen, um ihr zu erzählen, was geschehen war, aber als sein Gewissen es schließlich doch forderte, wurde sie zornig und verlangte, daß er von jetzt an nur noch in ihrer Begleitung ausginge.

In dieser Abhängigkeit, in der Hirschel lebte, kam es ihm sehr zustatten, daß er von klein auf an den Umgang mit starken Frauen gewöhnt war. Er war mit einer dominierenden Mutter aufgewachsen, und seine Wohltäterin, die Gräfin Maria von Maltzan, war eine noch überwältigendere Persönlichkeit. Maria von Maltzan – Maruschka, wie Hans und viele andere sie nannten – stammte aus einem alten, vor Jahrhunderten nach Norddeutschland eingewanderten schwedischen Adelsgeschlecht. Sie war eine faszinierende Frau, die Männer unwiderstehlich anzog. Von «Emanzipation» zu sprechen, wäre ihr nie in den Sinn gekommen. Noch nie hatte sie das Gerede über die Unterlegenheit der Frau akzeptiert. Hinsichtlich ihrer Körperkräfte stand sie vielen Männern ihrer Statur nicht nach und war obendrein, gemessen an ihnen, meist wesentlich aktiver.

Sie war im Judo geübt, ritt wie ein Jockey und konnte kilometerweit schwimmen. Sie hatte schmale Hüften und den Gang eines Mannes, und doch strahlte sie eine unübersehbare Weiblichkeit aus.

Sie hatte Hans Hirschel 1939 auf einer Soiree bei der Leiterin der Internatsschule, die sie früher besucht hatte, kennengelernt. Hans hatte in dieser Schule einst Englischunterricht genommen. Sie war dreißig, Hans neununddreißig. Sie war schlagfertiger als Hans, geübter im geistreichen Spiel mit Gedanken, er dagegen verfügte über den reicheren Schatz an Lebenserfahrung und Wissen, und die Tatsache, daß er Jude war, übte einen großen Reiz auf sie aus. Ihr wagemutiges Wesen vereinte sich mit ihrem Abscheu vor den Nationalsozialisten, und die gegen deren Rassengesetze verstoßende Verbindung mit einem Juden war für sie eine Gelegenheit, ihnen ihren Trotz zu zeigen.

Der symbolische Wert, den diese Beziehung für beide gehabt haben mochte, wurde bald unerheblich – sie verliebten sich Hals über Kopf ineinander. Aber auch als Liebespaar lebten sie nicht zusammen – teils aus Vorsicht, teils aus Rücksicht auf Hans' Mutter, die die Vorstellung eines Verhältnisses ihres Sohnes mit einer «arischen» Frau entsetzte. Ihre Entdeckung hätte lange Haft, möglicherweise den Tod bedeutet.

Im Februar 1942 waren jedoch bereits so viele Freunde der Hirschels deportiert worden, daß weder Vorsicht noch Rücksicht länger angebracht waren. Hans zog in Maruschkas Wohnung. Mit einem Trick, den die Gräfin ausgetüftelt hatte, lenkte er die Verfolger auf eine falsche Spur. Er gab seiner Mutter einen Brief, in dem er seinen Selbstmord ankündigte: er könne das alles nicht mehr ertragen, sei nicht mehr in der Lage, sich selbst zu ernähren, und für sie nur eine Last. «Vielleicht wird es leichter, wenn Du allein bist», lautete der Schluß des Briefes.

Einige Tage, nachdem Hans untergetaucht war, schickte Frau Hirschel Hans' Brief an die Polizei und schrieb dazu, daß sie Hans seit mehreren Tagen vermisse. Sie bat darum, den Wannsee absuchen zu lassen, in dem sich bereits viele Juden ertränkt hatten. Wie Maruschka vorausgesehen hatte, war die

Polizei nicht daran interessiert, nach der Leiche eines vermißten Juden zu suchen, und so wurde er in ihren Akten von da an als tot geführt.

Maruschkas Wohnung in der Detmolder Straße in Wilmersdorf war früher ein Laden gewesen. Vor der großen Schaufensterscheibe hatte Maruschka Vorhänge angebracht. Der vordere Teil des Ladens diente jetzt als Wohnzimmer. Ein Flur führte am Schlafzimmer und am Bad vorbei in die helle Küche, in der Maruschka Kanarienvögel und Finken in Käfigen hielt. Vom Küchenfenster aus konnte man auf einen kleinen, eingezäunten Hof sehen. Dieser wiederum grenzte an den Nachbarhof, in dem ein riesiger, geradezu graziös gewachsener Kastanienbaum stand.

Bei seinem Einzug brachte Hans eine Bettcouch mit. Es war ein massives, kastenförmiges Mahagonimöbel mit einem innen von Scharnieren gehaltenen Deckel, den man öffnen konnte, um das Bettzeug unterzubringen. «Weißt du», sagte Maruschka eines Tages, als sie die Couch betrachtete, «das wäre das perfekte Versteck für dich, falls wir je eines brauchen.»

«Ich würde ersticken», meinte Hans.

«Nein, das würdest du nicht. Wir könnten Löcher in den Boden bohren.»

Mit einem Handbohrer brachte sie die Löcher an und überzog dann die Unterseite mit lose gewebtem Rupfen. Innen befestigte sie an der Oberseite eine Schnappvorrichtung, so daß Hans den Deckel von innen verriegeln konnte, wenn er hineingeklettert war. Das Polster auf dem Kasten fiel dann in seine alte Lage zurück.

Jeden Morgen, bevor Maruschka zur Universität zu ihren Vorlesungen fuhr – sie bereitete sich auf ihr veterinärmedizinisches Staatsexamen vor –, stellte sie ein Glas frisches Wasser und ein hustendämpfendes Mittel ins Innere der Couch.

Auch wenn Hans jetzt mit Maruschka zusammenlebte, erhob seine Mutter weiterhin mit Nachdruck Anspruch auf ihn. Luzie Hirschel hatte nach dem Tod ihres Mannes – er starb, als Hans noch ein Kind war – nicht wieder geheiratet. Hans' Vater war Richter in Kattowitz gewesen, zu einer Zeit, als Juden nur äußerst selten ein Richteramt in Deutschland ausübten. Luzie

Hirschel war eine geborene Grünfeld, Tochter eines Bauunternehmers, der bei seinem Tod jedem seiner dreizehn Kinder ein kleines Vermögen hinterlassen hatte. Sie verlangte sehr viel von Hans, vor allem, nachdem seine um vier Jahre jüngere Schwester während eines Arbeitsaufenthaltes in Italien einem Herzschlag erlegen war. Auch wenn Frau Hirschel es nie offen zugab, so schien sie es doch als selbstverständlich anzusehen, daß Hans im Falle ihrer Deportation mit ihr gehen würde. Allein diese Erwartung versetzte Maruschka schon in Wut, und sie setzte Hans auseinander, daß seine Mutter ohne ihn nach Theresienstadt gebracht werden würde, wo sie eine Überlebenschance hätte, wohingegen ihnen beiden gemeinsam die Deportation nach Polen sicher sei. «Hans, Polen ist der Tod», beschwor ihn Maruschka.

Es war mehr böse Ahnung, die sie veranlaßte, ihn zu warnen, als sicheres Wissen, da noch keine Berichte über die Massenvernichtung bis nach Berlin gelangt waren. Aber Maruschka kannte die Nazis – ihr Schwager war der Feldmarschall Walter von Reichenau, ein Parteimitglied –, und sie hatte Hitlers in ‹*Mein Kampf*› abgegebenes Versprechen, die Juden zu vernichten, nicht vergessen. Sie hatte sich dafür entschieden, ihn beim Wort zu nehmen.

Dann trat eine gewichtige Veränderung ein: Maruschka wurde schwanger. Luzie Hirschel war außer sich vor Freude über die Aussicht, daß die Familienlinie erhalten bleibe, und gab ihre Erwartung auf, daß Hans sie bei einer Deportation begleiten solle. Hans widersprach. Es sei seine Sohnespflicht, mit ihr zu gehen, und er sei entschlossen, sie zu erfüllen. Luzie wollte nichts dergleichen mehr hören. «Ein Mann gehört zu Frau und Kind», erklärte sie.

Zwischen den beiden Frauen entwickelte sich eine enge Beziehung. Da Hans seine Mutter nicht besuchen konnte, ohne Gefahr zu laufen, von ihren Nachbarn gesehen zu werden, erbot sich Maruschka, an seiner Stelle täglich nach ihr zu sehen. Eines Tages im Frühjahr 1942 fand sie Luzie beim Betreten ihrer Wohnung bleich und aufgelöst vor: Ein Gestapo-Beamter hatte sie angezeigt, weil sie ihren Judenstern mit ihrer Pelzboa verdeckt hatte.

Wenige Tage später traf die Deportationsankündigung ein. So gefährlich es auch für Hans war, in der Wohnung seiner Mutter aufzutauchen, war er doch entschlossen, Abschied von ihr zu nehmen. Als er an ihrem letzten Abend gegen neun Uhr bei ihr ankam, öffnete Maruschka ihm die Tür. Er ging an ihr vorbei zu seiner Mutter. Er hatte sie seit sechs Wochen nicht mehr gesehen. Sie umarmten sich. Keiner von ihnen sagte etwas. Als sie sich voneinander lösten, sah er, daß sie schwarz gekleidet war. Sie trug eines ihrer besten Kleider. Hans bemerkte neben der Tür ein Köfferchen und einen Mantel. Am gleichen Tag hatten Maruschka und zwei ihrer Nichten mehrere kostbare Schmuckstücke ins Futter dieses Mantels eingenäht. Luzie Hirschel hoffte, sich mit ihnen eine Vorzugsbehandlung erkaufen zu können.

Sie redeten eine halbe Stunde lang miteinander – vor allem darüber, wie sehr sich Luzie Hirschel wünschte, daß Hans überleben möge. Nur kurz sprach sie über ihre bevorstehende Deportation nach Theresienstadt. Auf ihnen lastete spürbar eine furchtbare Wahrheit: Luzie Hirschel hätte 1938, vor nur vier Jahren, die Möglichkeit gehabt, nach England zu emigrieren, wo sich Familienangehörige von ihr bereits niedergelassen hatten. Sie war geblieben, entschlossen, Hans nicht zu verlassen, dem es nicht gelungen war, sich die Arbeitserlaubnis zu verschaffen, die er gebraucht hätte, um sie begleiten zu dürfen.

Es war bereits nach halb zehn. Hans konnte nicht riskieren, länger zu bleiben. Sie standen auf, um Abschied zu nehmen. Frau Hirschels Augen waren trocken. «Mein Leben hat so wunderbar begonnen», sagte sie. «Schade, daß das Ende so bitter ist.»

Diese Worte, die zeigten, daß seine Mutter mit allem abgeschlossen hatte, brachten Hans aus der Fassung. Er kämpfte mit den Tränen. Ohne ein weiteres Wort küßte er sie und ging.

Luzie Hirschel horchte seinen Schritten nach und wandte sich, als sie verklungen waren, Maruschka zu: «Wie wird es enden?» fragte sie sanft.

Die beiden Frauen umarmten sich. Wenige Augenblicke später ging auch Maruschka.

Am nächsten Tag kam Maruschka noch einmal in die Wohnung zurück, getrieben von der winzigen Hoffnung, daß Frau Hirschel vielleicht doch noch dasein könnte. Eine Nachbarin bestätigte ihr jedoch, daß sie abgeholt worden war. Sie habe dabei so viel Würde bewahrt, berichtete die Frau, daß selbst die Gestapo sie mit Respekt behandelt habe.

Dann trat die Nachbarin – sie war die Frau eines Offiziers – dicht an Maruschka heran. «Hören Sie», flüsterte sie, «ich würde Sie niemals verraten. Hans ist doch bei Ihnen, oder? Geht es ihm gut?»

«Hans ist tot», sagte Maruschka.

In den Wochen darauf konnte Maruschka geradezu spüren, wie sich das Leid in Hans zusammenballte. Sie betete darum und fürchtete sich gleichzeitig davor, daß es endlich zum unausweichlichen Ausbruch seiner Gefühle käme. Als sie eines Abends nach einem langen Arbeitstag, der bereits um fünf Uhr morgens begonnen hatte, nach Hause zurückkehrte, hörte sie ein lärmendes Singen und mußte mit Entsetzen feststellen, daß es aus ihrer Wohnung kam. Sie stürzte hinein. Neben Hans saß ein weiterer illegaler Jude, ein befreundeter Schauspieler namens Willy Buschoff. Die beiden sangen, so laut sie konnten: «Sh'ma Yisroel adonoy elohenu, adonoy echod.»

Tage später, als sie sich wieder gefaßt hatten, übersetzte er ihr den Wortlaut dieses bekannten hebräischen Gebets: «Höre, o Israel, den Herrn, unsern Gott, der Herr ist Einzig.»

3

Ruth Thomas war eine graziöse Frau Ende zwanzig, die sehr auf ihr Äußeres achtete und sich leicht und sicher in den angesehensten gesellschaftlichen Kreisen zu bewegen vermochte – und das setzte schon bald nach der Machtergreifung der Nationalsozialisten voraus, daß man ihr «die Jüdin nicht ansah». Sie trug elegante Schneiderkostüme mit engen Röcken – eigene Kreationen, die sich, verglichen mit den plumpen, eintönigen, beinahe uniformartigen Erzeugnissen der deutschen Bekleidungsindustrie, wie französische Haute Couture ausnahmen. Ihre kreative Begabung prägte jedoch nicht nur ihre äußere Erscheinung. Sie verlieh ihr auch jene Lebhaftigkeit und Frische, die ihre besondere Anziehungskraft ausmachten. Alle Leute mochten sie, weil sie die Fähigkeit hatte, sie aufzumuntern und heiter zu stimmen. Die winzigen Lachfältchen um ihre braunen Augen signalisierten eine Frohnatur, wie niemand sie einer Verfolgten zugetraut hätte. Sie konnte ungeheuer ausgelassen sein und andere mit ihrem Lachen anstekken.

Je weiter sie die Verfolgung von dem aufregenden, sorglosen Leben entfernte, für das sie von ihrer Herkunft und ihrem Naturell her wie geschaffen schien, desto fester war sie entschlossen, nicht zu verzweifeln. Ihr wirksamster seelischer Schutz in jener Schreckenszeit war ihre Fähigkeit, die Welt so zu sehen, wie sie sie sich wünschte. Der Krieg hatte ihre Auswanderungspläne vereitelt. Sie war in Deutschland gefangen. Sie sah für sich nur eine Möglichkeit, mit der unangenehmen Wirklichkeit umzugehen: sie nicht zur Kenntnis zu nehmen. «Wenn ich etwas nicht akzeptieren kann», sagte sie oft, «dann tue ich einfach so, als wäre es nicht da.» Sie mied Zeitungen und Rundfunknachrichten, und wenn in Gesprächen mit Freunden über die politische Situation diskutiert wurde, wandte sie sich ab. Man mag diese Haltung als «wirklichkeitsfremd» bezeichnen, doch sie war ihr einziges Mittel, ihren zähen Überlebenswillen zu stärken und ihre Überzeugung zu festigen, daß es ihr trotz der sich ständig verschlechternden Bedingungen gelingen würde, die Zeit des Terrors zu überleben. «Ich hoffe nicht nur, daß Hitler den Krieg verliert», erklärte sie häufig, «ich bin mir dessen sogar ganz sicher. Wir sind eine alte Familie. Wir leben nun seit hundertfünfzig Jahren hier. Hitler ist ein Emporkömmling. Ich werde ihn überleben.»

Wenn solche Äußerungen auch vornehmlich ihrer eigenen Ermutigung dienten, entsprachen sie doch ihrer gesamten Wesensart und einem tiefverwurzelten Unabhängigkeitsdrang, den sie von ihrer Mutter, Anna Rosenthal, geerbt zu haben schien. Diese war zwischen den Weltkriegen eine für deutsche Verhältnisse äußerst seltene Erscheinung gewesen: eine emanzipierte Frau mit solider Ausbildung und einem unbestechlichen Verstand. Unter ihren Geschwistern galt sie als die stärkste Persönlichkeit innerhalb der Familie. Sie bewunderten sie, weil es ihr sehr früh, nach dem Tod der Mutter, gelungen war, sich finanziell auf eigene Füße zu stellen. Als sie mit Anfang dreißig geheiratet hatte – einen entfernten Vetter gleichen Namens –, war sie bereits eine etablierte Geschäftsfrau in der Textilbranche gewesen. Wie klug ihr Entschluß gewesen war, hatte sich bestätigt, als ihr Mann relativ jung einer Grippeepidemie zum Opfer gefallen war.

Wie ihre Mutter war auch Ruth eine starke, selbstsichere Persönlichkeit. Als Gestapo-Beamte sie 1939 beschuldigten, Strümpfe gehortet zu haben, und sie aufforderten, mit ihnen ins Polizeipräsidium zu kommen, erwiderte sie: «Warum sollte ich? Was werfen Sie mir vor? Sie haben doch keine Strümpfe bei mir gefunden.»

«Sie sind Jüdin. Wie kommen Sie dazu, sich solche Unverschämtheiten zu erlauben?» fuhr sie einer der Beamten wütend an.

«Sie haben keinen Grund, mich zu beschuldigen», beharrte Ruth. «Nennen Sie mir einen Grund. Sie haben das ganze Haus durchsucht und nichts gefunden.»

Trotz ihrer Einwände brachten die Männer sie ins Polizeipräsidium am Alexanderplatz. Doch auch hier fuhr sie fort, sich empört darüber zu beschweren, daß man sie ohne jedes Beweismaterial beschuldigte. Als man sie schließlich gehen ließ, trat ein Beamter namens Draeger – er war in jüdischen Kreisen als freundlicher, wohlwollender Beamter bekannt – auf sie zu. Er hatte sie während des Verhörs mit heimlicher Sympathie beobachtet. «Wenn alle so mutig gewesen wären wie Sie», sagte er leise, «hätte sich die Gestapo manches nicht leisten können.»

Drei Jahre lag dieser Vorfall nun schon zurück. Viele Verwandte und Freunde von Ruth waren in der Zwischenzeit deportiert worden. Doch sie selbst, ihr Mann Kurt Thomas und ihre Mutter waren bislang unbehelligt geblieben. Das war – zumindest teilweise – auf eine besondere Begabung Ruths zurückzuführen. Ihre Modellkleider und Entwürfe standen bei der einheimischen Textilindustrie hoch im Kurs. Die deutschen Firmen, denen sie Entwürfe lieferte, durften sie auf Grund einer Sondergenehmigung beschäftigen, die auch Kurt und ihre Mutter, die als ihre Assistenten galten, schützte.

Am 9. November 1942 erwachte Ruth mit leichten Grippesymptomen und beschloß, an diesem Tag nicht zur Arbeit zu gehen. Sie blieb in ihrem Bett in der Wilmersdorfer Wohnung liegen, die sie und ihre Angehörigen mit einer Reihe anderer Juden teilen mußten. Am späten Nachmittag hörte sie ein Klopfen an der Tür. Sie fühlte sich zu schwach, das Bett zu verlassen. Als sie eine Stunde später schließlich aufstand, fand sie einen unter der Tür hindurchgeschobenen Brief. Es war eine an sie und ihre Mutter gerichtete Aufforderung der Gestapo, sich am nächsten Tag im Gestapo-Quartier in der Burgstraße einzufinden.

Was war der Grund für diese Vorladung? Sie konnte sich lediglich vorstellen, daß irgend jemand ungewollt die Aufmerksamkeit der Gestapo auf sie gelenkt hatte. Aber wer? Die einzige Person, die ihre Adresse kannte und zugleich in der

Lage war, sie zu belasten, war eine Frau, von der sie «schwarz» Lebensmittel bezog. Was auch immer zu diesem Bescheid geführt haben mochten – Ruth begann an diesem Abend zu begreifen, daß Trotz und stolze Verachtung ihr von nun an nicht mehr weiterhelfen würden. Zuviel war inzwischen geschehen, als daß sich die Realität noch länger hätte verleugnen lassen können. Von den Juden, mit denen sie die Wohnung teilte, waren bereits mehrere deportiert worden. Andere hatten die Beengtheit, in der sie leben mußten, seitdem die Nazis sie in Judenhäusern zusammengepfercht hatten, nicht mehr ertragen können und Selbstmord begangen. Selbst Ruth hatte die Vertreibung aus ihrer früheren Wohnung und den Zwang, dieses Getto-Leben in einem Judenhaus ohne Radio und Telefon führen zu müssen, nur mit Mühe verkraftet. Theoretisch genossen Kurt, ihre Mutter und sie dank ihrer Arbeitserlaubnis noch immer einen gewissen Schutz, doch sie wußte, daß die Nazis diese Genehmigung jederzeit widerrufen konnten und daß ihnen dann wie den anderen Juden die Deportation in ein Lager drohte.

Als ihre Mutter und Kurt am Abend in die Wohnung zurückkehrten, teilte Ruth ihnen ihre Entscheidung mit: Es war an der Zeit unterzutauchen.

«Meinst du nicht, es wäre besser, wenn ihr zur Gestapo geht?» fragte Kurt.

Ruth schüttelte entschieden den Kopf. «Wenn wir da hingehen, kommen wir nicht mehr zurück.»

Noch in derselben Nacht rissen sie die Sterne von ihren Kleidern. Mit Geld und einigen Wertgegenständen versehen, die sie eigens für eine derartige Notsituation aufbewahrt hatten, machten sie sich getrennt auf den Weg zu verschiedenen Verstecken: Ruths Mutter zu ihrem Bruder Max Rosenthal, der dank seiner Ehe mit einer Christin «privilegierter» Jude war, Kurt zur Wohnung seiner ebenfalls nichtjüdischen früheren Frau Lia Thomas und Ruth zu einer jungen Frau namens Lisa Krauss, die als Sekretärin eines bekannten, großen Konditoreibetriebes tätig war. Bevor die Arisierungsmaßnahmen eingesetzt hatten, war diese Firma von den drei Brüdern Dobrin, Freunden der Familie, geführt worden. Diese hatten Ruth Lisa

Krauss als zuverlässige Person empfohlen. Sie hatten ihr selbst in Erwartung ihrer eigenen Deportation einen Teil ihrer Wertsachen anvertraut.

Doch schon bald kam es zu Streitigkeiten zwischen Lisa und Ruth. Lisa wußte sehr wohl, daß ihr selbst die Einweisung in ein Lager drohte, wenn man Ruth bei ihr entdecken würde. Und diese wiederum empörte es, mit ansehen zu müssen, wie Lisa den zurückgelassenen Besitz ihrer jüdischen Freunde zu ihrem eigenen Nutzen verwendete. Noch ehe eine Woche vergangen war, beschloß Ruth, Lisa wieder zu verlassen.

Kurt Thomas hatte ihr geraten, Barsch, einen Kommunisten, mit dem er befreundet war, um Hilfe zu bitten, wenn sie in eine Notlage geraten sollte. Ruth traf das Ehepaar Barsch in ihrer Wohnung an. Die beiden waren sehr freundlich zu ihr, doch ergab sich im Gespräch rasch eine unvorhergesehene Komplikation. Herr und Frau Barsch erklärten, daß sie Ruth, wenn es allein in ihrer Macht stünde, gern bei sich aufnehmen würden. Doch sie hätten eine Tochter, Hilde Hohn, die mit einem SS-Offizier verheiratet sei. Hohn sei als Verwaltungsoffizier in ein polnisches Arbeitslager abkommandiert worden, aber Hilde wohne bei ihnen. Sie verbringe lediglich das Wochenende auf dem Gut ihrer Schwiegereltern und würde am Montag zurückkehren. Ruth mußte dem Ehepaar Barsch versprechen, bis dahin das Haus wieder verlassen zu haben. Hilde wußte, daß ihre Eltern Juden unterstützten, und sie litt sehr unter der heiklen Situation, in die sie sie dadurch brachten.

Am Montag, als sich Ruth von Herrn und Frau Barsch verabschiedet hatte und allein auf die Straße hinaustrat, begriff sie zum erstenmal gefühlsmäßig, daß sie jetzt kein Zuhause mehr hatte. Ihr seelischer Schutzschild, der ihr so lange Zeit geholfen hatte, begann sich an der Wirklichkeit zu zerschleißen.

Als sie sich langsam vom Hauseingang entfernte, sah sie ein Taxi vorfahren. Eine junge Frau stieg aus dem Wagen, ein paar Jahre älter als Ruth, aber von einer so auffallenden Ähnlichkeit mit ihr, daß man sie leicht für Schwestern hätte halten können. Die Gesichtszüge der Frau waren ein wenig stärker ausgeprägt, aber sie hatte die gleiche Haar- und Hautfarbe wie Ruth, die gleiche zierliche Statur, die gleiche betonte Eleganz. Sie bezahlte, nahm ihr Gepäck, wandte sich um und erblickte Ruth.

Noch unzählige Male fragte sich Ruth im nachhinein, was Hilde wohl in diesem Augenblick ihrer ersten Begegnung durch den Kopf gegangen sein mochte. Erkannte sie intuitiv in Ruth Seiten ihrer selbst wieder? Was auch immer in Hilde vorging – Ruth fühlte sich bei ihrem Anblick intuitiv zu ihr hingezogen. Diese Frau, das wußte sie, war ihre einzige Hoffnung. Sie war bereit, alles auf eine Karte zu setzen. «Sind Sie Frau Doktor Hohn?» sprach sie sie an.

Hilde lächelte kaum merklich, ehe sie antwortete. «Sie müssen eine von Vaters Bekannten sein», sagte sie dann. Sekunden verstrichen. Hilde seufzte. «Kommen Sie», sagte sie schließlich. «Helfen Sie mir, die Pakete hochzutragen.»

4

Wilhelm Glaser war ein eifriger und sachkundiger Besucher kultureller Veranstaltungen aller Art. Im Berlin der zwanziger Jahre gab es ein breitgefächertes Angebot an Theaterstücken und Konzerten, von klassischen bis hin zu extrem avantgardistischen Darbietungen. Nach dem Besuch solcher Aufführungen traf man sich in besonderen Cafés, um über das Gehörte oder Gesehene zu diskutieren.

Im Laufe der Jahre hatte er sich ein geradezu enzyklopädisches Theaterwissen angeeignet, doch seine Leidenschaft gehörte allein der Oper. Zu seinen kostbarsten Schätzen zählte eine Sammlung von Autogrammfotos der bedeutendsten Sänger und Sängerinnen seiner Zeit. Mit zwölf Jahren hatte er einmal nach einer Opernaufführung weinend den Saal verlassen.

«Warum weinst du denn?» hatte ihn ein besorgter Saaldiener gefragt.

«Weil es vorbei ist», hatte Wilhelm erwidert.

Seine Eltern hatten sich schon früh darum bemüht, seine Liebe zur Kunst zu fördern. Ein gutes Zeugnis trug ihm eine Karte für die Oper oder ein Konzert ein. Dennoch war er nie gut in der Schule. Es hatte ihm der Ehrgeiz, der innere Antrieb gefehlt – ein Mangel, den er selbst auf seine illusionslose Weltsicht zurückführte. «Meine Generation hatte keine Möglichkeit, Großes zu leisten», pflegte er Jahre später zu erklären. «Zuerst kam der Erste Weltkrieg, dann die Inflation – und das bedeutete, möglichst schnell irgendeinen Beruf zu erlernen, um zu überleben – und schließlich Hitler.»

So waren seine Pläne meistens sehr bescheiden. Hätte er das nötige Talent besessen, wäre er gern Musiker geworden. Hätte die Welt anders ausgesehen, hätte es ihm Spaß gemacht, ein Reisebüro zu eröffnen, weniger wegen des Geldes als der Gelegenheit, Reisen zu unternehmen. Und es hatte einen Abschnitt seines Lebens gegeben, in dem er sich für etwas begeistert hatte: die Jahre nach dem Ersten Weltkrieg, als die Kommunisten die Revolution verkündet hatten und ein Klima der Veränderung herrschte. «Wir arbeiteten sechs Tage in der Woche», erinnerte er sich später, «auch am Sonnabend, von acht bis sechs. Auf einmal kamen Leute, die den Acht-Stunden-Tag und die Fünf-Tage-Woche forderten. Bis dahin war der Chef gleich nach dem lieben Gott gekommen. Jetzt war plötzlich die Rede davon, daß wir Räte bilden und selbst über unser Schicksal bestimmen sollten.»

Im Schutz der Weimarer Republik war eine Zeit enormen politischen Engagements und demokratischer Bestrebungen angebrochen, die zwar veränderungsfreudigen Gemütern Auftrieb gab, der breiten Masse der Deutschen jedoch nicht behagte. Für große Teile der Bevölkerung war die Republik eine Bastardkreatur der Siegermächte. Die moralische und künstlerische Experimentierfreudigkeit, die mit dem kühnen politischen Unternehmungsgeist einherzugehen schien, schreckte die meisten Deutschen ab. Sie sehnten sich nach dem autoritären Geist zurück, der das Leben in Deutschland seit Menschengedenken bestimmt hatte, und betrachteten die führenden Politiker und Kulturschaffenden der Weimarer Zeit als volksfremde Minderheit. Die Tatsache, daß viele führende Köpfe dieser unliebsamen politischen und kulturellen Gruppierungen Juden waren, bestärkte die Mehrheit der Bevölkerung in ihren judenfeindlichen Vorurteilen. Diese gehörten ebenso unabdingbar zum teutonischen Erbe wie die Musik Richard Wagners – der selbst ein fanatischer Antisemit gewesen war.

Auch die wirtschaftlichen Probleme der Weimarer Republik trugen zur allgemeinen Skepsis gegenüber der Demokratie bei. Eine verheerende Inflation, die ihren Höhepunkt im Winter 1923/24 erreichte, hatte die deutsche Währung ruiniert und alle Ersparnisse zunichte gemacht. Erst 1927/28 setzte ein vorübergehender Wirtschaftsaufschwung ein. In einigen wichtigen Wirtschaftssektoren überstiegen die Produktionsziffern zum erstenmal die der Vorkriegszeit, der Exporthandel wurde ausgebaut, die Arbeitslosigkeit ging stark zurück, die Gewerkschaften erkämpften Lohnerhöhungen. Doch die Stabilisierung, die zum großen Teil staatlichen Eingriffen zu verdanken war, war von kurzer Dauer. Das Wallstreet-Fiasko vom 25. Oktober 1929, dem «Schwarzen Freitag», erschütterte auch die deutsche Wirtschaft schwer und verlieh dem kommunistischen Argument von der Gefährlichkeit der Macht der Kartelle neue Glaubwürdigkeit. Im Winter 1929/30 geriet Deutschland in eine so tiefgreifende Wirtschaftskrise, daß ein Drittel der Bevölkerung ganz oder teilweise von staatlicher Unterstützung leben mußte.

Zur Zeit der für den 14. September 1930 angesetzten Neuwahlen befanden sich Regierung, Industrie, Landwirtschaft und Gewerkschaften in einem Zustand unlösbar scheinender Zerstrittenheit. Die Wähler reagierten auf die chaotische Situation, indem sie statt der bisher 12 Abgeordneten der NSDAP nunmehr 107 in den neuen Reichstag einziehen ließen. Dieses Ergebnis bedeutete das Ende der Koalitionsregierung unter Reichskanzler Heinrich Brüning und damit zugleich der Möglichkeit staatlicher Eingriffe in die Wirtschaft. Produktionsziffern und Löhne gingen rapide zurück, und die Zahl der Erwerbslosen stieg von Monat zu Monat. In dem Maße, wie sich die wirtschaftliche Lage verschlechterte, wuchs der Einfluß der Nazis. Ende 1932 hatten die Weimarer Republik und ihre demokratischen Grundsätze keine Überlebenschancen mehr, und als 1933 Hitler an die Macht gelangte, mußte Wilhelm Glaser seine egalitären Träume, die ihn in den zwanziger Jahren beflügelt hatten, endgültig begraben.

Freunde versuchten ihn zu beschwichtigen: Hitler würde sich durch seine Unfähigkeit bald selbst das Wasser abgraben. Er würde nicht länger als ein paar Monate an der Macht bleiben. Wilhelm glaubte ihnen nicht, doch er zog es vor, zu schweigen. Daß die politischen Entwicklungen schon bald darauf seine Befürchtungen bestätigten, verschaffte ihm keine Genugtuung. Unter dem NS-Regime erlebte das Land einen spektakulären wirtschaftlichen Aufschwung, der hauptsächlich auf die aus Steuermitteln und «freiwilligen Abgaben» finanzierte Wiederaufrüstung zurückzuführen war. Diese stellte zwar eine eklatante Verletzung des mit dem Versailler Vertrag getroffenen Friedensabkommens nach dem Ersten Weltkrieg dar, aber das schien den deutschen Durchschnittsbürger nicht im geringsten zu stören – im Gegenteil. Die Zahl der Arbeitslosen sank von sechs Millionen im Jahre 1933 auf eine Million im Jahre 1938. Die Lebensbedingungen der arbeitenden Bevölkerung verbesserten sich enorm: Für wenig Geld konnten sich nun viele Bürger Erholungsaufenthalte an Seen, in Bade- und Winterkurorten leisten. An diesen Vergünstigungen hatte Wilhelm allerdings keinen Anteil. Jede Verbesserung der Lebenssituation der «guten Deutschen» schien neue Einschränkungen für die Juden mit sich zu bringen. Jüdische Professoren verloren ihre Lehrstühle, jüdische Anwälte und Ärzte ihre Praxen. Jüdische Schüler und Studenten wurden von den Schulen und Universitäten verwiesen. Verbindungen zwischen Juden und «Ariern» wurden untersagt. Juden wurden gezwungen, ihre Firmen und Geschäfte zu einem Bruchteil ihres Wertes zu verkaufen, ihre Wertsachen registrieren zu lassen und schließlich abzuliefern. Sie mußten ihren Vornamen die Zusatznamen «Israel» beziehungsweise «Sara» beifügen. In ihre Pässe wurde in roter Farbe ein unübersehbares, drei Zentimeter hohes «J» gestempelt.

Nach dem Einmarsch deutscher Truppen in Polen am 1. September 1939 zeigte sich Wilhelm trotz aller böser Vorahnungen ein wenig erleichtert. «Diese ganze Sache wird ein blutiges Ende nehmen», sagte er sich, «denn dieser Hitler ist verrückt. Er behauptet, die Juden hätten den Krieg angefangen, und er ist wahnsinnig genug, tatsächlich daran zu glauben.»

Doch schon bald verlor er jede Hoffnung, daß das deutsche Volk, an das er vor einiger Zeit noch geglaubt hatte, sich gegen einen neuen Weltkrieg sträuben würde. Zwar konnte er in den Augen der Leute auf der Straße keine Begeisterung und kein Engagement entdecken, eher ein fast ängstliches Widerstreben dagegen, in diesen Krieg hineingezogen zu werden – aber von einem Aufbegehren konnte keine Rede sein. Vom Krieg selbst spürte man nicht viel, abgesehen von den Männern in Uniformen, die jetzt das Straßenbild bestimmten, und den ständigen Meldungen über die ungeheuren militärischen Fortschritte. Berlin blieb von diesem Geschehen unberührt. Die Bevölkerung der Stadt war sich des Kriegszustandes kaum bewußt und litt keinen Mangel. Im Gegenteil: Zunächst schien sich ihre eigene materielle Situation mit dem erstarkenden Nationalgefühl noch zu verbessern.

Die zunehmende Zufriedenheit seiner ehemaligen Arbeitskollegen verbitterte Wilhelm. Er wäre lieber Angestellter geblieben, aber die Umstände hatten ihn dazu gezwungen, sich selbständig zu machen. Nachdem die Nazis Mitte der dreißiger Jahre die Firma, bei der er beschäftigt gewesen war, ausgehungert hatten und er keine neue Arbeit finden konnte, hatte er widerstrebend ein kleines Textilgeschäft eröffnet. Auch diesen winzigen Betrieb mußte er 1941 aufgeben, als die Nazis den nunmehr Einundvierzigjährigen zur Zwangsarbeit in einer Fabrik verpflichteten.

Je weiter sich Wilhelms Lebenssituation verschlechterte, desto fatalistischer wurde seine Einstellung. Wenn er auf die vergangenen Jahre zurückblickte, festigte sich seine Überzeugung, daß sich sein Leben auf eine unheilvolle Zukunft zubewegte. Seine beiden Brüder waren Mitte der dreißiger Jahre ausgewandert, der eine nach Palästina, der andere zunächst nach Shanghai und von dort aus in die USA. Willi hatte gar nicht erst den Versuch unternommen zu emigrieren, da er nicht glauben konnte, daß irgendein Land Interesse an ihm haben könnte. Wer wollte schon einen nicht mehr ganz jungen Juden ohne Geld und besondere Fähigkeiten aufnehmen? Außerdem mußte einer der Söhne in Deutschland bleiben, um sich um die siebzigjährige Mutter zu kümmern, die nicht zur Ausreise zu bewegen war. Tief im Innern fühlte er den Wunsch, in Deutschland zu bleiben – deshalb hatte er die Verantwortung für die Mutter ohne Zögern übernommen.

Als er seine Mutter an einem Morgen im Dezember 1942 besuchen wollte, fand er ihre Tür versiegelt. Wenn die Nazis einen Menschen aus seiner Wohnung holten, um ihn in Haft zu nehmen oder zu deportieren, versiegelten sie stets die Wohnungstür, damit sie später die Möbel und den übrigen Besitz konfiszieren und versteigern lassen konnten.

Wilhelms Mutter war in ein Gebäude in der Großen Hamburger Straße gebracht worden, dem ehemaligen jüdischen Altersheim, das jetzt als Sammelstelle für die zur Deportation bestimmten Juden diente. Trotz des Risikos, selbst verschleppt zu werden – was, auch das wußte er, mit Sicherheit seinen Tod bedeutet hätte –, suchte er seine Mutter dort auf.

Er erhielt die Erlaubnis, sie kurz zu sprechen. Sie unterhielten sich leise, faßten sich bei den Händen und versuchten, die Tränen zurückzuhalten, um den Abschied nicht noch schwerer zu machen. Dann verschwand seine Mutter für immer.

In den Zeiten, in denen das Leben sinnlos erscheint, verlieren Risiken ihren Schrecken. In dieser Situation nahm Wilhelm Glaser seinen ganz persönlichen Kampf gegen das Schicksal auf. Auf dem Weg zur Arbeit und auf dem Heimweg entfernte er den Stern von seinem Mantel. Seine Arbeitsstätte in Weissensee lag etwa sechs Kilometer von seiner Lichtenberger Wohnung entfernt. Er arbeitete von sechs Uhr morgens bis sechs Uhr abends. Wenn er die Strecke zwischen seiner Wohnung und seinem Arbeitsplatz zu Fuß zurückgelegt hätte – und den Bestimmungen zufolge war er eigentlich dazu verpflichtet –, hätte er spätestens um vier Uhr dreißig das Haus verlassen müssen und wäre abends nicht vor halb acht wieder zurückgewesen. Es wäre ihm keine Zeit geblieben, um Lebensmittel und andere notwendige Dinge einzukaufen. Also nahm er den Judenstern ab und fuhr mit der Straßenbahn, obgleich er wußte, daß ihn nichts vor der Deportation in ein KZ bewahren könnte, wenn man ihn dabei ertappte. Wenn er ausstieg, schlüpfte er in eine Toreinfahrt in der Nähe der Farben- und Lackefabrik Warnecke und Boehm, in der er arbeitete, und steckte sich den Stern wieder an. Abends verfuhr er umgekehrt. Er wußte, daß das Anheften des Judensterns, der ja fest angenäht sein mußte, bereits ein Vergehen war, das zwangsläufig die Deportation zur Folge hatte. Er hatte selbst beobachtet, wie SS-Leute in Zivil am Alexanderplatz Judensterne kontrolliert und alle Juden, die einen nicht ordnungsgemäß befestigten Stern trugen, verhaftet hatten. Aber in seinen Augen war das Abnehmen des Judensterns lediglich ein Risiko unter vielen anderen.

Er lebte damals in einem möblierten Zimmer im ersten Stock eines «jüdischen Hauses». In der Wohnungstür befand sich ein kleiner Spion, hinter dem an Stelle einer kleinen runden Glasscheibe ein Stück Stoff befestigt war. Wenn Wilhelm abends nach Hause kam, steckte er von außen einen Bleistift durch den Spion, schob den Stoff beiseite und spähte hindurch. So konnte er unbemerkt feststellen, ob noch die Mäntel an der Garderobe neben der Tür hingen. Wenn sie einmal nicht mehr dort sein sollten, wußte er, ohne die Wohnung betreten zu müssen, daß seine Mitbewohner abgeholt worden waren. Vielleicht hatte er dann, wenn er schnell genug verschwinden würde, noch eine Überlebenschance.

Am Abend des 31. Januar vergaß Wilhelm seine übliche Vorsichtsmaßnahme. Er schloß die Tür auf, trat in die Wohnung und sah sich plötzlich zwei großen, kräftigen Männern in Zivil gegenüber.

«Ist Ihr Name Glaser?» fragte der ältere der beiden.

«Ja.»

«Packen Sie ihre Sachen, und kommen Sie mit.»

Als er das Nötigste eingepackt hatte, führten sie ihn in eine Wohnung im vierten Stock. Die Bewohner waren alle fort. Wilhelm vermutete, daß sie bereits abgeholt worden waren und daß man nur noch auf einen Nachzügler wartete, der ebenso wie er spät von der Arbeit kam.

Sie warteten die ganze Nacht. Niemand kam. Um sechs Uhr morgens gaben die Gestapo-Beamten auf. «Gehen wir», meinte der ältere.

Als sie die Wohnung verließen, fühlte Wilhelm, wie er bis zum äußersten angespannt war. «Es muß jetzt etwas passieren», dachte er. «Wenn ich erst im Auto sitze, habe ich keine Chance mehr.»

Der jüngere der beiden Männer wandte sich ab, um die Tür zu versiegeln. Wilhelm stieß den älteren Beamten zur Seite und sprang mit langen Sätzen die Treppe hinunter. Der ältere setzte ihm nach. Wilhelm warf ihm den Koffer zwischen die Beine.

Der Mann stürzte, polterte die Treppe hinunter und prallte gegen eine Wand. Er blieb reglos liegen. Wilhelm packte die Angst, als ihm einfiel, daß die Haustür normalerweise zwischen acht Uhr abends und sechs Uhr morgens abgeschlossen war. Doch als er an der Tür zog, gab sie nach. Gott steht mir bei, dachte er. Er stürzte hinaus und rannte um sein Leben.

5

Es war kein Zufall, daß die Nationalsozialisten die «Fabrik-Aktion», bei der sämtliche noch in den Berliner Rüstungsbetrieben beschäftigten Juden an ihrem Arbeitsplatz verhaftet und zusammen mit ihren Angehörigen deportiert werden sollten, am 27. Februar 1943 durchführten. In jenem Jahr fiel dieses Datum auf einen Sonnabend, und die Organisatoren der Aktion gingen – zu Recht – davon aus, daß am Samstagvormittag ein weit größerer Teil der Angehörigen der jüdischen Arbeiter zu Hause anzutreffen sein würde als zu jedem anderen Zeitpunkt.

Bislang waren die Deportationen zumeist in ritenhafter Förmlichkeit durchgeführt worden. Vorangegangen war stets die Erstellung von Listen der zur Deportation bestimmten Personen durch die ‹Reichsvereinigung der Juden in Deutschland›, eine staatlich kontrollierte Organisation, der jeder in Deutschland lebende Jude beizutreten hatte und die von den Nationalsozialisten gezwungen wurde, bei der Vorbereitung der gegen die Juden gerichteten Maßnahmen einschließlich der Verschleppung in die Gettos, Lager und Gaskammern mitzuwirken. Die zur Deportation bestimmten Juden wurden fast immer vorher benachrichtigt und angewiesen, sich bei einer der Sammelstellen, zum Beispiel bei dem ehemaligen Altenheim in der Großen Hamburger Straße, zu melden oder sich zu Hause für den Abtransport durch die Gestapo bereitzuhalten. Sobald das vorgesehene «Kontingent» an Juden – zunächst tausend Personen, später, mit dem Rückgang der jüdischen Bevölkerung Berlins, immer weniger – versammelt war, brachte man sie mit Lastwagen zu den Güterbahnhöfen. Von dort aus wurden sie, in Güterwaggons gepfercht, in die Ostgebiete transportiert.

Diesmal jedoch gab es keine Listen, keine weiteren Anzeichen für eine großangelegte Aktion als eine am 26. Februar an die jüdischen Funktionäre der ‹Reichsvereinigung› ergangene Anweisung, ein halbes Dutzend Durchgangsstellen und ebenso viele Erste-Hilfe-Stationen einzurichten. In der folgenden Nacht umstellten Soldaten der ‹Leibstandarte Adolf Hitler›, der SS-Elitetruppe, die Betriebe, in denen Juden beschäftigt waren. Am Morgen darauf, kurz nach sieben, fuhren Lastwagen der SS vor den Fabriken auf. Die Trupps stürmten in die Gebäude und ergriffen die vollkommen überraschten, verängstigten Juden. Die Festgenommenen wurden zu den Lastwagen geführt, ohne vorher Gelegenheit gehabt zu haben, ihre Arbeitskleidung abzulegen und ihre Wintermäntel und Frühstücksbrote mitzunehmen.

In der Zwischenzeit waren andere Verbände in die Wohnhäuser abkommandiert worden, in denen die jüdischen Familien untergebracht waren. Alte und Kinder wurden aus ihren Unterkünften gescheucht. Man ließ ihnen keine Zeit, sich anzuziehen und den schon zur «Tradition» gewordenen einen Koffer zu packen, den die Nazis bisher ihren zur Deportation bestimmten Opfern immer noch zugestanden hatten. Auch durften sie ihre Verwandten nicht benachrichtigen. Zahlreiche Kinder wurden ohne ihre Eltern abtransportiert. Alte Menschen, die nicht schnell genug auf die Wagen zu klettern vermochten, wurden von den Männern ergriffen und auf die Ladeflächen geschleudert. Einige von ihnen erlitten dabei Knochenbrüche und blieben wimmernd liegen.

Gegen zehn waren bereits mehrere tausend Juden abtransportiert worden. Viele waren während des Überfalls gestorben. Sie hatten sich unter die Räder der Lastwagen geworfen, waren aus dem Fenster gesprungen, hatten Zyankali oder eine Überdosis Veronal geschluckt – Gift, das sie in Erwartung dieses Augenblicks stets bei sich getragen hatten. Den ganzen Tag über durchkämmten Gestapoleute die Stadt, um möglichst viele Juden zu verhaften, ehe sie, gewarnt durch Freunde oder den «Mundfunk», untertauchen konnten.

Es hätte schon besonderer Anstrengungen bedurft, um das auffällige, hektische Treiben der SS und Gestapo und die große Zahl von Polizei- und Militärfahrzeugen zu übersehen, die an diesem Tag das Stadtbild beherrschten.

Für eine seit zehn Jahren im blitzschnellen Registrieren bedrohlicher Anzeichen geschulte Jüdin wie Hella Riede war die Situation eindeutig. Sie war am Morgen mit einer Freundin zum Kurfürstendamm gebummelt. Sie hatte es in ihrer von Menschen überfüllten Wohnung in der Kaiserstraße nicht mehr ausgehalten und wollte sich gewissermaßen selbst beweisen, daß auch sie an dem geschäftigen Treiben dieses Samstagvormittags, an dem Tausende auf den Straßen waren, teilhaben konnte. Ihren Judenstern mit der Handtasche verdekkend, schlenderte sie die breiten Trottoirs der von Bäumen gesäumten Prachtstraße entlang, betrachtete die Auslagen und spielte mit dem Gedanken, einen der vielen Schönheitssalons aufzusuchen, um sich frisieren zu lassen. Doch da sie den Stern trug, konnte ein solches Abenteuer ihr leicht zum Verhängnis werden.

Sie verfügte über die wichtigste Voraussetzung für jede Art von Täuschungsmanöver: ein Äußeres, das auf jedermann vertrauenserweckend wirken mußte. Darüber hinaus war sie mit ihrem goldblonden Haar und ihrer hellen Haut das Urbild der «Arierin» schlechthin. Außerdem besaß sie noch eine weitere wichtige, in ihrer Situation mindestens ebenso nützliche Eigenschaft: Sie war eine Meisterin der Selbstbeherrschung, die ihre Gefühle – auch ihre Angst – in gefährlichen Situationen gänzlich zum Schweigen bringen konnte.

Als nun die Polizei- und Militärfahrzeuge an ihr vorübersausten und die Passanten stehenblieben, um ihnen nachzuschauen und Vermutungen darüber anzustellen, was wohl der Grund für diese ganze Aufregung sein mochte, zog Hella rasch ihre eigenen Schlüsse und machte sich augenblicklich zu Fuß auf den Weg zu ihrer mehrere Kilometer weiter östlich gelegenen Wohnung. Eine einzige, schreckliche Frage beherrschte ihr Denken: Hatten sie Kurt, ihren Mann, schon abgeholt?

Endlich erreichte sie die Kaiserstraße. Gott sei Dank – es

waren keine SS-Fahrzeuge zu sehen! Kurt öffnete ihr die Tür. Als er von den Verhaftungen erfahren hatte, war er sofort nach Hause geeilt, um nach ihr zu sehen. Er bestätigte ihr, daß Tausende von Juden an ihrem Arbeitsplatz verhaftet worden waren. Ihn hatten sie offenbar übersehen, da er der einzige jüdische Beschäftigte in einer Lederwarengroßhandlung war. Wie lange würde es dauern, bis sie ihr Versäumnis bemerkten?

Kurt war ein hagerer Mann von neunundzwanzig, fünf Jahre älter als Hella. Früher, zu Beginn ihrer Beziehung, hatte sie sich vor allem wegen seiner herzlichen Art, seiner Offenheit und Hilfsbereitschaft zu ihm hingezogen gefühlt, aber in den zehn Jahren, die er nun schon mit dem Rücken an der Wand lebte, verfolgt von einem Regime, zu dessen erklärten Gegnern er zählte, war er langsam immer verschlossener geworden. Außerdem litt er unter extremer Kurzsichtigkeit, was ihm das Gefühl gab, verwundbar zu sein.

Bereits in der «Kristallnacht» im November 1938, bei der ersten großen Verhaftungswelle, war die Gestapo auf der Suche nach Kurt in ihrer Brandenburger Wohnung erschienen, und er und Hella hatten fliehen müssen. Jetzt, so wußten sie beide, hieß es erneut die Flucht ergreifen. Es gab nur einen Menschen, der ihnen helfen konnte: der Gemüsehändler Robert Jerneitzig, der ein paar Häuser weiter einen Laden hatte. Er war ihnen bereits in den vergangenen Jahren von unschätzbarem Nutzen gewesen. Eines Nachmittags hatte er Hella mit einem freundlichen Lächeln angesprochen. «Wieso kaufen Sie eigentlich immer so spät ein, wenn die ganze Ware schon ausgesucht ist?» hatte er sie gefragt.

Hella, die ihren Judenstern mit der Handtasche verdeckt hatte, war rot geworden. «Weil ich Jüdin bin», hatte sie ihm kurzentschlossen geantwortet.

«Kommen Sie ruhig morgens», hatte er daraufhin gesagt. «Verstecken Sie Ihren Stern.»

Von nun an ging sie, den Judenstern sorgsam verbergend, morgens einkaufen, bis eines Tages ein Verkäufer, der sie mit dem Stern am Mantel auf der Straße gesehen hatte, laut zu ihr sagte: «Sie dürfen um diese Tageszeit nicht einkaufen gehen.»

Alle drehten sich nach Hella um und starrten sie an. Ohne ein Wort zu sagen, verließ sie den Laden.

Ein paar Tage später klopfte jemand an ihre Wohnungstür. Es war Herr Jerneitzig. Er hatte ihr etwas Gemüse mitgebracht. «Kommen Sie ab jetzt bei Ladenschluß. Ich lege Ihnen was zurück», sagte er. Selbst als Hella seinen Laden wieder häufiger aufsuchte, brachte er ihr weiterhin Obst und Gemüse in die Wohnung, und oft weigerte er sich, Geld für die Ware anzunehmen. Über die Gründe für seine Hilfsbereitschaft sprach er nie.

Die Riedes konnten damals nicht ahnen, daß Robert Jerneitzigs Frau, die er sehr liebte, selbst Halbjüdin war. Doch hätte er den Riedes wahrscheinlich auch ohne dieses persönliche Motiv geholfen. Mit Sicherheit aber hätte er niemals offenbart, was in ihm vorging. Auch außerhalb seines Ladens behielt er das Gebaren eines Geschäftsmannes bei: Er war freundlich, aber nie offen. Er behielt seine Gedanken und seine Privatangelegenheiten für sich, und nur in dem, was er tat, kamen seine Gefühle und seine Einstellung zum Ausdruck. Nichts an seiner Art und seinen äußeren Lebensumständen deutete darauf hin, daß er wohlhabend war, und doch hatte er in aller Stille genügend Geld gespart, um sich ein kleines Haus im Berliner Vorort Wittenau zu kaufen. Diesem Haus wandten sich nun, da die Riedes ihm von ihrer Notlage berichteten, seine Gedanken zu.

Er sagte ihnen, sie könnten zunächst in der Wohnung hinter seinem Laden übernachten. Dann rief er Josef Wirkus an, den Mieter, der das Haus in Wittenau seit Herbst 1941 bewohnte. Ruhig und bedachtsam teilte er Wirkus mit, daß er einige vertrauliche Dinge mit ihm zu besprechen habe und ihn unbedingt noch am gleichen Tag treffen müsse.

Wirkus, ein junger Mann, knapp über dreißig, war Zivilangestellter beim Oberkommando des Heeres. Er war für den Schriftwechsel einer Abteilung des Planungszentrums verantwortlich, das die Konstruktion und Herstellung neuer Waffen und Kriegsgeräte organisierte. Der schlanke, blonde, mittelgroße Mann war wegen einer Behinderung am Ellbogen vom Kriegsdienst zurückgestellt worden. Infolge mangelhafter Behandlung war der Arm, den er sich als Kind gebrochen hatte, in seiner Beweglichkeit dauerhaft beeinträchtigt. Wirkus liebte seine Arbeit – zum einen, weil er mit einem Stab überwiegend unpolitischer Ingenieure zusammenarbeitete, zum anderen, weil mit diesem Posten automatisch die Freistellung vom Wehrdienst verbunden war. Falls man je versuchen sollte, ihn einzuziehen, boten ihm seine Arbeit und seine Behinderung doppelten Schutz. Er spürte nicht das geringste Bedürfnis, als Soldat in den Krieg zu ziehen.

Dank seiner leitenden Stellung konnte Wirkus kommen und gehen, wann er wollte. Nach Jerneitzigs Anruf fuhr er mit der S-Bahn in die Stadt und ging dann zu Fuß zu dem Gemüseladen in der Kaiserstraße. Der Gemüsehändler führte ihn in die hinter dem Laden gelegene Wohnung. Er vergeudete keine Zeit. «Es geht um ein junges jüdisches Ehepaar aus meinem Bekanntenkreis. Die beiden brauchen eine Unterkunft – nur für ein paar Tage, bis sie eine neue Wohnung gefunden haben. In ihrer alten können sie nicht mehr bleiben. Sie wissen, was ich meine?»

«Ja, ich weiß.»

«Können die beiden bei Ihnen wohnen?»

Wirkus hatte Jerneitzig, der stets hilfsbereit und freundlich zu ihm gewesen war, von Anfang an gemocht. Außerdem stammten sie beide aus der gleichen ländlichen Gegend. Jerneitzig kaufte hin und wieder Geflügel von Wirkus. Bis zu diesem Augenblick hatte Wirkus Jerneitzig jedoch nie ganz vertraut. Er müsse erst mit seiner Frau sprechen, antwortete er, obwohl er eigentlich sicher war, daß sie einverstanden sein würde. Sie waren beide Katholiken und wegen der kirchenfeindlichen Haltung der NSDAP von Anfang an gegen die Nationalsozialisten gewesen. Josef Wirkus hatte sich schon oft so kritisch über die Partei geäußert, daß er mit Sicherheit verhaftet worden wäre, wenn ihn jemand denunziert hätte. Überdies nahmen beide Eheleute ihre Verpflichtung, anderen Menschen in Notlagen zu helfen, sehr ernst.

Doch als sie am nächsten Morgen nach dem Kirchgang in Wittenau Jerneitzig in Begleitung eines jungen Paares auf sich zukommen sahen, waren sie mehr als überrascht – noch hatten sie sich nicht bereit erklärt, den beiden zu helfen.

Kadi Wirkus war eine gütige, einfühlsame Frau, die rasch intensive persönliche Beziehungen herstellte. Auf Fremde reagierte sie spontan und in den meisten Fällen positiv. Sie war sich des Risikos sicher bewußt, das sie und ihr Mann eingingen, wenn sie die Riedes bei sich aufnahmen. Doch alle Bedenken, die sie gehabt haben mochte, verstummten augenblicklich, als sie die Mischung aus Anspannung und Hoffnung auf den Gesichtern der beiden Verfolgten sah. Für Hella – die sie, wie sie sich nun erinnerte, bereits beim Einkaufen in Jerneitzigs Laden gesehen hatte, als sie und ihr Mann noch über dem Geschäft wohnten – fühlte sie sofort eine tiefe Zuneigung.

Jerneitzig hatte damit gerechnet, seine ganze Überredungskunst aufbieten zu müssen, um die Riedes bei seinen Mietern unterzubringen. Nun stellte sich heraus, daß die vier jungen Leute sofort Sympathie füreinander empfanden. Die beiden Frauen wirkten äußerlich sehr gegensätzlich. Kadi Wirkus war groß und dunkelhaarig, Hella klein und blond. Die Männer hingegen sahen sich, wie alle rasch feststellten, erstaunlich ähnlich, so daß sie bald übereinkamen, Kurt Riede als Wirkus' Bruder auszugeben, dessen Wohnung in Hamburg bei einem Bombenangriff zerstört worden war. Sie sprachen auch über die Dauer des Aufenthaltes. Die Riedes versprachen, nicht länger als eine Woche, höchstens aber vierzehn Tage, bei der Familie Wirkus zu bleiben. Dann, so glaubten sie, würden sie in ihre alte Wohnung zurückkehren können oder aber eine neue Bleibe gefunden haben. Außerdem bestand die Möglichkeit, daß sie in den nächsten Tagen auswandern konnten. Kurt hatte versucht, einen Regierungsbeamten zu bestechen, ihm und seiner Frau die nötigen Papiere zu beschaffen.

Josef Wirkus war bei dieser lebhaften Unterhaltung sehr still. Hin und wieder nickte er zustimmend oder lächelte, als wolle er sich selbst und die anderen beruhigen. Oft schien er dem Gespräch nicht zu folgen. Er war ein äußerst korrekter Mensch. Er kannte die Gesetze und konnte das Risiko einschätzen. Jeder Deutsche, der dabei ertappt wurde, daß er Juden half, kam automatisch ins Gefängnis oder ins KZ. Doch für ihn galten wegen seiner Stellung in einer kriegswichtigen Behörde besondere Bestimmungen: Ihn – und vielleicht auch seine Frau – erwartete die Todesstrafe. Und ihr Leben war ihnen seit der Geburt ihres ersten Kindes, Wilfried – es war vor fünf Monaten zur Welt gekommen –, so kostbar wie nie zuvor. Nun, da es Wilfried gab, stand mehr auf dem Spiel als nur ihr eigenes Leben, denn den Gesetzen des Dritten Reiches zufolge konnte jedes Kind, das staatsfeindlich erzogen wurde, auf gerichtlichen Beschluß in einer «akzeptablen» Familie untergebracht werden. Ein solches Urteil konnte beispielsweise Eltern treffen, die ihrem Kind nicht erlaubten, der HJ beizutreten – und natürlich gehörte auch Judenfreundlichkeit zu den «Vergehen», auf die dieses Gesetz Anwendung fand.

Deshalb wurde Josef Wirkus von heftigen Zweifeln geplagt, während er die anderen reden hörte und ihnen zu verstehen gab, daß auch er der Meinung sei, es werde schon alles gutgehen. Und doch war diese schlichte Tat eine Gelegenheit, seine Abneigung gegen die Nazis zumindest vor sich selbst zu beweisen. Außerdem, so hielt er sich vor Augen, sollte das ganze Abenteuer ja nur eine Woche dauern – im schlimmsten Fall zwei. Als er Kadi seine Überlegungen darlegte, stimmte sie ihm zu.

Hätten sie geahnt, wie lange ihre Wohnung zum Versteck werden sollte und welche Gefahren auf sie warteten, wären sie sicher nicht so leicht bereit gewesen, den Riedes Zuflucht zu gewähren.

6

Hans Rosenthal hatte große braune Augen. Wenn er lächelte, versiegte jeder Argwohn. Selbst Fremde waren meist freundlich zu ihm, spürten eine tiefe Zuneigung, wenn sie ihm begegneten. Hatte er es diesem besonderen Naturell zu verdanken, daß er sich nun auf dem Weg in ein neues, unbekanntes Abenteuer befand? Oder lag es daran, daß er sich als fleißig und zuverlässig erwiesen hatte? Eines stand jedenfalls fest: Er saß an diesem Tag im Spätherbst 1942 im Auto neben seinem Chef, einem bulligen, schweigsamen SA-Mann. Sie kamen aus Berlin und fuhren auf der Autobahn in Richtung Pommern. Hans hatte keine Ahnung, was ihn dort erwarten würde, doch mit jedem Kilometer, den sie zurücklegten, wurde die Entfernung zu dem schrecklichen Alptraum größer, aus dem ihn diese seltsame Reise gerissen hatte.

Hans war beinahe achtzehn, doch er sah jünger aus – wie ein Fünfzehn- oder Sechzehnjähriger. Das lag an dem unschuldigen, harmlosen Eindruck, den er erweckte, aber auch daran, daß er recht klein und zart war, eine Folge langjähriger Unterernährung. Er war ein kräftiger, stämmiger Junge gewesen, ein guter Läufer und gefürchteter Fußballspieler. Beim Sport war er immer besser gewesen als in der Schule. Als sein Vater noch lebte, hatte sich Hans sehr um gute Zensuren bemüht. Doch nach dem Tod des Vaters – er war mit siebenunddreißig Jahren gestorben – schien er jeglichen Ehrgeiz, seine schulischen Leistungen zu verbessern, begraben zu haben. Inzwischen hatten Zensuren für einen jüdischen Schüler in Deutschland ohnehin keine Bedeutung mehr.

Hans' Vater, Kurt Rosenthal, war als ältester von drei Söhnen eines Juden und einer Christin geboren worden. Als er zwölf Jahre alt war, hatte sich seine Mutter entschlossen, zum Judentum überzutreten. Kurt Rosenthal war ein warmherziger, lustiger Mann gewesen, der am Wochenende mit großer Leidenschaft in einer Tanzkapelle Klavier gespielt hatte. Die Woche über war er bei der Deutschen Bank beschäftigt gewesen, die ihn direkt nach seinem Schulabschluß eingestellt hatte. Nachdem er dort einundzwanzig Jahre lang gearbeitet hatte, war ihm 1937 gekündigt worden, weil er Jude war. Bereits vor seiner Entlassung war er an einem Nierenleiden erkrankt, das sich nun rasch verschlimmerte und dem er wenig später erlag.

Vier Jahre später war Hans' Mutter an Krebs gestorben. Hans und sein sieben Jahre jüngerer Bruder Gert waren nun Waisen. Als ihre Mutter starb, lebten sie getrennt: Gert, damals neun Jahre alt, war in einem Waisenhaus untergebracht, während Hans sich in Fürstenwalde, einem Schulungslager für zionistische Juden aufhielt, die nach Palästina emigrieren wollten.*

Hans Rosenthal war in einem geistigen Klima aufgewachsen, in dem das Judentum und erst recht der Zionismus keine große Bedeutung gehabt hatten. Er hatte mit seinen Eltern und seinem Bruder bei den Eltern seines Vaters gelebt, und religiös war eigentlich nur seine zum Judentum übergetretene Großmutter Agnes Rosenthal gewesen. Zwar hatte Hans mit dreizehn den Bar-Mizwa gefeiert, doch wurde Jahr für Jahr ein Weihnachtsbaum im Haus der Großeltern geschmückt – die beiden Brüder sollten nicht das Gefühl haben, anders als ihre nichtjüdischen Freunde zu sein. Als Hans sich den Zionisten anschloß, tat er dies nicht, weil er nach Palästina emigrieren

* Jeder Deutsche habe seinen «anständigen Juden», erklärte Heinrich Himmler 1943 seinen SS-Offizieren, als man feststellte, daß es oft schwierig war, die Juden in Deutschland in ihren Schlupfwinkeln aufzustöbern, um sie in die Vernichtungslager zu deportieren. In den dreißiger Jahren, noch ehe die Massenvernichtung begonnen hatte, hatten selbst die Nationalsozialisten noch ihre «Lieblingsjuden»: die Zionisten. Wenn auch aus ganz unterschiedlichen Gründen, waren sich doch Nationalsozialisten – unter ihnen Adolf Eichmann – und Zionisten einig in dem Wunsch, daß die Juden Deutschland verlassen und nach Palästina auswandern sollten.

wollte. Er hatte einzig und allein den Wunsch, aus Deutschland zu fliehen. Erst später, nachdem er bereits einige Zeit in Fürstenwalde gearbeitet hatte, fühlte er sich mehr und mehr den Ideen und Zielen des Zionismus verbunden. Doch dann starb seine Mutter plötzlich – Hans wußte, daß er nun nicht mehr auswandern konnte. Wenn er auch erst sechzehn war, so war er doch jetzt für Gert verantwortlich.

Wenige Tage nach dem Tod seiner Mutter erhielt Hans die Erlaubnis, Fürstenwalde zu verlassen und bei Gert im Waisenhaus zu leben. Drei Tage später wurden sämtliche Juden, die sich in Fürstenwalde aufhielten, nach Auschwitz deportiert. Zum erstenmal war Hans um Haaresbreite der Verfolgung entkommen. Es sollte nicht das letzte Mal sein.

Im April 1942 – Hans war gerade siebzehn geworden – rief ihn die Direktorin zu sich und erklärte ihm, daß er das Waisenhaus verlassen müsse, da er nun zu alt sei. Im August kam er in das jüdische Jugendwohnheim in der Rosenstraße. Zwei Monate später wurden sämtliche Insassen des Waisenhauses – unter ihnen auch Gert – deportiert.

Hans war so bestürzt über Gerts Deportation, daß er kaum zur Kenntnis nahm, daß er selbst nun schon zum zweitenmal ungeheueres Glück gehabt hatte. Das ganze Frühjahr hindurch hatte er vergeblich nach einer Möglichkeit gesucht, seinen kleinen Bruder illegal unterzubringen. Selbst Großmutter Agnes hatte sich geweigert: «Es ist unmöglich, einen Zehnjährigen zu verstecken», hatte sie gesagt. «Er kann sich nicht lange genug still verhalten.»

Bald darauf fand Hans Arbeit in einer Berliner Fabrik, in der kleine Brennstoffkartuschen hergestellt wurden, die die Soldaten an der Front benutzten, um ihre Mahlzeiten zu wärmen. Die Fabrik bekam alte Konservendosen in riesigen Mengen geliefert. Sie wurden gereinigt und zugeschnitten und in einem anderen Betrieb mit Hartspiritus gefüllt und wieder verschlossen. Es war ein gutes Geschäft: Der Inhaber der Firma, Alfred Hanne, bezahlte für eine Waggonladung gebrauchter Dosen dreißig Mark und verkaufte die erneuerten Büchsen für fünfundzwanzig Pfennig pro Stück. Hanne verhielt sich seinen überwiegend jüdischen Arbeitern gegenüber korrekt, wenn auch völlig unpersönlich. Einige der Juden, die Hanne beschäftigte, waren einmal wohlhabende Leute gewesen – einer hatte ein Kaufhaus besessen, ein anderer einen Laden am Kurfürstendamm –, aber was früher gewesen war, hatte längst keine Bedeutung mehr. Die Arbeiter erhielten einen Stundenlohn von fünfundreißig Pfennig. Für jedes Tausend, das sie über das Tagesminimum von viertausend Stück hinaus fertigten, zahlte Hanne eine Prämie von fünf Mark.

Hans, der die neuen Deckel stanzte, erreichte schon bald eine Stückzahl von neuntausend pro Tag. Er konnte es sich nicht leisten, darüber nachzudenken, daß die Nationalsozialisten von diesem Eifer profitierten. Das Leben folgte nur noch der einen simplen Maxime: Mache dich bei jemandem unentbehrlich, und du wirst überleben.

Was hätte diese Devise besser bestätigen können als die Tatsache, daß er nun mit Hanne nach Pommern fuhr? Eine Woche zuvor hatte sein Chef ihn zu sich gerufen: «Ich werde eine neue Niederlassung in Pommern eröffnen», hatte er zu ihm gesagt. «Wenn Sie wollen, können Sie mitkommen.»

«Aber was ist mit meinem Judenstern?» hatte Hans gefragt. «Damit werde ich nicht weit kommen.»

«Sie werden mich begleiten. Sie nehmen den Stern ab und fahren mit.»

Nach ihrer Ankunft in Torgelow, der pommerschen Stadt, in der die neue Fabrik lag, stellte Hans fest, daß er der einzige Jude war. Er nähte sich den Stern nicht wieder an. Hanne wies ihm einen Schlafraum in einem an die Fabrikhalle grenzenden Gebäude zu, wo er es viel besser hatte als die übrigen Arbeiter, belgische, vor allem aber russische Kriegsgefangene, die die Nächte vor Kälte zitternd in einem in der Nähe gelegenen Lager verbringen mußten.

Wenige Tage, nachdem Hans in Torgelow angekommen war, räumte die Gestapo das jüdische Jugendwohnheim in der Rosenstraße und ließ sämtliche Bewohner nach Auschwitz deportieren. Zum drittenmal war er knapp davongekommen. Hatte Hanne davon gewußt? Hans konnte darüber nur Vermutungen anstellen.

Wochen gingen ins Land. Hanne schien umgänglicher zu

werden. Er brüllte seine Arbeiter nicht mehr so oft an und verschaffte ihnen zusätzliche Kartoffel- und Rübenrationen. Die belgischen Kriegsgefangenen erklärten Hans, daß diese Veränderung im Verhalten ihres Chefs auf die deutsche Niederlage bei Stalingrad zurückzuführen sei. Vielleicht war Hanne zu dem Schluß gelangt, daß der Krieg nach diesen gewaltigen Verlusten der Deutschen bald vorüber sein würde und daß es in diesem Falle für ihn sehr nützlich sein könnte, wenn Kriegsgefangene und Juden bestätigen würden, daß er sie anständig behandelt hatte.

Ob diese Vermutungen über Hannes Motive zutrafen oder nicht, das Kriegsgeschehen hatte sich in dieser Zeit hauptsächlich zuungunsten der Deutschen entwickelt. Die Alliierten waren auf dem Vormarsch. Die Wende war im Herbst 1942 in Ägypten eingetreten, wo die 8. britische Armee mit frischen Truppen und einer verbesserten Ausrüstung – darunter neue Panzer und Flugzeuge amerikanischer Herkunft – die Verbände des «Wüstenfuchses» Generalfeldmarschall Erwin Rommel zwang, die El-Alamein-Stellung aufzugeben und zurückzuweichen, um nicht gänzlich vernichtet zu werden. Die Niederlage von Stalingrad wog auf Grund ihrer strategischen wie symbolischen Bedeutung noch schwerer. Diese Stadt an der Wolga war das Tor zu den Ölfeldern des Kaukasus. Es war Hitlers Traum gewesen, die Ölquellen zu erobern, um dann durch den Iran zum Persischen Golf vorzudringen und sich mit den japanischen Streitkräften im Indischen Ozean zu vereinen. Hätte er nicht die Eroberung Stalingrads angeordnet, wäre dieser Traum vielleicht Wirklichkeit geworden. Er tat es jedoch, nicht weil der Stadt wirklich eine strategische Bedeutung zukam – deutsche Truppen waren bereits bis an die Wolga vorgestoßen und kontrollierten ohnehin schon den Schiffsverkehr auf dem Strom –, sondern weil die Eroberung Stalingrads für ihn zur fixen Idee geworden war.

Die sowjetischen Soldaten leisteten erbitterten Widerstand gegen das Vordringen der 6. deutschen Armee und der mit ihnen verbündeten rumänischen Truppen. Sie kämpften um jeden Häuserblock. Am 19. November 1942 begannen sie in zwei Angriffskeilen eine Gegenoffensive zum Westen der Stadt hin. Dadurch sollte die 6. Armee von den übrigen Truppen der Achsenmächte isoliert werden. Im Januar 1943 war das Vorhaben gelungen. Hunderttausende deutscher Soldaten waren gefallen oder in Gefangenschaft geraten. Die Überlebenden zweifelten voller Verbitterung an der Kompetenz einer militärischen Führung, die so fanatisch gewesen war, ihren Soldaten ungeachtet der Verluste an Menschenleben und der ungeheuren Leiden zu untersagen, auch nur einen Fußbreit eroberten Bodens aufzugeben. Die Niederlage hatte auch an der Heimatfront verheerende Auswirkungen. Der Glaube der deutschen Zivilbevölkerung an den Endsieg war tief erschüttert worden.

Hans Rosenthal hatte keine Zeit, Spekulationen über den Ausgang des Krieges und die Folgen für Deutschland anzustellen. Er mußte seine gesamte Aufmerksamkeit und Energie darauf richten, am Leben zu bleiben. Hanne erzählte ihm von der am 27. Februar 1943 durchgeführten Massenverhaftung jüdischer Arbeiter in Berliner Fabriken. Auch die Juden in *seinem* Betrieb waren deportiert worden. Im stillen rekapitulierte Hans, wie oft er seinem Schicksal nun schon knapp entronnen war. Zuerst Fürstenwalde, dann das Waisenhaus. Danach das jüdische Jugendwohnheim. Nun die Fabriken. Wie lange mochte es dauern, bis die Gestapo dahinterkäme, daß sich Hans nicht unter den Festgenommenen vom 27. Februar befand, und seine Spur nach Torgelow verfolgen würde?

Dann geschah etwas, wodurch sich diese Frage erübrigen sollte. Eines Tages trug Hanne ihm auf, einen Verschlag für eine Extraladung Kartoffeln zu bauen, die er «organisiert» hatte. Als die Kartoffeln eintrafen, füllte Hans den Verschlag und teilte dann den russischen Arbeitern ihre Ration zu, ehe sie zum Schlafen in ihr Lager zurückkehrten. Sie waren so ausgemergelt, daß er ihren Anblick nicht ertragen konnte. Plötzlich hörte er sich sagen, er werde den Schlüssel stecken lassen, so daß sie nachts kommen und sich Kartoffeln holen könnten. Sie kamen. Einige Nächte ging es gut. Dann wurden sie ertappt. Am nächsten Morgen wurde Hans von einem Polizisten in Zivil verhört. Am Tag darauf kamen sie zu zweit in den Betrieb. «Sie haben rassisch minderwertigen Leuten keine Kartoffeln zuzuschanzen», erklärte ihm einer der beiden. Dann schlugen sie ihn und drohten, ihn zu erschießen.

Plötzlich tauchte Hanne auf und dirigierte die Polizisten geschickt aus dem Zimmer.

Instinktiv spürte Hans, daß nun der Zeitpunkt gekommen war, zum fünftenmal die Flucht zu ergreifen. Zwei Tage später verließ er zu Fuß, den Rucksack auf dem Rücken, die Fabrik und ging zum Bahnhof, entschlossen, die Reise nach dem zweihundert Kilometer entfernten Berlin zu wagen. In Berlin, das wußte er, würde er sich verstecken können. Hier, als Fremder in einer kleinen Provinzstadt, hatte er keine Chance.

Eine halbe Stunde nach Antritt der Fahrt betraten zwei Beamte das Abteil, in dem er saß. Ausweiskontrolle!

«Ihre Papiere bitte!»

«Ich habe keine. Ich bin erst sechzehn. Ich habe schmutzige Wäsche in meinem Rucksack, die ich zum Waschen nach Hause bringen will. Ich arbeite in Torgelow. Sie können dort nachfragen.»

Die Beamten tauschten kurze Blicke aus, nickten und gingen weiter. In Prenzlau kamen sie jedoch noch einmal in sein Abteil zurück und musterten ihn. Eine lähmende Angst stieg in ihm hoch, doch es gelang ihm, die beiden mit jenem entwaffnenden Lächeln anzusehen, das ihm zur automatischen Reaktion auf durchdringende Blicke fremder Leute geworden war.

«Scheint ziemlich nervös zu sein», sagte der eine. «Den müssen wir uns mal genauer ansehen.» Er kam auf Hans zu. «Kommen Sie bitte mit nach draußen», forderte er ihn auf.

Jetzt ist alles aus, dachte Hans. Er folgte ihnen ins Bahnhofsgebäude. Plötzlich sagte der zweite Beamte, der bisher geschwiegen hatte, zu seinem Kollegen: «Hör mal, ich hab einen höllischen Hunger. Wenn wir den Jungen jetzt noch überprüfen, kommen wir nicht mehr zum Mittagessen. Er ist doch noch ein Kind. Lassen wir ihn laufen.» Nach kurzem Zögern war der andere einverstanden.

Verstört eilte Hans nach seiner Ankunft in Berlin zu seinen Großeltern. Agnes Rosenthal öffnete ihm die Tür. Hans schaute sie an. Er konnte nicht das geringste Anzeichen des Erstaunens in ihrem Gesicht erkennen, in dem Trauer und Gram tiefe Spuren hinterlassen hatten. Nichts schien sie mehr überraschen zu können. Außer ihrem Ältesten, Hans' Vater, hatte sie noch zwei weitere Söhne verloren. Ernst Rosenthal, Halbjude wie seine Brüder und mit einer Christin verheiratet, war nach Buchenwald deportiert worden, weil er sich geweigert hatte, den Judenstern zu tragen. Drei Wochen darauf meldete ein Brief der Lagerkommandantur, er sei einer Krankheit erlegen. Sein jüngster Bruder Heinz hatte den Nürnberger Gesetzen zum Trotz mit einer deutschen Frau zusammengelebt und war von der Gestapo verhaftet worden, nachdem er versucht hatte, über die Dächer zu fliehen. Zwei Wochen Folter im Gefängnis der Gestapo am Alexanderplatz hatten ihn so zugrunde gerichtet, daß er kurz nach seiner Freilassung zu Hause starb. Agnes Rosenthal hatte gelernt, sich keinen Illusionen mehr hinzugeben. Sie war glücklich darüber, daß Hans noch am Leben war, aber das neue Problem, das sich daraus ergab, bereitete ihr große Sorgen. Was sich in ihrem Gesicht spiegelte, war die bange Frage: Was sollen wir jetzt nur mit ihm anfangen?

II

Gejagt

7

Als die Nazis mit ihrer «Fabrik-Aktion» am 27. Februar 1943 den bislang gründlichsten Schlag gegen die noch in Berlin verbliebenen Juden führten, verhafteten sie auch viele Personen, die theoretisch durch die Ausnahmeregelungen der Rassengesetze geschützt gewesen wären. Diesen Bestimmungen zufolge besaßen Mischlinge und die in Mischehen lebenden Juden einen Sonderstatus. Zwar waren auch sie Opfer der Diskriminierung, doch wurden sie im allgemeinen von den Deportationen ausgenommen. Obgleich die Nazis die nichtjüdischen Ehepartner der vor der Verkündung der Nürnberger Gesetze (September 1935) geschlossenen Mischehen massiv unter Druck setzten, gelang es ihnen nur äußerst selten, sie zur Scheidung zu bewegen. Es gab keine gesetzliche Regelung, die Deportationen der in Mischehen lebenden Juden ausschloß. Dennoch waren solche Personen faktisch so lange sicher, wie sich ihre Ehepartner einer Trennung widersetzten.

Nachdem die jüdischen Arbeiter und ihre Angehörigen in die über das gesamte Stadtgebiet verstreuten Sammellager gebracht worden waren, sonderte man die sogenannten «privilegierten» Juden aus und überführte sie in ein Gefängnis in der Rosenstraße, unweit des Gestapo-Hauptquartiers. Sie wurden jedoch nicht freigelassen, und diese Tatsache legte den Verdacht nahe, daß die Nazis sie mit den übrigen bei der Aktion festgenommenen Juden in die Todeslager im Osten schicken wollten.

Das wäre zweifellos auch geschehen, hätten nicht die «arischen» Frauen der jüdischen Arbeiter in letzter Minute interveniert. Sie hatten erst einen Tag nach den Festnahmen erfahren, wohin man ihre Männer gebracht hatte. Sie zogen zur Rosenstraße und postierten sich vor dem Gefängnisgebäude. Bald hatten sich dort viele hundert Ehefrauen und Sympathisanten versammelt. Versuche, sie auseinanderzutreiben, blieben erfolglos. Die Frauen durchbrachen die Absperrungen und forderten laut die Freilassung ihrer Männer. Diese Demonstration wiederholte sich an mehreren aufeinanderfolgenden Vormittagen. Die Rufe der Frauen waren in der ganzen Umgebung zu hören. Schließlich gab die Gestapo nach und ließ die Männer frei.

Dieser Erfolg war nicht so sehr auf die Berechtigung der Forderung als auf den Überraschungseffekt der Demonstration zurückzuführen. Seit der Machtergreifung hatte es, soweit man sich erinnern konnte, keine gegen die Regierung beziehungsweise die NSDAP gerichtete Massendemonstration mehr gegeben, mit Sicherheit jedoch keine öffentlichen Proteste gegen die Maßnahmen der Judenverfolgung.

Privat hatten viele Deutsche nach Beginn der Verfolgung Juden geholfen. Viele Überlebende wissen von Leuten zu berichten, die ihnen im Schutz der Menschenmenge Lebensmittel oder Lebensmittelmarken zusteckten. Auf jede Erzählung von Kaufleuten, die sich weigerten, Juden zu bedienen, kommt ein Bericht über solche, die sich ihrer besonders annahmen. Keiner der in Berlin oder überhaupt in Deutschland untergetauchten Juden hätte ohne die Hilfe mindestens eines deutschen Beschützers überleben können. Die Mehrheit der Bevölkerung stand dem Schicksal der Juden jedoch gleichgültig gegenüber. So konnte ein Nachbar oder ein Passant den Illegalen ebenso gefährlich werden wie die eigens auf sie angesetzten SS-Streifen. Wenn ihre wahre Identität Fremden bekannt wurde, konnten sie von diesen keine Hilfe erwarten. Im Gegenteil: Es bestand die Gefahr, daß sie sie anzeigten, weil sie durch ihr Leben im Untergrund gegen die Gesetze verstießen.

Neben dem Antisemitismus war der schlimmste Feind der illegalen Juden die sklavische Autoritätshörigkeit, die anscheinend den überwiegenden Teil der Deutschen beherrschte. William L. Shirer beschreibt in seinem Buch ‹*Berlin Diary*›, einem Augenzeugenbericht über den Alltag im Dritten Reich zwischen 1934 und 1941, den «höchsten Seinszustand, den der germanische Mensch kennt, das Abstreifen der individuellen Seele und des individuellen Denkens – samt aller persönlichen Verantwortung, Zweifel und Probleme – bis hin zum völligen Aufgehen in der germanischen Herde unter dem mystischen Glanz und beim magischen Klang der Worte des Österreichers». Shirer weist nach, daß das Urteilsvermögen der Deutschen durch bornierte, provinzlerische Interessen getrübt war. Ihre Befangenheit im eigenen Standpunkt unter totaler Ausklammerung der Belange anderer war, so Shirer, die Hauptursache der Anziehungskraft Hitlers. Er verkündete, daß die Deutschen auf Grund ihrer Überlegenheit über andere europäische Völker ein Recht auf mehr Lebensraum hätten. Er brauchte keine weiteren Beweise für diese Behauptung anzuführen. Sie glaubten ohnehin, ihre Überlegenheit durch besonderen Mut und Unternehmungsgeist unter Beweis gestellt zu haben.

Hitlers Attacken gegen die Juden fielen auf den Boden einer bei den Deutschen ohnehin stark ausgeprägten Neigung zur Selbstüberhöhung. Zwar hätte die deutsche Bevölkerung bei einer Volksabstimmung sicherlich den Genozid mit großer Mehrheit abgelehnt, die offen antisemitische Politik des NS-Regimes wurde jedoch stillschweigend hingenommen oder sogar gebilligt. Die meisten Deutschen waren tatsächlich – auch wenn sie es nicht offen aussprachen – der Ansicht, daß die Juden zuviel Einfluß auf das Leben der Nation ausübten. Zwar war Hitlers Behauptung einer jüdischen Vorherrschaft übertrieben, doch hatten Juden wichtige Positionen in der Wirtschaft innegehabt, eine Reihe von Banken kontrolliert, wichtige Zeitungsverlage besessen und den spektakulären kulturellen Aufbruch im Berlin der ausgehenden zwanziger Jahre zu einem unverhältnismäßig hohen Anteil getragen. Deshalb war es den Deutschen nicht unrecht, daß der «jüdische Einfluß» nun zurückgedrängt wurde. Für viele Deutsche war diese Entwicklung auch in materieller Hinsicht äußerst vorteilhaft. Sie brauchten Schulden nicht zurückzuzahlen, konnten jüdische Firmen, Häuser, Grundstücke und sonstige Güter zu Spottpreisen aufkaufen und sich Marktpositionen sichern, um die sie bisher mit Juden hatten konkurrieren müssen. Sie profitierten davon, daß Juden faktisch Sklavenarbeit leisten mußten, und übernahmen die Wohnungen der jüdischen Familien. Und schließlich kam den Juden, wie Richard Grunberger in seinem Buch ‹*Das zwölfjährige Reich*› schreibt, eine notwendige psychologische Funktion zu: «Wie der Gottesgedanke des primitiven Menschen die Existenz des Teufels voraussetzt, so hing auch die zunehmende deutsche Selbstvergottung im Dritten Reich von der Dämonisierung der Juden ab. Das helle Bild, das die Deutschen in bezug auf Charakter wie auch auf Hautfarbe von sich selbst hatten, war nur auf dem Wege über die moralische und physische Kontrastschwärze des jüdischen Gegentyps erreichbar. Metaphysisch wie materiell waren die Wurzeln des deutschen Himmels tief in die jüdische Hölle eingebettet.»

Gefährlicher noch als die gesetzestreuen Deutschen konnten den Juden die aus ihren eigenen Reihen rekrutierten Gestapo-Spitzel werden, Schicksalsgenossen, die sich auf einen tragischen Handel eingelassen hatten. Diese «Fänger», wie man sie nannte, waren zum Teil Männer und Frauen, die sich wohl auch in normalen Zeiten nicht von ihrem Gewissen hätten leiten lassen, teilweise aber auch schlicht Menschen, die die Angst vor der Deportation zu allem fähig machte. Sie arbeiteten der Gestapo direkt in die Hände und operierten vom sogenannten «Jüdischen Untersuchungsbüro» aus, das in der Iranischen Straße lag. Ihr Lohn war ihre eigene Freiheit. Solange sie andere Juden aufstöberten und der Gestapo übergaben, entgingen sie selbst der Deportation.

Die Fänger liefen ohne Judenstern in der Stadt umher und suchten nach illegalen Juden. Wenn sie einen jüdischen Bekannten trafen, gaben sie vor, sich über das unverhoffte Wiedersehen zu freuen, und konfrontierten sie mit der «vertraulichen Mitteilung», daß auch sie «Illegale» seien. Hatten sie dagegen jemanden aufs Korn genommen, von dem sie nur vermuten, daß er Jude war, eröffneten sie ihm ihr «Geheimnis» in der Absicht, ihm ein ähnliches Geständnis zu entlocken. Wenn sie die erhofften Informationen erhalten hatten, riefen sie heimlich die Gestapo an, die kurz darauf erschien, um das Opfer zu verhaften.

Die Gestapo arbeitete schon seit längerem mit solchen Fängern zusammen, um Juden ohne Judenstern oder mit falschen Papieren ausfindig zu machen, doch im Anschluß an die «Fabrik-Aktion» intensivierte sie dieses Verfahren erheblich. Joseph Goebbels hatte geschworen, daß er nicht eher ruhen werde, bis Berlin «judenfrei» sei. Er hatte Polizei, Wehrmacht und Partei aufgerufen, ihn dabei zu unterstützen. Um die restlichen Juden ausfindig zu machen, bedurfte es jedoch besonderer Methoden. Wer aber hätte die Illegalen besser aufspüren können als die, die ihnen am nächsten standen?

Bereits einige Monate, bevor Fritz Kreuger mit seiner Frau und seiner Tochter untergetaucht war, hatte er seine erste bittere Erfahrung mit einem anderen Juden machen müssen.

Seine zuverlässigste Bezugsquelle für Lebensmittel war damals Fedor Friedländer gewesen, ein gutaussehender Jude russischer Abstammung, der etwa genauso alt war wie er. Sie hatten sich in der Arbeitskolonne bei der Bahn kennengelernt. Friedländer hatte ihm mitgeteilt, daß er ihm auf Grund seiner guten Beziehungen alles, was er benötige, beschaffen könne. Fritz war damals auf den Schwarzmarkt angewiesen gewesen, um seine Familie, seine Eltern und den Onkel zu unterstützen. Mehrmals im Monat pflegte Friedländer mit Lebensmitteln zu ihm in die Wohnung zu kommen, und jedesmal holten die Kreugers vor seinen Augen das Geld, das er von ihnen forderte, aus einem Reissack hervor. Im gleichen Versteck bewahrten sie ihren Schmuck auf.

Eines Abends nach Feierabend suchte Fritz in diesem Sack nach seinen Juwelen. Sie waren verschwunden – ein Vermögen im Wert von 50000 Reichsmark. Einige Sekunden lang war er wie betäubt. Ohne diese Reserven konnte seine Familie nicht überleben. «Wer kann das getan haben?» fragte er schließlich Clara.

«Nur Fedor», antwortete sie.

Von diesem Moment an konzentrierte Fritz seine ganze Energie darauf, seine Wertsachen zurückzuerhalten. Die Polizei einzuschalten, kam nicht in Frage. Sie hätte einem Juden nicht geholfen, und außerdem war seit dem 31. März 1939 der Besitz von Gold, Silber und Schmuck für Juden strafbar.

In seiner Verzweiflung wandte sich Fritz an seinen Freund Makarow, den staatenlosen, aus Rußland emigrierten Juwelier, mit dem er häufig geschäftlich zu tun hatte.

«Warum versuchst du nicht, Friedländer dazu zu bewegen, deinen Schmuck zu verkaufen?» schlug Makarow vor.

«Wie meinst du das?»

«Du mußt nur verlauten lassen, daß du jemanden kennst, der mit Schmuck handelt. Das wird sich bald bis zu Friedländer herumgesprochen haben.»

Einige Tage später traf Fritz einen Mann, der mit Friedländer befreundet war. Er hieß Gorka. Fritz erzählte ihm, daß er einen Ausländer kenne, der an Schmuck interessiert sei.

«Ich kenne jemanden, der eine ganze Menge Schmuck hat», sagte Gorka.

«Wie heißt er?»

«Fedor Friedländer.»

«Wenn Sie Ihren Bekannten dazu bringen, den Schmuck an diesen Interessenten zu verkaufen, gebe ich Ihnen tausend Mark», lockte ihn Fritz. Seine einzige Bedingung sei, daß sein Name nicht erwähnt werde.

Innerhalb weniger Tage war ein Treffen zwischen Friedländer und dem «ausländischen Interessenten» Makarow arrangiert. Es sollte in Frau Kosimers Wohnung stattfinden. Kurz vor Friedländers Eintreffen brachten sie ein falsches Namensschild an der Tür an, um Frau Kosimer nicht zu gefährden. Fritz versteckte sich in einem Nebenraum.

Friedländer erschien. Er und Makarow setzten sich an den Tisch. Friedländer holte zwei Stücke hervor.

Makarow erkannte sofort, daß sie zu den Steinen gehörten, die Fritz gestohlen worden waren. «An Kleinkram bin ich nicht interessiert», knurrte er. «Ich suche größere Steine.»

Friedländer förderte immer mehr Schmuck aus seinen Taschen, bis nahezu der ganze Tisch bedeckt war. Makarow nickte zufrieden. «Das gefällt mir schon besser», meinte er. «Hätten Sie etwas dagegen, daß ich mir die Stücke am Fenster ansehe?»

«Selbstverständlich nicht», erwiderte Friedländer.

Makarow schlug die Schmuckstücke in ein Tuch ein und trug sie zum Fenster hinüber. Dann rief er laut: «Herr Kreuger, Sie können jetzt herauskommen.»

Fritz betrat das Zimmer. Bei seinem Anblick wurde Friedländer leichenblaß.

Fritz betrachtete den vor ihm ausgebreiteten Schatz. Zwei Drittel des gestohlenen Schmucks waren nun wieder in seinem Besitz.

«Nun schreiben wir auf, was noch fehlt», sagte Makarow zu Friedländer. «Damit Sie mich recht verstehen, diese Stücke gehören nicht Herrn Kreuger, sondern mir.» Die Bedeutung seiner Worte war offensichtlich. Fritz hatte keine Handhabe gegen Friedländer, Makarow dagegen konnte ihn bei der Polizei anzeigen.

Zitternd versicherte Friedländer, er werde sofort die restlichen Schmuckstücke holen. Sie ließen ihn gehen. Er kam jedoch nicht zurück, und Makarow erschien es zu riskant, die Sache weiter zu verfolgen.

Nun hatte Fritz wenigstens den größten Teil seines Vermögens zurückerhalten und konnte seine Geschäfte fortsetzen, die notwendig waren, um den Unterhalt seiner Familie zu sichern. Dennoch kam er über diesen Vorfall nicht hinweg. Es quälte ihn immer wieder, daß ein Jude den anderen bestehlen konnte. Der Kampf ums Überleben in diesem dem Wahnsinn verfallenen Land war schwer genug. Wie sollten sie ihn bestehen, wenn sie sich untereinander bekämpften?

Dieser Vorfall hatte sich im Frühjahr 1942 ereignet. Als das Jahr zu Ende ging, waren Friedländer und der Verrat unter Juden längst nicht mehr Fritz' Hauptsorge. Er begann zu begreifen, was so viele Juden vor ihm bereits in den ersten Wochen der Illegalität hatten lernen müssen: daß die größte Gefahr weder die Nazis noch die normalen Mitbürger noch die anderen Juden waren. Sie lag vielmehr in jedem Illegalen selbst. Die wichtigste Voraussetzung für das Überleben war die eigene feste Entschlossenheit. Nun, da sich die Probleme häuften, fühlte er, wie sein eigener Wille nachließ.

Es bereitete ihm große Sorgen, welche Kosten das Leben in der Illegalität verursachte. Vor ihrem Untertauchen hatten

Clara, Corinna und er zumindest teilweise von legal erworbenen Nahrungsmitteln gelebt, nun mußten sie ihren gesamten Bedarf auf dem Schwarzmarkt decken. Dort aber kostete ein Ei zwanzig Mark, ein Liter Milch sechzig Mark und ein Pfund Butter fünfhundert Mark.

Dazu kam noch die Miete. Fritz brachte seine Tage damit zu, eine abgeschiedene Wohnung zu suchen, die sie nach dem 1. Januar beziehen konnten, wenn sie ihre kahle Zufluchtstätte räumen mußten. Die Preise waren erschreckend hoch – Hunderte von Mark für ein einziges Zimmer.

Aber nicht nur die hohen Lebenshaltungskosten setzten ihm zu. Die schlimmste Belastung war, wie seine Eltern und Verwandten prophezeit hatten, die erdrückende Unsicherheit. Er und Clara lebten täglich in der Angst, entdeckt zu werden. Immer wieder mußten sie Erklärungen erfinden und sich Tag für Tag auf neue Situationen einstellen. Selbst wenn es Fritz gelänge, eine Wohnung zu finden, würden sie dem Hauswirt eine glaubhafte Geschichte auftischen müssen. Wie sollten sie begründen, daß sie nicht polizeilich gemeldet waren? Überdies besaßen weder er noch Clara irgendwelche Ausweispapiere.

Ständig wurde er von Fremden angestarrt. Warum trug er als knapp Dreißigjähriger keine Uniform? Fritz kaufte sich einen Krückstock und imitierte das Hinken seines kriegsversehrten Vaters. Aber würde sich die Gestapo dadurch täuschen lassen?

Und schließlich sorgte er sich wegen Corinna. Sie war jetzt sechzehn Monate alt und ein sehr ruhiges Kind. Sie spürte offenbar, was um sie herum vorging, und schien zu wissen, daß sie still sein mußte. Dennoch konnte es nicht ausbleiben, daß sie eines Tages in einem Versteck weinen würde, wo die Anwesenheit eines Kindes Aufsehen erregen mußte. Das konnte sie alle in große Gefahr bringen.

Am bedrückendsten war die Gewißheit, daß man ihnen bereits auf der Spur war. Am Heiligabend hatten sie ihre alte Wohnung aufgesucht. Die Tür war versiegelt gewesen – ein eindeutiger Hinweis, daß die Gestapo sie hatte abholen wollen. Fritz hatte die Tür aufgebrochen. Die Wohnung war unberührt gewesen. Sie hatten ein paar Hemden, Unterwäsche,

Handtücher, Laken und einige Haushaltsgegenstände zusammengerafft und sie aus dem Haus getragen. Unten hatte wie verabredet Bahn, ein Freund, mit seiner dreirädrigen Motorkarre auf sie gewartet. Sie hatten die Sachen in Bahns Gefährt verstaut und waren dann langsam die Straße hinuntergegangen. In den Häusern hatten sie die Menschen Weihnachtslieder singen hören.

Jeden Abend, kurz vor der um acht Uhr einsetzenden Ausgangssperre, traf sich Fritz mit seiner Mutter in einer abgelegenen Nebenstraße, etliche Häuserblocks von seiner Wohnung entfernt. Sie übergab ihm dann Kartoffeln, die sie für seine Familie gekocht hatte. Clara und ihm stand nur eine defekte Kochplatte zur Verfügung, die nur wenige Minuten lang heiß blieb, gerade lang genug, um Bratkartoffeln zuzubereiten. Fritz war jedoch inzwischen so nervös, daß er oft keinen Bissen herunterbekam. Er fragte sich, wie sie ohne eigene Wohnung, ohne ausreichende Ernährung und ohne das nötige Geld überleben sollten. Warum bildete gerade er sich ein, schaffen zu können, woran so viele andere gescheitert waren?

In den ersten Jahren seiner Berliner Zeit, um die Mitte der dreißiger Jahre, hatte sich Fritz mit Laser Oppenheimer, dem bekanntesten Diamantenhändler der Stadt, angefreundet. Oppenheimer war der ungewöhnlichste Mensch, dem er je begegnet war. Er war groß und dunkelhaarig mit einem feingeschnittenen Gesicht und einem imposanten Schnurrbart. Man sah ihm nicht an, daß er Jude war. Er sprach fließend Französisch und hatte das charmante Auftreten eines Franzosen. Bei ihrer ersten Begegnung war Oppenheimer fünfundfünfzig gewesen. Er lebte allein. Er war geschieden und hatte, soweit Fritz wußte, keine Verwandten in Berlin.

Oppenheimer mochte Fritz auf Anhieb. Er behandelte ihn wie einen Sohn. Wenn er Kinder gehabt hätte, sagte er einmal, dann hätten sie sein sollen wie Fritz. Eines Tages erklärte er ihm: «Ein Vermögen kannst du von mir nicht erben, weil ich keins mehr besitze, aber mein Wissen werde ich dir vermachen.» Er lehrte Fritz, den Wert eines Steins mit einem Blick zu schätzen, blitzschnell seine Beschaffenheit und Art zu bestimmen und Gewicht und Reinheit zu beurteilen. Dazu, so erklärte er seinem gebannt zuhörenden Schüler, brauche man das gleiche sensible Wahrnehmungsvermögen wie für die Beurteilung eines Gemäldes. Ästhetisches Empfinden aber entwickle sich durch Erfahrung, so wie auch ein Mensch erst durch häufiges Schmecken edler Weine zum Weinkenner werden könne.

Laser Oppenheimer nahm Fritz, solange es überhaupt noch möglich war, oft in Museen und Galerien mit. Er lehrte ihn, Meisterwerke von hübschen Bildern zu unterscheiden. Er schulte seinen Sinn für Antiquitäten, Porzellan und natürlich Diamanten, Perlen, Smaragde, Rubine und andere Edelsteine. Geduldig erklärte er ihm, warum die Proportionen des einen Schliffs ästhetisch ansprechender waren als die eines anderen und wann ein Diamant als lupenrein gelten konnte. Schritt für Schritt vermittelte er Fritz die für einen Edelsteinhändler wichtigste Grundvoraussetzung: den Glauben an sein eigenes Urteil. Einmal erwarb Fritz einen zu einer Brosche verarbeiteten achtkarätigen Smaragd, den andere Händler für eine Imitation gehalten hatten. Zur großen Freude von Lehrer und Schüler stellte sich heraus, daß der Stein echt war.

Je enger ihre Vater-Sohn-Beziehung wurde, desto häufiger kauften und verkauften sie gemeinsam Edelsteine. Eines Tages geriet Oppenheimer unversehens in Not. Er hatte sämtliche Wertgegenstände bei russischen Bekannten in Verwahrung gegeben. Obwohl sie Juden waren, hatten die Nazis sie bisher nicht behelligt. Doch plötzlich, am Tag des Einmarsches deutscher Truppen in die Sowjetunion im Juni 1941, waren Gestapo-Beamte bei ihnen erschienen und hatten sie verhaftet. Der Schmuck, den Oppenheimer ihnen gegeben hatte – darunter auch einige Stücke, die Fritz gehörten –, wurde beschlagnahmt. Als Oppenheimer Fritz die Unglücksbotschaft überbrachte, gab dieser ihm auf der Stelle das Kapital für einen Neuanfang.

Seither erschien Oppenheimer jeden Abend in Fritz' Wohnung, um ihm alles, was er tagsüber erworben hatte, über Nacht zur Aufbewahrung zu geben. Als immer mehr Juden aufgegriffen und verschleppt wurden, sagte Oppenheimer häufig: «Mich werden sie nicht kriegen.» Fritz vermutete, daß Oppenheimer vorhatte unterzutauchen.

Im Juli 1942 erschien Oppenheimer eines Tages nicht zum vereinbarten Treffen. Am folgenden Tag ging Fritz zur Wohnung seines Freundes und klingelte an der Tür. Niemand antwortete. Am nächsten Tag versuchte er es ein zweites Mal – vergeblich. Am Nachmittag suchte Fritz den Vorstand der Jüdischen Gemeinde auf, um sich zu erkundigen, ob man etwas über Oppenheimers Verbleib wisse. Er erfuhr, daß man ihn am Vortag in einem Ruderboot auf dem Wannsee tot aufgefunden hatte. Neben ihm hatten eine leere Cognacflasche und ein gleichfalls leeres Schlaftablettenröhrchen gelegen.

Nun, einige Wochen, nachdem Fritz mit seiner Familie untergetaucht war, überkam ihn die gleiche Hoffnungslosigkeit, wie auch Oppenheimer sie gespürt haben mußte, bevor er sich das Leben genommen hatte. Nie zuvor hatte er sich so mutlos gefühlt. Eines Abends erwogen Clara und er ernsthaft, ob sie aufgeben sollten. War es nicht für alle das Beste, eine Frau zu suchen, die gegen ihr restliches Geld bereit war, Corinna aufzunehmen, und sich dann der Gestapo stellen?

8

Maria Gräfin von Maltzan war befreundet mit Eric Svensson, einem Schweden, der seit Jahren in Berlin lebte. An einem Tag im Juli 1942 – fünf Monate, nachdem der Schriftsteller Hans Hirschel in ihre Wohnung in der Detmolder Straße eingezogen, und drei Monate, nachdem seine Mutter Luzie Hirschel nach Theresienstadt deportiert worden war – suchte die Gräfin Svensson auf. «Eric, ich habe eine Riesenbitte an dich», begann sie.

«Nur zu.»

«Ich bekomme ein Kind ...»

Erics Augen wanderten zu ihrem Bauch, der ihm eher flach erschien. «Wo hast du es denn gelassen?» fragte er.

«Schon gut. Es ist jedenfalls da.» Sie holte tief Luft. «Du weißt ja, wer der Vater ist», sagte sie. Es war keine Frage.

«Das ist ja wohl klar.»

«Ich kann unmöglich zum Standesamt gehen und Hans als Vater angeben. Stellst du dich als Vater zur Verfügung?»

Eric zog die Stirn kraus. «Um Himmels willen!» rief er mit einem nervösen Lachen. «Ich habe eine Frau zu Hause in Schweden.»

«Die du seit zwanzig Jahren nicht gesehen hast», konterte Maruschka sofort. Sie hatte sich alles genau überlegt. «Sieh mal, was könnte dir Besseres passieren? Deinem Ruf würde es sehr gut bekommen.»

Gegen seinen Willen mußte Eric lächeln. Jahrelang hatte er sich große Mühe gegeben, seine Homosexualität zu vertuschen. Er bangte um sein Ansehen und machte sich Sorgen, welche Auswirkungen es wohl auf seine Tochter haben könnte, wenn sie die Wahrheit je erführe. Deshalb hatte er seine Ehe nach außen hin aufrechterhalten. Unter diesem Gesichtspunkt betrachtet, erhielt Maruschkas Ansinnen auf einmal eine ganz neue Bedeutung.

«Stimmt, meine Frau würde es nie herausfinden», sagte er laut.

Auf einmal mußten sie beide lachen.

Die Scharade begann unmittelbar darauf. Allabendlich suchte Eric Maruschka nun in ihrer Wohnung auf und holte sie zu einem Spaziergang ab. Sie suchten sich dafür absichtlich belebte Straßen aus und begrüßten alle Bekannten unüberhörbar. Auch ihre Einkäufe erledigte Maruschka abends in Begleitung Erics. «Mein Freund», stellte sie ihn den Ladenbesitzern vor. In jedem Geschäft pflegten sie sich mindestens einmal mit dem Ladeninhaber anzulegen. Eric beruhigte sie dann. Sie hatten alles vorher abgesprochen. Sie wollte sichergehen, daß sich die Ladenbesitzer an Eric erinnern würden. Später, wenn sie wieder in ihrer Wohnung saßen, drehte sie Zigaretten für ihn – er war ein starker Raucher. «Stell dir vor, was wohl die Leute denken, was wir jetzt tun», sagte sie lachend. Eric und Hans lachten mit ihr.

Am 6. September spürte Maruschka frühmorgens die ersten Wehen. Eine Freundin brachte sie in das von Nonnen vom Orden des Heiligen Vincent geleitete Krankenhaus. «Auf welche Station sind Sie denn bestellt worden?» fragte sie die müde, teilnahmslos blickende Nonne an der Aufnahme.

«Ich bekomme ein Kind», antwortete Maruschka. Die Nonne schaute sie mit dem gleichen ungläubigen Blick an wie all die anderen Leute, denen sie in den letzten Wochen erzählt hatte, daß sie hochschwanger sei.

Ihre schmalen Hüften, die bei ihren sportlichen Aktivitäten ein großer Vorteil waren und ihr schon so viele bewundernde Blicke eingetragen hatten, zogen die Geburt in die Länge. Die Schmerzen waren qualvoll. Maruschka mußte ihre ganze Willenskraft aufbieten, um nicht laut zu schreien. Schließlich hielt sie die Schmerzen nicht mehr aus und bat die Hebamme um ein Betäubungsmittel. Während der Arzt ihr eine Spritze gab, drückte die Hebamme Maruschkas

Arm. «Frauen, die ihre Kinder so zur Welt bringen», sagte sie aufmunternd, «kriegen wenigstens kein fettes Hinterteil, wenn sie älter werden.» Maruschka schien das ein schwacher Trost.

Auch die Entbindung, die schließlich am Abend erfolgte, war schwer. Ein Arzt betäubte Maruschka mit Äther und holte das Kind mit der Zange. Es war ein Junge, erschreckend klein, aber in dem kurzen Moment, bevor er in den Brutkasten gelegt wurde, konnte Maruschka noch sehen, daß er die hochangesetzten Ohren seines Vaters hatte.

In der folgenden Nacht waren die Luftangriffe besonders heftig. Maruschka war sterbenselend. Sie glitt immer wieder in den Schlaf wie auf einer zurückflutenden Welle und wachte bei der nächsten Bombendetonation oder dem nächsten Anfall von Übelkeit jedesmal jäh wieder auf.

Am nächsten Morgen trat eine alte Nonne mit einem gütigen Gesicht an ihr Bett und nahm ihre Hand, ohne etwas zu sagen.

«Warum sagen Sie nichts über mein Kind? Was ist los?» wollte Maruschka wissen.

«Es ist tot», sagte die Nonne. Eine Bombe hatte die Generatoren zerstört, die das Viertel mit Strom versorgten. Alle Säuglinge in den Brutkästen waren gestorben.

Einen Moment lang schloß Maruschka die Augen. Sie wollte weinen, aber sie konnte es nicht. Dann sah sie die Nonne an. «Ich möchte Sie um einen Gefallen bitten. Wenn Sie es nicht einrichten können, sagen Sie es mir nur. Wäre es möglich, daß der richtige Vater des Kindes es noch sehen kann?»

«Ich werde dafür sorgen.»

Am 8. September um zwei Uhr morgens betrat Hans behutsam eine kleine Kapelle im Erdgeschoß des Krankenhauses. Eine halbe Stunde lang saß er neben dem Sarg, während das flackernde Licht der Kerzen und die Schatten über das Gesicht seines Sohnes spielten und ihm auf gespenstische Weise ein lebendiges Aussehen verliehen. Die Nonnen hatten irgendwo große Mengen an Blumen aufgetrieben, deren Duft den Raum erfüllte. Gegen drei Uhr brachte ihn eine Nachtschwester in Maruschkas Zimmer.

«Ich habe Ihnen einen Besucher gebracht», flüsterte sie. «Klingeln Sie, wenn er wieder gehen möchte.»

Hans nahm Maruschkas Hand und hielt sie wortlos. Sein Gesicht war vom Schmerz verdüstert. Schließlich sagte er zu Maruschka: «Ich bin nur froh, daß Mutter nichts davon weiß – und es auch nie erfahren wird.» Die letzten Worte brachte er kaum über die Lippen.

Maruschka nahm ihn in die Arme. «Es kommen auch wieder bessere Zeiten», sagte sie, «es müssen wieder bessere Zeiten kommen.»

9

Gerettet von der Frau eines SS-Offiziers! Immer wieder beschäftigte diese seltsame Wendung Ruth Thomas in jenen ersten Tagen der tastenden Annäherung, nachdem sie sich Hilde Hohn anvertraut hatte. Hilde, in ihrer Eleganz, Jugendlichkeit und Schönheit das exakte Ebenbild Ruths, hatte sich unwillkürlich und gegen ihre eigenen Vorsätze zu ihr hingezogen gefühlt. Intuitiv hatte sie in der Fremden eigene Wesenszüge wahrgenommen. Handelte es sich dabei um eine ihnen beiden gemeinsame Entschlossenheit, das Leben auch in schlimmsten Zeiten von der angenehmen Seite zu betrachten? Vorerst mußte Ruth sich mit Mutmaßungen zufriedengeben. Ihre Beziehung war noch zu neu und zerbrechlich, als daß sie viel hätte riskieren können. Und Spannungen zwischen ihnen – und sei es auf Grund einer mißverstandenen Frage oder verfrühten Vertraulichkeit – hätten unausdenkbare Folgen haben können. Überdies kreisten Ruths Gedanken unablässig um ihre Mutter und Kurt. Sie machte sich große Sorgen um sie. Vor allem Kurt, den sie doch erst vor kurzem geheiratet hatte, vermißte sie sehr.

Ihrer Hochzeit war eine Reihe belastender Ereignisse vorausgegangen. Was Ruth durchgemacht hatte, läßt sich nur vor dem Hintergrund des sorglosen, privilegierten Lebens ermessen, das sie von klein auf gewohnt gewesen war. Dieser «Wohlstand» bezog sich nicht so sehr auf die materiellen Verhältnisse – ihre Mutter war finanziell unabhängig, aber keineswegs reich gewesen – als vielmehr auf die Umstände, unter denen sie aufwuchs, und auf die Tatsache, daß sie ihre Begabungen ungehindert entfalten konnte. Sie war ein Kind der zwanziger Jahre, einer Zeit, in der sich ein offener, bösartiger Antisemitismus in Deutschland breitzumachen begann. Dennoch kam sie mit dieser verhängnisvollen Zeitströmung kaum in Berührung. Ruth wuchs in einer Umgebung auf, die gleichermaßen von deutschen wie von jüdischen Einflüssen geprägt und an hohen Werten ausgerichtet war, einer Umwelt, die ihr eine ungeheure Vielfalt kultureller Anregungen vermittelte, einer Welt der Konzerte, des Theaters, der Opern und Vorträge. Ein Mitglied dieser Gesellschaftsschicht zu sein – und die erfolgreichen Juden gehörten ihr gewöhnlich an – hieß, das Leben von seinen lebenswertesten Seiten kennenzulernen. Auch in materieller Hinsicht führten diese Juden ein angenehmes Dasein. Natürlich gab es Ende der zwanziger Jahre eine Vielzahl armer Juden in Berlin – jeder vierte lebte von der Wohlfahrt –, aber im ganzen gesehen waren die Juden in den lukrativen Erwerbszweigen auffallend stark vertreten.

Zu Ruths großem Familienkreis gehörten Onkel, Tanten, Vettern und Cousinen. Ruth liebte es, mit ihren Angehörigen in die Synagoge zu gehen. Es war stets ein Familienereignis. Sie fühlte sich als Jüdin. Religion war für sie nicht nur eine Sache des Glaubens, sondern zugleich Ausdruck von Charakter.

Ruths Mutter Anna Rosenthal sorgte dafür, daß ihre Tochter die bestmögliche Ausbildung erhielt. Sie hatte sie in einer Privatschule angemeldet. Ruth war sehr begabt. Sie interessierte sich für Musik, für Archäologie und Architektur. Jedes dieser drei Gebiete hätte sie liebend gern studiert, doch als ihre Schulzeit zu Ende ging, wurden Juden bereits nicht mehr zum Studium zugelassen. Man schrieb das Jahr 1933. Ruth war neunzehn. Die einzige Chance, ihre Ausbildung fortzusetzen, wäre ein Studium im Ausland gewesen, aber sie wollte ihre Mutter nicht verlassen, die ihre Hilfe dringend benötigte.

Anna Rosenthal war Inhaberin eines Modeateliers in der besten Einkaufsgegend, ganz in der Nähe der Prachtstraße Berlins, Unter den Linden. Ihre Geschäftsführerin nahm Ruth unter ihre Fittiche und führte sie in die Branche ein. Ruth erwies sich als äußerst geschickt bei der Ausführung von Entwürfen großer europäischer Modeschöpfer, und schon bald verkaufte das Atelier eigene Kreationen von ihr. Sie schien mit dieser Tätigkeit vollauf zufrieden zu sein. Nichts wies darauf hin, daß sie sich unter ihren Fähigkeiten eingesetzt fühlte, daß sie den ihr verstellten Möglichkeiten in anderen Bereichen nachtrauerte. Alle mochten dieses Mädchen, das so tüchtig, freundlich und voller Lebenslust war. In ihrer Freizeit las sie viel, tauchte in die Gedankenwelt und die Kunst der deutschen und jüdischen Kultur ein. Sie fand ihre Umwelt und ihr Leben faszinierend, und sie spürte einen starken Drang, ihre geistigen und künstlerischen Fähigkeiten immer weiter zu entfalten.

Doch dann begann alles anders zu werden.

Die erste Veränderung betraf Ruths Verhältnis zu «Tante Martha», einer engen nichtjüdischen Freundin der Familie, die so gern aß und trank und immer dicker wurde, bis das Maßband kaum noch ausreichte, um den Umfang ihres gewaltigen Bauches festzustellen. Sie lebte mit ihrem Mann und ihren drei Kindern in Mecklenburg, wo sie und ihr Mann eine Gaststätte besaßen, die als Treffpunkt der wohlhabenden Bewohner dieser Gegend galt. Hier wurde ausgiebig gegessen und getrunken. Einige Nebenräume standen für Feste jeder Art zur Verfügung, und im Sommer saßen die Gäste im Garten, der für seine Blumenpracht in der Umgebung berühmt war. Neben der florierenden Gastwirtschaft gehörte Tante Martha noch ein großer Grundbesitz. Sie war eine wohlhabende und überaus großzügige Frau. Wenn Ruths Familie sie besuchte, trug sie ihrer Köchin auf, üppige Mengen köstlichster Gerichte zuzubereiten, die alles in den Schatten stellten, was ihre Gäste aus Berlin gewohnt waren.

Für Ruths Mutter gab es nichts Schöneres als diese Wochenendausflüge aufs Land. So fuhr die Familie an sämtlichen Feiertagen und nahezu allen Wochenenden nach Mecklenburg. Man verließ Berlin sonnabends nach dem Mittagessen und kam gerade rechtzeitig zum Nachmittagskaffee bei Tante Martha an. Ruth liebte diese Ausflüge ebenso wie ihre Mutter. Tante Marthas drei Kinder – Heinz, Käthe und Ilza – behandelten sie wie eine kleine Schwester. Vor allem Heinz war ihr sehr zugetan. Er hatte immer ein Geschenk für sie und wußte ihr wunderbare Geschichten zu erzählen. Außerdem lag ganz in der Nähe ein Schloß – es hatte früher Tante Marthas Großmutter gehört –, wo sie herrlich spielen konnten.

Eines Samstags bemerkten sie bei ihrer Ankunft ein neues Bild an der Wohnzimmerwand. Es zeigte einen Mann mit einem Lippenbärtchen in einem braunen Hemd, mit einem Lederkoppel über der Schulter. «Wer ist das?» fragte Ruths Mutter.

«Das ist unser Hitler», sagte Tante Martha.

«Und wer ist dieser Hitler?»

«Er wird Deutschland groß machen.»

Als Adolf Hitlers Macht im Laufe der Jahre zusehends größer wurde, begannen die Deutschen – Juden wie Nichtjuden – seine antisemitischen Äußerungen, die die meisten früher noch als Hirngespinste eines Verrückten hatten abtun können, immer ernster zu nehmen. Tante Martha hingegen lachte nur, wenn behauptet wurde, daß Hitler gegen die Juden vorgehen wolle. «Alles nur politisches Gerede», pflegte sie bei solchen Gelegenheiten zu sagen.

Doch dann, am Sonnabend, dem 1. April 1933, rief die NSDAP in aller Öffentlichkeit zum Boykott sämtlicher jüdischer Geschäfte in Deutschland auf. Zwei Monate zuvor war Hitler vom Reichspräsidenten Paul von Hindenburg zum Reichskanzler ernannt worden. Immer häufiger war in den vorangegangenen Monaten in politischen Diskussionen die Auffassung geäußert worden, daß nur er und seine NSDAP – die inzwischen bei weitem stärkste Partei in Deutschland, die ein Drittel aller Wählerstimmen auf sich vereinigte – in der Lage seien, dem wirtschaftlichen und politischen Chaos ein Ende zu setzen. Hitler war auf legalem Wege an die Macht gekommen, doch hatte er sofort nach seiner Ernennung eine ganze Reihe ungesetzlicher Maßnahmen angeordnet, um seine Position zu festigen und die oppositionellen Politiker einzuschüchtern. Der Reichstagsbrand am 27. Februar 1933 lieferte Hitler den Vorwand, die entscheidenden Maßnahmen zur Errichtung der Diktatur zu treffen. Noch in derselben Nacht verbreiteten Nationalsozialisten das Gerücht, daß diese Brandstiftung der Auftakt zu einem geplanten Staatsstreich der Kommunisten sei. Am folgenden Tag unterzeichnete Hindenburg auf Drängen Hitlers die «Reichstagsbrandverordnung», die – angeblich vorübergehend – die wesentlichen demokratischen Grundrechte außer Kraft setzte. Die SA, die berüchtigte Sturmabteilung der NSDAP, ging gegen Oppositionspolitiker – vor allem gegen Kommunisten und Sozialdemokraten –, Gewerkschaftsführer und Juden vor. Durch nackten Terror wurden so viele Abgeordnete der anderen Parteien eingeschüchtert oder aus dem Reichstag vertrieben, daß es Hitler mühelos gelang, am 24. März 1933 das «Ermächtigungsgesetz» durchzubringen, das ihm diktatorische Vollmachten verlieh. Der am 1. April 1933 verkündete Boykott der jüdischen Geschäfte, der lediglich die institutionalisierte Form der auch bisher schon von der SA gegen jüdische Gewerbetreibende und Geschäftsleute verübten Gewalt darstellte, war Hitlers erster offizieller Schlag gegen das Volk, in dem er den Kern einer auf die Vernichtung Deutschlands gerichteten bolschewistischen Verschwörung sah.

An jenem Abend läutete die Türglocke der neuen, komfortableren Wohnung im überwiegend von jüdischen Familien bewohnten Bayerischen Viertel, die Ruth und ihre Mutter vor kurzem bezogen hatten. Ruth öffnete die Tür. Vor ihr stand Tante Martha, begleitet von ihrem Chauffeur, der einen riesigen Korb voller Lebensmittel trug. Tante Martha machte einen verwirrten, äußerst erregten Eindruck. Sie und ihr Mann waren seit vielen Jahren Mitglieder der NSDAP. Nach Hitlers Ernennung zum Reichskanzler war es ihnen besser gegangen als je zuvor. Aber es sei schwer, erklärte sie, alte Freunde einfach fallenzulassen. Niemand könne sie dazu zwingen. «Hitler darf euch nichts tun», sagte sie.

Sie gestand, daß sie nicht im entferntesten mit diesem Boykott gerechnet hatte. Sie hatte gefürchtet, daß die beiden Hunger litten, und war deshalb nach Berlin gekommen. Und sie hatte Angst vor dem, was auf sie zukam. «Ihr seid so wunderbare Menschen», sagte sie immer wieder. Und dann machte sie einen erstaunlichen Vorschlag: Ruth und ihre Mutter sollten zu ihr ziehen. Wenn sie bei ihr wohnten, meinte sie, könne ihnen nichts geschehen.

Anna Rosenthal lehnte das Angebot ab. Beim Abschied sagte sie: «Wir werden uns wohl nicht wiedersehen. Unsere Wege werden sich jetzt trennen.»

«Bestimmt nicht», widersprach Tante Martha.

«Du wirst schon sehen», sagte Ruths Mutter.

Einige Tage später erhielten Ruth und Anna jedoch Briefe von allen drei Kindern Tante Marthas. Inzwischen waren sie alle erwachsen, und dank ihrer Parteizugehörigkeit und ihres politischen Engagements waren sie rasch in angesehene gesellschaftliche Positionen aufgerückt. Dennoch schrieben sie, daß sie Ruth und ihre Mutter vermißten, und baten sie inständig, doch einmal wieder zu ihnen zu kommen. Käthe, die eine Tochter, hatte einen Gauleiter geheiratet. Sie versicherte in ihrem Brief, daß ihnen nichts geschehen würde. «Unsere Bestrebungen richten sich nur gegen Akademiker, Staats- und Verwaltungsbeamte, nicht gegen Leute, die in der Produktion tätig sind.»

Dieser Brief beruhigte Anna Rosenthal ein wenig. Außerdem hatten sie noch immer zahlreiche nichtjüdische Freunde, die keinen Hehl daraus machten, daß sie die gegen die Juden gerichteten Übergriffe Hitlers mißbilligten. Und wenn sich Ruth und ihre Mutter auch beide der Tatsache nur allzu bewußt waren, daß die Anwendung offener Gewalt gegen Juden zunahm, war ihnen doch selbst noch kein Haar gekrümmt worden.

Eine wichtige seelische Hilfe in dieser Zeit war für sie alle Ruths Fähigkeit, den Entwicklungen im Deutschen Reich, so bedrohlich sie auch sein mochten, mit Humor zu begegnen. Der berüchtigte Reichsparteitag 1935, auf dem am 15. September die Nürnberger Gesetze verkündet wurden, war nur ein Beispiel für die ständig zunehmende Verschärfung der gegen die Juden gerichteten Maßnahmen. Das «Gesetz zum Schutze des deutschen Blutes und der deutschen Ehre» untersagte «Eheschließungen zwischen Juden und Staatsangehörigen deutschen oder artverwandten Blutes» sowie «außerehelichen Verkehr zwischen Juden und Staatsangehörigen deutschen oder artverwandten Blutes». Verstöße gegen diese Bestimmungen wurden bei Juden wie Nichtjuden gleichermaßen mit Zwangsarbeit, Geldbußen und Zuchthaus bestraft. Ruth erschienen diese Gesetze so lächerlich, daß sie sich weigerte, sie ernst zu nehmen. Wie solle man Menschen ernst nehmen, meinte sie, die derart abstruse Gesetze erließen? Die Nazis seien so lächerlich, wie sollten sie da eine Gefahr darstellen? Sie könne sich nicht vorstellen, daß Hitler lange an der Macht bleiben würde. Solche Äußerungen waren genau die Art von Zuspruch, die ihre Mutter dringend benötigte, um ihren eigenen labilen Lebensmut immer wieder von neuem anzufachen.

Doch es sollte nicht lange dauern, bis auch Ruth und ihre Mutter erkennen mußten, welche Bedrohung die Nürnberger Gesetze darstellten. Sie führten indirekt zum Bruch mit Tante Martha.

Es kam alles ganz unerwartet. Eine junge nichtjüdische Bekannte von Anna Rosenthal war mit einem Juden verheiratet. Das Ehepaar besaß ein kleines, gutgeführtes Hotel in der Nähe von Berlin. Eines Tages erschien die junge Frau bei Ruths Mutter, um sie um Rat zu fragen. Die Partei habe von ihr gefordert, so berichtete sie, ihre Ehe aufzulösen. Andernfalls, so hatte man ihr erklärt, würde sie das Hotel aufgeben müssen. Was sollte sie tun? Anna Rosenthal beschloß, Tante Marthas Rat einzuholen. Sie verabredete ein Treffen, das einige Tage darauf in der Wohnung im Bayerischen Viertel stattfand. Tante Martha hörte sich die Geschichte an. Dann sagte sie: «Lassen Sie sich scheiden, und schicken Sie Ihren Mann ins Ausland.» Sie begründete ihren Rat mit dem Hinweis, daß es angesichts dieser Situation nicht mehr so sehr um die Erhaltung von Besitz als um die Rettung eines Menschenlebens gehe. Sei der Mann erst einmal im Ausland, könne ihm nichts mehr geschehen.

Tante Marthas Antwort schockierte Anna Rosenthal. Sie mochte vernünftig sein, aber unter ethischen Gesichtspunkten betrachtet war sie unannehmbar. Nachdem sie eine Weile über Tante Marthas Verhalten nachgedacht hatte, kam sie zu dem Ergebnis, daß die Differenzen zwischen ihnen eine Fortsetzung ihrer Beziehung nicht mehr zuließen. Wenige Tage darauf schrieb sie ihr: «Eine Frau gehört zu ihrem Mann. Sie sollte zu ihm stehen.» Sie konnte Tante Marthas Standpunkt nicht akzeptieren.

Ruth und ihre Mutter sollten nie wieder nach Mecklenburg fahren.

1937 lernte Ruth Bernd Hirtz kennen, einen deutschen Juden, der einige Jahre in Spanien gelebt hatte. Er verliebte sich in sie und drängte sie, mit ihm in die Vereinigten Staaten zu emigrieren. Ruth mochte Bernd, und 1938 verlobte sie sich mit ihm, aber es war undenkbar für sie, ihre Mutter allein in Berlin zurückzulassen. Ruth versprach ihm, so bald wie möglich mit ihrer Mutter nach Amerika nachzukommen.

Wie gern hätten sie Deutschland verlassen! Zwei Verwandte von ihnen waren bereits in Konzentrationslager deportiert worden. Sie beantragten Visa für die USA und deponierten während einer Urlaubsreise Geld bei Banken in der Schweiz und der Tschechoslowakei. Ihr Bürge in Amerika war ein junger Vetter, der dort als Lehrer tätig war. Im Frühjahr 1938 erhielten sie die eidesstattliche Erklärung, daß er bereit sei, für ihren Unterhalt aufzukommen. Nun hatten sie alle Papiere, die sie zur Ausreise benötigten. Sobald sie an der Reihe waren, würden sie ihre Visa erhalten.

Doch nach einer Verfügung der amerikanischen Regierung durften nur 27000 Visa für deutsche Einwanderer ausgestellt werden, und ein Vielfaches dieser Zahl war bereits – überwiegend von Juden – beantragt worden.

Und dann, in der Nacht vom 9. auf den 10. November 1938 – der «Kristallnacht» –, kam es zu den bis dahin schlimmsten Ausschreitungen gegen die Juden.

Zwei Tage zuvor war in Paris ein junger, aus Deutschland geflohener Jude namens Herschel Grynszpan in die deutsche Botschaft eingedrungen, um den Botschafter Johannes Graf von Welczeck zu erschießen. Grynszpans Eltern, polnische Juden, die mehr als fünfundzwanzig Jahre lang in der Nähe von Hannover gelebt hatten, waren kurz zuvor, am 28. Oktober, im Zuge einer Nacht- und Nebel-Aktion, von der etwa 15000 in Deutschland ansässige polnische Juden betroffen waren, an die polnische Grenze gebracht und ausgewiesen worden. In seiner Verzweiflung über das Schicksal seiner Eltern und die ständig unerträglicher werdenden Repressionen gegen die Juden hatte sich Grynszpan zu diesem Attentat entschlossen. Er schoß auf den Legationsrat Ernst vom Rath, den er irrtümlich für den Botschafter hielt. Es war eine Ironie des Schicksals, daß gerade vom Rath, der selbst einer antinazistischen Gesinnung verdächtigt und von der Gestapo überwacht wurde, dem Anschlag zum Opfer fiel. Als er zwei Tage später seinen Verletzungen erlag, lieferte dieses Ereignis den Nationalsozialisten den Vorwand für die Entfesselung nackter Gewalt. Es handelte sich dabei nicht um spontane Krawalle, sondern um eine mit Hitlers Billigung von Joseph Goebbels und Reinhard Heydrich, dem Chef der Sicherheitspolizei und des SD, sorgfältig organisierte Aktion.

In ganz Deutschland wurden in dieser Nacht von der SA und der SS etwa 7500 jüdische Geschäfte zerstört. In einem vertraulichen Schnellbrief teilte Heydrich Hermann Goering am 11. November mit: «An Synagogen wurden 191 in Brand gesteckt, weitere 76 vollständig demoliert.» Noch schlimmer war die gegen Menschen gerichtete Gewalt. Die Zahl der in jener Nacht ermordeten Juden ist nie genau festgestellt worden. Selbst vorsichtigen Schätzungen zufolge waren es etwa hundert Personen. Hunderte von Juden wurden verletzt und zahlreiche Frauen vergewaltigt, obwohl dies ein «Verbrechen der Rassenschande» war, auf das eine hohe Zuchthaus- und in vielen Fällen die Todesstrafe stand. 20000 Juden wurden verhaftet. Die meisten von ihnen stammten aus wohlhabenden Kreisen. Es war von Anfang an geplant gewesen, durch diese Aktion die Enteignung jüdischen Eigentums zu beschleunigen.

Anna Rosenthal hatte ihr Modeatelier bereits vor einiger Zeit für einen Spottpreis an ein Mitglied der NSDAP verkauft. Es war deshalb auf die Intervention des neuen Besitzers hin verschont geblieben. Später in der Nacht suchten die Plünderer jedoch auch das Bayerische Viertel heim. Als es an ihrer Wohnungstür klingelte, stand Ruth instinktiv auf, um zu öffnen. Doch kurz bevor sie die Tür erreicht hatte, wurde sie von hinten ergriffen und grob beiseite gestoßen. Eine Hand legte sich auf ihren Mund und erstickte ihren erschreckten Aufschrei. Es war Frieda, die Haushälterin. Sie lebte seit zehn Jahren bei ihnen und war in dieser Zeit zu einer engen Vertrauten geworden. Ihre freien Tage und Abende verbrachte sie gewöhnlich mit jungen NSDAP-Anhängern. Sie wußte, wie leicht diese sich zu Gewalthandlungen gegen Juden aufstacheln ließen. Frieda gab Ruth durch Gesten zu verstehen, daß sie sich still verhalten solle. Die beiden Frauen blieben auf dem Fußboden liegen, bis die unbekannten Besucher sich wieder entfernt hatten und keine Geräusche von splitterndem Glas mehr zu hören waren.

Im folgenden Jahr ereignete sich eine weitere Katastrophe. Ruth war zusammen mit ihrem ganz in der Nähe wohnenden Vetter Werner aufgewachsen, dem Sohn ihrer Tante Paula, der Schwester ihrer Mutter. Werner war fünf Jahre älter als Ruth und wie sie ein Einzelkind. Ruth und Werner waren so viel zusammen, daß sie sich wie Bruder und Schwester fühlten. Auch in ihrer Lebenseinstellung ähnelten sie sich. Werner war fest entschlossen, sich durch die Maßnahmen der Judenverfolgung nicht einschüchtern zu lassen. Er paßte sich den Verhältnissen an. Er war Pianist. In anderen Zeiten hätte er vielleicht Konzerte gegeben, nun aber begnügte er sich damit, in Bars Klavier zu spielen. Er hatte Talent und war früher ein gefragter Künstler gewesen. Nach der Machtergreifung der Nazis hatte er oft Engagements im Ausland angenommen, wo er die Möglichkeit hatte, den in Deutschland als «entartet» verpönten amerikanischen Jazz zu spielen. Besonders gern gab er an der Riviera Konzerte, wo es viele alleinstehende Frauen gab. Werner war ein Frauenheld, der überall gebrochene Herzen hinterließ. Diese Neigung sollte ihm schließlich zum Verhängnis werden. Als er eines Tages mit seiner Mutter durch Berlin ging – sie waren auf dem Weg zur Geburtstagsfeier einer Verwandten –, kam ihnen eine frühere, nichtjüdische Freundin Werners entgegen, die sehr verletzt gewesen war, als er sie verlassen hatte. Sie erkannte ihn, wandte sich an einen Polizisten und zeigte Werner, der damals ein Verhältnis mit einer anderen nichtjüdischen Frau hatte, wegen Übertretung der Nürnberger Gesetze an. Er wurde festgenommen, angeklagt und zu einer langjährigen Zuchthausstrafe verurteilt.

Ruth konnte über diesen Vorfall nicht hinwegkommen. Wochenlang quälte sie der Gedanke, daß die Wärter Werner ebenso zu Tode prügeln könnten, wie es die Gestapo bereits mit einem anderen Vetter von ihr getan hatte.

In dieser Krisenzeit, in der Ruth zum erstenmal in ihrem Leben einer tiefen Depression zu verfallen drohte, lernte sie Kurt Thomas kennen.

Thomas war Röntgenologe. Er war Mitte fünfzig und somit dreißig Jahre älter als Ruth, aber äußerlich und in seinem Wesen jung geblieben. Seine Stieftochter, eine Kundin Ruths, hatte die beiden miteinander bekanntgemacht. Der Altersunterschied störte Ruth nicht im geringsten. Beziehungen von Frauen zu wesentlich älteren Männern waren in dieser Zeit, da immer mehr junge Männer eingezogen wurden, keine Seltenheit.

Kurt war sofort bereit, mit Ruth und ihrer Mutter auszuwandern, er beantragte ebenfalls ein Visum, doch war seine Aussicht auf eine Einwanderungserlaubnis gering, da bereits 200000 Deutsche, überwiegend Juden, auf den Wartelisten für die Übersiedlung in die USA standen. 1939 stellte das amerikanische Konsulat erstmals sämtliche vorgesehenen Visa, 27379 Stück, aus. Dennoch gelangten nur 5524 deutsche Staatsangehörige – ein Fünftel der bewilligten Einwandererquote – in die USA. In den übrigen Fällen verhinderten die Nationalsozialisten die Ausreise. 1940 war das Verhältnis noch ungünstiger: Von 27355 Deutschen, die ein Visum erhalten hatten, erreichten nur 3556 die Vereinigten Staaten.

Ruths Talent als Modezeichnerin wurde in den nun folgenden Monaten zur Lebensgrundlage für die drei Wartenden. Darüber hinaus schien diese Arbeit sie vor den Übergriffen der Nazis zu schützen. Mehr und mehr wuchs in ihnen die Überzeugung, daß sie trotz der sich ständig verschlimmernden Situation selbst in Sicherheit waren.

Das für Ruth erschütterndste Ereignis des Jahres 1941 betraf sie selbst nur indirekt. Wenige Monate nach dem Kriegseintritt der USA wurde ihrem Vetter Werner, der noch immer wegen seines Verstoßes gegen die Nürnberger Gesetze im Zuchthaus saß, mitgeteilt, daß er zu den ersten Juden gehöre, die – wie die Nazis es ausdrückten – «in die Ostgebiete umgesiedelt» werden sollten. Bei aller Ungewißheit fand Werner diese Aussicht doch sehr verlockend. Zumindest würde er aus dem Zuchthaus herauskommen und den ganzen Wahnsinn, den Berlin in seinen Augen verkörperte, hinter sich zurücklassen können. Was hatte er schon zu verlieren? Schlimmer konnte es doch in Polen gar nicht sein. Der ausschlaggebende Grund für seine Zuversicht war jedoch seine Gewißheit, daß die Alliierten früher oder später beginnen würden, Berlin zu bombardieren. In Polen, überlegte er, entginge er zumindest der Gefahr, bei einem Bombenangriff ums Leben zu kommen. Werner schlug seiner Mutter in einem Brief vor, sie solle sich freiwillig erbieten, ihn zu begleiten, so daß sie gemeinsam «abwandern» könnten. Tante Paula folgte seinem Rat. Die übrige Familie konnte sie nicht von ihrem Vorhaben abbringen. Die Gestapo willigte mit Freuden ein.

Kurt und Ruth hatten beschlossen, ihre Hochzeit so lange aufzuschieben, bis ihnen die Einwanderung bewilligt wurde. Doch allmählich schwand ihre Hoffnung, die ersehnte Reise jemals antreten zu können. Schließlich wollten sie nicht länger warten – sie heirateten. Kurz darauf, zu Beginn des neuen Jahres, erhielten sie vom amerikanischen Konsulat die beantragten Visa. Sofort buchte Anna Rosenthal Schiffsplätze für sie. Sie packten ihre Habe in Kisten und Koffer, die sie zum größten Teil an den American Express schickten. Das amerikanische Konsulat forderte sie auf, die letzten Einwanderungsformalitäten zu erledigen. Doch die Ausreisegenehmigungen der deutschen Behörden blieben aus. Die Auswanderung deutscher Juden war kurz zuvor, von einigen Ausnahmefällen abgesehen, allgemein verboten worden.

So hatten sie die folgenden Monate, in denen ihre Lage immer schwieriger wurde und immer mehr Freunde und Verwandte plötzlich verschwanden, in ihrer Wohnung zugebracht – bis Ruth an jenem Abend im November 1942 die Vorladung der Gestapo auf dem Boden des Flurs gefunden hatte.

In den ersten Wochen nach ihrer Flucht in die Illegalität erschien Kurt häufig in der Wohnung der Familie Barsch, wo Ruth von Hilde Hohn, der Frau eines SS-Offiziers, aufgenommen worden war, und Ruth besuchte ihn ihrerseits in der

Wohnung seiner früheren Frau Lia in der Kaiserstraße. Wenn Lia bei ihrer Tochter in München war, blieb Ruth über Nacht bei ihm. Bald schon begann sie, auch dann ab und zu in der Wohnung zu übernachten, wenn Lia dort war. Kurts enges Zusammenleben mit Lia beunruhigte Ruth nicht. Lia war inzwischen über sechzig, sie selbst sechsundzwanzig.

Lia lebte in einer geräumigen, alten Berliner Wohnung. Von drei großen, zur Straße hin gelegenen Zimmern führte ein langer Flur, über den man verschiedene Schlafzimmer betreten konnte, nach hinten in die Küche. Am Ende des Flurs befand sich der Dienstbotenaufgang. Er sollte Kurt als Fluchtweg dienen, falls man ihn aufspüren würde.

Am 19. Februar 1943 hatte Ruth zwei Verabredungen einzuhalten. Zunächst sollte sie Hilde am späten Nachmittag vom Bahnhof abholen, um ihr beim Tragen der Lebensmittel zu helfen, die sie vom Gut ihrer Schwiegereltern geholt hatte. Danach wollte sie Kurt aufsuchen, um ihm einen Teil der Vorräte zu bringen. Aber Hildes Zug hatte Verspätung. Ruth rief Kurt an, erklärte ihm die Verzögerung und versprach, ihm telefonisch Bescheid zu geben, sobald sie Hilde mit ihrem Gepäck zu Hause abgesetzt hätte.

Kurz darauf klopfte es an die Tür der Wohnung in der Kaiserstraße. Lia öffnete. Es war die Gestapo. Die Beamten erklärten, daß sie einer Information nachgehen wollten, derzufolge Lia einen Juden beherberge. Laut und ärgerlich wies Lia die Beschuldigung zurück – als Kurt herbeigeeilt kam, um den Grund ihrer Aufregung in Erfahrung zu bringen. Die Männer überwältigten ihn und führten ihn ab.

Als Ruth von der Wohnung der Familie Barsch aus anrief, um Bescheid zu sagen, daß sie sich auf den Weg machen wolle, erfuhr sie, was geschehen war. Verzweifelt flehte sie Lia an, der Gestapo Geld anzubieten. Vielleicht, meinte sie, ließe sie sich dazu bewegen, Kurt in die Schweiz abzuschieben. Doch Lia, die nur dank der Tatsache, daß sie nicht mehr mit Kurt zusammenlebte, ungeschoren davongekommen war, hatte Angst, noch mehr zu riskieren, und ihr aus einer früheren Ehe stammender Sohn bestärkte sie in dieser Haltung.

So blieb Kurt verschwunden.

10

Das Haus des Gemüsehändlers Robert Jerneitzig im Vorort Wittenau war solide gebaut. Das Erdgeschoß bestand aus zwei Zimmern, einer Küche, einem Badezimmer, das man nur von außen betreten konnte, und einer überdachten Terrasse. Im oberen Stockwerk befanden sich ein großer und ein kleiner Schlafraum, die durch eine Tür verbunden waren. Über den Schlafzimmern lag der Dachboden. Schließlich gab es noch das Kellergeschoß, das die Mieter, Josef und Kadi Wirkus, zu einem Luftschutzkeller ausgebaut hatten, den sie im Notfall benutzen konnten, falls ihnen einmal nicht mehr die Zeit bleiben sollte, den Gemeinschaftsschutzraum einige Häuserblocks weiter aufzusuchen.

Das junge jüdische Ehepaar Riede, das Jerneitzig am Morgen nach der großen Verhaftungsaktion des 27. Februar nach Wittenau gebracht hatte, bezog den kleineren der beiden Schlafräume. Wenn Kadi und Josef Wirkus ihr eigenes Schlafzimmer betreten oder verlassen wollten, mußten sie den von den Riedes belegten Raum durchqueren – ein Umstand, der nach wenigen Tagen von keinem der Bewohner mehr als peinlich empfunden wurde. Herr und Frau Wirkus störten sich nicht an dieser Unbequemlichkeit, ja sie fanden die Situation sogar lustig. Die Riedes ihrerseits waren sehr rasch zu der Überzeugung gelangt, daß es sie in ein Paradies verschlagen hatte.

Großzügigere Gastgeber konnte man sich kaum vorstellen. Von Anfang an teilte das Ehepaar Wirkus seine Lebensmittelrationen mit den Riedes, ohne eine Entschädigung dafür zu verlangen. Die Riedes, denen es gelungen war, mehrere tausend Mark, die von ihren Eltern stammten, in Sicherheit zu bringen, steuerten so viel zum Lebensunterhalt bei, wie ihre Retter anzunehmen bereit waren. Die Versorgung mit Nahrungsmitteln war kein Problem. Kadis Eltern besaßen einen Bauernhof in Pommern. Sie erhielt von ihnen alles, was sie brauchte, um die Lebensmittelrationen in ausreichendem Maße zu ergänzen.

Trotz der Bedrohung, die alle spürten, herrschte eine behagliche Atmosphäre im Haus. Dazu trugen die gemütlichen kleinen Räume bei, vor allem jedoch die aufgeschlossene, anregend mitteilsame Art des Ehepaars Wirkus. Vor allem an den Abenden, wenn Beppo – wie Josef Wirkus allgemein genannt wurde – zu Hause war, saßen sie viele Stunden beisammen, in lange Gespräche vertieft, bei denen sie sich tastend ein erstes Bild voneinander zu machen suchten. In der ganzen ersten Woche verloren die Beziehungen der vier, ihre Art, aufeinander zu reagieren, nichts von der Intensität der ersten Minuten ihrer Bekanntschaft. Im Gegenteil: Die ungewöhnliche, gefährliche Situation, in der sie sich befanden, schien sie noch zu verstärken und zu komprimieren, so daß sie rasch Gefühle füreinander entwickelten, die unter normalen Umständen erst in Monaten gewachsen wären. Die beiden Männer, die sich äußerlich so ähnlich waren, begannen tatsächlich, sich wie Brüder zu verhalten. Kadi, die immer schnell auf Menschen, die ihr sympathisch waren, zuging, nahm Hella wie eine Schwester an. Es gab keine Streitigkeiten. Zwar hatte sich Kurt noch immer nicht ganz von dem Schrecken und der Anstrengung ihrer jähen Flucht erholt, doch im Grunde seines Herzens war er ein lebenslustiger Mensch, und er gab sich große Mühe, umgänglich zu sein. Hella war von Natur aus noch entgegenkommender als er. Sie war eine ruhige Person, in deren Gegenwart sich jeder wohl fühlte. Wenn Kadi einkaufen ging, sorgte Hella für das Baby. Bald schon war Kadi sicher, daß Wilfried gut bei Hella aufgehoben war, und diese hatte das Kind sofort liebgewonnen und ihre Rolle als zweite Mutter mit Freude übernommen.

Die Eheleute Wirkus boten den Riedes mehr als nur Essen, Obdach und Freundschaft. Sie nährten in ihnen die Gewißheit, daß es nichtjüdische Deutsche gab, denen so viel an ihnen lag, daß sie ihr Leben für sie aufs Spiel setzten.

Eine Woche nach dem Einzug der Riedes überraschte Beppo sie mit einem kühnen Plan zur Beschaffung eines gefälschten Ausweises für Kurt. Dieser Plan gründete sich auf die geradezu unheimliche Ähnlichkeit zwischen Kurt und ihm. Beide hatten sie die gleiche Haar- und Hautfarbe und das gleiche Profil. Darüber hinaus trugen sie beide dicke Brillen. Die Idee war, einen Postausweis auf Beppos Namen und Adresse, aber mit Kurts Foto ausstellen zu lassen. Eine solche Karte war, verglichen mit einem Paß oder anderen Ausweispapieren, normalerweise von geringem Wert, ein von der Post ausgestelltes Dokument zur Identifikation der Empfänger von Postanweisungen und Einschreibsendungen. Doch für einen Menschen, der ausschließlich Papiere besaß, die ihn als Juden auswiesen, konnte ein solcher Postausweis eines Tages zum Passierschein ins Leben werden.

Aus beruflichen Gründen hielt sich Beppo sehr häufig im Postamt auf. Alle kannten ihn dort. Auf Grund der ständigen Kontakte mit dem Amt wußte er, welche Schalterbeamten sich streng an die Vorschriften hielten und welche zur Nachlässigkeit neigten. Er traf seine Wahl mit Bedacht. Schließlich entschied er sich für einen ruhigen Beamten in den Fünfzigern, mit dem er schon häufig zu tun gehabt hatte.

Obwohl er dem Mann im Laufe der Jahre unzählige Male begegnet war, gelang es Beppo kaum, seine Nervosität zu bezwingen, als er am 12. Februar zu ihm an den Schalter trat. Seine Hände waren feucht und zitterten ein wenig, und in den Achselhöhlen fühlte er den Schweiß rinnen. «Ich habe meinen Postausweis verloren», sagte er mit mühsam beherrschter Stimme.

«Das macht nichts», antwortete der Postbeamte und lächelte ihm beruhigend zu.

Beppo gab seinen Namen, seine Adresse und sein Geburtsdatum an, während der Mann den neuen Ausweis mit der Schreibmaschine ausfüllte.

«Foto?» sagte der Beamte.

Beppo hielt ihm das Foto von Kurt Riede hin. Es klappte!

Genau das hatte sich Beppo sehnlichst erhofft: Der Beamte sah sich das Bild kaum an. Er heftete es achtlos auf den Ausweis, setzte einen Stempel darauf und händigte Beppo das Dokument kommentarlos aus.

Als Beppo an diesem Abend nach Hause kam, sagte er, so beiläufig er konnte, zu Kurt: «Hier hast du deinen Ausweis.» Kurt ergriff die Ausweiskarte und starrte sie an. Dann lachten sie beide, unfähig, etwas zu sagen.

Als nächstes mußte ein Ausweis für Hella Riede beschafft werden. Dieses Problem lösten sie auf kaum weniger kühne und auf jeden Fall ebenso gefährliche Weise.

Kadi Wirkus – der Vorname ist eine Kurzform von Leokadia – besaß noch ihren alten Schwangerenausweis, der ihr am 6. Mai 1942 vom Amt für Volkswohlfahrt ausgestellt worden war. Dieser Ausweis hatte sie dazu berechtigt, sich in Geschäften bevorzugt bedienen zu lassen und sich in Warteschlangen ganz vorn einzureihen. Behutsam löste Beppo Kadis Foto mit Wasserdampf von der Karte und ersetzte es durch ein Bild von Hella. Zum Glück hatte der Behördenstempel auf der Ausweiskarte Kadis Foto nicht berührt – sonst wäre die ganze Aktion nicht möglich gewesen. Durch diese Fälschungen hatte sich für das Ehepaar Wirkus das Risiko, entdeckt und eingesperrt oder getötet zu werden, vervielfacht, und dennoch empfanden Beppo und Kadi die Aufnahme der Riedes und die Beschaffung der falschen Papiere als bescheidene persönliche Erwiderung an die Nazis. Schon lange hatten sie ihnen eine solche Antwort erteilen wollen, da sie davon überzeugt waren, daß die Lebensbedingungen der deutschen Katholiken bald ebenso schlecht sein würden wie die der Juden. Die Informationen, auf denen diese Überzeugung beruhte, hatten sie aus vierter Hand – eine Freundin von ihnen hatte es von einer anderen Freundin und diese wiederum von einem Priester gehört – doch sie waren sicher, daß sie im Kern zutrafen. Der Priester hatte angeblich gute Verbindungen zu einem Ministerium. Es hieß, daß er Fotokopien amtlicher Unterlagen besaß, aus denen hervorging, was die Juden und Katholiken in Deutschland noch alles erwartete. Den Juden drohten weitere Verfolgung und die totale Vernichtung. Der Katholizismus sollte unterdrückt und ausgelöscht werden. Die heilige Kommunion würde es nicht mehr geben. Die Taufe sollte durch eine Jugendweihe ersetzt werden. Die Kirchen wollte man erhalten, doch sollten keine Gottesdienste mehr in ihnen stattfinden. An Stelle der Predigten, hieß es, sollten jeden Samstag Lesungen aus ‹*Mein Kampf*› veranstaltet werden, verbunden mit Erläuterungen des Vortragenden und anschließender «Diskussion».

Wahrscheinlich trafen diese Gerüchte nicht in allen Einzelheiten zu, aber es gab genügend Anzeichen, die darauf hindeuteten, daß sie im Kern der Wahrheit entsprachen. Die Katholiken waren im überwiegend protestantischen Deutschland von jeher eine Minderheit gewesen und schon häufig in Bedrängnis geraten, aber seit der Machtergreifung der NSDAP im Januar 1933 waren sie mit extremen Problemen konfrontiert. Zunächst hatten die Nazis scheinbar die Positionen aller christlichen Konfessionen gestärkt, indem sie den Religionsunterricht in der Schule für obligatorisch erklärt hatten. Doch je weiter sich die Macht der NSDAP konsolidierte, desto deutlicher wurde ihr Bemühen, das Fach Religion an den Schulen abzuwerten und vom Lehrplan zu verdrängen. Es wurde nicht mehr als Prüfungsfach anerkannt, den Schülern wurde die Teilnahme am Schulgottesdienst freigestellt, und schließlich verlegte man den Religionsunterricht auf die Randstunden, um ihn möglichst unattraktiv zu machen. In Bayern, der Hochburg des Katholizismus, unternahm die Partei einen wirkungsvollen Feldzug gegen die Konfessionsschulen und wandelte sie zum größten Teil in interkonfessionelle Schulen um.

Innerhalb der SA, deren Stoßtrupps die Gegner Hitlers so lange terrorisiert und geprügelt hatten, bis sie sich ihm unterwarfen, war diese antikatholische Haltung so ausgeprägt, daß sie zuweilen der antisemitischen an Fanatismus nicht nachzustehen schien. 1936 riefen Repräsentanten der Kirchen die Eltern auf, den antikatholischen Vorurteilen entgegenzuwirken, denen die in der Hitlerjugend organisierten Kinder und Jugendlichen vor allem durch die ständige Agitation ihrer Führer ausgesetzt seien. Im gleichen Jahr startete die NSDAP eine Verleumdungskampagne gegen die Mönche und Nonnen.

Hunderte von ihnen wurden vor Gericht gestellt. Die Anklagen, die gegen sie erhoben wurden, dienten meist nur einem Zweck: den moralischen Anspruch ihres Glaubens in Zweifel zu ziehen. Bis 1939 hatte sich der Antikatholizismus der NSDAP in eine massive Kampagne gesteigert, die den Austritt aus der Kirche propagierte. Hunderttausende von Katholiken, vor allem Beamte und Parteimitglieder, hatten sich daraufhin entschlossen, diesen Schritt zu vollziehen. Nach Kriegsbeginn untersagte die NSDAP religiöse Rundfunksendungen, begann angesichts der zunehmenden Materialknappheit, die Kirchenglocken einschmelzen zu lassen, und belegte die gesamte katholische Presse unter Berufung auf den Papiermangel mit einem Publikationsverbot.

Die ambivalente Haltung der Kirche selbst hatte Katholiken wie Beppo und Kadi kaum eine Orientierung bieten können. Zwar widersetzte sie sich allen Maßnahmen, die darauf abzielten, ihre Macht zu schmälern, doch schien sie zugleich immer wieder den Versuch zu unternehmen, sich mit dem NS-Regime zu arrangieren. Wann immer ihre Interessen und Ansichten mit denen der Partei übereinstimmten, bekannte sie sich öffentlich zu ihrer Vaterlandstreue und erklärte sich mit der Politik der Nationalsozialisten einverstanden. Vollkommen einig waren sich Kirche und Nationalsozialisten in ihrer Ablehnung des Kommunismus und seines unverhohlenen Atheismus. Die Haltung der Kirche gegenüber der antisemitischen Politik der Nazis dagegen war weniger klar umrissen. Einzelne Priester, darunter hohe Würdenträger, stimmten öffentlich der Ansicht zu, daß die Juden bereits viel zu lange einen viel zu großen Einfluß auf das Leben der Deutschen ausgeübt hätten, und stärkten damit den Nazis für ihre politischen und ökonomischen Repressionsmaßnahmen gegen die Juden den Rücken. Zwar hüteten sich die Geistlichen davor, offen die Vernichtung der Juden, die bald darauf einsetzte, gutzuheißen, aber nur ganz wenige Priester hatten den Mut, diese Maßnahmen zu verurteilen. Niemand konnte bestreiten, daß der Antisemitismus innerhalb der katholischen Kirche Deutschlands immer weiter um sich griff – eine Entwicklung, die Beppo und Kadi mit großer Besorgnis beobachteten. Beppo hatte früher bei einer jüdischen Familie gewohnt, und Kadi war häufig mit jüdischen Kaufleuten zusammengekommen. Beide hatten diese Begegnungen mit Juden in guter Erinnerung. Jeder Deutsche, der nicht sah, daß das, was den Juden widerfuhr, auch den Katholiken drohte, gab sich ihrer Ansicht nach Illusionen hin. Wenn die Geschichte der Riedes, die diese ihnen abends nach dem Essen in der Küche erzählten, Schlüsse auf solche künftigen Entwicklungen zuließ, dann gab sie Anlaß zu den schlimmsten Befürchtungen.

Die Schwierigkeiten der Riedes mit der Gestapo hatten 1938 begonnen. In den vorausgegangenen Jahren war ihnen ihr Leben zwar in vieler Hinsicht erschwert worden, aber es war immer noch erträglich gewesen. Kurt war in Stendal aufgewachsen, einer malerischen Kleinstadt in der Nähe der Elbe, gut hundert Kilometer westlich von Berlin. Sein Vater war gestorben, als er noch ganz klein gewesen war, und er hatte danach mit seiner Mutter im Haus ihrer Eltern gelebt. Nach der Machtergreifung waren alle seine Schulkameraden der Hitlerjugend beigetreten. «Dir wollen wir nichts tun», hatte ihm einer von ihnen versichert. «Du bist ein deutscher Jude. Wir haben nur was gegen die Juden, die aus dem Osten nach Deutschland gekommen sind. Die müssen wieder raus.» Doch bald schwand alle Zuversicht, die er aus solchen gutgemeinten Worten zog. Er hatte Zahnmedizin studieren wollen, doch als das Ende seiner Schulzeit näher rückte, stellte sich heraus, daß weder er noch die beiden anderen jüdischen Schüler aus seiner Klasse zum Abitur zugelassen werden sollten. Daraufhin war Kurt nach Brandenburg gezogen, wo er in dem Warenhaus Conitzer & Söhne eine Lehrstelle bekommen hatte. Hier trat er der Maccabi Hazair bei, einer zionistischen Organisation junger Juden, die sich auf die Auswanderung nach Palästina vorbereiteten. Dort lernte er Hella kennen.

Kurt wurde rasch zu einer treibenden Kraft in dieser Organisation, und ebenso rasch eroberte er Hellas Herz. Sie war siebzehn – fünf Jahre jünger als er. Er war in ihren Augen der geborene Führer, bereit, sich ganz den Interessen der Organisation zu widmen. Er fuhr häufig nach Berlin zum Palästina-Amt, um sich genau über die Auswanderungsbestimmungen zu informieren und Genehmigungen für die Überfahrten zu beantragen. Diese kamen nie. Kurt tat sein Bestes, um die Wartenden trotz der Enttäuschungen in ihrer Zuversicht zu bestärken.

Doch erwies sich dies 1938 bereits als eine äußerst schwierige Aufgabe – die Ausreisegenehmigungen blieben weiterhin aus, und die Situation der Juden in Deutschland wurde von Monat zu Monat katastrophaler. Die mittleren und kleineren Städte schienen in einen Wettstreit um die Ehre getreten zu sein, als erste Gemeinde «judenfrei» zu sein. Die Beamten der Ortsdienststellen ergriffen häufig auf eigene Verantwortung und ohne höhere Befugnis aus Berlin Maßnahmen, die den Juden das Leben in ihren Städten immer unerträglicher machten. Die Benutzung öffentlicher Einrichtungen wurde ihnen untersagt. Sondergerichte verurteilten sie, weil sie gegen Verordnungen verstoßen hatten, die quasistaatliche Institutionen, zum Beispiel Handelskammern, erlassen hatten. Juden, die wegen faktischer oder auch nur angeblicher Verkehrsvergehen festgenommen worden waren, fanden sich plötzlich in Konzentrationslagern wieder. Die schlimmsten Repressionen fanden jedoch im wirtschaftlichen Bereich statt. Immer mehr Juden entschlossen sich unter dem allgegenwärtigen Druck, ihre Geschäfte aufzugeben. Im Zuge der «Arisierung» der deutschen Wirtschaft wurden sie gezwungen, ihre Läden, Firmen oder Grundstücke weit unter ihrem Wert und nur an NSDAP-Mitglieder oder andere «ehrbare» Personen zu verkaufen, die nicht davor zurückschreckten, ihre Zwangslage auszunutzen. Ein solcher Zwangsverkauf kam einer Beschlagnahmung gleich. Hellas Eltern – ihr Vater war vom christlichen zum jüdischen Glauben konvertiert – hatten ein Wäschegeschäft besessen, und auch sie hatten sich gezwungen gesehen, den Laden und ihre Wohnung, die hinter dem Verkaufsraum lag, aufzugeben. Kurze Zeit später fiel auch das Warenhaus Conitzer & Söhne der «Arisierung» zum Opfer. Ein nichtjüdischer Unternehmer hatte es erworben. Kurt wurde entlassen.

Alle diese unglücklichen Umstände hielten Kurt und Hella jedoch nicht davon ab zu heiraten. Am 25. Oktober 1938 feierten sie ihre Hochzeit und unternahmen gleich darauf eine kurze Hochzeitsreise. Sie waren kaum nach Brandenburg zurückgekehrt, als Kurt eines Morgens im Auftrag der Maccabi Hazair mit dem Zug nach Berlin fahren mußte. Es war der 10. November. An diesem Morgen wurde nur über ein Thema gesprochen: die Ereignisse der vergangenen Nacht – der «Kristallnacht». In allen Zeitungen standen Berichte über den siebzehnjährigen Juden Herschel Grynszpan, der am 7. November den deutschen Diplomaten Ernst vom Rath in Paris erschossen und damit den Nazis einen Anlaß geliefert hatte, zu brutalen Ausschreitungen gegen die Juden aufzurufen. Während Kurt durch die Straßen Berlins ging, musterte er vorsichtig die Gesichter der Menschen, die ihm begegneten. Prüften sie ihn mit ihren Blicken? Sahen sie ihm an, daß er Jude war? Nur wer seine Gesichtszüge genau betrachtete, mochte Andeutungen jener Merkmale erkennen, die angeblich auf eine jüdische Abstammung hinwiesen. Als Kurt sah, wie sich die Berliner aufgebracht um die Zeitungskioske scharten, wurde ihm klar, daß in den nächsten Tagen seine ganze Sicherheit davon abhängen würde, ob es ihm gelänge, glaubhaft als «Arier» aufzutreten.

Während er voller böser Vorahnungen in Richtung Unter den Linden ging, sah er junge Männer auf die große Prachtstraße zustürmen. Sie waren mit Knüppeln bewaffnet. Einer von ihnen sah zu ihm herüber. Kurt spürte, wie ihn ein eisiger Schrecken umklammerte. «Kommen Sie mit», rief der Mann. «Wir schlagen den Juden die Scheiben ein.»

Kurt deutete auf seinen Anzug. «Für solche Unternehmungen bin ich nicht richtig angezogen. Ich bin geschäftlich unterwegs.»

Der junge Mann rannte weiter. Kurt ging bis zum Café Kranzler, bestellte eine Tasse Kaffee und versuchte sich zu beruhigen. Um drei Uhr nachmittags fuhr er nach Brandenburg zurück, wo er seine schlimmsten Befürchtungen bestätigt fand. Hella, die ängstlich auf ihn gewartet hatte, stürzte aus der neuen Wohnung ihrer Eltern und lotste ihn die Straße hinunter.

«Du kannst nicht reinkommen», sagte sie. «Die Gestapo ist schon viermal dagewesen, um dich zu holen.» Sie erzählte ihm, daß in Brandenburg bereits Dutzende von Juden verhaftet worden seien. Sie sollten, so hieß es, ins Konzentrationslager Sachsenhausen gebracht werden.

Es gab nur einen Ausweg: Sie mußten sofort fliehen! Hella lief zur Wohnung zurück, um rasch das Notwendigste für die Reise zu packen, während Kurt unten auf der Straße wartete und nervös nach der Gestapo Ausschau hielt.

Sie fuhren nach Hannover, wo sie bei einer Tante Kurts unterkamen, die mit einem nichtjüdischen Mann verheiratet war. Einige Tage später teilte ihnen Kurts Mutter mit, daß sein Stiefvater und mehrere andere Juden aus Stendal von der Gestapo abgeholt und nach Sachsenhausen gebracht worden waren. Kurt und Hella blieben bis Januar 1939 in Hannover. Dann entschlossen sie sich, nach Stendal zu Kurts Eltern zu ziehen. Ohne Arbeit, nahezu ohne Hoffnung, machte sich Kurt daran, ihre Emigration vorzubereiten. Sein Antrag auf eine Einwanderungserlaubnis für Palästina war mit dem Hinweis auf sein beeinträchtigtes Sehvermögen abgelehnt worden. Daraufhin unternahm er einen Versuch bei der US-Botschaft, aber dort verlangte man ein Affidavit von Verwandten in den USA von ihm, in dem zugesichert werden mußte, daß er finanzielle Unterstützung erhalten würde. Hella hatte Verwandte in Amerika, doch auf Grund der strengen Einwanderungsbeschränkungen der USA mußten sie mit einer Wartezeit von drei bis vier Jahren rechnen.

Kurt bemühte sich weiter um eine Auswanderungserlaubnis. Er trug seinen Wunsch auf den Botschaften Kolumbiens, Ecuadors, der Dominikanischen Republik, Englands und Shanghais vor. Überall erhielt er die gleiche Antwort: Es waren nur Fachkräfte erwünscht, und die Emigranten mußten nachweisen, daß sie Verwandte oder Freunde im Land hatten, die bereit waren, sie nötigenfalls finanziell zu unterstützen. Deutsches Geld nützte ihnen nichts – kein Jude durfte bei einer Ausreise mehr als zehn Mark mitnehmen. Der Rest wurde als «Reichsfluchtsteuer» vom Staat konfisziert.

Bei Kriegsbeginn im September 1939 wurden Kurt und sein Stiefvater, der inzwischen aus dem KZ Sachsenhausen entlassen worden war, zur Zwangsarbeit herangezogen. Zunächst arbeiteten sie für eine Forstverwaltung, dann in einer Zuckerfabrik, und schließlich teilte man ihnen mit, sie seien für Bauarbeiten an einem Staudamm in der Nähe von Saalfeld eingeteilt, dreihundert Kilometer von Stendal entfernt.

Kurt wußte genau, daß er Hella nie wiedersehen würde, wenn er erst einmal von ihr getrennt wäre. Verzweifelt fuhr er mit dem Zug nach Berlin, ging zum Palästina-Amt und bat darum, an einem Landwirtschafts- oder Handwerkskursus teilnehmen zu dürfen – als ob er sich bereits auf die Auswanderung vorbereitete. Man gab ihm ein Bewerbungsformular. Im Zug nach Stendal füllte er es aus und «genehmigte» den Antrag mit schwungvoller Unterschrift. In Stendal legte er das Formular beim Arbeitsamt vor. «In Ordnung», sagte der Beamte nach einem kurzen Blick auf das Papier, «Auswanderung geht vor. Fahren Sie nach Berlin.»

Nun versuchte Kurt, den Beamten davon zu überzeugen, daß sein Stiefvater ihn nach Berlin begleiten müsse. Schließlich war er auch damit einverstanden. Ehe Hella, seine Eltern und er jedoch die Stadt verlassen konnten, gab es noch ein weiteres Problem zu überwinden: Juden durften keine Möbel und Haushaltsgegenstände mit dem Zug transportieren, und mit dem Lastwagen durften Transporte über eine Entfernung von mehr als 60 Kilometern nur durchgeführt werden, wenn eine Sondergenehmigung vorlag. Stendal aber lag 120 Kilometer von Berlin entfernt. Kurt suchte eine Brandenburger Möbelspedition auf und schilderte dort seine Notlage. Der Spediteur war bereit, ihm zu helfen. Er ließ die Fracht zunächst ins 60 Kilometer entfernte Brandenburg bringen, dort einige Tage lagern und dann nach Berlin weitertransportieren.

Hella, Kurt und seine Eltern bezogen zwei Zimmer in einer großen Wohnung in der Kaiserstraße im Zentrum Berlins. Küche und Bad teilten sie mit mehreren anderen Familien. Kurt meldete sich beim «Arbeitsamt für Juden» und wurde einem Eisenbahntrupp zugeteilt. Die Arbeit begann um sechs Uhr morgens. Der frühe Arbeitsbeginn war während der langen Sommertage kein Problem für ihn, erst mit Beginn des Winters bereitete er ihm unüberwindliche Schwierigkeiten. Eines Morgens wollte der aufgebrachte Vorarbeiter von ihm wissen, warum er ständig zu spät komme. «Ich bin nachtblind», erklärte Kurt. «Ich kann im Dunkeln nichts sehen. Sie müssen mich bitte entschuldigen.»

«Scheren Sie sich zum Teufel», brüllte der Vorarbeiter und entließ ihn auf der Stelle.

Erst jetzt begriff Kurt, was es hieß, vom normalen Leben vollkommen abgeschnitten zu sein. Für einen Juden in Deutschland hieß «normales Leben» in dieser Zeit Zwangsarbeit. Solange er etwas zu tun hatte, tauchte er in der Masse unter, doch sobald er sich aus der Alltagsroutine löste, drohten ihm viele Gefahren – vor allem die Deportation.

Doch er hatte Glück.

Kurz nach seiner Entlassung wurde Kurt einem zehnköpfigen Arbeitstrupp zugeteilt, der den Auftrag hatte, in einer Lederwarengroßhandlung die ständig aus dem besetzten Frankreich eintreffende Ware auszuladen.

Vierzehn Tage später wurden fünf Männer der Kolonne, nach weiteren acht Tagen noch einmal drei Männer entlassen, so daß nur noch Kurt und ein anderer jüdischer Arbeiter übrigblieben. Kurt war entschlossen, sich die Arbeit so lange wie möglich zu erhalten. Sie wurde um die Hälfte besser bezahlt als die Arbeit bei der Bahn. Außerdem konnte er sich dabei in den geheizten Lagerräumen aufhalten. Er gab sich so große Mühe, daß sein Chef, Freiherr Dr. von Neuber zu Neuber, auf ihn aufmerksam wurde.

Der Freiherr war ein kleiner, grauhaariger Mann mit der aufrechten Haltung eines Offiziers und der dazugehörigen preußischen Korrektheit und Geradlinigkeit. Eines Tages teilte er Kurt mit, daß seine drei festen Angestellten einberufen worden seien und ihren Dienst in Kürze antreten müßten. Er fragte Kurt, ob er in seiner Firma bleiben wolle, falls er eine entsprechende Vereinbarung mit dem Arbeitsamt treffen könne. Als auch der letzte noch verbliebene Jude außer ihm entlassen wurde und Kurt immer noch bleiben durfte, konnte er sein Glück kaum fassen.

In den folgenden Monaten tat Kurt sein Bestes, um das Vertrauen des Freiherrn zu rechtfertigen. Er arbeitete länger, als von ihm erwartet wurde, er machte Vorschläge zur Verbesserung des Warensortiments und meldete sich freiwillig für Sonderaufgaben. Nachdem die Verordnung, daß auch die im Deutschen Reich lebenden Juden den gelben Stern sichtbar zu tragen hätten, am 19. September 1941 in Kraft getreten war, kam Kurt mit dem Stern auf dem Mantel zur Arbeit. Dort mußte er ihn auf Geheiß des Freiherrn mit seiner Schürze bedecken. Zahlreiche Parteimitglieder besorgten sich in seiner Firma Lederwaren zum Großhandelspreis, und von Neuber wünschte keine Ungelegenheiten. Die Arbeit ging Kurt gut von der Hand, viele Parteimitglieder steckten ihm für seine Hilfe Trinkgelder zu. Der Freiherr gewann mit der Zeit so viel Vertrauen zu Kurt, daß er ihm die Verantwortung für das Warenlager übertrug, wenn er seine Einkaufsreisen nach Paris unternahm.

Von Neuber nahm seinen Adelstitel sehr ernst. Im Gegensatz zu manchen anderen Adligen seiner Bekanntschaft, die sich nur verbal zum Prinzip des «Noblesse oblige» bekannten, glaubte er tatsächlich, daß mit den Adelsprivilegien besondere moralische Verpflichtungen verbunden seien. In seinen Augen verkörperte Kurt das Elend aller Juden, und wenn er sich auch nicht offen gegen die Politik des NS-Regimes wandte, so war es ihm doch anzumerken, daß er sie mißbilligte. «Für mich sind alle Leute Menschen», hatte er einmal gesagt. Er bestand darauf, daß Kurt für sich und Hella Schuhe aussuchte. «Schuhe brauchen Sie ja schließlich», meinte er. Hin und wieder ließ er ihnen auch etwas zu essen zukommen.

Der Freiherr verkaufte nicht nur Schuhe, er belieferte auch die großen Schuhfabriken mit Leder. Kurt hatte den Eindruck, daß die Transaktionen seines Chefs recht unbedeutend waren, aber dafür schien er gute Verbindungen zum Wirtschaftsministerium zu haben. Der Einfluß des Freiherrn und seine Zuneigung zu Kurt – worauf auch immer sie beruhen mochte – sollten den Riedes bald darauf das Leben retten.

Die Judendeportationen hatten am 19. Oktober 1941 begonnen, einen Monat nach Inkrafttreten der Judensternverordnung im «Altreich». Im Winter erhielten Kurts Mutter und sein Stiefvater den Deportationsbescheid. Vergeblich suchten Kurt und Hella nach einem Versteck für die beiden. Sie wurden nach Lublin in ein Arbeitslager verschleppt. Kurt schickte ihnen Pakete und erhielt jedesmal nach ein paar Tagen eine Postkarte mit einer Empfangsbestätigung von ihnen. Plötzlich blieben seine Sendungen unbeantwortet. Kurt war verzweifelt.

Einzeln oder in kleinen Gruppen verschwanden nach und nach die Angehörigen der Familien, die in dem Mietshaus in der Kaiserstraße lebten. Eines Abends im Oktober 1942 klopften zwei Männer von der Gestapo an Kurts Wohnungstür. Sie forderten ihn auf, das Gepäck von zwei älteren Juden aus dem Haus zur Sammelstelle zu tragen. Als er erklärte, daß er nachtblind sei, befahlen sie Hella, ihren Mann zu führen.

Das Gepäck, bestehend aus zwei kleinen Koffern, war nicht schwer. Schwerer lastete die Stille auf ihnen, während sie sich mit den beiden Juden und den Gestapo-Männern der ehemaligen Synagoge in der Levetzowstraße näherten, die jetzt als Sammelstelle für Juden, deren Deportation bevorstand, diente. Als sie dort ankamen, drückte einer der Gestapo-Männer Kurt ein Päckchen in die Hand. Es war Kurt schon aufgefallen, als sie das Haus in der Kaiserstraße verlassen hatten. «Hier, halten Sie das, solange wir da drinnen sind», sagte er. «Wenn wir wieder rauskommen, bringen wir Sie nach Hause.» Die Riedes waren gleichermaßen verwundert und erleichtert. Sie durften keine öffentlichen Verkehrsmittel benutzen, und der Rückweg betrug beinahe fünf Kilometer.

Einige Minuten vergingen. Plötzlich wurden sie vom Strahl einer Taschenlampe geblendet. Zwei SS-Männer standen vor ihnen und wollten wissen, was sie nach der Sperrstunde noch hier draußen zu suchen hätten. Kurt erklärte ihnen, daß die Beamten von der Gestapo sie angewiesen hätten, hier zu warten und ein Päckchen für sie zu halten. Die SS-Männer nahmen Kurt das Päckchen ab und verschwanden in der Dunkelheit. Den Riedes blieb keine Gelegenheit zu protestieren. Wenig später kamen die Männer von der Gestapo zurück. Kurt berichtete ihnen, was vorgefallen war. «Verdammt!» schrie der eine, der Kurt das Päckchen übergeben hatte. Dann eilte er mit seinem Kollegen davon.

Die Riedes machten sich zu Fuß auf den Heimweg. Fast eine Stunde brauchten sie, um ihre Wohnung zu erreichen. Kaum hatten sie sich ins Bett gelegt – froh, den gefährlichen Marsch durch die Nacht unbehelligt überstanden zu haben und endlich schlafen zu können –, als sie erneut von einem lauten Klopfen an der Wohnungstür aufgeschreckt wurden. Wieder waren es Männer von der Gestapo. Sie hatten den Befehl, die Riedes zur Sammelstelle in der Levetzowstraße zurückzufahren. Dort wurde Kurt sofort einem hohen Gestapo-Beamten vorgeführt. Der Mann schien äußerst wütend zu sein.

«Wußten Sie, was sich in dem Päckchen befand?» fragte er Kurt mit mühsam beherrschter Stimme.

«Nein.»

«Konnten Sie nichts fühlen?»

«Es war schwer und fühlte sich hart an.»

Nachdem der Beamte das Verhör abgeschlossen hatte, wandte er sich noch einmal an Kurt: «Damit Sie Bescheid wissen: Diese Männer gehörten nicht der Gestapo an.»

Offenbar waren die beiden Beamten auf einen Bestechungsversuch eingegangen. Auf Grund der Aussage Kurts hatte man sie überführt, und nun herrschte allgemeine Aufregung. Das alte Ehepaar schien versucht zu haben, sich mit einem wertvollen Gegenstand, möglicherweise einer Skulptur, die Freiheit zu erkaufen.

Die ganze Nacht über wurden die Riedes in der ehemaligen Synagoge festgehalten. Um sieben Uhr morgens ging Kurt zu dem diensthabenden Beamten und erklärte ihm, daß er in einer halben Stunde bei der Arbeit sein müsse. Der Beamte zuckte nur die Achseln.

Eine halbe Stunde später wurden die Riedes gemeinsam mit vier anderen Personen in einen Polizeiwagen verfrachtet und zu dem ehemaligen jüdischen Altersheim in der Großen Hamburger Straße gebracht. Der etwa zwanzig Quadratmeter große Raum, in den Hella und Kurt geführt wurden, hatte Gitter vor den Fenstern und der Tür. Als sie ihn betraten, erblickten sie das alte Ehepaar aus ihrem Haus. In den folgenden Wochen, während die Gestapo den Vorfall untersuchte, blieben sie, voller Ungewißheit über ihre Zukunft, in dieser Zelle eingesperrt, die sie schon bald nach ihrer Ankunft mit weiteren Juden teilen mußten.

Schließlich waren vierzehn Juden in dem Raum untergebracht. Sie schienen hier für den Transport in ein Lager gesammelt zu werden. Anfangs durften sie, wie auch die Juden in den benachbarten Zellen, den Raum nur verlassen, um ihr Essen zu holen und das Geschirr zurückzubringen. Später, als sie sich in der Enge kaum noch bewegen konnten, wurde ihnen gestattet, auf den Fluren auf und ab zu gehen.

Kurt grübelte ständig über Fluchtmöglichkeiten nach. Vielleicht gelänge es, sich durch die Gitterstäbe zu zwängen, überlegte er. Dann bräuchte man nur noch Bettlaken zusammenzuknoten und sich an ihnen hinunterzuhangeln. Doch Hella redete ihm diese Ideen aus. «Selbst wenn wir es schaffen», sagte sie, «müssen die anderen dafür büßen.»

Hella bemühte sich ständig, beruhigend auf Kurt einzuwirken. Sie mußte verhindern, daß er von Depressionen befallen wurde. Drei Monate waren inzwischen vergangen. Noch immer schienen die Untersuchungen nicht abgeschlossen zu sein. Zweimal während dieser Zeit wurden Juden zu einem Transport zusammengestellt.

«Jetzt sind *wir* bald an der Reihe», meinte Kurt. «Sobald die Untersuchung abgeschlossen ist und genügend Leute zusammengekommen sind, werden wir mit dabeisein.»

Dann, Mitte Dezember 1942, betrat eines Abends ein Beamter ihre Zelle.

«Riede?» fragte er.

«Ja?» antwortete Kurt.

«Ziehen Sie sich an, und gehen Sie runter. Ihre Frau ebenfalls.»

Kurt wandte sich zu Hella um. In seinem Gesicht spiegelte sich der Schrecken wider. «Jetzt sind *wir* dran», sagte er. Die anderen Menschen im Raum sahen die beiden nicht an.

Sie gingen die Treppe hinunter und meldeten sich beim diensthabenden Beamten.

«Gehen Sie nach Hause», sagte dieser.

Einen Moment lang waren sie beide zu verblüfft, um etwas sagen zu können. Wie erstarrt standen sie vor dem Beamten.

«Was?» konnte Kurt schließlich hervorbringen.

«Raus! Verschwinden Sie! Sie sind frei.»

Schweigend verließen die Riedes das Gebäude. Erst nach einigen Minuten waren sie in der Lage, ein paar Worte zu wechseln. Sie eilten zu ihrer Wohnung. Die Tür war in ihrer Abwesenheit versiegelt worden.

Kurt ging zur nächsten Polizeiwache, erklärte, daß man sie freigelassen habe, und bat darum, die Plomben zu entfernen.

«Die lassen da nie jemanden frei – Sie sind geflüchtet», sagte ein Polizist.

«Erlauben Sie mal! Glauben Sie wirklich, daß ich zur Polizei gehen würde, wenn ich geflüchtet wäre? So dumm bin ich nun wieder nicht. Erkundigen Sie sich doch.»

Ein Anruf bestätigte Kurts Darstellung. Ein Polizist begleitete die beiden zu ihrer Wohnung, wo er die Plomben von der Tür entfernte. Am nächsten Tag kehrte Kurt an seinen Arbeitsplatz in der Lederwarengroßhandlung zurück. Der Freiherr verlor nie ein Wort darüber, aber Kurt war davon überzeugt – auch wenn er es nicht beweisen konnte –, daß sein Chef für ihre Freilassung gesorgt hatte. Wer sonst sollte ihnen geholfen haben?

Einige Wochen nach Kurts und Hellas Rückkehr aus dem Gestapo-Gefängnis, am 27. Februar 1943, führten die Nazis die «Fabrik-Aktion» durch, bei der Tausende von jüdischen Arbeitern in den Betrieben verhaftet und mitsamt ihren Familien verschleppt wurden. Die Riedes waren davon überzeugt, daß man sie lediglich übersehen hatte und daß es nur eine Frage der Zeit war, bis auch sie die Fahrt in die Lagerhölle antreten müßten. Sie wußten nicht, ob der Freiherr ihnen noch einmal helfen könnte, wenn sie wieder im Gefängnis säßen. Das Risiko war zu groß. Sie beschlossen zu fliehen.

Beppo und Kadi Wirkus waren froh, diesem jüdischen Paar, das schon so vielen Gefahren entronnen war, ein Stückchen weiterhelfen zu können. Zugleich aber verdeutlichte ihnen die Geschichte der Riedes erneut, wie gefährlich diese Hilfeleistung war. Nachdem sie sich in ihr Schlafzimmer zurückgezogen hatten, lagen sie bis zum frühen Morgen wach. Was sollten sie tun? Hatten sie nicht schon genug für sie getan? Durften sie andererseits die Riedes einfach auf die Straße setzen?

Schließlich lösten die Riedes selbst das Dilemma. So gern sie geblieben wären – sie wollten die Familie Wirkus nicht noch länger dieser Gefahr aussetzen. Außerdem waren sie zu der Überzeugung gelangt, daß sie unter dem Schutz des Freiherrn standen. Sonst hätte die Gestapo, so glaubten sie, ihnen schon längst auf der Spur sein müssen.

Vor ihrer Flucht am 27. Februar hatten die Riedes mit ihrer Vermieterin ein Signal vereinbart: Sobald keine Gefahr mehr bestand, sollte die alte Dame einen weißen Stofflappen auf ihren Balkon hängen. Nachdem die Riedes eine Woche bei der Familie Wirkus verbracht hatten, fuhr Beppo zur Kaiserstraße, um Ausschau nach dem verabredeten Zeichen zu halten. Auf dem Balkon war nichts zu sehen. Einige Tage später ging er ein zweites Mal hin. Diesmal sah er schon von weitem den weißen Lappen im Wind flattern. Er suchte die Vermieterin auf. Sie berichtete ihm, daß die Gestapo nicht aufgetaucht war. Als einige Tage später der Lappen noch immer an seinem Platz hing, entschlossen sich Kurt und Hella, in ihre Wohnung zurückzukehren.

Der Abschied fiel allen schwer. Als Hella zärtlich das Baby in die Arme nahm, begann Kadi zu weinen. Die beiden Frauen umarmten sich. Kurt und Beppo sahen einander verlegen an.

«Ich kenne da einen SS-Mann», setzte Kurt an. «Es könnte sein, daß er sich bestechen läßt ...»

«Verschleuder dein Geld nicht», sagte Beppo. Sie gingen durch den Garten zum Tor. «Wenn ihr in Gefahr seid und nicht wißt, wohin ihr gehen sollt», sagte Beppo, «könnt ihr wieder zu uns kommen.»

11

Die mit Beginn der vierziger Jahre in großer Zahl untergetauchten Juden nannten sich selbst «U-Boote», eine ironische Anspielung auf die leistungsstarke und erfolgreiche deutsche U-Boot-Flotte. Doch war dieser Vergleich ebenso treffend wie zynisch, da von den im Untergrund Lebenden ein ebenso hohes Maß an List, Heimlichkeit und Mut gefordert war wie von der Mannschaft eines Unterseebootes. Zum Teil harrten diese Menschen bis zum Kriegsende in einem Versteck aus. Die meisten von ihnen mußten jedoch wie U-Boote immer wieder auftauchen und ein Stück an der Oberfläche schwimmen. Sie lebten in der ständigen Furcht, daß die Gestapo und die SS ihnen bereits auf der Spur sein oder daß Nachbarn sie denunziert haben könnten. Oft wurden auch ihre deutschen Beschützer nach einiger Zeit nervös. Aus solchen Gründen mußten sie alle paar Tage oder Wochen ein neues Versteck suchen. Die meisten jüdischen «U-Boote» blieben nur selten mehrere Monate in einem sicheren Hafen. Sie mußten ja auch Geld für Nahrungsmittel auftreiben, Lebensmittelmarken beschaffen oder Verbindungen zu Schwarzhändlern anknüpfen.

Wer nicht vollständig im Verborgenen lebte, mußte morgens das Haus verlassen, als ginge er zur Arbeit, und durfte erst abends heimkehren. Tagsüber konnten diese Menschen nur draußen umherlaufen, ständig auf der Hut vor Wehrmachtspatrouillen und Zivilstreifen der SS, denen jeder Zivilist suspekt war. Aber auch vor früheren Freunden, Nachbarn, Geschäftspartnern und Kollegen mußten sie sich in acht nehmen, um nicht Gefahr zu laufen, von ihnen denunziert oder auch nur unabsichtlich verraten zu werden. Alle Untergetauchten mußten sich ständig dazu ermahnen, altvertrauten Aufenthaltsorten und Wohngegenden fernzubleiben, die eine magische Anziehungskraft auf sie ausübten. An jedem Werktag zwölf Stunden lang durch die Straßen zu irren, verschliß nicht nur Körperkräfte, sondern auch Kleider und Schuhe, die zu reparieren oder zu ersetzen oft ebensoviel Findigkeit erforderte wie das Herbeischaffen der täglichen Nahrung. Auch die Körperhygiene war weniger eine Sache des persönlichen Wohlbefindens als eine absolute Notwendigkeit. Ein offensichtlich ungepflegter Passant mußte früher oder später die Aufmerksamkeit der Häscher erregen. Doch auch die Seife war rationiert, und darüber hinaus war es für einen Menschen, der ständig unterwegs war, sehr schwierig, eine Waschgelegenheit zu finden. Sich auf öffentlichen Toiletten zu waschen oder dort seine Wäsche zu reinigen, barg die Gefahr, erst recht aufzufallen.

Die Bezeichnung «U-Boot» charakterisiert in vieler Hinsicht das Leben dieser Illegalen. Sie tauchten möglichst erst nach gründlicher Vorbereitung unter – nachdem sie Wertgegenstände gehortet, sichere Verstecke ausfindig gemacht und sich falsche Papiere besorgt hatten. Wilhelm Glaser hingegen hatte keine derartigen Vorbereitungen getroffen. Er hatte gewissermaßen alle Stufen des Untertauchens auf einmal genommen. Über Rücklagen hatte er sich nie Gedanken gemacht, da er nichts zurückzulegen hatte. Falsche Papiere waren ein Luxus, der für ihn überhaupt nicht zur Debatte stand. Selbst wenn er das Geld gehabt hätte, um die entsprechenden Leute zu bestechen, wäre er ratlos gewesen, da er sich nie Gedanken darüber gemacht hatte, wo er sie suchen sollte. Auch um ein sicheres Versteck hatte er sich nie gekümmert. Er mußte sich jetzt, nach seiner Flucht, auf die Suche machen, und die Hoffnungen, die sich in ihm regten, waren äußerst vage.

Doch einmal in seinem Leben sollten sich seine Hoffnungen erfüllen. Er fand ein Versteck.

In dem kleinen Haus, in dem ihm Zuflucht gewährt wurde, mußten in besseren Zeiten glückliche Menschen schöne Tage verbracht haben. Das Holzhäuschen stand auf einem riesigen Grundstück mitten im Wald, keine zwei Kilometer von Müggelheim, einem Dörfchen in der Nähe von Köpenick am Südostrand Berlins, entfernt. Es hatte einst einer jüdischen Familie namens Schwerin gehört, die klug genug gewesen war, nach England zu emigrieren. Es war nur ein Sommerhäuschen ohne Strom und fließendes Wasser, und Wilhelm bezog es mitten im Winter. Dennoch war dieses Haus seine Rettung, genau das Versteck, das er vor Augen gehabt hatte, als er am Morgen des 31. Januar 1943 den Gestapo-Männern davongelaufen war. Er hatte von diesem Haus gewußt, da der derzeitige nichtjüdische Besitzer Georg Meier ein Freund von ihm war. In Meiers Berliner Wohnung hatte Wilhelm in der ersten Nacht nach seiner Flucht Schutz gesucht.

Meier hatte ihn am nächsten Abend zu dem Sommerhäuschen geschickt. Er hatte ihm die Schlüssel, eine kleine Petroleumlampe, Wasser und Lebensmittel mitgegeben. Meier ermahnte ihn, die Lampe nur im äußersten Notfall anzuzünden, da die Nachbarn leicht auf ihn aufmerksam werden konnten. Wilhelm hatte es riskiert, mit der S-Bahn bis Köpenick zu fahren und dann den Bus bis Müggelheim zu nehmen. Von hier aus war er mitten in der Nacht zu Fuß durch den Wald gegangen, bis er das Haus gefunden hatte. Das Bett war klamm, die Wasserpumpe funktionierte nicht, und die Kälte drang ihm bis ins Mark. Ein Feuer konnte er nicht anzünden, da der Rauch mit Sicherheit den Nachbarn aufgefallen wäre.

Drei Tage lebte er so ohne Licht und ohne Heizung. Als seine Vorräte aufgebraucht waren, mußte er ohne Essen und Wasser auskommen. Die Außentoilette konnte er nur im Schutz der Dunkelheit aufsuchen. Als Meier am vierten Tag schließlich mit neuen Lebensmittel- und Wasservorräten kam, war Wilhelm kurz davor zu verzweifeln. «Ich lebe hier wie im Kerker», klagte er. Aber sie wußten beide, daß er keine andere Wahl hatte.

Wochenlang ertrug er diese Isolation. Doch eines Tages hielt er es nicht mehr aus. Er öffnete behutsam die Tür einen Spalt breit. Draußen schien die Sonne. Er schlich sich hinaus und ging einmal um das Haus herum. Am nächsten Tag wiederholte er seinen Ausflug, und von nun an entfernte er sich jeden Tag ein Stückchen weiter vom Haus. Er schien niemandem aufzufallen. Eines Tages spazierte er durch das Gartentor hinaus und fünfundzwanzig Minuten lang immer weiter, bis er in das Dörfchen Müggelheim gelangte. Dort setzte er sich in ein Café und bestellte eine Tasse Kaffee. Am nächsten Tag ging er wieder zu Fuß nach Müggelheim und nahm von dort aus den Bus nach Köpenick. Und bald darauf unternahm er die erste Fahrt nach Berlin. Er war sich seines Leichtsinns bewußt, doch lieber wollte er dieses Risiko eingehen, als die ständige Isolation noch länger ertragen zu müssen.

Die meiste Angst hatte er davor, unterwegs in einen Fliegeralarm zu geraten und einen Luftschutzkeller aufsuchen zu müssen. Während der Luftangriffe war Berlin eine Geisterstadt. Niemand durfte sich auf der Straße aufhalten, der gesamte Verkehr ruhte – die beste Gelegenheit für Polizeistreifen, in den Luftschutzräumen nach Verbrechern, Fahnenflüchtigen und illegalen Juden zu fahnden. Doch bisher hatte Wilhelm Glück gehabt – er war noch in keinen Alarm geraten, und niemand hatte bisher seine Papiere sehen wollen.

Doch als es dann etwas wärmer wurde und Wilhelm sich in seinem Häuschen ein wenig heimischer zu fühlen begann, erschien Meier und teilte ihm mit, daß er nicht länger bleiben könne. Die Nachbarn würden bald wieder ihre Sommerhäuser aufsuchen, erklärte Meier, und er wisse nicht, wie er ihnen Wilhelms Anwesenheit in seinem Haus erklären sollte – zumal sie ihn zum Teil noch von früher kannten und wüßten, daß er Jude sei.

Wilhelm war bestürzt über diese Nachricht. Aber da er nun bereits drei Monate im Untergrund überlebt hatte, war er zuversichtlich, daß er es auch noch weiterhin schaffen würde.

Wenn er nur gewußt hätte, wo er sich von nun an verstecken sollte ...

12

Was sollte aus dem Waisen Hans Rosenthal werden, der im März 1943 unverhofft nach Berlin zurückgekehrt war? Seine Großmutter Agnes Rosenthal, bei der er Hilfe gesucht hatte, wußte dieses Problem rasch zu lösen. Sie verschaffte ihm eine Unterkunft bei Frau Jauch, einer kleinen, zierlichen, unverheirateten Frau mittleren Alters, die im Arbeiterviertel Lichtenberg im Osten Berlins ein winziges Textilgeschäft besaß. Früher hatte sie Kleider bei Hans' Mutter gekauft, die sie wiederum von ihrer Tante, der ebenfalls christlich getauften Schwester Agnes Rosenthals, erhielt. Diese Tante arbeitete als «Zwischenmeisterin» in einer großen Bekleidungsfirma. Sie hatte sich stets heimlich ein paar Kleider nebenbei anfertigen lassen und sie dann ihrer Nichte zum Weiterverkauf übergeben.

Wenn Frau Jauch nicht in ihrem Laden Kleider verkaufte, las sie die Bibel. Schon die Bibel, so sagte sie, prophezeihe die Inkarnation des Bösen in Gestalt Hitlers, und sie behauptete, bei ihrer Lektüre Hinweise darauf gefunden zu haben, daß der Krieg im Juli 1944, also in vierzehn Monaten, zu Ende sein würde. Sie wohnte in einer Laube hinter ihrem Geschäft, in einer Kolonie winziger Häuschen, in denen es weder Strom noch fließend Wasser gab. Frau Jauchs Laube war äußerst bescheiden. Sie bestand aus einem kleinen Wohn- und Schlafzimmer, einer Küche und einem knapp vier Quadratmeter großen Schuppen, der hinter der Küche lag. In diesem winzigen Anbau lebte Hans von nun an. Frau Jauch, die den Tod seiner Mutter sehr bedauert hatte, war sofort bereit gewesen, ihn bei sich zu verstecken. In seiner Kammer standen eine Liege, ein kleiner Tisch und ein Stuhl. Sie war unbeheizt. Warm wurde es darin nur abends, wenn Frau Jauch den Vorhang, mit dem die Tür verhängt war, beiseite zog, die Tür öffnete und Hans herausließ. Dann leerte sie auch den Nachttopf, den Hans tagsüber benutzte. Er verließ das Häuschen nie. Drei Monate lebte er nun schon in dieser Enge.

Immer wieder wies ihn Frau Jauch auf besondere Textstellen in der Bibel und auf Psalmen hin, die sie ihn zu lesen bat. In den Gesprächen, die die beiden führten, wenn sie hin und wieder am Abend zusammensaßen, versuchte sie ihn davon zu überzeugen, daß die Juden das auserwählte Volk seien. Hans behagte diese Vorstellung nicht. Er war davon überzeugt, daß jedes Volk das gleiche Recht und den gleichen Wert hatte wie alle anderen.

Wenn sie – was selten vorkam – miteinander redeten, so geschah dies im leisesten Flüsterton, die Lippen dicht am Ohr des anderen. Meistens verständigten sie sich durch Zeichen, denn sie hatten Angst, daß Vorübergehende Verdacht schöpfen könnten, wenn sie Stimmen hören würden. Schließlich lebte Frau Jauch für die Leute in der Umgebung weiterhin allein. Die Mahlzeiten nahmen sie schweigend in der Küche ein. Danach blieben sie dort gemeinsam sitzen, oder sie gingen in den Wohn- und Schlafraum, denn die Gefahr war zu groß, daß sich die Nachbarn in dieser ärmlichen Gegend darüber gewundert hätten, wenn in einer Laube, in der eine alleinstehende Frau wohnte, zwei Lampen brannten.

Hans führte Buch über Frau Jauchs Geschäfte. Das war notwendig, damit sie neue Ware beziehen konnte. Es war ein kleiner, aber doch der einzige Dienst, mit dem er ihr seine Dankbarkeit zeigen konnte. Er wog nicht annähernd auf, was sie für ihn tat. Sie versteckte ihn nicht nur und leerte klaglos seinen Nachttopf, sondern teilte überdies ihre Lebensmittelrationen mit ihm. Außerdem hatte Frau Jauch zwei Hennen, die ein paar Eier legten, und einige Kaninchen. Hans war für das Schlachten der Tiere zuständig. Frau Jauch bestand darauf, als er sich anfangs weigerte. «Wenn du es nicht tust», sagte sie, «haben wir nichts zu essen.» Hin und wieder brachte sie nun ein Kaninchen zu ihm hinein, das er dann schlachtete, ausnahm und zubereitete.

Drei Familien in der Nachbarschaft – Hitlergegner, die Frau Jauch seit langem kannte – wußten, daß diese Hans versteckt hielt, und versorgten sie mit zusätzlichen Lebensmitteln. Auch Agnes Rosenthal kam von Zeit zu Zeit und brachte etwas zu essen mit. Nie erkundigte sich Hans bei ihr nach der übrigen Familie. Er wollte nichts über andere wissen. Nur so konnte er sicher sein, daß er im Falle seiner Verhaftung bei den Folterverhören nicht doch schließlich verraten würde, wo sie sich aufhielten. Ebenso hoffte er inständig, daß seine Großmutter anderen Leuten nichts über ihn erzählte.

Jeden Morgen brachte Frau Jauch ihm die *Berliner Morgenpost*, die er Zeile für Zeile begierig durchlas, obgleich er wußte, daß das Blatt längst «gleichgeschaltet» war und nichts als Propaganda enthielt. Frau Jauch hatte ihm eine Landkarte von Europa gekauft. Entsprechend den Angaben in der Zeitung markierte er darauf mit Stecknadeln den jeweiligen Frontverlauf. Soviel Mühe sich die Berichterstatter der Zeitung auch geben mochten, das Kriegsgeschehen in einem positiven Licht darzustellen, war doch offensichtlich, daß die deutschen Armeen in Rußland zumindest aufgehalten, wenn nicht gar zurückgeschlagen worden waren. Immer seltener wurden eindeutige deutsche Siege verkündet. Jeder militärische Erfolg der Deutschen, über den die Zeitung berichtete, bedeutete für Hans eine persönliche Niederlage, eine Verlängerung seines Gefangenendaseins – aber eben nur eine Verlängerung. Daß die Alliierten letztlich siegen würden, zog Hans ebensowenig in Zweifel wie den festen Glauben daran, daß er überleben würde.

Er dachte oft an seinen kleinen Bruder Gert, der mit zwei Jahren an Kinderlähmung erkrankt war und dessen Blutserum nach seiner raschen und vollständigen Genesung anderen Poliopfern injiziert worden war, weil man gehofft hatte, daß auch diese durch die unbekannten Wirkstoffe, die ihn so schnell hatten gesunden lassen, von der Krankheit geheilt werden würden. (Nach der Verkündung der Nürnberger Gesetze auf dem Parteitag der NSDAP am 15. September 1935, in denen die Bestimmungen zur Reinerhaltung der «arischen Rasse» festgelegt wurden, galt dieses Blut auf einmal nicht mehr als «akzeptabel».) Gert war mit zehn Jahren deportiert worden; damals hatte Hans noch nichts von den Gaskammern gewußt. Nun betete er, daß die Gerüchte, die zu ihm durchgedrungen waren, nicht zutrafen. Er machte sich schwere Vorwürfe. Irgendwie hätte er Gert aus dem Waisenhaus herausholen müssen. Immer wieder betete er, daß der Bruder die Kriegszeit überleben möge und daß er ihn eines Tages wiedersehen würde.

Er hatte viele Dinge zu erledigen, wenn der Krieg erst einmal vorüber war. Zunächst würde er seine ganze Zeit darauf verwenden, Angehörige der SS ausfindig zu machen. Er würde sie erbarmungslos jagen – und töten. Die Nazis waren Mörder. Sie hatten den Krieg begonnen. Sie hatten die Juden umgebracht. Sie verdienten es nicht, am Leben zu bleiben. Dann würde er zum Rundfunk gehen und dem deutschen Volk über den Äther verkünden, daß es Toleranz lernen müsse, daß Juden Menschen seien wie alle anderen auch. Er würde Deutschland nicht verlassen. Er würde hier bleiben und die Jugend zur Demokratie erziehen. Er haßte die Nationalsozialisten. Die Deutschen konnte er nicht hassen. Eine deutsche Frau versteckte ihn bei sich, ernährte ihn, rettete ihm das Leben.

Den Rassenhaß konnte er nicht begreifen. Stundenlang grübelte er über die Ursachen dieses Wahns und betete weitere Stunden dafür, daß der Krieg bald zu Ende sein möge.

Er hatte jetzt einen sehr leichten Schlaf. Beim leisesten Geräusch von Schritten schreckte er auf und griff zu dem Messer, das er in seiner Kammer aufbewahrte. Bald hatte er gelernt, die Schritte der Nachbarn von den Stiefeltritten der SS-Leute zu unterscheiden.

13

Seit dem ersten Tag ihrer illegalen Existenz Anfang Dezember 1942 hatte Fritz Kreuger unermüdlich nach einem neuen Versteck für sich, Clara und die kleine Corinna gesucht, das sie nach dem 1. Januar beziehen konnten, wenn sie die Wohnung in der Prinzregentenstraße würden verlassen müssen. Doch Ende Dezember hatte er noch immer keine neue Bleibe gefunden. Er sah keinen Ausweg mehr. So zog er schließlich eines Morgens gemeinsam mit Clara die Möglichkeit in Erwägung, Corinna bei einer Deutschen in Pflege zu geben und sich dann der Gestapo zu stellen.

Doch an eben diesem Morgen eröffnete sich ihnen ein Ausweg.

Fritz kam in die Wohnung gestürzt und nahm Clara in die Arme. «Ich habe etwas für uns gefunden!» verkündete er.

Clara drückte ihn fest an sich. «Gott sei Dank!» rief sie.

Rasch schilderte er ihr die näheren Umstände. Ihre neue Unterkunft war keine Wohnung, sondern ein Laden, den ihm ein in einer Mischehe lebender nichtjüdischer Makler angeboten hatte. Dieser Makler wußte, daß sie Juden waren, aber da er sie nicht polizeilich zu melden brauchte – dazu war er nur bei der Vergabe einer Wohnung verpflichtet – und selbst kein Risiko einging, hatte er diese Gelegenheit wahrgenommen, Fritz und seiner Familie zu helfen.

Der Laden lag in Halensee, kurz hinter dem westlichen Ende des Kurfürstendamms. Die Kreugers zogen am 1. Januar 1943 ein. Der Raum war lediglich mit einem Bett und einer Matratze für Corinna ausgestattet, aber gerade diese unwohnliche Einrichtung verhieß ja Sicherheit. Bald schon gelang es Fritz, ein Telefunken-Radio mit Kurzwellenempfang zu organisieren, das etwas mehr Abwechslung in ihr Leben brachte.

Dem Hauswart erzählte Fritz, er sei als Ingenieur in Polen tätig und habe häufig geschäftlich in Berlin zu tun. Der Mann schien mit dieser Erklärung zufrieden zu sein. Dennoch war Fritz unruhig. Es erschien ihm zu unsicher, sich auf ein einziges Versteck verlassen zu müssen. Besser wäre es, überlegte er, wenn ihnen zwei oder drei verschiedene Unterkünfte zur Verfügung stünden, so daß sie häufiger ihren Aufenthaltsort wechseln könnten.

Ende Januar fand er ein weiteres Zimmer in der Mörchinger Straße in Zehlendorf. Er mietete es unter dem Namen Fritz Kramer. Als Untermieter sollte er sechshundert Mark im Monat bezahlen, obgleich die Miete seiner Wirtin für die ganze Wohnung nur einhundertfünfzig Mark betrug und sie obendrein das Zimmer, das er nur zwei oder drei Tage in der Woche benutzen wollte, in der übrigen Zeit anderweitig vermieten konnte. Er fügte sich jedoch in diese Bedingungen. Auf die Frage nach seiner Meldebescheinigung hatte er erklärt, daß er für seine kurzen geschäftlichen Aufenthalte in Berlin keine benötige. Hatte sie ihm diese Geschichte abgenommen? Hatte sie ihn angezeigt? Er wußte es nicht und konnte nur hoffen, daß ihr so viel an seiner Miete gelegen war, daß sie das Risiko einging, auf die Anmeldung zu verzichten.

Fritz und Clara waren sich einig, daß sie Corinna nicht mit in die Zehlendorfer Wohnung nehmen konnten. Man würde sich wundern, warum ein Geschäftsreisender mit Frau und Kind in einem möblierten Zimmer abstieg. Warum ließ er seine Angehörigen nicht zu Hause? Wo waren sie überhaupt zu Hause? Und wo waren die Papiere, aus denen ihr Wohnsitz hervorging? Noch immer besaßen sie keine Papiere – und noch immer konnten sie keinem, der hartnäckiger fragen würde als die Vermieterin, eine überzeugende Erklärung liefern. Deshalb brachten sie Corinna bei einer alten Frau in Neukölln unter, die ihnen empfohlen worden war. Dreimal die Woche brachte Clara dieser Frau Lebensmittel für Corinna. Außerdem bekam sie dreihundert Mark Pflegegeld im Monat.

Nun, da sie Corinna in Sicherheit wußten und über zwei

Verstecke verfügten, fühlte Fritz sich bei aller fortbestehenden Unsicherheit doch erleichtert.

Am 4. Februar besuchte Fritz seine Eltern in deren Wohnung. Er erfuhr von ihnen, daß nun eingetroffen war, was er erwartet und seit seinem Untertauchen vor zwei Monaten erst recht befürchtet hatte: Sie hatten die Anweisung bekommen, an diesem Tag ihre Wohnung nicht zu verlassen. Jeder wußte, was das bedeutete: Sie sollten deportiert werden. Viele Stunden lang hatten sie nun schon gewartet. Doch bislang war niemand gekommen. «Vielleicht morgen», sagte Willi Kreuger resigniert.

Fritz konnte den Anblick seines Vaters kaum ertragen – ein gebrochener Mann, nicht mehr willens, sich gegen die drohende Vernichtung aufzulehnen. Wie stolz er doch früher darauf gewesen war, ein Deutscher zu sein! Er hatte für sein Land gekämpft und sich zum Krüppel machen lassen. Ein Orden für besondere Tapferkeit war ihm verliehen worden. Nach der Machtergreifung hatten ihn Juden aus den umliegenden Dörfern gefragt: «Was werden Sie jetzt tun? Werden Sie Deutschland verlassen?»

«Deutschland verlassen?» hatte Willi Kreuger lachend gerufen. «Warum denn? Ich habe schließlich das Eiserne Kreuz.» Einem Mann, der für sein Vaterland sein Leben aufs Spiel gesetzt hatte, konnte doch nichts geschehen, glaubte er damals.

Doch die Erfahrungen der vergangenen zehn Jahre hatten Willi Kreuger jede Illusion und Hoffnung genommen. Seit Monaten hatte ihn Fritz nicht mehr lächeln sehen. Der Schmerz, der sich so offen auf dem Gesicht seines Vaters abzeichnete, erweckte Mitleid in ihm. Doch zugleich fühlte er, wie die Haltung seines Vaters auch seinen eigenen Überlebenswillen zu untergraben drohte.

Sie mußten Abschied nehmen. Fritz umarmte seine Mutter. Ihm wurde bewußt, daß sie selbst in dieser Situation noch immer die vorbildliche jüdische Mutter blieb und ihm die Trennung erleichterte, indem sie ihre Tränen zurückhielt. Dann wandte er sich seinem Vater zu. Sie gaben sich die Hand, dann schlossen sie einander fest in die Arme. Fritz verließ erschüttert die Wohnung. Aller Voraussicht nach würde er seine Eltern nie wiedersehen.

Eine Woche später rief er bei der Jüdischen Gemeinde an. «Was ist aus den Kreugers geworden?» fragte er.

«Die sind am 5. Februar abgeholt worden», sagte eine Stimme am anderen Ende der Leitung.

Einige Tage darauf suchte Fritz den Nachbarn seiner Eltern auf. Willi Kreuger hatte einen Koffer mit Dokumenten bei ihm hinterlegt. Aus den Papieren ging hervor, daß man ihn gezwungen hatte, seinen Besitz zu einem Spottpreis zu verkaufen. An diese erniedrigende Erpressung konnte sich Fritz noch gut erinnern. Er war damals, im Februar 1938, gerade in Berlin gewesen. Eines Tages hatte sein Vater ihn entsetzt angerufen. «Komm schnell», hatte er gesagt. «Ich habe Schwierigkeiten mit der Gestapo.» Als Fritz nach Deutsch-Krone zurückgekehrt war, hatte ihm sein Vater berichtet, daß die Gestapo ihn unter Druck gesetzt habe, sein Geschäft und sein Haus zu verkaufen und nach Berlin zu ziehen. Die Gestapo hatte angedeutet, daß bereits ein Interessent vorhanden sei, doch er hatte nicht in Erfahrung bringen können, um wen es sich handelte und zu welchem Preis dieser Unbekannte seine Besitztümer zu erwerben gedachte. Willi Kreuger hatte sich geweigert, auf diese Bedingungen einzugehen. Daraufhin hatte er sich täglich bei der Gestapo melden müssen, wo man ihn gezwungen hatte, eine Stunde lang stehend einen Schwall von Beschimpfungen über sich ergehen zu lassen. Zwischendurch hatte man ihn immer wieder aufgefordert, dem Verkauf zuzustimmen.

Tagelang mußte sich Willi Kreuger dieser Prozedur unterziehen. Schließlich erfuhr die Gestapo, daß Fritz sich in Deutsch-Krone aufhielt. Sie forderte ihn auf, seinen Vater von nun an zu begleiten. Nach einigen Tagen verschonte man Willi Kreuger wegen seiner Kriegsverletzung. Nun mußte sich Fritz allein der täglichen Schikane aussetzen.

Die Gestapo-Beamten in Deutsch-Krone waren zum größten Teil Bauernsöhne aus der Umgebung, die sich daran ergötzten, Fritz, der ihnen in so vieler Hinsicht überlegen war, zu demütigen. Sie ließen ihn vor einer Wand ihres Büros antreten, an die sie den *Stürmer* geheftet hatten, und befahlen ihm, einhundert Kniebeugen zu machen.

«Sobald Ihr Vater verkauft, hören wir auf», erklärten sie ihm. «Vergessen Sie nicht, Ihrem Vater das auszurichten.»

Diese tägliche Nervenprobe spielte sich um sieben Uhr morgens ab. Eines Morgens verschlief Fritz und erschien unrasiert bei der Gestapo. Von da an mußte er jeden Morgen bei seiner Ankunft laut melden: «Ich bin der Jude Kreuger. Ich bin sauber rasiert.»

Sechs Monate lang hatte Fritz diese Schikane Tag für Tag über sich ergehen lassen. Schließlich hatte er seinem Vater erklärt: «Es nützt alles nichts. Wir müssen verkaufen.» Willi Kreuger hatte ihm zugestimmt. Er hatte inzwischen erfahren, daß man überall in Deutschland auf ähnliche Weise mit Juden verfuhr. Früher oder später, davon war er überzeugt gewesen, hätte man ihn doch in die Knie gezwungen.

Willi Kreuger hatte sich ausgerechnet, daß er im Falle eines Verkaufs 500000 Reichsmark für seine Firma verlangen könnte. Nun teilte er der Gestapo diese Forderung mit. Zu seinem Erstaunen willigten die Beamten ein – behielten dann jedoch das vom Käufer hinterlegte Geld bis auf 130000 Reichsmark ein. Das hatte Willi Kreuger den Rest gegeben. Er hatte sich sein Vermögen hart erarbeitet. Sein erstes Geld hatte er als Landarbeiter verdient, und später war er als Händler mit einem großen Bündel Kleidungsstücke durch die Provinz gezogen.

Bei der Durchsicht der Papiere seines Vaters schwor sich Fritz, nach dem Krieg eine Entschädigung zu verlangen. Diese Dokumente würden ihm helfen, das wiederzuerlangen, was die Nazis seinem Vater genommen hatten.

14

Neun Monate waren vergangen, seitdem Hans Hirschels kleiner Sohn gestorben war. Nicht einmal während dieser ganzen Zeit hatte der gleichmütige Intellektuelle sein Versteck – jenen Laden in Wilmersdorf, den Maria Gräfin von Maltzan, die Mutter des Kindes, in eine Wohnung umgewandelt hatte – verlassen. Die Tage verbrachte er allein, versunken in seine Erinnerungen. Immer wieder kreisten seine Gedanken um den Tod des Kindes und die Deportation seiner geliebten Mutter nach Theresienstadt im vergangenen Frühjahr, aber auch um die Zeit vor der Machtergreifung der Nationalsozialisten. Wie berauschend das Leben in Berlin in diesen Jahren gewesen war! Dieses Leben war jetzt vorbei, und er war gefangen – wenn auch nicht direkt in einem der Folterkeller oder Lager der Nazis, so doch in der Hölle, die sie geschaffen hatten.

Hans hielt sich an einen strengen Tagesplan. So wollte er der Gefahr entgehen, den Verstand zu verlieren. Morgens um Punkt Viertel nach sechs stand er auf, ließ Maruschka das Badewasser ein und weckte sie dann. Während sie badete und sich ankleidete – gewöhnlich trug sie Hosen, da sie meistens mit dem Fahrrad fuhr –, bereitete Hans ihr das Frühstück und einen Mittagsimbiß aus kleingeschnittenem Gemüse zu, den sie mit zur Universität nahm, wo sie auf den Abschluß ihres Studiums der Tiermedizin hinarbeitete. Sobald Maruschka das Haus verlassen hatte, wusch Hans das Geschirr ab, fegte die Wohnung und räumte auf. Dann legte er sich wieder ins Bett, um zu lesen. Kurz nach acht stand er auf und richtete sich für den Tag her. Es war jedesmal ein langwieriges Ritual. Zunächst badete er. Dann pflegte er ausführlich darüber nachzudenken, was er anziehen sollte: Mochte er auch zwei Tage hintereinander denselben Anzug und dasselbe Hemd tragen, so wechselte er doch zumindest täglich den Binder. Schließlich war er dann soweit, daß er das Haus hätte verlassen können – was er natürlich niemals tat.

Er hatte schon immer sehr hohe Ansprüche an seine äußere Erscheinung gestellt und war zu dem Schluß gekommen, daß er mit seinem Gefangenendasein am besten zurechtkommen würde, wenn er, soweit es nur möglich war, diese Gewohnheit beibehielt. Ein großes Problem für ihn war der Bart, den er sich hatte stehen lassen, um sein Aussehen zu verändern. Er verabscheute ihn. Er stand ihm nicht, und seitdem er ihn trug, hatte er das Gefühl, ungepflegt zu sein.

Nach dem Ankleiden machte Hans sich dann erneut an die selbstauferlegte Pflicht der Hausarbeit. Sie war das mindeste, was er tun konnte, um seine Dankbarkeit zu zeigen. Maruschka setzte nicht nur ihr Leben für ihn aufs Spiel, sie unterstützte ihn darüber hinaus in jeder Beziehung. Hans hatte aus der Wohnung, in der er mit seiner Mutter gelebt hatte, einige indische Bronzefiguren mitgebracht, die Maruschka nun nach und nach verkaufte, wenn sie Geld brauchten. Die Figuren waren jedoch nicht besonders viel wert, und ihr Erlös deckte keineswegs die Ausgaben. So mußte Maruschka mit vielen verschiedenen Gelegenheitsjobs – sie arbeitete zum Beispiel als Fleischbeschauerin und war für den Tierschutzverein tätig – und ihren Schwarzmarktgeschäften für ein geregeltes Einkommen sorgen. Hans war in allen Dingen von Maruschka abhängig – selbst für seinen Haarschnitt, auf den er so viel Wert legte, konnte er nicht allein sorgen. Maruschkas Friseur hatte ihr berichtet, daß bereits zahlreiche Juden beim Besuch von Schönheits- und Frisiersalons verhaftet worden waren. Als Maruschka ihm erzählte, daß sie einen untergetauchten Juden kenne, der dringend einen Haarschnitt benötigte, hatte er ihr beigebracht, wie man Haare schneidet.

Hans hatte kein besonderes Geschick für Hausarbeiten, und sie machten ihm auch keinen Spaß. Es war keineswegs so, daß er sie mit Widerwillen verrichtete oder sie als entwürdigend empfand. Vielmehr gingen sie ihm nur recht mühsam von der

Hand, und sein bisheriges Leben hatte ihn in keiner Weise auf eine derartige Situation vorbereitet. Immer hatten seine Mutter oder ihre Wirtschafterin für ihn gesorgt. Luzie Hirschel hatte ihren Sohn in seiner Abhängigkeit bestärkt, um ihn so lange wie möglich bei sich behalten zu können, und auch manche Frauen, die sich ursprünglich seines guten Aussehens wegen in ihn verliebt hatten, waren von dieser Unselbständigkeit in den praktischen Dingen des Lebens geradezu fasziniert gewesen.

In gewisser Hinsicht war auch Maruschka dieser Faszination erlegen. Sie genoß es, Hans die Haare zu schneiden oder ihm die Wäsche zu waschen – das war eine der Haushaltstätigkeiten, mit denen Hans nie fertig zu werden vermochte –, aber sie hütete sich davor, dadurch sein Abhängigkeitsgefühl zu verstärken und ihn zu lähmen. Sie schätzte an ihm das, was sie seine «herausragende Intelligenz» nannte, seine philosophische Ader, seine Klugheit und seinen Esprit. Sie wußte jedoch, daß Hans selbst sich mit anderen Augen sah. Wie so viele Intellektuelle wollte er beinahe noch mehr wegen seiner körperlichen Qualitäten als wegen seines Verstandes bewundert werden, und so brüstete er sich häufig mit seinen sportlichen Leistungen als Tennisspieler oder Boxer. In Wahrheit war er als Sportler ein geradezu hoffnungsloser Fall, und seine Prahlereien nahmen sich – in Anbetracht seiner schmalen, fast schon zarten Statur – wie Wunschträume aus. Maruschka brach in lautes Gelächter aus, wenn er begann, seine angeblichen Großtaten zu schildern. Als er eines Abends von seinen Erlebnissen bei der Bahnarbeiterkolonne erzählte, der er vor seinem Untertauchen angehört hatte, behauptete er, daß er einmal ein 375 Kilo schweres Schienenstück gehoben habe. Maruschka mußte so heftig lachen, daß auch er schließlich mit einstimmte.

Insgesamt gesehen war Hans jedoch so gut oder so schlecht wie jeder andere für einen längeren Zeitraum zwangsweiser Isolation gerüstet, und anfangs – vor der Deportation seiner Mutter und dem Tod seines Kindes – hatte er die Ungestörtheit sogar genossen. Auch jetzt hätte er jederzeit zugegeben, daß sein Gefangenendasein auch Vorteile hatte. So war es zum Beispiel früher eines seiner größten Probleme gewesen, daß er

Mühe gehabt hatte, sich jeweils über eine längere Zeit auf das Thema zu konzentrieren, mit dem er sich gerade befaßte. Ergänzt durch die dem Philosophen eigene Liebe zur Abstraktion hatte diese Schwäche seine Schriften verschwommen und schwer verständlich gemacht. Nun, da seine Realität konkreter und enger begrenzt wurde, gewann seine Arbeit an Präzision.

Er war von einer großen intellektuellen Leidenschaft besessen – der Auseinandersetzung mit den dunklen Seiten selbst der positivsten religiösen Richtungen. Darüber hinaus hatte er auch eine Menge konkreter Auftragsarbeiten zu erledigen, ironischerweise mehr, als er in normalen Zeiten je gehabt hatte. Er schrieb Aufsätze, Buchbesprechungen, Hörspiele und sogar einige kleinere Bücher. Maruschka entwickelte ein großes Talent, diese Aufträge zu beschaffen, vorgeblich für sich selbst. Sie gab sie, zusammen mit allen nötigen Materialien, an Hans weiter. Wenn er einen Entwurf fertiggestellt hatte, überarbeitete Maruschka ihn noch einmal, nicht aus Eitelkeit, sondern aus Sicherheitsgründen. Ihre Schreibstile unterschieden sich fundamental. Auf keinen Fall durfte irgend jemand daran zweifeln, daß Maruschka die Verfasserin war.

Hans schrieb einen Aufsatz über Jan Hus, Hörspiele über einen finnischen General, über Cromwell und über den Burenkrieg. Das Cromwell-Hörspiel sollte aufzeigen, wie niederträchtig die Briten die Iren behandelt hatten, das Burenkriegs-Thema demonstrieren, wie grausam sie mit den Buren umgegangen waren, für die auch sie Konzentrationslager errichtet hatten. Alles, was Hans schrieb, enthielt versteckte Angriffe gegen die Nazis, die nur diesen selbst entgingen.

Abends hörten sich Hans und Maruschka oft von Parteischreibern verfaßte Hörspiele im Radio an und lachten über den schlechten Stil und den fürchterlichen Aufbau. Gemeinsam schrieben sie – entschlossen, sich wenigstens einmal um ein hohes künstlerisches Niveau zu bemühen – ein Hörspiel über Louis Napoléon. Es wurde abgelehnt.

«Laß uns das mieseste Stück schreiben, das wir zustande bringen», schlug Hans Maruschka daraufhin vor. Als sie damit fertig waren, sagte er: «Es ist so scheußlich, daß sie es bestimmt nicht nehmen.» Das Manuskript wurde ohne Überarbeitung angenommen.

Hans' Arbeitstag begann nach dem Mittagessen, das aus Hafergrütze oder einem anderen Getreidegericht bestand. Er bereitete es stets pflichtbewußt zu – und ließ es dann oft stehen. Wenn er seine Auftragsarbeiten erledigt hatte, las er oder feilte an einem Gedicht. Fertige Gedichte pflegte er auf Maruschkas Kopfkissen zu legen. In ihnen brachte er seine wahren Empfindungen zum Ausdruck – Dankbarkeit gegenüber Maruschka, das Gefühl des Verlusts zahlloser Möglichkeiten und der Entfremdung vom normalen, pulsierenden Leben.

«Unsere Liebe füllt die schwarze Leere zwischen uns», schrieb er in einem seiner Gedichte. Unter einer so positiv wie möglich wertenden Sicht verarbeitete er die beunruhigende Gewißheit, daß sie beide aus gänzlich unterschiedlichen Welten kamen: Maruschkas Mutter war eine strenge, standesbewußte Aristokratin gewesen, die antisemitische Literatur gesammelt hatte; Hans dagegen war in einer Atmosphäre aufgewachsen, die von seiner der Welt zugewandten, in den gehobensten literarischen Zirkeln verkehrenden Mutter geprägt worden war. In gewisser Weise war Hans – wie auch schon seine Mutter und selbst sein Vater – weit mehr Deutscher als Jude. Zwar «fühlte» er sich als Jude und wurde auch von anderen als solcher identifiziert – die beiden grundlegenden Kriterien dafür, ob jemand Jude ist oder nicht –, aber er war nie von einem tiefgehenden religiösen Empfinden geleitet worden. Da Maruschka so freigeistig dachte, hatte er vorgehabt, sich bei der religiösen Erziehung ihres Kindes nach ihr zu richten.

Seit den siebziger Jahren des 19. Jahrhunderts, als napoleonische Gleichberechtigungsgedanken auch in Deutschland aufgekeimt und in Gesetzen verankert worden waren, hatten viele Juden aus Dankbarkeit für die ihnen zuerkannten Rechte versucht, «deutscher als die Deutschen» zu sein. Sie setzten sich für ihr Vaterland ein, fühlten, dachten und handelten als Deutsche. Aber auch nachdem Bismarck den Juden 1871 die Bürgerrechte zuerkannt hatte, klafften Theorie und Praxis noch weit auseinander. Erst der militärische Einsatz der Juden im Ersten Weltkrieg führte zur Realisierung dieser Rechte und zu ihrer völligen Gleichberechtigung. An die 100000 Juden hatten in der Armee gedient, 80000 von ihnen hatten an der Front gekämpft, 35000 waren für besondere Tapferkeit ausgezeichnet worden, 12000 gefallen. Auch Hans waren für seinen Einsatz in den letzten Kriegsjahren besondere Ehren zuteil geworden, und er hatte Deutschlands Bestrebungen damals von ganzem Herzen unterstützt. Er konnte nicht glauben und noch viel weniger akzeptieren, was in der Zwischenzeit geschehen war. In einem seiner Gedichte, dem «Lied eines deutschen Juden», versuchte er auszudrücken, was es für einen Juden, der sich als Deutscher fühlt, bedeutet, plötzlich kein Deutscher mehr *sein* zu dürfen.

Mit jedem Tag wurde Hans die Begrenzung seines Lebensraumes deutlicher bewußt. Je länger sie anhielt, desto mehr beunruhigte sie ihn. Ausführliche, anregende Gespräche und Diskussionen waren der Inhalt seines Lebens gewesen, und jetzt mußte er nahezu ganz ohne sie auskommen. Gelegentlich brachte Maruschka einige Kommilitonen mit, die Hans – von ihr als «Professor Schoeler» vorgestellt – auf ihre Prüfungen vorbereitete. Doch boten die Studenten, die sie ohne großes Risiko mit Hans bekanntmachen konnte, diesem nur wenig Anregung. Diejenigen, die an gefährlichen politischen Aktivitäten teilhatten, erklärten ihr, daß es für alle Beteiligten besser sei, wenn sie sich fernhielten.

So wurden die Hunde seine engsten Lebensgefährten – Maruschka hatte zwei Scotchterrier gekauft, die ihm Gesellschaft leisten und wegen des Erlöses für die Welpen – eine weitere Einnahmequelle – zugleich zur Zucht verwendet werden sollten. Jeden Morgen bürstete Hans die Hunde und spielte dann mit ihnen. Während der Hausarbeit pflegte er sich mit ihnen zu unterhalten: «Könnt ihr euch denken, wo die Handtücher geblieben sind?» Dann sahen die Hunde ihn an und wedelten mit dem Schwanz. Kurz nach zehn erschien Irmelin Patrick, die Verlobte eines Neffen von Maruschka, um die Hunde zu ihrem Morgenauslauf abzuholen. Dann spähte Hans durch die Gardine und sah ihnen beim Spielen zu. Um elf kamen sie zurück, um zu fressen. «Heute gibt es etwas besonders Gutes», teilte er ihnen dann mit. «Zunächst ein feines Süppchen – Brühe, mit

Ei und Sahne legiert. Dann Wild mit Sahnesoße und Johannisbeergelee. Und zum Nachtisch ein köstliches Sorbet.» Dann setzte er ihnen ihr Hundefutter vor.

Trotz der Umstände zeigte sich Hans selten schwermütig oder verzweifelt. Er wollte sich nicht zugrunde richten lassen, durch dieses Gefangenendasein ebensowenig wie durch die ständig drohende Gefahr, verhaftet zu werden. Sein größtes Problem war es, mit dem Tod des Kindes fertig zu werden. Sein kurzes Leben erschien ihm sinnlos. Maruschka widersprach ihm entschieden, als er ihr diesen Gedanken eines Abends eingestand. «Jedes menschliche Leben hat irgendeine Bestimmung – auch das unseres Kindes. Wenn es nicht gewesen wäre, wärst du in Polen umgekommen.» Hans wandte den Blick ab und schloß die Augen. Mehrere Minuten lang schwieg er. Als er Maruschka wieder ansah, glänzten seine Augen. «Ich werde mich bemühen, daran zu glauben», sagte er.

Nur ein einziges Mal brach die Verzweiflung aus ihm heraus. «Dieser verdammte Krieg! Dieser verdammte Hitler!» schrie er eines Tages, nachdem seine Mutter deportiert worden war. «Immer mußt du aus dem Haus gehen und diese ganze dreckige Arbeit machen, während ich hier hilflos herumsitze.» Doch im allgemeinen war er – angesichts all dessen, was er durchmachte – erstaunlich gefaßt. Sobald er merkte, daß er zu verzweifeln drohte, begann er, mit den Hunden zu spielen oder mit den Vögeln zu reden. Maruschka hatte viele Käfige voller Vögel: Finken, Kanarien, Sittiche. Sobald sie abends nach Hause kam, berichtete er als erstes, wie die Hunde gespielt und die Vögel gesungen hatten.

Nach Maruschkas Rückkehr fühlte sich Hans, als sei er aus dem Gefängnis erlöst. Wenn sie besonders müde aussah, sorgte er dafür, daß sie sich hinlegte, und brachte ihr das Abendessen, liebevoll angerichtet. Dann versuchte er, sie davon zu überzeugen, daß er in seiner Abgeschiedenheit einen unbeschwerten und fröhlichen Tag verbracht habe. Erst wenn er sah, wie Maruschka sich entspannte, begann er, sie mit Fragen nach ihrem eigenen Tagesablauf zu bestürmen. Alles mußte er wissen. Manchmal öffnete er ihre Handtasche und leerte sie langsam, indem er jeden Gegenstand einzeln hervorholte und sie fragte, wie er in ihren Besitz gekommen sei. Gewöhnlich hatte jedes Stück seine Geschichte – Maruschka war eine gewiefte Schwarzhändlerin. Wie überall in Deutschland hatte auch in Berlin zu Beginn des Krieges ein reger Schwarzmarkthandel eingesetzt. Innerhalb weniger Jahre hatte er einen Umfang angenommen, den die Nazis mit großem Unwillen registrierten. Wichtigste Handelsware waren Lebensmittel, dicht gefolgt von falschen Papieren, die an Bedeutung und Wert zunahmen, je länger der Krieg sich hinzog. Solche Papiere – Lebensmittelmarken, Vorzugsausweise, Fahrkarten, Kennkarten – waren Maruschkas Handelskapital. Ein gefälschter Ausweis konnte Hunderte von Mark einbringen, die sie wiederum gegen Lebensmittel eintauschte.

Maruschka legte großen Wert auf ihre Unabhängigkeit. Sie war davon überzeugt, daß sie sich und Hans durch ihre Schwarzmarktgeschäfte und ihre Gelegenheitsarbeiten ernähren konnte. Als Hans zu ihr gezogen war, hatte sie die Kosten für seinen Unterhalt zunächst mit 1000 Mark im Monat veranschlagt, da sein gesamter Nahrungsbedarf mit Schwarzmarktwaren gedeckt werden mußte. Später reichte dieser Betrag bei weitem nicht mehr aus. Sie fand jedoch immer Mittel und Wege, um das nötige Geld zu beschaffen – selbst wenn sie gelegentlich eine Abtreibung einleiten mußte, wofür sie 3000 Mark berechnete.

Eines Tages wurde ein Tierarzt, den Maruschka flüchtig kannte, seiner Tätigkeit, Fleisch zu begutachten, enthoben. Maruschka wurde an seiner Stelle in diesem Bezirk eingesetzt. Ihr Kollege hatte Metzgern eine Gefälligkeit erweisen wollen, indem er taugliche Lebern als egelverseucht stempelte und damit verwarf. Das Vieh stammte aus den höher gelegenen Teilen der Ukraine, wo Leberegelverseuchungen fast nie vorkommen. So wurde seine Tat schließlich aufgedeckt. Wenn sie sonntags aufs Land hinausfuhr, um in Viehbeständen zu arbeiten, überschütteten sie die Bauern mit frischem Gemüse. Was sie selbst nicht benötigte, tauschte sie gegen andere Lebensmittel ein.

Um sich und Hans vor dem Hunger zu bewahren, scheute sie selbst vor kleinen Gaunereien nicht zurück. Eines Tages nahm sie ihren Telefonhörer ab und hörte dank einer Fehlschaltung ein Gespräch zwischen einer ihr bekannten Frau Siwkowicz und einem Geflügelschwarzhändler mit. Frau Siwkowicz bestellte gerade eine außergewöhnlich schwere Gans. Sobald das Gespräch beendet war, rief Maruschka sie an. Mit verstellter tiefer Stimme gab sie sich als Gestapo-Beamtin aus und teilte der erschrockenen Frau mit, sie habe ihr Gespräch abgehört und wolle den Vorfall weitermelden. Allerdings, sagte sie, habe sie neun Kinder und würde auf die Anzeige verzichten, wenn Frau Siwkowicz die Gans in einem Schuppen in einem nahegelegenen Park deponiere. Am nächsten Abend holte sich Maruschka die Gans ab.

Solche Geschichten bedeuteten Hans mehr als die Nahrungsmittel selbst. Er war vernarrt in Maruschka. Sie war der wunderbarste Mensch, der ihm je begegnet war, von einem freien, unabhängigen Verstand und mit einem fremdländischen Hintergrund, von dem er nie genug erfahren konnte, auch wenn er bestimmte Episoden wohl bereits ein dutzendmal gehört hatte.

Sie erzählte ihm von ihrem Vater, dem Grafen, den sie – als einzigen aus der ganzen Familie – aufrichtig geliebt hatte. Er war der Nachfahre des Geschlechtes von Maltzan, das im 14. Jahrhundert, als Albrecht von Mecklenburg schwedischer König wurde, nach Mecklenburg gekommen war, wo es mit Gütern belehnt wurde. Ein Maltzan stieg eine Stufe weiter auf: Er heiratete die einzige Tochter des Freiherrn von Kurzbach, der keine Söhne hatte, und kam so zu dessen Titel und Würden.

Maruschkas Vater, Andreas von Maltzan, hatte ein Landgut von 48 000 Morgen geerbt. Auch im 20. Jahrhundert führte er noch das Schloßherrenleben seiner Vorväter. Wer von den Angehörigen des Gutes eine Ehe eingehen wollte, wurde von dem Grafen verheiratet. Von Maltzan war ein geachteter Mann, beliebt wegen seines sozialen Gewissens und seiner Freigebigkeit. Er stiftete Geld für Krankenhäuser, Waisenhäuser und Altenheime.

Das Gut war die Jahrhunderte hindurch in ausgewogenem Wechsel in den Händen von Erben mit ausgeprägtem Geschäftssinn und von solchen mit einem größeren Sinn für

Kunst und Kultur gewesen. Maruschkas Vater gehörte der zweiten Kategorie an – seine große Leidenschaft waren Gemälde und Antiquitäten. Er verstand nicht viel von Landwirtschaft, aber er hatte großes Geschick darin, tüchtige Mitarbeiter einzustellen.

Graf Andreas von Maltzan las seiner Tochter gern vor – nicht aus Märchenbüchern, sondern aus anspruchsvollen Werken. Als sie Privatunterricht bekam, verfügte sie bereits über ein beträchtliches Geschichtswissen und begann nach kurzer Zeit, die Kenntnisse ihres Lehrers in Frage zu stellen. Der Aufruhr, den sie damit hervorrief, veranlaßte den Grafen, die Schulstube aufzusuchen, um sich zu erkundigen, was geschehen war. Noch am gleichen Abend bat er Maria: «Sei nachsichtig, er hat überhaupt keine Ahnung.»

Der Graf tat sein Bestes, um Maria gewisse Grundsätze zu vermitteln, ohne sie ihr jedoch zu predigen. Die Lektionen, die er ihr erteilte, waren zumeist praktischer Natur. Eines Tages stürzte Maria, die damals sieben Jahre alt war, in sein Zimmer, um ihm mitzuteilen, daß der Hof ihres Kindermädchens bis auf die Grundmauern niedergebrannt sei. «Ich weiß», entgegnete ihr Vater. «Mach dir keine Sorgen deswegen, die Versicherung wird dafür bezahlen.»

«Nein, das wird sie nicht», sagte Maria und gab den Inhalt eines Gesprächs zwischen ihrer verstörten Betreuerin und deren Mann wieder, das sie belauscht hatte. Am Vorabend hatte die Familie beim Schein eines offenen Feuers Häcksel geschnitten. Dabei hatten Funken das Dach der Hütte in Brand gesetzt. Sie wußten, daß der Brand auf ihre eigene Unvorsichtigkeit zurückzuführen war und daß die Versicherung nicht zahlen würde.

Der Graf dachte einen Moment nach. «Maria», sagte er dann, «wieviel Geld hast du auf der Bank?»

«Zweihundertsiebzehn Mark.»

«Ich meine, du solltest hingehen und zweihundert Mark abholen. Berta hat so lange deine Schuhe geputzt und sich um dich gekümmert. Jetzt mußt du dich um sie kümmern.»

Noch am gleichen Tag gab Maria Berta zweihundert Mark.

Obgleich Maria fünf ältere Schwestern und einen Bruder

hatte, war ihre Kindheit doch recht einsam gewesen. Ihr Gefühl, allein zu sein, war mit Sicherheit eine wesentliche Ursache ihrer großen Leidenschaft für Tiere, die auch Vögel und sogar Reptilien einschloß. Auf dem Gut gab es eine Menge Schlangen. Wenn Maria eine entdeckte, ergriff sie sie, streichelte sie, bis sie sich beruhigte, untersuchte sie genau und ließ sie dann wieder frei. Eines Tages stieß sie auf einen Haufen toter Schlangen und erfuhr, daß die Gärtner sie auf Geheiß ihres Bruders, der Schlangen verabscheute, getötet hatten. Am gleichen Tag lud Maria ihren Bruder zu einer Fahrt in ihrem neuen Boot ein, das sie vom Erlös ihrer selbstgezüchteten weißen Mäuse und Meerschweinchen gekauft hatte. Als sie weit genug draußen auf dem See waren, stieß sie ihn ins Wasser, packte ihn bei den Beinen und hielt ihn mit dem Kopf unter Wasser. Hätte ihr Vater nicht eingegriffen, hätte sie ihn womöglich ertränkt.

Das Erwachsenwerden war für Maria ein ständiger Kampf ums Überleben gewesen. Seit ihrer frühesten Kindheit war sie davon überzeugt, daß alle anderen sich gegen sie verschworen hatten – und diese Überzeugung hatte eine gewisse Berechtigung. Als sie sieben war, trieben ihre Schwestern ein grausames Spiel mit ihr: Jedesmal, wenn die Teezeit nahte, schickten sie sie unter irgendeinem Vorwand in den Stall. Ihre Mutter hatte ein ehernes Gesetz aufgestellt: Wer nicht Punkt vier am Tisch saß, bekam statt Toast mit Butter und Marmelade Schwarzbrot zum Tee. Wann immer Maria zu spät kam, vergrößerte sich somit automatisch die Toast- und Gebäckration der Geschwister. Eines Tages kam sie ihnen endlich auf die Schliche. Sie ging in den Garten, ergriff eine beinahe einen Meter lange Kreuzotter hinter dem Kopf und marschierte mit ihr ins Eßzimmer. «Ich will eine richtige Teemahlzeit», verkündete sie. «Ich will meinen Toast mit Butter und Marmelade und meinen Kuchen. Entweder ich kriege, was ich will, oder ich lasse die Schlange los.» Sie bekam ihre Teemahlzeit.

Sie lebte in ihrer eigenen kleinen Welt. Sie traf ihre Entscheidungen allein und sorgte selbst für sich, teils deshalb, weil niemand anders ihr geholfen hätte, teils weil sie – in den meisten Fällen zu Recht – glaubte, daß sie tüchtiger war als die anderen, mit denen sie es zu tun hatte, und daß sie sich, wenn sie diese Jahre heil überstehen wollte, nur auf sich selbst, auf ihre Kämpfernatur verlassen durfte. Ihre Mutter hatte ihr, als sie noch ganz klein war, recht deutlich zu verstehen gegeben, daß sie sie nicht mochte. «Alle meine übrigen Kinder habe ich in weniger als drei Stunden zur Welt gebracht», hatte sie einmal gesagt. «Bei dir hat es siebenundzwanzig Stunden gedauert.»

Die Gräfin machte keinen Hehl aus ihren Vorurteilen und Wertungen. Manche ihrer Kinder zog sie offen vor. Ihr besonderer Liebling war ihr zweitjüngstes Kind, ihr Sohn. Ihre Zuneigung zu ihm war durch den Tod seines älteren Bruders noch größer geworden. Sie hing an ihrem Mann, aber sie war todunglücklich über das Provinzleben, das sie führten. Ihre heftigsten Vorurteile richteten sich gegen die Juden. Im Laufe der Jahre hatten etliche der in der Umgebung ansässigen Gutsbesitzer ihr Land verkauft, und einige der kleineren Anwesen waren von Juden erworben worden. Zwangsläufig kam es zu Mischehen, und als eine Gräfin anläßlich ihrer Heirat mit einem Juden zum Judentum übertrat, war die Gräfin Maltzan außer sich. «Ich wünsche nicht, daß *du* einen Juden heiratest», hatte sie Maria gewarnt.

Alle Zweifel, die Maria noch an der Abneigung der Mutter ihr gegenüber gehabt haben mochte, wurden ihr endgültig am Sterbebett ihres Vaters genommen. Sie war dreizehn, als der todkranke Graf sie zu sich rief: «Deine Mutter mag dich nicht», teilte er ihr mit. «Aber gib dir Mühe, höflich zu sein und deiner Kindespflicht nachzukommen.»

Eine lieblose Mutter war für Hans etwas Unvorstellbares. In seinem Kummer über die Trennung von seiner geliebten Mutter und über die zur Gewißheit gewordene Vorstellung, daß er sie nie wiedersehen würde, war ihm Maruschkas Stärke ein großer Trost. Er wußte, daß er gewissermaßen eine Mutter gegen die andere eingetauscht hatte. Er lebte ganz für die Zeit, in der Maruschka bei ihm war, und freute sich jedesmal, wenn sie nach Hause kam, als wären sie nach langer Trennung endlich wieder vereint.

Um so schlimmer war es für ihn, daß sie bisweilen nachts ganz unvermittelt und ohne Erklärung die Wohnung verließ.

Angefangen hatte es mit diesen nächtlichen Touren schon kurze Zeit, nachdem Hans zu ihr gezogen war. Sie fanden äußerst unregelmäßig statt. Maruschka blieb wochenlang zu Hause, ohne abends das Haus zu verlassen. Dann wieder gab es Wochen, in denen sie Hans mehrere Abende nacheinander allein ließ. Häufig gingen diesen plötzlichen Aufbrüchen Telefonanrufe voraus. Die Art, wie sie die Anrufe entgegennahm, deutete darauf hin, daß sich hier etwas Geheimnisvolles, Konspiratives ereignete. Auch wenn sie direkt neben dem Telefon saß, nahm sie den Hörer erst nach dreimaligem Läuten ab. Zuweilen legte der Anrufer nach dem zweiten Klingeln wieder auf. Wenn dies geschah, pflegte Maruschka auf die Uhr zu sehen, nach ungefähr einer Minute läutete es dann erneut. Wieder nahm Maruschka den Hörer nicht ab – und wieder war das Telefon nach zweimaligem Läuten still. Nach einer weiteren Minute begann es zum drittenmal zu klingeln. Dann erst pflegte Maruschka den Hörer abzunehmen.

Die Gespräche konnte Hans nie verstehen. Dazu waren sie zu unzusammenhängend, zu undurchsichtig, vielleicht auch verschlüsselt. Häufig verließ sie unmittelbar nach dem Anruf die Wohnung und kehrte erst nach etlichen Stunden zurück. Hans hatte einige Versuche unternommen herauszufinden, was sie vorhatte. Es war vergeblich gewesen. Sie hatte ihn ohne Antwort auf seine drängenden Fragen stehenlassen.

Eines Abends im Sommer 1942 kam Maruschka besonders spät zurück. Hans hatte auf sie gewartet. Sie ging direkt ins Bad. Hans folgte ihr und sah, wie sie ein Antiseptikum auf eine Wunde an ihrem Hals strich.

«Um Gottes willen, Maruschka, das ist doch eine Schußwunde!» rief er aus. «Was zum Teufel geht hier vor?»

Sie sah ihn ruhig an. «Hans ... merk dir eins. Frag mich nie, wo ich gewesen bin oder was ich gemacht habe. Es ist besser, wenn du es nicht weißt.»

III

Gefangen

15

Mehrere Wochen waren nun bereits vergangen, seitdem Kurt Thomas von der Gestapo festgenommen worden war, und noch immer hatte Ruth kein Lebenszeichen von ihm erhalten. Ruths verzweifelte Versuche, seine frühere Frau dazu zu bewegen, sich für ihn einzusetzen, hatten nichts gefruchtet. Kurt war plötzlich aus ihrem Leben verschwunden. Seine Verhaftung schien ihr das größte Leid zu sein, das die Nazis ihr hatten zufügen können.

Eines Abends im März 1943 wurde sie jedoch eines besseren belehrt. Ein Arzt informierte sie, daß auch ihr ein Verfolger, ein mit der Gestapo kollaborierender Jude, auf der Spur sei.

Ein junger Mann, berichtete der Arzt, habe ihn am Nachmittag aufgesucht und erzählt, daß er an der Organisation der Transporte beteiligt sei. Er habe ihm das Foto einer Frau gezeigt, deren Mädchenname Rosenthal laute und die seit 1942 im Untergrund lebe. Das Foto sei ihm von einem anonymen Informanten zugeschickt worden, zusammen mit einem Brief, aus dem hervorgehe, daß diese jüdische Frau bei der Gattin eines SS-Offiziers lebe. «Es war ein Foto von Ihnen», sagte der Arzt.

Wer konnte sie denunziert haben? fragte sich Ruth noch in den ersten Schrecksekunden. Lisa Krauss! Sie mußte es gewesen sein. Lisa, die junge Frau, bei der Ruth die ersten Tage nach ihrer Flucht zugebracht und mit der sie sich überworfen hatte, weil sie die Wertgegenstände, die ihr die Brüder Dobrin, ihre ehemaligen Arbeitgeber, anvertraut hatten, zu ihrem eigenen Nutzen verwendete. Einer der Dobrins lebte inzwischen mit seiner Frau in England im Exil. Die beiden anderen waren nach

Theresienstadt deportiert worden, hatten sich jedoch freikaufen können. Lisa hatte unbekümmert die Pelze ihrer Ehefrauen getragen und ihre Wohnung mit den ihr anvertrauten Kunstwerken geschmückt, als gehörten sie ihr. Ruth hatte damals aus einem spontanen Impuls heraus gehandelt. Doch schon bald darauf hatte sie ihre heftige Reaktion bedauert und über Lisas Handlungsweise nachgedacht. Wie sonst hätte sie mit den Leihgaben umgehen sollen? Warum sollte sie sie nicht benutzen? Damals hatte sie sich solche Fragen nicht gestellt. Sie hatte einfach die Beherrschung verloren und Lisa vorgeworfen: «Sie haben kein echtes Mitleid mit uns Juden. Ihnen geht es doch nur um unsere Sachen.»

Einige Tage später hatte eine gemeinsame Bekannte zu ihr gesagt: «Lisa ist sehr böse auf Sie.»

«Warum?» hatte Ruth gefragt.

«Wegen der Dinge, die Sie ihr gesagt haben.»

Und nun hatte Lisa sie denunziert.

Ruth lief zur nächsten Telefonzelle und rief Hilde an, um sie zu warnen. «Wenn die Gestapo kommt, sagst du, du hättest nicht gewußt, daß ich Jüdin bin.»

Hilde hatte jedoch ihre eigene Vorstellung von dem Verhalten, das sie der Gestapo gegenüber zeigen mußte: keine Entschuldigungen, keine Rechtfertigungen und vor allen Dingen nicht das leiseste Anzeichen von Angst. Als dann tatsächlich knapp eine Stunde später zwei Gestapo-Männer bei ihr erschienen, nahm sie alle Kräfte zusammen, um ihnen ein überzeugendes Schauspiel vorzuführen. «Oh!» schrie sie und lief wütend gestikulierend durch den Raum. «Ich kenne diese Frau nicht – und mit Juden habe ich nicht das geringste zu schaffen.»

«Uns liegt aber eine Meldung vor, Frau Doktor Hohn ...»

«Zum Teufel mit Ihrer Meldung!» schrie sie. «Mein Mann ist SS-Offizier. Ich müßte ja völlig verrückt sein, wenn ich Juden bei mir versteckt hielte. Halten Sie mich vielleicht für verrückt?» Sie schrie sie jetzt an, und obwohl sie log, war ihr Zorn doch echt. Sie spürte eine an Hysterie grenzende, rasende Wut in sich aufsteigen. «Hierher!» befahl sie, während sie auf einen Schrank zustapfte. «Kommen Sie hierher!» Sie riß die

Schranktüren auf. «Sehen Sie sich diese Kleider an! Alles die gleiche Größe!» Die Gestapo-Männer zögerten. «Schauen Sie her!» schrie sie. «Ich verlange, daß Sie sofort hier hineinschauen!» Sie begann zu weinen. Ihre ganze Angst und innere Qual brach jetzt, unter dieser extremen Belastung, aus ihr hervor.

Die Beamten waren verunsichert. Sie fühlten sich offensichtlich nicht wohl in ihrer Haut. «Frau Hohn, ich kann Ihnen versichern ...»

«Schauen Sie her!» schrie Hilde noch einmal. Sie hatte nun jede Beherrschung verloren. Sie wußte es – und es war ihr gleichgültig. Sie spürte die Bereitschaft der Männer, den Rückzug anzutreten.

Zögernd trat einer der beiden Männer näher und inspizierte die Kleider. Er nickte seinem Kollegen zu. Sie hatten es eilig, die Wohnung zu verlassen.

«Suchen Sie nächstes Mal Ihre Juden gefälligst woanders, nicht gerade im Haus eines SS-Offiziers!» sagte sie, während sie die Wohnungstür öffnete. Als die beiden Männer gegangen waren, warf sie die Tür laut ins Schloß und lehnte sich zitternd gegen die Wand.

In den darauffolgenden Wochen zog Ruth zehnmal um. Ihre Habseligkeiten trug sie in einer Einkaufstasche von einem Versteck ins andere. Es sah jedesmal aus, als käme sie gerade vom Einkaufen zurück. Ihr erster Zufluchtsort war die Wohnung eines «privilegierten» Onkels. Ein paar Tage später zog sie in das Versteck ihrer Mutter, zu Freunden der Haushälterin ihrer Großmutter. Anschließend wohnte sie in Schöneberg, im Haus einer Frau, die sie kaum kannte, dann bei der Schwester dieser Frau und schließlich in einer Reihe von Wohnungen, über deren Bewohner sie so wenig wußte, daß ihr der Aufenthalt bei ihnen merkwürdig verschwommen und unwirklich vorkam. Ruth wollte nirgends länger als ein paar Tage bleiben, da sie es für sicherer hielt, ständig unterwegs zu sein – nicht nur für sie selbst, sondern auch für ihre Beschützer, die ihretwegen ungeheure Risiken auf sich nahmen.

Während dieser ganzen Zeit hütete sich Ruth davor, mit anderen Juden zusammenzutreffen. Sie hatte Angst, daß sie der

Gestapo in die Hände fallen und Ruths Aufenthaltsort verraten könnten. Eines Tages begegnete sie jedoch zufällig einer jüdischen Jugendfreundin, die selbst im Untergrund lebte und Ruth empfahl, bei einer Frau namens Luisa Knispel unterzutauchen. Ruth suchte diese Frau auf.

Tante Lisel – wie Ruth Frau Knispel, dem Beispiel einer im Hause lebenden Nichte folgend, von Anfang an nannte – war der Prototyp einer deutschen Hausfrau. Sie war untersetzt, hatte blaue Augen und lange, blonde, hochgesteckte Zöpfe. Als junges Mädchen hatte sie in Straßburg bei einem jüdischen Professor gearbeitet und dessen Kinder betreut. Vor dem Krieg war sie Mitglied der SPD gewesen und hatte die Nationalsozialisten von Anfang an zutiefst verabscheut. Sie erklärte sich bereit, Ruth zu helfen, und gab sich große Mühe, ihr den Aufenthalt in ihrem Haus so angenehm wie möglich zu machen. Sie war eine ausgezeichnete Köchin und ging sehr liebevoll mit Ruth um. Dennoch war das Zusammenleben mit ihr nicht einfach, vor allem wegen ihres zwanghaften Reinlichkeitsticks. Wenn Ruth Wasser trank und vergaß, das Glas auszuwaschen, kam Tante Lisel prompt in die Küche gestürzt und rief: «So kann man doch nicht leben. Das geht doch nicht.» In solchen Momenten hätte ihr Ruth gern in der gleichen Lautstärke geantwortet, aber sie nahm sich zusammen. Schließlich hing ihr Leben von dem guten Willen Tante Lisels ab.

Tagelang schlichen die beiden Frauen dann unglücklich durchs Haus. Sie hatten einander gern und wußten beide, daß ihre Überempfindlichkeit auf die belastende Situation zurückzuführen war, in der sie sich befanden – und doch brachte es keiner der beiden fertig, der anderen zu verzeihen.

Eines Tages erhielt eine Freundin Tante Lisels – Frau Otto, eine Beamtin – die Nachricht, daß sie nach Posen versetzt werden sollte. Sie rief Tante Lisel an, um sie zu fragen, ob sie nicht einen zuverlässigen Untermieter für ihre Wohnung wisse. Sie müsse unbedingt jemanden finden, erklärte sie, da man ihr die Wohnung entziehen könne, wenn sie zu lange leerstünde. Tante Lisel beruhigte Frau Otto. Sie brauche sich keine Sorgen zu machen. Sie habe die idealen Mieter für sie.

Ruth Thomas stellte sich Frau Otto als Halbjüdin vor. Ihre

Mutter gab sie als eine Tante aus dem nichtjüdischen Zweig der Familie aus. Sie erzählte ihr, daß sie in Schöneberg gewohnt hätten und ausgebombt worden seien. Frau Otto dürfe sie auf keinen Fall polizeilich anmelden, da sie sonst den Anspruch auf ihre alte Wohnung verlieren würden.

Frau Otto nickte mitfühlend, während sie sich Ruths Geschichte anhörte. Sie wisse, antwortete sie, was es bedeute, Angst um seine Wohnung haben zu müssen. Ruth hatte den Verdacht, daß Frau Otto die Wahrheit ahnte, doch stellte sie keine weiteren Fragen. Beim Abschied bat sie Ruth und ihre Mutter noch einmal inständig, gut auf die Wohnung aufzupassen.

Als sich Ruth von Tante Lisel verabschiedete, gab diese ihr noch einen Rat mit auf den Weg: «Sie müssen vergessen, daß Sie Jüdin sind. Und Ihre Mutter auch. Wenn Sie so weitermachen wie bisher, werden Sie es nie schaffen. Sie dürfen niemandem Ihre Geschichte erzählen.»

Im Frühherbst zogen Ruth und ihre Mutter in Frau Ottos Wohnung. Sie lag in Pankow, im Norden Berlins. Es war eine kleine Drei-Zimmer-Wohnung im obersten Stockwerk eines schmalen Gebäudes. Ruth und Anna Rosenthal fühlten sich in der Wohnung sehr wohl. Sie hatte eine Ofenheizung und warmes Wasser – und sie eignete sich gut als Versteck.

Und außerdem gab es dort eine Nähmaschine.

Es schien Ruth, als sei es die natürlichste Sache der Welt, an ihrem neuen Zufluchtsort eine Nähmaschine vorzufinden. Sie war fest entschlossen zu überleben, und beim Anblick der Nähmaschine wuchs in ihr die Zuversicht, daß sie es schaffen und daß sie auch ihre Mutter durchbringen würde.

16

Am 20. März 1943 schrieb Joseph Goebbels in sein Tagebuch: «Der Führer ist glücklich darüber, daß, wie ich ihm berichte, die Juden zum größten Teil aus Berlin evakuiert sind.» Vier Wochen später, am 18. April, zeigte er sich bereits weniger optimistisch: «Die Judenfrage in Berlin ist immer noch nicht ganz gelöst. Es befinden sich noch eine ganze Reihe von sogenannten Geltungsjuden, von Juden aus privilegierten Mischehen und auch von Juden aus Mischehen, die nicht privilegiert sind, in Berlin. Daraus entstehen eine Unmenge von außerordentlich schwerwiegenden Problemen. Jedenfalls veranlasse ich, daß alle Juden, die sich jetzt noch in Berlin befinden, einer erneuten Prüfung unterzogen werden. Ich möchte nicht, daß Juden noch mit dem Judenstern in der Reichshauptstadt herumlaufen. Entweder muß man ihnen den Judenstern nehmen und sie privilegieren, oder sie im anderen Falle endgültig aus der Reichshauptstadt evakuieren.» Goebbels fügt noch eine Anmerkung hinzu, die sichtlich seiner eigenen Ermutigung dienen soll: «Ich bin der Überzeugung, daß ich mit der Befreiung Berlins von den Juden eine meiner größten politischen Leistungen vollbracht habe. Wenn ich mir vorstelle, wie Berlin im Jahre 1926 aussah, als ich hierher kam, und wie es im Jahre 1943 aussieht, nachdem die Juden endgültig evakuiert werden, dann kann ich erst ermessen, was auf diesem Gebiet geleistet worden ist.»

Am 19. Mai 1943 erklärten die Nazis, daß Berlin nunmehr «judenfrei» sei. Das entsprach, wie der ‹Reichsminister für Volksaufklärung und Propaganda› sehr wohl wußte, nicht den Tatsachen. Den offiziellen Statistiken zufolge, die die ‹Reichsvereinigung der Juden in Deutschland› auf Geheiß der Nazis erstellt hatte, lebten am 31. März noch 18 515 Juden in Berlin. Diese Zahl bezieht sich jedoch auch auf alle diejenigen, die theoretisch von den Deportationen ausgenommen waren und die Goebbels in seiner Tagebucheintragung vom 18. April mit einigem Bedauern erwähnt. («Geltungsjuden» waren Personen, die einen jüdischen und einen nichtjüdischen Elternteil hatten oder, genauer gesagt, von zwei jüdischen Großeltern abstammten und bei Erlaß des Reichsbürgergesetzes am 15. September 1935 der jüdischen Religionsgemeinschaft angehörten oder danach in sie aufgenommen wurden.)

Die Erklärung, daß Berlin «judenfrei» sei, bezog sich zweifellos auf die «nichtprivilegierten» Juden, die keinerlei Schutz im Rahmen der komplizierten Rassengesetze des Dritten Reiches genossen. Diese Gruppe meinte Goebbels, als er am 11. März in sein Tagebuch schrieb: «Im ganzen sind wir 4000 Juden ... nicht habhaft geworden.» Nach dem Krieg schätzte die Jüdische Gemeinde zu Berlin auf Grund eigener Nachforschungen die Zahl der zu dieser Zeit in Berlin untergetauchten Juden auf 5000. Andere Schätzungen belaufen sich auf 2000 bis 9000 Personen.

Wie viele Juden auch immer am 27. Februar 1943, dem Tag der «Fabrik-Aktion», in Berlin gelebt haben mögen – fest steht, daß sich ihre Zahl bis zum 19. Mai drastisch verringert hatte. In den dazwischenliegenden Wochen waren Hunderte untergetauchter Juden verhaftet und deportiert oder auf der Stelle umgebracht worden. Viele hatten Selbstmord begangen oder waren an Unterernährung, einem Herzanfall oder mangelnder medizinischer Versorgung gestorben.

Am 10. Juni erschien die Gestapo am Hauptsitz der Jüdischen Gemeinde in der Oranienburger Straße, verkündete, daß die Gemeinde mit sofortiger Wirkung aufgelöst sei, und verhaftete sämtliche «nichtarischen» Beschäftigten. Zur gleichen Zeit nahmen andere Gestapo-Beamte Angestellte der ‹Reichsvereinigung› in der Kantstraße fest. Die Verhafteten wurden zur Sammelstelle in der Großen Hamburger Straße gebracht. Am 16. Juni wurden sie in einem Möbelwagen zum Bahnhof Putlitzstraße transportiert, wo man sie zusammen mit fünfhundert weiteren Juden – Patienten des Jüdischen Krankenhauses in der Iranischen Straße, die am selben Morgen verhaftet worden waren – in Güterwaggons verlud.

Das geräumte Krankenhaus wurde von einer aus jüdischen Ärzten, Schwestern und Pflegern bestehenden Belegschaft weitergeführt. Seine Verwaltungsbüros dienten hinfort als Hauptsitz einer neuen, stark dezimierten ‹Reichsvereinigung›, die alle anfallenden Probleme im Zusammenhang mit den Juden, insbesondere die Übertragung jüdischen Eigentums, zu regeln hatte. Die Gestapo zwang viele Juden, die es geschafft hatten, der Deportation zu entgehen, zu Verwaltungsarbeiten solcher Art. Diese Juden lebten fast alle in Mischehen. Die meisten von ihnen waren sich darüber im klaren, daß auch sie früher oder später zu den Deportationsopfern gehören würden.

Dank des «Mundfunks» waren Kurt und Hella Riede über diese Entwicklungen gut informiert. Sie wußten, daß sie auf der Liste der ‹Reichsvereinigung› standen, daß ihre Namen noch nicht «abgehakt» waren und daß es nur eine Frage der Zeit sein konnte, bis man sie finden und deportieren würde.

Nach ihrem Abschied von der Familie Wirkus Mitte März war es ihnen ohne weitere Zwischenfälle gelungen, unbemerkt in ihre Wohnung in der Kaiserstraße zurückzukehren. Kurt hatte sogar seine Arbeit in der Lederwarenhandlung wiederaufnehmen können.

In der Firma arbeitete eine Frau Hämmerling als Buchhalterin. Sie hatte sich mit einem Gestapo-Beamten angefreundet, der im gleichen Haus wie sie in Reinickendorf am Schäfersee wohnte. Er hatte ihr eines Abends anvertraut, daß er einem Kommando angehöre, das für die Zusammenstellung der Judentransporte in die Ostgebiete zuständig sei. Dem Tonfall seiner Schilderungen entnahm Frau Hämmerling, daß er mit diesen Maßnahmen der «Endlösung» nicht einverstanden war. Als sie sich das nächste Mal mit ihm traf, unternahm sie einen riskanten Versuch. «Wissen Sie», sagte sie zu ihm, «es gibt da einen Mann in unserer Firma, einen Juden, den wir alle sehr gern mögen. Meinen Sie, Sie könnten mich informieren, wenn sein Name auf der Liste erscheint? Ich verspreche Ihnen absolutes Stillschweigen.»

Der Beamte spitzte den Mund. Dann nickte er. «Das könnte ich wohl», meinte er.

Erst jetzt nannte Frau Hämmerling Kurts Namen – immer noch von schweren Zweifeln geplagt, ob sie ihn damit nicht möglicherweise ans Messer lieferte. Doch es sollte sich schon bald herausstellen, daß sie richtig gehandelt hatte.

Eines Morgens rief der Freiherr Kurt gleich nach Arbeitsbeginn zu sich. Oben im Zimmer des Chefs saß Frau Hämmerling. Sie erzählte ihm, was sie getan hatte. Dann sagte sie: «Irgendwann am Mittwochabend kommen sie, um Sie abzuholen.»

«Danke», sagte Kurt. Unmittelbar darauf war er verschwunden.

An jenem Nachmittag, sechs Wochen, nachdem sie Wittenau verlassen hatten, standen die Riedes erneut vor der Haustür der Familie Wirkus. Beppo war bei der Arbeit, aber Kadi war zu Hause. Kurt zitterte am ganzen Körper, und selbst Hella, deren Ruhe Kadi immer bewundert hatte, schien vollkommen verstört zu sein. Kurt erklärte, was geschehen war. Er fragte, ob sie bleiben könnten.

Kadi biß sich auf die Unterlippe. «Es gibt da eine Schwierigkeit», erwiderte sie zögernd. Die Enttäuschung, die sich auf den Gesichtern der Riedes abzuzeichnen begann, schmerzte sie. «Hier wohnt nämlich jetzt eine junge Frau, Ursula. Wir mußten sie zu uns nehmen, weil wir soviel Platz haben. Sonst hätten wir ausziehen müssen.» Sie drückte Hellas Arm. «Ich bin sicher, daß wir irgendeinen Weg finden», sagte sie. «Beppo wird bestimmt etwas einfallen.»

Als Beppo von der Arbeit heimkehrte, berichteten sie ihm, was vorgefallen war. Er beschloß, der jungen Frau zu erklären, daß Kurt sein Bruder sei, der in der Nähe Arbeit gefunden habe und deshalb bei ihnen wohnen wolle.

Ursula glaubte ihm. Es bestand für sie kein Grund, mißtrauisch zu sein, und außerdem interessierte sie sich nicht für Politik. Sie war jung, blond und hübsch und mit ihrem Leben sehr zufrieden. Sie arbeitete als Sekretärin bei einer Firma, die Flugzeugmotoren herstellte. Man konnte die Fabrik vom Haus aus sehen. Das Zimmer, das sie bewohnte, hatte einen separaten Eingang. Abgesehen von gelegentlichen Einladungen zu einem Gläschen Schnaps oder Wein betrat sie nie die übrigen Räume.

Nachdem Beppo und Kadi den ersten Schock über das plötzliche Wiedererscheinen der Riedes überwunden hatten, war die frühere Harmonie bald wiederhergestellt. Zunächst blieb Kurt im Haus, doch im Laufe der Wochen wuchs sein Zutrauen in die Situation so weit, daß er sich hinauswagte, um die Pflanzen im Garten zu gießen und die Sträucher zu beschneiden. Hella unternahm Ausflüge ins Stadtzentrum und bummelte sogar den Kurfürstendamm entlang, als wolle sie vor sich selbst beweisen, daß sie den prüfenden Blicken der Fänger standzuhalten vermochte. Eines Abends gingen sie alle vier in ein Kino in der Oranienburger Straße in Wittenau. Inzwischen fühlten sich die Riedes sicher genug, um erste Ausflüge nach Brandenburg zu unternehmen, wo sie Hellas Eltern besuchten. Kurts dicke Brillengläser erwiesen sich als eine Art Passierschein. Wer ihn in Wittenau sah, mußte annehmen, daß er wegen seiner Sehschwäche vom Wehrdienst freigestellt worden war.

Mit dieser Version gab sich auch Ursula zufrieden. Sie mußte morgens um sieben bei der Arbeit sein und kehrte erst nach fünf zurück. Um zu erklären, warum er immer im Hause war, wenn sie ging oder kam, erzählte ihr Kurt, daß seine Arbeitszeit um acht begänne und schon um halb fünf ende.

Eines Abends verkündete Ursula freudestrahlend, daß sie sich den nächsten Tag freigenommen habe. Kurt war einen Moment lang sprachlos, doch erholte er sich rasch und sagte: «Prima Idee. Ich bleib auch zu Hause, und wir machen uns einen schönen, faulen Tag.»

Ursula verlor nie ein Wort über den Krieg. Ihr ganzes Interesse galt den Männern. Zu Hause flirtete sie offen mit Beppo und Kurt, sooft sich Gelegenheit dazu bot, zur Freude der beiden Männer und zum Ärger ihrer Frauen. Eines Abends saßen die beiden Ehepaare in der Küche, als sie plötzlich vom Flur her ein dumpfes Geräusch vernahmen. Es hörte sich an, als habe jemand einen Kartoffelsack abgesetzt. Die beiden Männer sprangen auf, um nachzusehen, was geschehen war. Als sie die Tür zum Flur aufrissen, sahen sie Ursula reglos auf dem Fußboden liegen. Sie trugen sie in ihr Zimmer und legten sie aufs Bett. Wenige Augenblicke später trat Hella in das Zimmer, schob die beiden aus der Tür und begann, Ursulas Gesicht mit einem nassen Handtuch zu reiben. Einige Minuten später kam sie verärgert in die Küche zurück. «Das Mädchen spielt Theater», rief sie. «Sie hat sich das Gesicht weiß gepudert und die Lippen blau angemalt.»

An einem Julitag, drei Monate nach der Rückkehr der Riedes, bekam das Ehepaar Wirkus Besuch von Pater Eusebius, einem Augustinermönch, der in einem nahegelegenen Kloster lebte. Pater Eusebius hatte das Baby getauft. Beppo und Kadi waren ihm häufig bei den Gottesdiensten begegnet, die sie regelmäßig besuchten, und allmählich war ein freundschaftliches Verhältnis zwischen ihnen entstanden. Er war erstaunt über die Anwesenheit der Riedes, denn das Ehepaar Wirkus hatte ihm nie etwas von ihnen erzählt. Um so mehr interessierte er sich nun dafür, wer die beiden seien.

Beppo und Kadi sagten ihm die Wahrheit. Sie schilderten ihm das Schicksal der Riedes in allen Einzelheiten. Nachdem er alles erfahren hatte, legte er die Arme um sie und sagte: «Sie brauchen keine Angst zu haben. Was Sie tun, ist gut. Ich werde Sie in meine Gebete einschließen.» Einige Wochen darauf steckte er ihnen nach der Sonntagsmesse ein paar zusätzliche Lebensmittelmarken zu.

Je länger die Riedes in Wittenau lebten, desto selbstverständlicher erschien dem Ehepaar Wirkus ihre Gegenwart. Wenn Kadi zu ihren Eltern auf den Bauernhof fuhr, übernahm Hella den Haushalt, putzte und kochte. Keiner der vier war je allein, und sie unterstützten einander in allem, nicht nur bei der Hausarbeit, sondern auch in dem Bemühen, Zuversicht zu bewahren.

Anfangs war ihr Lachen oft verkrampft. Doch schon bald brauchten sie sich nicht mehr anzustrengen, um eine gelassene, heitere Atmosphäre zu schaffen. Sie lachten über Ursulas «Ohnmachtsanfall» und witzelten über ihre Annäherungsversuche. Beppo gab ironisch gefärbte Berichte über die Kleinkrämerei seines Arbeitsalltags zum besten. Sie lachten über den Mangel an Intimsphäre in ihrem Haus und machten sich übereinander lustig.

Abends tranken sie oft gemeinsam eine Flasche Wein. Beppo konnte über die Behörde, in der er arbeitete, alkoholische Getränke zu einem Spottpreis beziehen. Sie stammten zum größten Teil aus Frankreich. Er brachte Champagner mit, wenn es einen Geburtstag zu feiern gab, oder eine Flasche Cognac, die sie genußvoll leerten, wenn sie gemeinsam vor dem Rundfunkempfänger saßen und die Sendungen der BBC abhörten. Auf diese Weise erfuhren sie, daß der Krieg eine beängstigende und doch zugleich für sie so hoffnungsvolle Wende nahm.

Berlin sollte durch Bombenangriffe dem Erdboden gleichgemacht werden.

Bomben waren für die Berliner nichts Neues. Zum erstenmal war die Stadt vor nunmehr genau drei Jahren von den Briten bombardiert worden, als Vergeltung für einen Angriff der deutschen Luftwaffe auf London. Seit jenem ersten Fliegeralarm hatten die Bombenangriffe ständig zugenommen, und sie waren zum Teil sehr massiv gewesen. Doch die Bombardements, die Mitte August 1943 einsetzten, nahmen Ausmaße an, wie sie die Berliner Bevölkerung noch nie zuvor erlebt hatte.

Angesichts dieser ständigen Bedrohung fiel es den beiden Paaren immer schwerer, sich ihre Fröhlichkeit zu bewahren, wenn sie auch andererseits jeden Angriff mit einer gewissen Freude registrierten. Die Riedes sahen sich einer neuen Gefahr ausgesetzt. Sie konnten keine öffentlichen Luftschutzräume aufsuchen, da man sie dort womöglich aufgefordert hätte, ihre Ausweise vorzuzeigen. So mußten sie während der Bombenangriffe im Keller ausharren. Hätte eine Bombe das Haus getroffen, wäre ihre Überlebenschance sehr gering gewesen.

«Eine Büchersammlung . . .

17

Für die nichtjüdischen Einwohner Berlins waren die Bomben, die nun systematisch über der Stadt abgeworfen wurden und immer größere Verwüstungen anrichteten, mehr als nur Vorzeichen der Zerstörung, der Verstümmelung und des Todes. Mit der Stadt ging zugleich der Mythos von der Unbesiegbarkeit der Deutschen unter, den die Nationalsozialisten so emsig gehegt hatten. Zu Beginn des Krieges hatte Hermann Göring geprahlt, daß er «Meier heißen» wolle, wenn jemals feindliche Flugzeuge den Luftabwehrgürtel um Berlin durchbrechen sollten. Wenn jetzt die Deutschen in ihren Luftschutzkellern saßen und das Dröhnen der herannahenden Bomber hörten, das Heulen der herabfallenden Bomben, die dumpfen Detonationen und das laute Krachen der einstürzenden Gebäude über ihren Köpfen, dann witzelten sie im Flüsterton über den «Reichsmarschall Meier». Sie glaubten nicht mehr an die Geschichten über den insgesamt positiven Verlauf des Krieges, die man ihnen vorsetzte. Die Zeitungs- und Rundfunkberichte waren mit den wirklichen Ereignissen, denen sie Tag für Tag ausgeliefert waren, nicht länger in Übereinstimmung zu bringen.

Ihre Realität – das war die Gewißheit, daß morgen ein neuer Angriff erfolgen würde, das war die bange Frage, ob sie den nächsten Bombenhagel überleben würden, das war die Angst, nach dem Verlassen des Luftschutzkellers die eigene Wohnung in Schutt und Asche vorzufinden und sich in das wachsende Heer der obdach- und mittellosen Berliner einreihen zu müssen. Nacht für Nacht, wenn sie nach der Entwarnung die Keller verließen, versperrten ihnen umgestürzte Bäume und

Trümmerhaufen den Heimweg, und Ruß und Asche von unzähligen Bränden regneten auf sie herab. Feuerwehrwagen mit heulenden Sirenen bahnten sich einen Weg durch die Trümmer und versuchten, oftmals vergeblich, zu den verheerendsten Feuern vorzudringen. Krankenwagen, in denen Verletzte lagen, holperten durch die noch befahrbaren Straßen, auf dem Weg zu den überfüllten Krankenhäusern. Jeden Morgen lag eine tiefe Stille über der Stadt, undurchdringlich wie der Rauch, der noch immer von den schwelenden Gebäuden aufstieg.

Für die wenigen tausend noch immer in Berlin versteckt lebenden Juden, die gezwungen waren, ihr Katz-und-Maus-Spiel mit der Gestapo fortzuführen, bedeuteten die Luftangriffe der Alliierten eine noch größere Gefahr. Sie hatten nicht die Möglichkeit, einen Luftschutzkeller aufzusuchen. Ein Bombentreffer auf ein Versteck, in dem sie Zuflucht gefunden hatten, war eine Katastrophe von solchem Ausmaß, daß sie sich selbst ausgebombte nichtjüdische Berliner nicht vorstellen konnten. Aber trotz der ungeheueren Gefahr und der verheerenden Auswirkungen der Angriffe waren die Juden froh über die Bomben. Sie nährten ihre Hoffnung, daß der Tag der Befreiung nicht mehr allzufern sein würde.

In einer Augustnacht, als britische Bomber ihren bislang schwersten Angriff auf die Stadt flogen, verließ Hans Rosenthal zum erstenmal seit sechs Monaten behutsam sein Versteck. Obgleich er wußte, daß der Krieg noch längst nicht vorüber war, hatte er das Gefühl, soeben aus einer lebenslänglichen Haft befreit worden zu sein.

Hans sah sich um. Kein Mensch war weit und breit zu sehen. Alle waren in die Schutzkeller geflüchtet. Vorsichtig schlich er in den Garten hinaus, mit den tastenden Schritten eines nach langer Krankheit Genesenden. Sein Herz klopfte so laut, daß er Angst hatte, jemand könnte es hören.

Erst als er die kleinen Obstbäume etwa sieben Meter hinter dem Geräteschuppen, der nun seit März seine Zufluchtstätte war, erreicht hatte, wagte er aufzublicken. Es war eine klare Nacht – die Bomber kamen selten bei schlechtem Wetter.

Wenn er stadtauswärts blickte, sah er die Sterne. Wenn er sich umwandte, konnte er die Lichtfinger der Scheinwerfer beobachten, die sich bei ihrer hektischen Suche nach den Fliegern in einem wirren Tanz durch den nächtlichen Himmel bewegten.

Er hörte das Dröhnen der Bomber, und bald darauf konnte er ihre Leuchtmarkierungen erkennen. An der Spitze flog das Leitflugzeug, das an vier verschiedenen Stellen Leuchtkugeln abwarf, um das rechteckige Zielgebiet abzustecken. Dann kamen die Geschwader. Ihre Brandbomben hüllten die Stadt in Flammen, deren Widerschein am Himmel zu sehen war. Hans konnte die herabfallenden Bomben erkennen und hörte kurz darauf die dumpfen Einschläge. Flakgeschosse heulten aus den Wäldern empor. Kampfflugzeuge deckten die Bomber und griffen die deutschen Messerschmidt-Jäger an. Ab und zu gab es einen Zweikampf. Jedesmal, wenn ein deutsches Flugzeug abstürzte, fühlte Hans ein Triumphgefühl in sich hochsteigen.

Die Flieger machten ihm keine Angst. Sie waren seine Verbündeten.

In jeder Nacht, in der die Flugzeuge kamen, ging Hans nun nach draußen, um sie zu beobachten. Jeder Luftangriff war ein Wendepunkt. In Hans wuchs die Überzeugung, daß die Alliierten in der Übermacht waren und ihm eines Tages wieder ein menschenwürdiges Leben ermöglichen würden.

Er fühlte sich in diesen Nächten ruhig und sicher. Die Gestapo hatte in diesen Stunden der Gefahr gewiß anderes zu tun, als nach ihm zu suchen. Er stand bei den kleinen Obstbäumen und betete für die alliierten Piloten.

Für die Kreugers bedeuteten die Luftangriffe ebenso wie für Hans Rosenthal eine gerade noch rechtzeitig einsetzende Wende. In den vergangenen sieben Monaten hatte sie der Gedanke an die Deportation von Fritz' Eltern gequält. Sie hatten kein Lebenszeichen mehr von ihnen erhalten. Was war aus ihnen geworden? Waren sie noch am Leben? Fritz und Clara befürchteten das Schlimmste und wollten doch die Hoffnung nicht aufgeben.

Ihr eigenes Leben war in der Zwischenzeit von ständiger Spannung bestimmt gewesen. Fritz' Schmuckgeschäfte brachten ihnen genügend Geld ein, um die Miete und die Lebensmittel, die sie auf dem Schwarzmarkt erstanden, bezahlen zu können. Corinna, die mittlerweile fast zwei Jahre alt war, lebte nach einem zweimonatigen Aufenthalt bei der alten Frau in Neukölln wieder bei ihnen. Inzwischen waren ihre Ausgaben jedoch erheblich angestiegen, da Fritz die Verantwortung für eine weitere untergetauchte jüdische Familie übernommen hatte.

Diese Leute hießen Lissner. Sie hatten ein kleines Baby. Weder der Mann noch die Frau wagten sich auf die Straße, da sie beide in auffallender Weise den immer wieder von den Nazis beschriebenen «typischen Juden» glichen. Joseph Drexel, ein Freund und Geschäftspartner von Fritz, der lange Jahre Vorsitzender der Berliner Goldschmiedeinnung gewesen war, hatte sie auf die Notlage der Lissners hingewiesen. Dr. Lissner war sein Zahnarzt gewesen. Drexel, ein gütig wirkender Mann mit rundem Gesicht und sanften Augen, hatte Fritz eines Tages erklärt, daß er sich längere Zeit um die Lissners gekümmert habe, sie aber nun nicht mehr länger unterstützen könne.

Drexel hatte Fritz vor einigen Monaten ein großzügiges Angebot gemacht. «Wenn Sie mich einmal brauchen sollten», hatte er erklärt, «können Sie zu jeder Tages- und Nachtzeit zu mir kommen.» Seine Wohnung war im Notfall ihre letzte Zuflucht. Bisher hatten sie Drexels Angebot nicht in Anspruch nehmen müssen, aber Fritz fühlte sich ihm wegen dieser Hilfsbereitschaft tief verpflichtet. «Ich werde mein Möglichstes tun», versprach er.

Seither hatte Clara jeden Dienstag und Freitag für die Lissners mit eingekauft und ihnen die Lebensmittel in die kleine Wohnung gebracht, in der sie sich versteckt hielten. Sie klopfte dann zunächst bei einem Nachbarn, der sich vergewisserte, daß sie nicht in eine Falle tappen konnte. Sie brachte auch Milch für das Baby mit.

Clara ging jeden Morgen einkaufen. Da sie keine Lebensmittelmarken besaß, mußte sie den Schwarzmarkt aufsuchen, wo auch immer er sich gerade befand. Über seine Geschäftspartner konnte Fritz in Erfahrung bringen, wo sich die Schwarzhändler jeweils aufhielten. Wenn Clara aus dem Haus ging, sagte sie meist: «Ich bin etwa um zwölf wieder da.» Doch oft verstrichen die Mittagsstunden, es wurde ein Uhr, zwei Uhr, manchmal sogar drei Uhr – und sie war noch immer nicht zurückgekehrt. Fritz machte sich dann große Sorgen um sie und wagte nicht, seiner Arbeit nachzugehen. Seine größte Befürchtung war, Clara könnte von einer SS-Streife aufgefordert werden, sich auszuweisen. Aber Clara kehrte immer wieder heim.

Eines Tages im Sommer kam sie äußerst verstört nach Hause. Sie hatte zu den Lissners gehen wollen und wie immer beim Nachbarn geklopft. Dieser hatte die Tür einen Spalt breit geöffnet und geflüstert: «Die Gestapo ist da.» Wortlos hatte sich Clara umgedreht und war gegangen. Sie hatte sich zwingen müssen, nicht zu rennen.

Sie gaben sich keinen Illusionen hin: Es war unwahrscheinlich, daß sie immer weiter Glück haben würden. Auch ihre Nerven würden der Belastung nicht ewig gewachsen sein.

Dann erfolgte in der Nacht vom 28. auf den 29. Juli 1943 der verheerende Luftangriff auf Hamburg. Etwa siebenhundert britische Flugzeuge bombardierten die Stadt. Dieses Ereignis veränderte das Leben der Kreugers von Grund auf.

Joseph Goebbels spricht in seinem Tagebuch von «einer Katastrophe von vorläufig unvorstellbaren Ausmaßen. Wir haben hier die Zerstörung einer Millionenstadt festzustellen, die bisher in der Geschichte wohl kein Beispiel findet. Es tauchen damit Probleme auf, die fast nicht zu bewältigen sind. Man muß nun die Millionenbevölkerung dieser Stadt verpflegen, ihr eine Unterkunft verschaffen, sie nach Möglichkeit evakuieren, muß ihnen Kleider und Wäsche geben, kurz und gut, man hat hier Aufgaben zu bewältigen, von denen wir uns vor einigen Wochen noch gar keine Vorstellung machen konnten ... rund 800000 Obdachlose, die auf der Straße herumirren und nicht aus noch ein wissen.»

Zwei Wochen später eröffnete sich den Juden eine unerwartete Chance: Bei einem weiteren Luftangriff wurden sämtliche Verwaltungsakten der Stadt Hamburg zerstört. Wenige Tage nach diesem Ereignis begegnete Fritz auf der Straße einem alten Bekannten, der ebenfalls untergetaucht war. Fritz schoß der Gedanke durch den Kopf, daß er ein Fänger sein konnte, und impulsiv wollte er davonlaufen. Doch der um viele Jahre ältere Mann konnte ihn rasch beruhigen. Er lebe vom Handel mit falschen Papieren, erzählte er. Für 5000 Mark könne er ihm einen Ausweis beschaffen. Er habe einen Verbindungsmann in Hamburg, der offizielle Umzugsgenehmigungen für die Übersiedlung in andere Städte besorgen könne. Da es keine Einwohnerregister mehr gebe, könne man sich unter Angabe falscher Daten bei den Behörden melden und erklären, daß man in einem der zerstörten Stadtteile gewohnt habe und sich für einige Wochen in einer anderen Stadt aufhalten wolle. Allerdings dürfe man als Reiseziel auf keinen Fall Berlin angeben. Das sei das allerwichtigste. Die Gestapo wisse nämlich von der Zerstörung der Hamburger Archive und zeige sich gegenüber den in Hamburg ausgestellten Papieren besonders mißtrauisch. Er würde deshalb Reisepapiere für eine Zwischenstation besorgen, eine Stadt, die noch nicht durch Bomben zerstört worden sei. Einige Wochen später könne man von dort Reisegenehmigungen nach Berlin beschaffen. Dann würde die Polizei keinen Verdacht schöpfen.

Für Fritz selbst kamen solche Papiere nicht in Betracht, da er in seinem Alter bei der Wehrmacht hätte sein müssen. Deshalb nützten ihm Zivilpapiere nichts. Doch für Clara und Corinna konnten sie die Rettung sein.

So ließ sich Fritz auf den Handel ein. Wenige Wochen später erschien der alte Mann mit Papieren, die einer Frau Vera Krause, geborene Lenz, und ihrer Tochter Helena die Übersiedlung von Braunschweig nach Berlin gestatteten. Es waren einwandfreie, echte, mit Behördenstempel versehene Dokumente.

Zu allem Überfluß machten sie zur gleichen Zeit eine neue Unterkunft ausfindig: zwei Räume in einer Sieben-Zimmer-Wohnung in der Bayerischen Straße, einer malerischen, ruhigen Wohnstraße mit alten Gaslaternen, nur wenige hundert Meter vom Olivaer Platz und dem Kurfürstendamm entfernt. Hier zogen Clara und Corinna unter dem Namen Krause ein. Fritz blieb in der Ladenwohnung in Halensee. Die beiden Wohnungen waren nur anderthalb Kilometer voneinander entfernt. So konnte Fritz seine Frau und das Kind oft in der Bayerischen Straße besuchen.

Zum erstenmal, seitdem sie vor nunmehr neun Monaten untergetaucht waren, begann Fritz wieder daran zu glauben, daß sie diese Zeit der Verfolgung überstehen würden.

18

Für Hans Hirschel, der nun bereits seit Februar 1942 die Wilmersdorfer Ladenwohnung der Gräfin Maltzan nicht mehr verlassen hatte, waren die schweren Luftangriffe der vergangenen Wochen nur die letzten einer Reihe von Ereignissen gewesen, die sein Leben von Grund auf verändert hatten.

Er lebte noch immer bei Maruschka, aber in letzter Zeit waren die langen Perioden, in denen er die Tage allein zubringen mußte, immer wieder unterbrochen worden: Etliche illegale Juden waren nacheinander in der Wohnung in der Detmolder Straße aufgetaucht, um sich dort vorübergehend versteckt zu halten. Wie sie an Maruschka geraten waren, wurde Hans nie ganz klar, und er wußte jetzt, daß er besser daran tat, nicht danach zu fragen. Er verstand nur, zu seiner großen Freude, daß die Zeit der ständigen Einsamkeit nun vorüber war. Jeden zweiten oder dritten Abend klopfte ein vor den Menschenjägern geflüchteter Jude an ihre Tür, der eine Unterkunft für einige Nächte suchte. Die untergetauchten Juden fühlten sich sicherer, wenn sie ihren Aufenthaltsort wechseln konnten, weil sich ihre Spur dadurch verwischte. «Kann ich Mittwoch und Donnerstag hierbleiben?» fragten sie dann etwa. «Für Freitag und Sonnabend habe ich ein anderes Versteck.»

Einer dieser umherziehenden Illegalen war ein Teppichhändler in den Fünfzigern, der, wie Maruschka traurig feststellte, wie die antisemitischen Karikaturen im *Stürmer* aussah. Er hatte eine auffällige Hakennase und wulstige Lippen. In Maruschkas Augen war es das reinste Wunder, daß dieser Mann noch nicht verhaftet worden war, um so mehr, als er sich seines Äußeren wegen ständig in der Defensive fühlte und den

Blick eines gehetzten Menschen hatte. «Hören Sie, Sie müssen offensiv sein», beschwor sie ihn eines Tages. «Sie müssen zu den Leuten sagen: Starren Sie mich nicht so an. Ich weiß, was Sie denken. Alle drei Tage passiert es mir, daß mich jemand anguckt und zu mir sagt: Sie sind Jude! – und das bin ich jetzt wirklich leid.» Außerdem riet sie ihm, sich immer so zu verhalten wie die anderen Menschen in seiner Umgebung. «Es ist das schlimmste, was Sie tun können, wenn Sie in eine Bräu kommen, in dem alle Deutschen Würstchen und Bier bestellen, und dort Kaffee und Kuchen verlangen.»

Am meisten freute sich Hans jedoch über einen Juden namens Holländer, der zu einem ständigen Gast geworden war. Sie hatten sich 1938 kennengelernt, als Hans seinen Arbeitsplatz verloren hatte und zum Metallurgen ausgebildet werden sollte. Holländer hatte am gleichen Kursus teilgenommen. Sie waren etwa gleichaltrig, und wenn Holländer auch nicht über Hans' intellektuelle Fähigkeiten verfügte, so war er doch ein geistvoller, lebhafter Mensch. Hans' einzige Befürchtung betraf Holländers Waghalsigkeit: Er bestand darauf, jeden Tag einmal aus dem Haus zu gehen, um seine Freundin zu besuchen, wodurch er in Hans' Augen nicht nur Maruschka und ihn selbst gefährdete, sondern auch die übrigen Juden, die in ihrer Wohnung Zuflucht suchten.

Doch er äußerte seine Befürchtungen zunächst nicht, da auch er inzwischen hin und wieder die Wohnung verließ. Eine weitere bedeutsame Wende in seinem Leben hatte es ihm ermöglicht, dieses Wagnis gelegentlich einzugehen. Mit Maruschkas Hilfe war er zu einem ungewöhnlichen Ausweis gekommen, der eigentlich jeder routinemäßigen Überprüfung standhalten mußte.

Wenn Maruschkas Einstellung auch vielen verdächtig erschien, so war sie doch eine Gräfin und in den gehobenen Kreisen Berlins noch immer sehr gefragt. Aus diesem Grund wurde sie häufig zu Abendgesellschaften eingeladen, was sie beinahe immer dankend annahm – schließlich kam sie auf diese Weise zu einem guten Essen, und außerdem konnte sie bei diesen Anlässen möglicherweise ein paar brauchbare Informationen aufschnappen. Bei einer dieser Einladungen, einem Diner des

Wirtschaftsministeriums, hatte sie Werner Keller kennengelernt, einen hochgewachsenen, blonden Mann von zweiunddreißig Jahren, der im Zivilleben Schriftsteller war und jetzt, nach einem kurzen Zwischenspiel als Flieger, für Speers Rüstungsministerium arbeitete. Keller hatte ihre Aufmerksamkeit erregt, weil er so gewissenhaft und nachdenklich wirkte und dieser Eindruck überhaupt nicht zu seiner Tätigkeit paßte.

Keller war, wie sich herausstellte, kein Nazi. «Ich würde mich gern einmal richtig mit Ihnen unterhalten», hatte er Maruschka erklärt, nachdem sie von einem gemeinsamen Freund miteinander bekannt gemacht worden waren und eine Weile geplaudert hatten. «Aber hier ist das nicht möglich.» Maruschka spürte, daß sein Interesse an ihr nicht romantischer Natur war. Sie wußte, daß Keller verheiratet war und seine Frau mit den Kindern aus Sicherheitsgründen in einem an der Elbe gelegenen Landhaus untergebracht hatte. Maruschka war davon überzeugt, daß es irgendeine geheimnisvolle Anziehungskraft gab, die Nazigegner zueinanderfinden ließ. Als Keller sie einige Tage darauf anrief, ließ sie eine Bemerkung darüber fallen, daß sie nicht recht verstehe, wie er gerade in dieser Stellung tätig sein könne. Das war eine Äußerung, die wohl ein Dutzend verschiedener Bedeutungen haben konnte, aber Keller begriff. «Es ist ein sehr guter Posten», sagte er. «Man kann vielen Leuten helfen.» Auch dies war eine vieldeutige Bemerkung – aber jetzt hatten sie einander verstanden.

Als sich Maruschka sicher war, daß sie Keller vertrauen konnte, lud sie ihn zu sich nach Hause ein, um ihn mit Hans bekannt zu machen. Dies geschah gegen Ende der längsten Isolationsphase seines Aufenthaltes in Maruschkas Wohnung, und er war glücklich über den Besuch. Als er erfuhr, daß Keller Schriftsteller war, war Hans außer sich vor Freude. Stundenlang waren die beiden Männer in ein ausschweifendes Gespräch vertieft. Anschließend sagte Maruschka äußerst behutsam: «Werner, wie schätzt du die Aussichten ein, für Hans Papiere zu besorgen?»

«Ich glaube, das ließe sich machen», antwortete Keller nach

einer Weile des Schweigens, die Hans wie eine Ewigkeit erschienen war.

Bei seinem nächsten Besuch brachte Werner ein Dokument mit, das Hans als Beamten des Rüstungsministeriums auswies. Maruschka versah den Ausweis mit einem Foto von Hans, und dann wurden Ausweiskarte und Bild ordnungsgemäß gestempelt. Hans hatte eine neue Identität. Zur Feier des Ereignisses brachte Maruschka ihn am späten Vormittag des darauffolgenden Samstags in das Haus der Kellers, das in einem Vorort lag, und holte ihn früh am Montagmorgen dort wieder ab. In Anbetracht seines neuen Ausweises hatte sie sich bereit erklärt, diesen Ausflug zu wagen, aber sie zweifelte daran, daß es ihm gelingen würde, sich allein aus einer möglichen Bedrängnis herauszumogeln.

Ein Jahr war nun bereits vergangen, seitdem Hans zu ihr gezogen war. Maruschkas vierunddreißigster Geburtstag am 25. März 1943 rückte näher. Zu Hans' großem Erstaunen schlug sie vor, eine Geburtstagsfeier zu veranstalten, und sie machte sich gleich an die Vorbereitung. Etwa zwanzig ihrer Freunde lud sie ein, größtenteils Leute, die über Hans Bescheid wußten, darunter ein Schauspieler aus Wien, ein alter Jugendfreund, ein Schriftsteller und seine Frau sowie Mariechen Ettlinger und Annchen Voss, zwei ungewöhnlich gut aussehende «privilegierte» Jüdinnen. Aber es waren auch andere Gäste da, die nichts von Hans wußten – einige jüngere Leute aus dem Umkreis des tiermedizinischen Instituts, an dem Maruschka ihre Ausbildung absolviert hatte, und Major von Borke, ein Bekannter, der sie seit Monaten hofierte und sie ständig drängte, ihn doch einmal einzuladen. Borke hob beharrlich hervor, daß sie doch viele gemeinsame Freunde hätten und möglicherweise sogar miteinander verwandt seien. Maruschka hielt Borke für so naiv, daß er einen Juden auch dann nicht als solchen erkennen würde, wenn er ihm direkt gegenüberstünde. Sie war sich sicher, daß Hans, wenn er ein wenig schauspielerte, diese Probe problemlos bestehen würde. Er sollte sich – wie bereits bei der Examensvorbereitung ihrer Kommilitonen – als «Professor Schoeler», Inhaber eines Lehrstuhls für Wirtschaftswissenschaften an der Universität, ausgeben. Die Sache war nicht ungefährlich, aber es wäre genauso riskant gewesen, Borkes Drängen nicht nachzugeben. Es hätten ihm mit der Zeit Zweifel daran kommen können, daß sie wirklich allein lebte, wie sie ihm erzählt hatte. Außerdem war er im Begriff, ihr eine Mauser zu beschaffen, weil sie ihm erklärt hatte, sie fühle sich als alleinstehende Frau so unsicher. Diese Pistole zu erhalten, bedeutete ihr sehr viel.

Das Fest begann um sechs Uhr. Maruschka hatte eine große Menge Lebensmittel auf dem Schwarzmarkt und bei den Bauern, deren Vieh sie versorgte, organisiert. Das Essen war so abwechslungsreich und üppig, wie es ihre Gäste schon seit langem nicht mehr erlebt hatten – verschiedene Fleischgerichte, Würstchen, französischer Käse, Eierspeisen. Maruschka, die in ihrer Vorfreude viel Mühe darauf verwendet hatte, sich herauszuputzen, wirkte in ihrem braunen Kleid sehr weiblich und bezauberte die Gäste. Für sie, wie für die anderen auch, war dieses Fest ein sehr befreiendes Ereignis, und sie hatte sich vorgenommen, es voll auszukosten. Bei Wein und Schnaps wurden zahlreiche Toasts ausgebracht. Als Major von Borke eintraf, war das Fest bereits in vollem Gange. Er war verblüfft darüber, so viele Menschen vorzufinden – Maruschka hatte ihm nichts davon gesagt, daß sie ihren Geburtstag feiere –, und es war ihm außerordentlich peinlich, daß er keine Blumen mitgebracht hatte.

Es bedurfte keiner besonderen Warnungen vor Borke, da er Uniform trug. Dennoch richteten sich einige ängstliche Blicke auf ihn, als Maruschka ihn mit «Professor Schoeler» bekannt machte.

«Wie steht es heutzutage um Ihre Studenten?» fragte Borke steif.

«Sehr mäßig», antwortete Hans. «Die guten sind alle Soldaten.»

Ehe Borke Hans noch länger auf die Probe stellen konnte, führte Maruschka ihn zu Mariechen Ettlinger und Annchen Voss hinüber. «Der Major, von dem ich euch schon erzählt habe, mit dem hervorragenden Gespür für gute Rasse», sagte sie lächelnd.

Von diesem Moment an hatte Borke nur noch Augen für

Annchen Voss, deren auffallende Schönheit ihn blind für alle Merkmale machte, die darauf hätten hindeuten können, daß sie Jüdin war. «Haben Sie Kinder?» fragte er nach einer Weile.

«Nein», erwiderte Annchen.

«Wie schade», seufzte Borke. «Es würde dem deutschen Volk sehr zur Ehre gereichen, wenn Sie ihm Kinder schenken würden.»

Hinter Borkes Rücken lehnte sich Mariechen Ettlinger an die Wand, schloß die Augen und schlug sich die Hand vor den Mund, um nicht laut loszulachen.

Eine Stunde später ging Borke, nachdem er noch lauthals verkündet hatte, daß er die jüngsten Massendeportationen von Berliner Juden von ganzem Herzen billige. Einen Moment lang schwiegen alle betroffen. Dann sagte Maruschka: «Kommt, laßt uns tanzen.» Sie legte einen Foxtrott auf und führte Hans in die Mitte des Zimmers. Alle Gäste klatschten. Als die letzten aufbrachen, war es nach zwei Uhr.

Als Borke Maruschka das nächste Mal traf, gab er ihr die Mauser.

Sechs Monate waren seitdem vergangen. Die Luftangriffe waren noch massiver geworden – eine Tatsache, die Hans und Maruschka um so drastischer zu spüren bekamen, als fünfzig Meter entfernt parallel zur Detmolder Straße eine S-Bahn-Strecke verlief, auf der während der Angriffe Eisenbahnflak – flache Wagen, die mit Flugzeugabwehrgeschützen bestückt waren – fuhr. In der Umgebung dieser Gleise fielen überdurchschnittlich viele Bomben, und doch begrüßten Hans und Maruschka die Luftangriffe, und sie fürchteten sich beide nicht vor ihnen – vielleicht nur deshalb, weil es ihnen unlogisch erschien, vor etwas Angst zu haben, das ihnen willkommen war. Hans spielte sogar mit dem Gedanken, während der Bombenangriffe durch die menschenleeren Straßen zu gehen, um einmal das Gefühl genießen zu können, absolut sicher vor einer Entdeckung zu sein.

Er konnte natürlich keinen Luftschutzbunker aufsuchen. Seine Zuflucht war der Keller unter ihrer Wohnung. Die Wände und die Decke des Kellers waren verstärkt worden, und entlang der Seitenwände waren Vorratsverschläge angebracht. Während der Luftangriffe diente der Keller gleichzeitig als Hundezwinger.

Eines Abends im September, als das leiser werdende Fluggeräusch das Ende eines besonders schweren Luftangriffs anzeigte, hörte Maruschka, wie eine Bombe draußen auf der Straße niederging. Die Schaufensterscheibe zersplitterte in Tausende winziger Teilchen, die durch die Wohnung flogen. Später entdeckte Hans, daß durch die Wucht der Explosion Glaspartikelchen durch die zerstörten Scheiben seines Kleiderschranks gedrungen waren und alle seine Hemden durchlöchert hatten.

Die Explosion hatte auch den Vordereingang beschädigt. Früh am nächsten Morgen schleppte Maruschka Bretter herbei und nagelte sie vor das zerstörte Schaufenster. Gleichzeitig verbarrikadierte sie die Vordertür. Jetzt konnten sie nur noch den Kücheneingang benutzen.

Der Bombenhagel der Engländer hielt an. Die Gebäude zu beiden Seiten ihres Hauses wurden durch Volltreffer zerstört. Und eines Tages traf dann schließlich eine Bombe ihr eigenes Haus.

Hans, der im Keller hockte, glaubte, daß das Ende der Welt gekommen war. Er hielt die beiden Scotchterrier in den Armen und versuchte sie zu beruhigen. Endlich kam die Entwarnung. Maruschka und er gingen hinauf, um den Schaden zu begutachten. Die Explosion hatte das ganze Haus zerstört, mit Ausnahme ihrer Wohnung und der darüber gelegenen. Ein Wunder, daß sie noch am Leben waren! Die Wohnzimmerdekke hing durch und drohte jeden Augenblick einzustürzen. Maruschka lief nach draußen, um in den Trümmern nach einem Stützbalken zu suchen. Sie hatte Glück: Nach wenigen Minuten hatte sie einen gefunden – und obendrein noch einen Trupp Leute, die ihr halfen, ihn in die Wohnung zu bringen und aufzustellen.

Inzwischen war es Oktober, und es herrschte eine kühle, feuchte Witterung. Maruschka liebäugelte mit den Fensterrahmen, die vor einer Glaserei, ein Stück weiter die Straße hinunter, gestapelt lagen. Die zersplitterten Scheiben sollten ersetzt werden. Was für ein prächtiger Brennholzvorrat, dachte Maruschka. Bei der nächsten sich bietenden Gelegenheit sprach sie den Glaser an, von dem sie wußte, daß er ein leidenschaftlicher Nazi war, und machte ihm einen Vorschlag, den er sogleich für überaus genial hielt. Er solle doch die Rahmen sortieren – die der guten Nationalsozialisten an die linke Seite der Tür, die der Nichtparteimitglieder an die rechte. So könne er den guten Nationalsozialisten zuerst helfen. Er machte sich noch am selben Tag eifrig ans Werk, diese Idee in die Tat umzusetzen, und vom selben Abend an bediente sich Maruschka bei den Fensterrahmen der Parteimitglieder.

Maruschka war jetzt abends häufig unterwegs. Hans war darüber sehr traurig, doch wenigstens hielten sich jetzt fast ständig andere illegale Juden – manchmal sogar mehrere – in der Wohnung auf und leisteten ihm Gesellschaft.

Stets brach Maruschka auf, ohne es vorher mitzuteilen, und auch wenn sie zurückkam, erzählte sie nie etwas. Nur eines wußte er mit Sicherheit: Ihr Weggehen hing mit diesen mysteriösen Anrufen zusammen, die immer den gleichen Ablauf hatten – zweimaliges Klingeln, eine Minute Pause, wieder zwei Klingelzeichen, wieder eine Pause, und schließlich, nach dem dritten Klingeln, eine unverständliche Unterhaltung.

Zu allem Überfluß verließ Maruschka im Herbst für einige Tage Berlin, um eine ihrer Schwestern in München zu besuchen. Bei ihrer Rückkehr entdeckte sie mit Entsetzen, daß Hans auf dem Bahnsteig wartete, um sie abzuholen. Sein Versteck zu verlassen, war für ihn trotz seiner neuen falschen Papiere weiterhin ein großes Risiko.

«Bitte, sei nicht böse», bat Hans. «Ich habe dich vermißt. Ich wollte dich überraschen. Und außerdem mußte ich einfach mal aus der Wohnung.»

Maruschka seufzte. «O Gott», sagte sie, «komm schnell.»

Sie stiegen in die S-Bahn, aber schon nach kurzer Fahrt begannen die Sirenen zu heulen. Unmittelbar darauf fielen die ersten Bomben. Fahrgäste und Personal verließen hastig den Zug, um den nächstgelegenen Luftschutzbunker aufzusuchen. «Jetzt sitzen wir in der Patsche», murmelte Maruschka, während sie den ängstlich dreinschauenden Hans in den Schutzraum dirigierte. Sie zog ihn in die dunkelste Ecke, die sie finden konnte, und es gelang ihnen trotz der Menschenmassen, ein Plätzchen auf dem Fußboden zu ergattern, wo sie sich hinsetzen konnten. Der Angriff schien nicht enden zu wollen. Hans wurde immer unruhiger. «Können wir nicht dort hinübergehen?» flüsterte er Maruschka zu und zeigte auf eine etwas weniger überfüllt aussehende Stelle, die etwa zehn Meter von ihnen entfernt war.

«Was paßt dir hier nicht?» fragte Maruschka.

«Die Leute dort drüben scheinen netter zu sein», sagte Hans mit einem nervösen Lachen, aber Maruschka hatte den Eindruck, daß er es nur halb im Scherz meinte. In der Mitte jener freien Stelle saß ein schlanker, intelligent wirkender Mann, der mit einem anderen plauderte.

«Wir bleiben besser, wo wir sind», sagte Maruschka. «Wenn wir uns rühren, erregen wir bloß Aufmerksamkeit.»

Endlich kam die Entwarnung. Als Hans und Maruschka aufstanden, um den Keller zu verlassen, bemerkten sie zufällig, wie sich auf der anderen Seite des Raumes gleichzeitig mit dem Mann, zu dem Hans sich hatte setzen wollen, auch dessen Gesprächspartner erhob. Die beiden Männer waren durch Handschellen aneinandergekettet.

Hans und Maruschka beobachteten schweigend, wie die beiden davongingen. Während des gesamten Heimwegs verlor Hans kein Wort darüber.

19

Die Gegend um Wittenau am Nordrand Berlins war ein bevorzugtes Ziel der Luftangriffe, da hier kriegswichtige Fabriken, Güterbahnhöfe und Verwaltungsgebäude lagen. Bislang war in der unmittelbaren Umgebung des von den Ehepaaren Wirkus und Riede bewohnten Hauses noch keine Bombe niedergegangen, aber die Lautstärke der Detonationen ließ die Einschläge beängstigend nahe erscheinen.

Nacht für Nacht kamen die Bomber, wenige Minuten nachdem das Heulen der Sirenen eingesetzt hatte, das die Bewohner der mutmaßlichen Zielgebiete in die öffentlichen Schutzräume trieb. Josef Wirkus brachte seine Frau Kadi und seinen Sohn Wilfried bei jedem Alarm in den fünfhundert Meter entfernten Luftschutzkeller ihres Blocks. Fünf Minuten brauchten sie dazu. Dann rannte er wieder nach Hause und harrte während des Angriffs mit Kurt und Hella Riede in seinem eigenen kleinen Schutzkeller aus. Der öffentliche Schutzraum bot eine viel größere Sicherheit, doch die Gründe, die ihn veranlaßten, bei den Riedes zu bleiben, waren ihm wichtiger. Die Riedes waren gezwungen, während der Angriffe im Haus zu bleiben. Beppo fühlte sich verpflichtet, den beiden während dieser Schreckensminuten beizustehen. Er hatte das Gefühl, daß seine Anwesenheit die Riedes – vor allem Kurt – beruhigten.

Die Bomben versetzten Kurt in Panik. Er gab zu, daß er sie mehr fürchtete als die Gestapo. Das war keine Feigheit, sondern eine Folge seines Gefühls extremer Verwundbarkeit, zu dem seine Nachtblindheit erheblich beitrug. Bombenangriffe bedeuteten schwache Beleuchtung oder totale Dunkelheit, und damit war es für ihn unmöglich, irgend etwas zu erkennen. Im Keller fühlte er sich gefangen und hilflos, und er wurde oft so unruhig, daß er gezwungen war, mit Hellas Hilfe hinauf ins Badezimmer zu gehen.

Hella hingegen saß während der Luftangriffe ruhig in einer Ecke und las bei Kerzenschein in einem Roman. Ihre Gelassenheit verblüffte Beppo. «Auf dieses Haus wird keine Bombe fallen», versicherte sie den anderen immer wieder. «Ein Haus, in dem so viel Gutes getan wird, kann durch Bomben nicht zerstört werden.» Und zu Kurt sagte sie immer wieder sanft, aber nachdrücklich: «Wir werden überleben.

»Als die Bombardements jedoch auch nach Wochen noch unvermindert anhielten, wuchs die Belastung ins Unerträgliche. Es mußte etwas geschehen. Je länger sie darüber sprachen, desto klarer zeichnete sich ab, daß Kurt Berlin wenigstens vorübergehend verlassen mußte, um dem Druck eine Zeitlang zu entgehen. Kadi wußte einen idealen Zufluchtsort für ihn: den Bauernhof ihrer Eltern in Pommern. Aber wie sollte er dorthin gelangen?

«Wer A sagt, muß auch B sagen», hielt Beppo sich immer wieder vor. Nachdem er Kurt nun einmal seine Hilfe angeboten hatte, glaubte er auch weiterhin für ihn sorgen zu müssen. Eines Tages stellte er sich selbst einen Urlaubsschein im Büro aus, ein rosa Formular, auf dem sein Name, sein Beruf, Beginn und Ende seines «Urlaubs» vermerkt waren. Diesen Schein gab er Kurt, damit er ihn vorzeigen könne, falls er auf der Fahrt nach Pommern im Zug kontrolliert werden würde. Beppo konnte nur beten, daß den Beamten dieser Urlaubsschein zusammen mit Kurts falschem Postausweis genügen würde. Wenn sie Verdacht schöpften und bei Beppos Arbeitgeber nachfragten, hatte er keine Chance, einer Hinrichtung zu entgehen.

Um das Risiko zu verringern, sollte die Reise am Wochenende stattfinden. Dann hatten die Beamten wenigstens nicht sofort die Möglichkeit, die Bestätigung aus Beppos Abteilung einzuholen. Falls die Polizei Kurts Wehrpaß verlangen würde, sollte er angeben, daß er ihn sicherheitshalber an seinem Arbeitsplatz im Safe deponiert habe. Am Wochenende würde die Polizei keine Möglichkeit haben, diese Behauptung zu überprüfen, und infolgedessen möglicherweise die Angelegenheit lieber auf sich beruhen lassen, als größere Mühen auf sich zu nehmen.

Die Fahrt verlief jedoch ohne Zwischenfälle. Kurt, Hella, Kadi und das Baby kamen wohlbehalten auf dem Bauernhof an. Die Riedes wurden herzlich aufgenommen. Da ein großer Mangel an Landarbeitern herrschte – die meisten waren eingezogen worden –, freuten sich Kadis Eltern, daß ihnen ganz unverhofft zwei Helfer mehr für die Kartoffelernte zur Verfügung standen. Die Arbeit war schwer und eintönig – und doch fühlte Kurt eine unbändige Freude in sich. Endlich konnte er etwas Greifbares, Konkretes, für andere und ihn selbst Nützliches tun!

Zwei Wochen lang stießen sie ihre Spaten vorsichtig in den Boden, um die Kartoffeln auszugraben, und lebten in der Gewißheit, daß die Flugzeuge der Alliierten, die über ihren Köpfen dahinzogen, keine Gefahr für sie bedeuteten. Wenn es möglich gewesen wäre, hätte Kurt gern bis zum Ende des Krieges hier bei der Landarbeit zugebracht, aber er wußte, daß das ausgeschlossen war. Den Nachbarn war er als Soldat auf Genesungsurlaub vorgestellt worden; wenn er länger als einen Monat bliebe, würde das Argwohn erwecken und nicht nur ihn selbst, sondern auch Kadis Eltern in Ungelegenheiten bringen.

Deshalb brachte Kadi die Riedes nach Ablauf der vier Wochen im Einspänner zum zwanzig Kilometer entfernten Hof von Beppos Eltern. Hier war der Empfang ganz anders. «Schaff mir diese Leute vom Hals», knurrte Beppos Vater Kadi an, als er erfuhr, mit wem er es zu tun hatte. Die Anwesenheit der Riedes gefährde sie alle, meinte er. Das stimmte zwar, aber niemand ergriff seine Partei, und so akzeptierte auch er bald darauf die unliebsamen Gäste.

Vier Wochen später brachte Beppos Schwester sie zum Hof von Kadis Eltern zurück. Von dort aus traten sie, beladen mit Geflügel, Eiern, Schweinefleisch und Eingemachtem, mit dem Zug die Heimfahrt nach Berlin an. Kurt hatte zwei Gänse in seinen Koffer gepackt und freute sich darauf, sie Kadi und Beppo zu überreichen. Wieder erreichten sie ohne jede Überprüfung ihr Ziel.

Kurt fühlte sich wie neu geboren. Zwei Monate ohne Sirenengeheul und Bombendetonationen lagen hinter ihm, und überdies hatte er eine Mutprobe bestanden, was sein Selbstwertgefühl erheblich gesteigert hatte. Er war zwar aus Angst aufs Land gefahren – aber um dorthin zu gelangen, hatte er einige Courage aufbringen müssen. Zweimal war er das Risiko, das eine lange Bahnfahrt für ihn bedeutete, beherzt eingegangen. Das kleinste Anzeichen der Furcht hätte ihn und seine Begleiter leicht verraten können. Doch es war ihm gelungen, sein Verhalten dem der anderen demoralisierten Deutschen anzupassen, die in dieser Zeit unterwegs waren – einer Zeit, die nun bereits seit mehr als vier Jahren von einem Krieg geprägt war, von dem jeder, der nicht völlig verblendet war, wußte, daß er mit der Niederlage Deutschlands enden würde.

Nachdem Kurt wohlbehalten nach Wittenau zurückgekehrt war, schwor er, sich von den Bombenangriffen nicht mehr einschüchtern zu lassen. Kadis Eltern hatten sehr viel für ihn getan, und nun suchte er nach einer Möglichkeit, ihnen seine Dankbarkeit zu zeigen. Als er bei ihnen wohnte, hatte er bemerkt, daß der Treibriemen ihrer Getreidemühle so abgenutzt und verschlissen war, daß er das Mahlwerk kaum noch in Gang zu setzen vermochte. Nun beschaffte er aus der Lederwarengroßhandlung, in der er einst gearbeitet hatte, einen neuen Riemen. Er war in dieser Zeit für Kadis Eltern und für alle, die Mehl aus ihrer Mühle bezogen, mehr wert als bares Geld.

In manchen Augenblicken fühlte sich Wilhelm Glaser so einsam, daß er den Rest seines Lebens für einen Abend in der Oper hingegeben hätte. Dennoch ließ es sich nicht leugnen, daß sich seine Situation verbessert hatte. Sechs Monate waren vergangen, seitdem er Georg Meiers Sommerhaus verlassen hatte. Als der Termin, den Meier ihm gesetzt hatte, bereits in bedrohliche Nähe gerückt war, ohne daß Wilhelm einen neuen Unterschlupf gefunden hatte, war er schließlich das Risiko eingegangen, einem der Nachbarn ganz einfach die Wahrheit zu sagen. Er war, einem spontanen Impuls gehorchend, einfach damit herausgeplatzt. Er hatte im Garten gearbeitet. Der Nachbar hatte sich über den Zaun gelehnt und ihn, während sie scherzhafte Bemerkungen ausgetauscht hatten, geradezu zu diesem Geständnis aufgefordert, indem er immer wieder hatte durchblicken lassen, daß er längst den wahren Grund für Wilhelms Anwesenheit in dem Häuschen erraten hatte. Obgleich dieser Nachbar nicht wie ein Jude aussah und auch nichts gesagt hatte, woraus sich hätte entnehmen lassen, daß er einer war, hatte er während des Gesprächs auffällig oft jiddische Wendungen benutzt. Was wollte dieser Mann ihm zu verstehen geben? Daß er ihm wohlgesonnen war? Daß er jüdische Freunde oder Geschäftspartner hatte? Daß seine Frau Jüdin war? Was es auch immer gewesen sein mochte – Wilhelm hatte richtig vermutet. Sobald er ihm seine Lage erklärt hatte, bot ihm der Nachbar – der ihm nie seinen Namen nannte – einen kleinen Raum im zweiten Stock seines Hauses an. Auch dieses Angebot war mit Auflagen verbunden: Wilhelm durfte keinem Menschen erzählen, wo er wohnte, und er mußte sorgsam darauf achten, daß ihn niemand beobachtete, wenn er das Haus betrat oder verließ. Wilhelm versprach beides und zog voller Dankbarkeit ein.

Sein neues Domizil war – im Gegensatz zu dem aus Holz gebauten Sommerhäuschen Georg Meiers, wo der Wind durch alle Ritzen zog – ein solides Steinhaus. Es hatte vier Räume – drei im Erdgeschoß und eines, das nun von Wilhelm bewohnt wurde, im ersten Stock.

Unter normalen Verhältnissen hätte man sein Dasein als armselig bezeichnen müssen, aber da es ohnehin nur noch ums nackte Überleben ging, fühlte er sich recht wohl. Er war nicht nur in Sicherheit, sondern hatte darüber hinaus zum erstenmal seit seinem Untertauchen ein geheiztes Zimmer. Abends konnte er eine Lampe anzünden. Sein Beschützer verlangte harte Arbeit als Gegenleistung für seine Hilfe. Wilhelm mußte riesige Mengen Holz hacken. Aber der Mann war freundlich zu ihm und hatte ihm sogar einmal einen schmerzhaften Furunkel im Nacken aufgestochen.

Wilhelm hielt sich an sein Versprechen. Er erzählte niemandem, wo er wohnte. Wenn er ausging, verließ er das Haus schon um fünf Uhr morgens und kehrte erst nach Einbruch der Dunkelheit zurück. Wenn abends die Bomber kamen, suchte er im Wald Schutz. Von dort aus konnte er beobachten, wie die Leuchtraketen, «Weihnachtsbäume» genannt, das Zielgebiet erhellten und wie die Bomben um die wenige Kilometer entfernten Flugabwehrstellungen herum explodierten. In der Nähe seines Verstecks war noch keine einzige Bombe gefallen – in seinen Augen ein neuer Beweis dafür, daß Gott seine Hand schützend über ihn hielt.

Aber dann, an einem Tag in November 1943, ließ ihn sein Glück plötzlich im Stich.

An jenem Morgen hatte er sich nach dem Holzhacken erschöpft in sein Bett gelegt und war eingeschlafen. Er wurde durch Stimmen unten im Garten geweckt. Mit einem Satz war er am Fenster und spähte hinaus. Genau in diesem Augenblick sah einer der beiden Männer, die im Garten standen, zu ihm hinauf.

«Wer sind Sie?» rief der Mann.

Vor Angst konnte Wilhelm nicht antworten.

«Kommen Sie herunter!» befahl der Mann.

Als Wilhelm unten den beiden entgegentrat, bemerkte er sofort das Parteiabzeichen am Mantel des Mannes, der ihn angesprochen hatte.

«Wie heißen Sie?»

«Wilhelm Glaser.»

«Sind Sie Jude?»

«Nein.»

Sie legten ihm Handschellen an und brachten ihn auf die Polizeiwache von Müggelheim. Dort wollte man seine Papiere sehen. Er hatte keine. Sie fragten ihn, wo er zuletzt gewohnt habe. Er nannte seine richtige Adresse. Sie riefen beim Polizeirevier seines früheren Wohnbezirks an. Man teilte ihnen mit, daß sie einen Juden gefaßt hatten – und überdies einen, der der Gestapo schon einmal entwischt war.

Wenige Stunden später befand sich Wilhelm im Kellergeschoß des massiven Steingebäudes in der Großen Hamburger Straße, wo er schon einmal gewesen war, um Abschied von seiner Mutter zu nehmen, und wohin ihn die Gestapo bereits vor zehn Monaten hatte bringen wollen. Bitterkeit überkam ihn. Zehn Monate Kälte, Hunger, Einsamkeit und Angst hatte er ertragen, und nun war er am Ende doch verhaftet worden.

20

Seitdem Ruth Thomas mit ihrer Mutter nach Pankow in die Wohnung von Frau Otto gezogen war, hatte sie sich bemüht, Tante Lisels Rat zu befolgen: zu vergessen, daß sie Jüdin war. Ihre Erziehung und ihre Erinnerungen an das glückliche Leben, das sie als junge jüdische Frau geführt hatte, machten es ihr schwer, diesem Vorsatz treu zu bleiben. Es war viel leichter gewesen, die Realität, die so bedrohlich für die Juden war, zu verleugnen. Sie durfte sich nun an keine jener Glaubensregeln mehr halten, die ihr doch in Fleisch und Blut übergegangen waren. Auch die sehnsüchtigen Erinnerungen an die alten Zeiten, an die Jahre, die mit ihren zahllosen kulturellen und geselligen Ereignissen wie im Rausch vergangen waren, durfte sie sich nicht mehr gestatten. Selbstmitleid stand ihr ebenfalls nicht mehr zu. Was immer sie angesichts ihres bedrängten Lebens in Berlin dachte und empfand – es mußten die Gedanken und Empfindungen «einer Berlinerin» sein.

Als wolle sie ihr neues Identitätsgefühl einweihen, vernichtete Ruth die verhaßten Sterne, die sie und ihre Mutter hatten tragen müssen. Das einzige noch existierende Relikt ihrer Vergangenheit war nun ihre Kennkarte. Sie wußte, daß sie diesen Ausweis brauchen würde, sobald dieser Alptraum zu Ende war, und nähte ihn deshalb in den Saum ihres grauen Flanellrocks ein.

In den ersten Tagen, die die beiden allein in der neuen Wohnung verbrachten, waren sie so verängstigt, daß sie es nicht wagten, auf die Straße hinunterzugehen. Sie standen früh auf und nahmen ein bescheidenes Frühstück zu sich. Während Ruth an der Nähmaschine saß, machte ihre Mutter sauber und bereitete aus den kargen Vorräten eine Mahlzeit zu. Oft gab es kein Mittagessen. Eines Tages mußten sie es schließlich doch riskieren, auf den Markt zu gehen, wo sie mit dem wenigen Geld, das ihnen noch geblieben war, in nervöser Hast Rüben und Kartoffeln erstanden. Ruths Mutter ging nur nach draußen, wenn es unbedingt nötig war. Ruth dagegen war auf Grund ihrer Arbeit immer häufiger gezwungen, die Wohnung zu verlassen. Sie freute sich jedesmal darauf, aber sie war sich auch der Gefahren bewußt, die damit verbunden waren. Wie sie vorausgesehen hatte, war die Nähmaschine ihre Existenzgrundlage geworden. Schon bald nach ihrem Einzug begann sich in der Nachbarschaft herumzusprechen, daß ganz in der Nähe eine sehr geschickte Frau wohne, die ausgezeichnet zu nähen verstehe. Innerhalb kurzer Zeit hatte sie so viele Kundinnen, daß sie alle Hände voll zu tun hatte, um ihre Aufträge auszuführen. Sie waren alle glücklich, jemanden gefunden zu haben, der die von ihren Ehemännern aus den besetzten Ländern heimgebrachten Stoffe zu verarbeiten wußte.

Wenn Ruth oder ihre Mutter die Wohnung verließen, um Arbeit entgegenzunehmen oder Lebensmittel zu beschaffen, nahmen sie ihr ganzes Geld mit. Das war eine Vorsichtsmaßnahme für den Fall, daß sie nicht in die Wohnung würden zurückkehren können. Es war ja jederzeit möglich, daß sie unterwegs jemand aufspürte oder daß man ihr Versteck in ihrer Abwesenheit entdeckte, so daß sie sofort fliehen mußten.

Jeder Einkauf war ein Risiko. Einen Teil ihrer Lebensmittel bezogen sie vom Schwarzmarkt, was Ruth nicht behagte, da sie sich sicher war, daß das Adreßbuch einer Schwarzhändlerin die Gestapo im November des Vorjahres auf ihre Spur gelenkt hatte. Einmal in der Woche schenkte ihr eine Bäckersfrau in der Fasanenstraße einen Laib Brot. Ein Kaufmann gab ihnen hin und wieder Gemüse. Obgleich diese Händler nie darüber sprachen, wußte Ruth, daß sie Nazigegner waren. Sie hatte die Erfahrung gemacht, daß alle, die den Hilflosen nicht hemmungslos das Geld aus der Tasche zogen, das NS-Regime ablehnten.

Da Woche um Woche verging, ohne daß ihnen etwas zustieß, begann sich Ruth langsam wieder sicherer zu fühlen. Es gelang ihr, die schrecklichen Erinnerungen an jene Erlebnisse zu verdrängen, die sie in den Monaten zuvor so mutlos gemacht hatten. Nur einmal in dieser Zeit wurde ihr Lebenswille erneut auf eine harte Probe gestellt. Ein belgischer Bekannter hatte ihr ein kleines Radiogerät verkauft. Nachts legte sie es unter ihr Kopfkissen, um die BBC und die russischen Sender abzuhören. Eines Nachts berichteten die Russen, daß die in die Konzentrationslager deportierten Juden in Gaskammern umgebracht und daß ihre Leichen in großen Krematorien verbrannt würden. Aus den Schornsteinen der Verbrennungsanlagen stiegen riesige Rauchwolken auf, hieß es in dem Bericht. Ruth wollte es nicht glauben. Sie konnte die Vorstellung nicht ertragen, daß Kurt ein solcher Tod erwartete. Vielleicht hatten sie ihn schon längst umgebracht. Sie konnte nicht begreifen, daß Deutsche derart teuflischer Verbrechen fähig sein sollten.

Ihre eigene Situation, die Ruth immer noch – verglichen mit den Lebensumständen anderer Juden – recht günstig erschien, brachte ihr jedoch, wann immer sie darüber nachdachte, zu Bewußtsein, daß ihre Schutzglocke eine Seifenblase war, die jederzeit zerplatzen konnte. Abgesehen von der Tatsache, daß sie und ihre Mutter eine illegale Existenz führten und von der Gestapo gesucht wurden, unterschied sich ihr Leben äußerlich nicht von dem der «normalen» Berliner Bürger. Ruth ging durch die Straßen, benutzte öffentliche Verkehrsmittel, kaufte ein und besuchte von Zeit zu Zeit sogar Freunde. In der Bahn standen wie eh und je die Männer auf, um ihr ihre Plätze anzubieten.

Ruth arbeitete häufig bei ihren Kundinnen zu Hause, und obgleich sie bemüht war, sich nicht anmerken zu lassen, daß sie Jüdin war, hatte sie doch in einigen Fällen den Verdacht, daß man über sie Bescheid wußte. Es konnte doch kein Zufall sein, daß in ihrer Gegenwart nie über die Juden gesprochen wurde und keine einzige antisemitische Bemerkung fiel, obgleich einige ihrer Kundinnen mit Sicherheit überzeugte Anhängerinnen des Nationalsozialismus waren. In jener Zeit war es fast nur noch NSDAP-Mitgliedern in privilegierten Positionen möglich, sich solche erlesenen Stoffe zu beschaffen, wie sie

Ruth von den Frauen erhielt, und sie mit Nahrungsmitteln zu entlohnen. Niemand fragte sie je nach ihren Papieren, da alle nur zu glücklich waren, eine Hausschneiderin gefunden zu haben – und noch dazu eine mit einem so ausgeprägten Sinn für Eleganz. Wenn Ruth vor die Wahl gestellt wurde, ob sie Geld, Lebensmittel oder Lebensmittelmarken für ihre Arbeit haben wolle, entschied sie sich stets für die beiden letzteren Zahlungsmittel. Auf diese Weise hatten sie und ihre Mutter schon bald genug zu essen, zumal Hilde Hohn sie zusätzlich versorgte.

Hilde arbeitete für eine Kette kleinerer Lebensmittelläden. Sie war für die Abwicklung der Importgeschäfte zuständig. Auf diesem Posten konnte sie ohne Schwierigkeiten jederzeit Nahrungsmittel beschaffen. Außerdem fuhr sie jedes Wochenende zum Landgut ihrer Schwiegereltern und brachte auch von dort Vorräte mit. Insgesamt fünf Menschen, zu denen auch Ruth und ihre Mutter gehörten, versorgte sie auf diese Weise mit zusätzlichen Lebensmitteln. Zwar bestand Ruth darauf, alles, was Hilde ihr brachte, zu bezahlen, doch jedesmal, wenn sie die Schätze auf dem Tisch ausbreitete, stellte sie fest, daß die Schwiegereltern noch irgendeine Kleinigkeit für sie dazugelegt hatten.

Ruth und Hilde sahen sich häufig. Das Gefühl der Sympathie bei der ersten Begegnung hatte sie nicht getrogen. Sie waren sich tatsächlich in vieler Hinsicht sehr ähnlich. Ruth nähte für Hilde ein Kleid aus dunkelblauer und rosa Seide mit leicht gebauschten Ärmeln, rosa Schulterpasse, blauem Mieder und einem weiten Rock mit drei rosa Streifen dicht über dem Saum. Hilde war begeistert. Sie drehte sich vor dem Spiegel und verkündete: «Jetzt bin ich die eleganteste Frau in ganz Berlin.» Einige Tage darauf begleitete Ruth Hilde bei einem Ausflug nach Gatow, einem an der Havel gelegenen südwestlichen Vorort der Stadt.

Solche Unternehmungen bestärkten Ruth in dem Gefühl, in Sicherheit zu sein. Sie wurde immer kühner. Eines Tages, als sie sich in der Stadt aufhielt, beschloß sie, ein Konzert zu besuchen. Mit klopfendem Herzen kaufte sie eine Eintrittskarte und betrat den Saal. Erinnerungen überschwemmten sie und ließen sie vergessen, daß sie die einzige Jüdin im ganzen Publikum war. Die Konzertbesucher früherer Jahre – jener Zeit vor der Machtübernahme der Nationalsozialisten – waren verschwunden. An ihre Stelle waren Männer in Uniform getreten, die sich hier mit ihren Gattinnen präsentierten. Ich bin diesen Menschen genauso fremd wie sie mir, sagte sie sich immer wieder. Es kann mir nichts passieren.

Doch ihr Herz wollte nicht aufhören, laut zu pochen. Die Anspannung war zu groß. Sie konnte sich nicht erinnern, wann sie zum letztenmal in ein Konzert gegangen war. Das Radio war ein kümmerlicher Ersatz, der Klang flach und verzerrt. Und was für ein Musikprogramm die deutschen Sender boten! Seichte Opern und Operetten, Johann Strauß im Übermaß, natürlich keine Werke jüdischer Komponisten, Unterhaltungsmusik, Beruhigungsmusik, Aufheiterungsmusik – Antidepressiva für die von den Luftangriffen erschöpften Hörer. Nur an den Sonntagabenden gab es gute Konzerte der Berliner oder der Wiener Philharmoniker, doch schon nach einer Stunde war der Zauber vorüber. Ganz selten nur wurden längere oder anspruchsvollere Werke gespielt.

Dieses Konzert hingegen war den großen Komponisten gewidmet – Beethoven, Mozart, Bach, Haydn. Mit Trauer registrierte Ruth, daß Werke jüdischer Komponisten wie Mendelssohn Bartholdy oder Meyerbeer fehlten. Während der Pause blieb sie auf ihrem Platz sitzen. Sie wollte nicht unnötig die Aufmerksamkeit der Leute auf sich lenken. Auf sie gerichtete Männerblicke übersah sie geflissentlich. Nur einmal, als sie den Kopf nach links wandte, sah sie in das Gesicht eines Mannes, der sie interessiert beobachtete. Sie kannte diesen Blick. Es lag kein Argwohn in ihm – nur Bewunderung. Sie wandte sich ab.

Nach dem Konzert verließ sie rasch den Saal. Einige Tage später beschloß sie, ein zweites Mal hinzugehen, und schon nach kurzer Zeit besuchte sie regelmäßig die Konzerte der Berliner Philharmoniker. Sie setzte sich jedesmal auf einen anderen Platz, um von den Abonnenten nicht mehrmals gesehen zu werden. Manchmal mußte sie die Eintrittskarten kaufen, oft bekam sie sie jedoch von den Empfangsangestellten der großen Hotels Central und Adlon geschenkt. Sie kannten Ruth seit vielen Jahren, da sie früher ihren Gästen das Modeatelier ihrer Mutter empfohlen hatten. Sie wußten mit Sicherheit auch, daß sie Jüdin war. Dennoch sprachen sie sie nie darauf an. Es war viel einfacher, sich ahnungslos zu stellen.

Wenn sich Ruth in der Innenstadt aufhielt, studierte sie aufmerksam die Anschlagsäulen, um ja keine interessanten Opernaufführungen und Konzerte zu versäumen. Sie ging häufig in die Oper, bis auch diese schließlich den Bomben zum Opfer fiel, sie besuchte Vorträge und sah sich gern Filme im Kino an. Sie machte sich keine Gedanken über das Risiko. Sie war gut angezogen – besser sogar als die meisten anderen Besucher –, und sie erschien ihnen, wie sie wußte, als «eine von ihnen». Von den interessierten Blicken der Männer abgesehen, hatte sie nie das Gefühl, angestarrt zu werden. Nie forderte sie jemand auf, sich auszuweisen – glücklicherweise, denn sie besaß keine Papiere, die sie hätte vorzeigen können.

Ruths Ausflüge ins kulturelle Leben beunruhigten ihre Mutter sehr. Sie hatte Angst, daß Ruth verhaftet werden könnte, und sie fühlte sich auch selbst wesentlich sicherer, wenn ihre Tochter bei ihr war. Zweimal überredete Ruth die Mutter, sie zu begleiten. Sie versuchte ihr klarzumachen, daß die Straße für sie der sicherste Ort sei und die sicherste Tarnung ein möglichst normales Verhalten. Anna fühlte sich jedoch viel zu unbehaglich, als daß sie Freude an diesen Unternehmungen hätte haben können. Außerdem bedeutete ihr Musik nicht annähernd so viel wie ihrer Tochter.

Für Ruth war Musik beinahe ebenso lebenswichtig wie Essen und Trinken. Für ein paar Stunden konnte sie sich fühlen wie ein Kind, das verbotene Süßigkeiten nascht, konnte sie es wagen, in der Vergangenheit zu schwelgen, konnte sie daran zurückdenken, wie das Leben einst gewesen war, und sich wieder in jene Zeit zurückversetzen, da Wunsch und Realität noch eng beieinander gelegen hatten. Wochenlang konnte sie von der Erinnerung an ein Konzert zehren. Diese kurzen Augenblicke gaben ihr das innere Gleichgewicht, das sie so dringend brauchte.

Wie sich doch in dieser Hinsicht die Maßstäbe verschoben

hatten! Früher hatte zu einem lebenswerten Leben vieles gehört: materielle Annehmlichkeiten, Anregungen, nette Leute, eine dem Lebensstandard angemessene Wohnung – etwa in Schöneberg –, regelmäßige Familientreffen, geschäftliche Erfolge, Möglichkeiten zur persönlichen Entfaltung, religiöse Bräuche, Muße, Kuraufenthalte in Baden-Baden und selbstverständlich eine gute Ehe. Jetzt hingegen reduzierten sich alle Erwartungen auf einen einzigen Begriff: Überleben. Das aber hieß für sie, nicht nur sich selbst, sondern auch ihre Mutter durch die täglichen Gefahren hindurchzuretten.

Sechs Monate waren nun ohne weitere Zwischenfälle vergangen, seit Ruth von dem Arzt erfahren hatte, daß ihr ein Fänger auf der Spur sei, aber sie war noch immer auf der Hut. Sie mied große Straßen wie den Kurfürstendamm, wo die Gestapo häufig Ausweiskontrollen durchführte. Gegen eine unerwartete Aufforderung, ihre Papiere vorzuzeigen, war sie in keiner Weise gewappnet. Ihre einzige Chance war, sich vorzusehen. Es war müßig, sich weitere Gedanken darüber zu machen. Einmal entging sie nur mit knapper Not der Gefahr, entdeckt zu werden – noch dazu ausgerechnet in dem Haus, in dem sie wohnte. Der Blockwart, Herr Knoll, wohnte im Stockwerk unter ihr. Er war ein hagerer, weißhaariger, schwerhöriger alter Mann. Es kam oft vor, daß Ruth ihn wachrütteln mußte, wenn sie zum Luftschutzkeller lief, obgleich es eigentlich *seine* Pflicht gewesen wäre, dafür zu sorgen, daß alle Bewohner des Blocks rechtzeitig den Schutzraum aufsuchten.

Knoll war befugt, Ausweiskontrollen vorzunehmen, und er hatte Ruth schon mehrfach aufgefordert, ihre Papiere vorzuzeigen. Sie hatte ihm jedesmal die gleiche Geschichte erzählt, die sich schon ihrer Vermieterin Frau Otto gegenüber bewährt hatte: sie besäße eine Wohnung in Schöneberg und müsse unbedingt dort gemeldet bleiben, um nicht das Recht auf diese Wohnung zu verlieren. Aber Knoll fragte immer wieder nach, und es war absehbar, daß diese Ausrede ihn nicht mehr lange befriedigen würde. Also erfand Ruth immer abenteuerlicher klingende Geschichten. Zuerst erzählte sie ihm, daß sie mit einem Mann zusammenlebe, mit dem sie nicht verheiratet sei, und beschwor ihn, ihr sein Wort als Ehrenmann zu geben, daß er keinem Menschen gegenüber etwas davon verlauten ließe, da Frau Otto sicherlich nicht damit einverstanden wäre. Dennoch bedrängte er sie weiter mit seinen Fragen. Schließlich verwandte sie eine ganze Nacht darauf, sich eine neue Geschichte auszudenken, die sie ihm am folgenden Tag «anvertraute».

Sie arbeite, so erklärte sie ihm, für die Gestapo. Sie lebe unter falschem Namen in diesem Haus, um ihr Liebesverhältnis aufrechterhalten zu können. Ihr eigentlicher Wohnsitz sei eine Pension in der Nymphenburger Straße. Die Tarnung diene nur dazu, ihre Tante – Frau Otto – die Wahrheit nicht erfahren zu lassen, da sie ihr eine solche Liebesaffäre nie verzeihen würde. Wieder bat sie Knoll inständig um Verschwiegenheit. Er sicherte sie ihr zu. Um ganz sicherzugehen, rief Ruth bei der von ihr angegebenen Pension an und informierte die Besitzerin, eine Freundin, bei der tatsächlich eine Frau logierte, die für die Gestapo tätig war. Sie versprach Ruth, sie sofort zu warnen, falls man irgendwelche Nachforschungen bei ihr anstellen würde. Vielleicht bliebe Ruth dann die Zeit, mit ihrer Mutter aus der Pankower Wohnung zu fliehen. Es geschah jedoch nichts dergleichen, und Knoll stellte keine weiteren Fragen mehr.

Doch wenig später – als Ruth gerade zu glauben begann, daß sie ein Gespür für die Risiken ihres Daseins und die Möglichkeiten, ihnen aus dem Weg zu gehen, entwickelt habe – fand sie sich plötzlich hautnah mit der Gefahr, verhaftet zu werden, konfrontiert.

An jenem verhängnisvollen Nachmittag war sie gerade auf dem Weg zu Hilde, deren Arbeitsstätte einige hundert Meter vom U-Bahnhof Bülowstraße entfernt im Zentrum der Stadt lag. Schwarze Wolken ballten sich über der Stadt, und ein stetig lauter werdendes Grummeln kündigte ein Gewitter an. Als die U-Bahn in die Station einfuhr, schien es Nacht geworden zu sein. Hastig machte sich Ruth auf den Weg zu Hildes Büro. Ein Mann kam ihr entgegen. Dem bin ich schon mal begegnet, dachte sie. Plötzlich erkannte sie ihn wieder – es war ein junger, gutaussehender Mann, der ihr früher oft bei den Veranstaltungen der Jüdischen Gemeinde aufgefallen war. Sie freute sich und wollte ihn gerade begrüßen, als auf einmal eine schreckliche Gewißheit in ihr aufstieg: Dort, keine drei Meter von ihr entfernt, stand ihr Fänger!

Ruths Miene erstarrte. Sie wandte sich ab, eben noch registrierend, daß der Mann sie bemerkt hatte. Sie beschleunigte ihren Schritt. Aus den Augenwinkeln sah sie, daß der Mann kehrtgemacht hatte und ihr folgte. Nur nicht laufen, dachte sie und zwang sich mit eisernem Willen zur Ruhe. Plötzlich peitschte ein Platzregen auf die Straßen herab. Ein vom Himmel gesandter Vorwand! Endlich durfte sie laufen! Ruth rannte, so schnell sie konnte, zu Hildes Büro.

«Mein Gott, wie siehst du denn aus», rief Hilde, als Ruth bleich und außer Atem vor ihr stand.

Ruth erzählte hastig, was geschehen war, und fragte Hilde, ob sie über Nacht in ihrem Büro bleiben dürfe.

«Hab keine Angst», sagte Hilde. «Wir gehen zusammen. Solange ich bei dir bin, geschieht dir nichts.»

Ruth konnte Hildes Vertrauen in ihren Schutz nicht teilen, doch es blieb ihr keine Wahl. Gemeinsam gingen sie zum U-Bahnhof. Den Fänger konnte Ruth nirgends entdecken, aber sie war davon überzeugt, daß er ihnen auf den Fersen war.

Sie fuhren zum Bahnhof Zoo, wo Ruth in den Zug nach Pankow umsteigen mußte. Hilde begleitete sie die Treppe hinauf, inmitten eines Stromes von Menschen, die sich auf dem Heimweg von ihrer Arbeit befanden. Als sie oben am Ausgang angekommen waren, stürzte sich Ruth mit einem Satz auf die andere Seite des Treppenaufgangs und tauchte mit gesenktem Kopf in der abwärts strömenden Menge unter. Hilde ging weiter, als sei nichts geschehen. Wenn sie überhaupt jemand beschattet hatte, dann mußte ihn dieses Manöver in die Irre geführt haben.

Eine Minute später bestieg Ruth den nächsten Zug. Sie wußte nicht, wohin er fuhr. Es war ihr gleichgültig. Sie hatte ihren Verfolger abgeschüttelt.

21

Ausgerechnet in der Sammelstelle in der Großen Hamburger Straße kam Wilhelm in den Genuß zweier Annehmlichkeiten, die ihm lange verwehrt gewesen waren. Zum einen ließ man ihn baden. Sein letztes Bad lag zehn Monate zurück, und auf seiner Haut hatten sich inzwischen Schmutzkrusten gebildet. Zum zweiten bekam er eine warme Mahlzeit. An normalen Maßstäben gemessen war das von Frau Harpruder, einer Jüdin, zubereitete Essen sicherlich nicht besonders schmackhaft, aber Wilhelm genoß jeden Bissen.

Dennoch konnte er sich über seinen «Luxus» nicht recht freuen. Er wußte nur zu gut, warum er hier war. Es war nur eine Frage der Zeit, bis er die Fahrt nach Auschwitz würde antreten müssen.

Einige Tage vergingen ohne besondere Vorkommnisse. Wilhelm brachte Stunden damit zu, aus dem vergitterten Fenster zu schauen und die Wachen beim Fußballspiel zu beobachten. Die Rückfront des Gebäudes grenzte an den ältesten jüdischen Friedhof Berlins. Inzwischen waren die Gräber zugewuchert und viele Grabsteine umgestürzt. Früher waren hier die bedeutendsten jüdischen Einwohner der Stadt begraben worden. Auch der große Gelehrte und Philosoph Moses Mendelssohn hatte hier seine letzte Ruhestätte gefunden. Mendelssohn hatte den Pentateuch, das Gesetzbuch des Judentums, ins Deutsche übertragen und war einer der bedeutendsten Vorkämpfer der Assimilation und Emanzipation der Juden in Deutschland gewesen.

Die Wächter spielten auf einem freien Platz auf dem Friedhofsgelände und lachten schallend. Ihr Lachen paßte nicht recht zu ihrer Beschäftigung. Dann bewegte sich das Spiel in Wilhelms Richtung, und plötzlich begriff er, warum sie lachten. Er mußte sich auf die Lippen beißen, um nicht laut aufzuschreien. Es war kein Ball, was sie sich da zuspielten. Es war ein Menschenschädel.

Sechs Tage nach seiner Verhaftung erhielt Wilhelm seine Transportnummer. «Ich gebe noch nicht auf», sagte er zu einem Mitgefangenen. «Wenn sich noch irgendeine Chance ergibt, werde ich sie ergreifen. Eine Kugel im Leib ist mir immer noch lieber als Auschwitz.»

Der andere Häftling, etwa vierzig und eine Bohnenstange von einem Mann, sah Wilhelm mit einem forschenden Blick an. «Ich würde gern mitkommen», sagte er schließlich. «Draußen habe ich Geld. Wenn wir es schaffen, können wir uns ein gutes Leben machen.»

«Großartig», erwiderte Wilhelm. «Ich habe überhaupt kein Geld.»

Einen Tag vor dem geplanten Abtransport brachte man die Häftlinge zum Hofgang auf den Friedhof.

«Jetzt oder nie», flüsterte Wilhelm dem Langen zu.

Der schüttelte jedoch den Kopf und gab leise zurück: «Ich kann nicht.»

Wilhelm nickte. «Im Keller unten habe ich noch einen Mantel und eine Aktentasche. Nehmen Sie die Sachen an sich», sagte er.

Die Wachen ließen die Häftlinge antreten und durchzählen. Dann mußten sie im Kreis über den Friedhof gehen. Sie drehten eine Runde, zwei, drei. Die Wächter hatten sich ein paar Meter weiter zusammengefunden. Sie lachten, erzählten sich Witze und achteten kaum auf die Gefangenen, die stumm ihre Kreise zogen. Als Wilhelm an einem Gebüsch vorbeikam, zwängte er sich rasch hindurch und lief geduckt auf die Mauer zu. Dicht bei der Mauer ragte ein Grabstein auf. Er setzte einen Fuß auf den Stein und schwang sich auf die Mauer. Er hörte keine Rufe hinter sich. Auf der anderen Seite der Mauer stand eine Mülltonne. Wieder einmal hatte er Glück gehabt. Er ließ sich auf die Tonne herunter, sprang dann auf den Boden und lief auf die erstbeste Tür zu. Er hastete durch einen Hausflur auf die Straße hinaus. Er wußte genau, wo er sich befand: auf der Oranienburger Straße, nicht weit von einer S-Bahn-Station. Zu diesem Bahnhof ging er, so schnell er konnte, ohne ins Laufen zu verfallen. Er wartete auf dem Bahnsteig, zwang sich zur Ruhe – die Minuten dehnten sich ins Unerträgliche.

Endlich kam die S-Bahn. Wilhelm stieg ein. Die Fahrt ging über Brücken und Überführungen, durch Tunnel und Wälder, an Kanälen und Flüssen vorbei – Relikte einer Prachtstadt, die nun von den Bomben der Alliierten Stück um Stück dem Erdboden gleichgemacht wurde. Obgleich Wilhelm so sehr mit sich und seiner Angst beschäftigt war, versetzte ihm der Anblick der Verwüstung einen schweren Schock. Wie recht er gehabt hatte. Er hatte vorausgesehen, daß nur ein blutiger Krieg diesem Hitler den Garaus machen könnte. Nun hatten sie ihren «totalen Krieg», diese wahnsinnigen Nazis. Wann würden sie endlich begreifen, daß sie ihn verloren hatten?

Am S-Bahnhof Tempelhof stieg Wilhelm Glaser aus.

Am 17. November 1943, einem Mittwoch, verließ Fritz Kreuger seine Ladenwohnung in Halensee, um einem befreundeten Juwelier einige Steine zu überbringen. Es war ein für diese Jahreszeit recht warmer Tag. Er bewegte sich langsam hinkend vorwärts, stützte sich bei jedem Schritt, wenn er das rechte Bein nach vorn zog, mit dem Krückstock ab. Als er den belebten Kurfürstendamm in Richtung Olivaer Platz entlangging, war er bester Dinge. Seit Monaten hatten sein Hinken und der Krückstock erfolgreich jedes Mißtrauen zerstreut. Er hatte gelernt, durch die Straßen zu gehen, als wäre es sein selbstverständliches Recht, sich dort aufzuhalten. So fiel er den Passanten am wenigsten auf. Zunächst hatte es ihn eine ungeheure Willensanstrengung gekostet, doch inzwischen fühlte er sich so aufgehoben in der bunten Vielfalt der Stadt, daß sich, davon war er überzeugt, sein Selbstvertrauen auch in seinem Gesicht spiegelte. So sicher fühlte er sich, daß Clara und er in den letzten Monaten sogar Restaurants und Kinos besucht hatten.

Hatte er nicht allen Grund zur Zuversicht? Der Krieg war schon weit vorangeschritten. Über der Stadt hing nun ständig eine rötliche Dunstglocke, da die Flammen, die die Brandbomben der Briten hinterließen, nie mehr ganz erloschen – ein sichtbarer Beweis dafür, daß die Engländer Berlin angreifen konnten, wann immer sie wollten. Es konnte nur noch eine Frage der Zeit sein, bis der Krieg entschieden war – und dann würde er frei sein. Er glaubte fest daran, daß er die Zeit bis dahin überstehen würde. Noch nie waren seine Verbindungen zum Schwarzmarkt so gut gewesen wie jetzt, und sein Schmuckhandel florierte weiterhin. Vor allem jedoch hatten sich ihre beiden Verstecke bewährt. Er schien in Halensee sicher zu sein, und Clara und Corinna waren dank ihrer amtlichen Papiere von ihren neuen Nachbarn in der Bayerischen Straße 5 ohne Schwierigkeiten akzeptiert worden.

Die Papiere hatten der ersten Bewährungsprobe standgehalten, als Corinna wegen einer Augenverletzung, die sie sich während eines Luftangriffs zugezogen hatte, in einer Klinik hatte behandelt werden müssen. Gemessen an den allgemeinen Bedingungen konnten sie also mit ihrer Situation sehr zufrieden sein.

Als Fritz an einer Ecke des Olivaer Platzes stand und auf den Juwelier wartete, tauchte plötzlich ein junger Mann vor ihm auf und zückte mit den Worten «Herr Kreuger, Sie sind verhaftet» einen Gestapo-Ausweis.

Fritz' Herz jagte. Ein eisiges Angstgefühl lähmte ihn. Er hatte den Mann noch nie gesehen. Mit äußerster Willenskraft brachte er es fertig, eine unwirsche Miene aufzusetzen und zu erwidern: «Sie müssen sich irren. Mein Name ist Kramer.»

«Drehen Sie sich um», befahl der Mann.

Fritz befolgte seine Anweisung. Auf der gegenüberliegenden Seite des Platzes stand, an eine Hauswand gelehnt, Fedor Friedländer, der Mann, der seinen Schmuck gestohlen hatte und von Makarow gezwungen worden war, den größten Teil wieder zurückzugeben.

Er saß in der Falle! Langsam wandte er sich wieder dem jungen Mann zu. Konnte er ihn nicht beiseite stoßen und einfach loslaufen? Der Mann zog eine Pistole. «Ich rate Ihnen, keine Dummheiten zu machen.»

Er führte Fritz in einen Frisiersalon am Kurfürstendamm, nicht weit vom Olivaer Platz entfernt. Dort wechselte er ein paar Worte mit einer hübschen, jungen Frau, die sich gerade frisieren ließ. «Ich hab einen erwischt», hörte Fritz ihn sagen. «Ich bringe ihn in die Grolmannstraße.»

Die Frau nickte. Sie sah Fritz nicht an.

Der junge Mann ging zum Telefon und führte ein kurzes Gespräch. «Ich habe jemanden für Sie», sagte er. «Ich bringe ihn gleich zum Revier. Da können Sie ihn abholen.»

Eine halbe Stunde später lieferte der Mann Fritz auf der Polizeiwache in der Grolmannstraße ab. Dann ging er. Fritz mußte den ganzen Nachmittag über in einer Zelle warten. Immer wieder ging ein älterer Beamter vor ihm auf und ab. Er schien aus irgendeinem Grund verwirrt zu sein. Schließlich sprach Fritz ihn an: «Wissen Sie, wer der Mann war, der mich hierhergebracht hat?»

Der Polizist sah sich nach allen Seiten um. Es war niemand in Hörweite. «Das ist ja das Tragische an der ganzen Sache», erwiderte er. «Nun liefern sich die Juden auch noch gegenseitig ans Messer.»

22

Seit Wochen waren die geheimnisvollen Anrufe für Maruschka in immer kürzeren Abständen erfolgt. Schließlich kam es fast jeden Abend zu jener verabredeten Abfolge von Klingelzeichen und dem sich anschließenden leisen, verschlüsselten Gespräch. Noch immer hatte Hans sich kein Bild davon machen können, worum es ging.

Eines Morgens sagte Maruschka, als sie zur Arbeit ging, zu Hans: «Heute abend komme ich ziemlich spät. Ich habe noch etwas zu erledigen.»

Hans erstarben die Worte auf den Lippen. Er wußte, daß es zwecklos war, Fragen zu stellen. Vergeblich forschte er in ihrem Gesicht nach irgendeiner Erklärung.

Am Spätnachmittag desselben Tages stieg Maruschka in einen Zug, der stadtauswärts fuhr. Zwei junge Männer – sie waren beide in den Zwanzigern – begleiteten sie. Sie wußte nichts über sie – nur, daß sie ihr zur Begleitung zugeordnet waren. Den ganzen Weg über sprach keiner von ihnen ein Wort. In Frohnau stiegen sie aus und gingen zu Fuß in nördlicher Richtung, über den weiten Platz mit seinen Rasenflächen, die jetzt herbstlich verfärbt und mit Laub bedeckt waren. Es war frisch, aber nicht kalt. Gut so, dachte Maruschka. Es waren nur wenige Menschen auf den Straßen. Sie hatte Bedenken gehabt – Polizeistreifen könnten unterwegs sein. Aber nun war sie davon überzeugt, daß ihnen keine begegnen würde. Sie gingen anderthalb Kilometer stadtauswärts, bis sie an einen Waldrand gelangten. Sie bogen in den Wald ein. Hundert Meter weiter stießen sie, wie verabredet, auf eine Gruppe von Leuten.

Es dämmerte bereits, aber es war noch hell genug, um die Schemen der Wartenden erkennen zu können. Es waren etwa zwanzig. Sie gab ihnen ein Zeichen, näher heranzukommen. Es waren alle Altersklassen vertreten. Manche schienen Juden zu sein, andere nicht. Sie sahen ausgemergelt und völlig verängstigt aus und drängten sich dicht aneinander, als könnte sie diese körperliche Nähe beruhigen. «Gehen Sie bitte ganz vorsichtig», ermahnte Maruschka sie, «und sehen Sie sich vor, daß Sie nicht stolpern und nicht auf Zweige treten, die knacken könnten. Gehen Sie nicht auf der Straße. Bleiben Sie im Wald. Gehen Sie nicht dicht zusammen. Folgen Sie einfach nur Ihrem Vordermann.» Sie zögerte einen Augenblick und fragte sich, ob es wohl nötig wäre, auf die Gefahr dieses Unternehmens hinzuweisen, und ob sie diesen Menschen überhaupt noch irgend etwas sagen konnte, was ihnen nicht ohnehin schon bewußt war. «Das ist jetzt der letzte kleine Schritt in die Freiheit», sagte sie schließlich. «Seien Sie sehr vorsichtig.» Alle nickten.

Leise brachen sie auf. Sie gingen immer tiefer in den Wald hinein. Nach etwa einem Kilometer ließ Maruschka den Trupp anhalten. Sie winkte die jungen Männer zu sich heran: «Bitte, geht zurück. Ich kann es euch nicht erklären, aber ich habe ein ungutes Gefühl. Ich will, daß ihr nach Hause geht. *Wenn* etwas passiert, dann wird es auf dem Rückmarsch sein.» Einer der jungen Männer wollte ihr widersprechen, aber Maruschka schnitt ihm das Wort ab. «Ihr seid darüber informiert worden, daß ich die Verantwortung habe. Also tut bitte, was ich euch sage.» Ohne ein weiteres Wort machten sich die beiden jungen Männer auf den Weg. Die Kolonne setzte sich wieder in Bewegung. Die Leute machten ihre Sache sehr gut, aber in Maruschkas Ohren dröhnten ihre Schritte wie Paukenschläge.

Schließlich erreichten sie eine Lichtung. Auf Maruschkas Zeichen hin blieben die Leute stehen. Sie winkte sie zu sich heran. Alle scharten sich dicht um sie. Sie deutete auf die Lichtung. «Da», flüsterte sie. Im schwachen Dämmerlicht konnten sie eine winzige Hütte neben einem Eisenbahngleis erkennen, das genau an dieser Stelle von einem Feldweg gekreuzt wurde.

«Sie verstecken sich im Wald dort drüben, fünfzig Meter von der Hütte entfernt. Wenn der Zug kommt, bleiben Sie in Ihrem Versteck, bis Sie geholt werden. Man wird Ihnen sagen, was Sie zu tun haben. Gehen Sie jetzt, einer nach dem anderen, und Gott sei mit Ihnen.»

Nacheinander überquerten sie die Lichtung und verschwanden auf der anderen Seite im Wald. Schließlich war es still.

Maruschka wäre gern noch geblieben, um die Aktion zu beobachten. Aber sie hatte ihren Auftrag erst zur Hälfte erledigt. Ihre Anweisung lautete, auf dem gleichen Weg zurückzukehren, um sicherzustellen, daß ihnen niemand gefolgt war. Sollte sie auf eine Streife stoßen, mußte sie sie irgendwie abzulenken versuchen, um die Gefahr von den Leuten dort draußen im Wald abzuwenden.

Sie hatte noch immer dieses ungute Gefühl. Trotz der sorgfältigen Planung war es unwahrscheinlich, daß die Aktion reibungslos ablaufen würde. In dieser Gegend befanden sich Arbeitslager. Immer wieder brachen dort Zwangsarbeiter aus, die dann von den Deutschen mit Hunden verfolgt wurden. Wenn dies auch in dieser Nacht geschah, konnte es leicht passieren, daß die Hunde die Flüchtlingsgruppe aufspürten.

Maruschka fragte sich, wer diese Leute sein mochten. Zum größten Teil vermutlich Juden, einige von ihnen sicher auch politische Verfolgte. Welcher verzweifelte Kampf zwischen Hoffnung und Todesangst mußte sich in ihrem Innern abspielen! Sie hatten keine Ahnung, was mit ihnen geschehen würde – sie wußten nur, daß sie aus Deutschland herausgebracht werden sollten.

Jeden Moment mußte es jetzt soweit sein. Maruschka malte sich die Aktion in allen Einzelheiten aus – so, wie sie geplant war: Ein in Richtung Norddeutschland fahrender Güterzug hält auf dem einsamen Streckenabschnitt mitten im Wald. Einige Männer, die sich den Flüchtlingen zuvor nicht bemerkbar gemacht haben, kommen aus dem Wald gelaufen und öffnen einen der Güterwaggons. Sie erbrechen die Plomben an einigen Frachtkisten und stemmen diese vorsichtig auf. Sie heben die Möbelstücke, die sich in den Kisten befinden, heraus und werfen sie ins Gebüsch. Auf ein Signal hin kommen die

Flüchtlinge herbeigelaufen. Sie werden auf den Waggon gehoben und in den Kisten untergebracht. Die Kisten werden wieder zugenagelt, die aufgebrochenen Plomben durch nachgemachte ersetzt. Dann springen die Männer von dem Waggon herunter und schließen die Türen. Der Zug setzt sich wieder in Bewegung und fährt seinem Bestimmungsort Lübeck entgegen. Am Morgen werden die Kisten auf einen Frachter verladen, am nächsten Tag in Schweden von Bord gebracht. Die Möbelstücke – Eigentum schwedischer Diplomaten und ihrer Familien – werden dann schon längst in den Wald getragen und vernichtet worden sein.

Eine glänzend organisierte Aktion. Die beste bisher – wenn sie gelingen würde. Und wenn nicht? Darüber wollte sie lieber nicht nachdenken. Auf jeden Fall würde es sehr unangenehme Folgen für alle Beteiligten haben – am meisten für den Schweden Erik Wesslen. Die Aktion war seine Idee gewesen. Er hatte schon vorher einen Juden in einem Konzertflügel von Berlin nach Schweden geschmuggelt. «Aber stell ihm einen Topf unter sein Hinterteil, sonst leckt das Klavier», hatte Maruschka ihm, nur halb im Scherz, geraten, als er ihr in einem Moment der Bedenkenlosigkeit seinen Plan verraten hatte.

In der darauffolgenden Zeit hatte Wesslen ihr nichts mehr von seinen Aktivitäten erzählt. Es gehörte zu seinen Prinzipien, nie mehr als unbedingt nötig zu sagen. Andererseits stand er unter einem starken Druck und mochte Maruschka sehr gern, und sie hatte ihm oft bewiesen, daß sie Geheimnisse für sich behalten konnte. So war sie für ihn zu einer Art Sicherheitsventil geworden. Eines Tages hatte er ihr mitgeteilt, daß eine größere Gruppe außer Landes gebracht werden sollte, und weil er dazu ihre Hilfe brauchte, hatte er ihr den Plan genau schildern müssen. Die Aktion war plötzlich dadurch möglich geworden, daß die Deutschen unerwartet den schwedischen Diplomaten, deren Familien evakuiert wurden, die Genehmigung erteilt hatten, ihr Mobiliar nach Schweden zu verschiffen.

Um ihren Plan durchführen zu können, mußten sie sich der Hilfe des Zugpersonals versichern. Natürlich durften diese Leute nur das Notwendigste erfahren. Sie wurden gebeten, den Zug so lange an einer bestimmten Stelle im Wald außerhalb Berlins halten zu lassen, bis das Umladen beendet war. Gewöhnlich bestand das Begleitpersonal aus älteren Männern, die keine so hundertprozentigen, sturen Nazis waren wie die inzwischen zum Kriegsdienst rekrutierten jüngeren Bahnbediensteten. Wesslen konnte dem Zugführer und dem Schaffner für ihre Hilfe eine kleine Entschädigung anbieten – Lebensmittel, Kaffee, Zigaretten, Geld. In diesen Zeiten hatten solche Dinge einen hohen Wert.

Dann mußte bedacht werden, was mit den aufgebrochenen Plomben geschehen sollte. Wie konnte man sie ersetzen? Dieses Problem war nicht schwer zu lösen: Von einer alten Verplombung wurde ein Stempelabdruck angefertigt.

Außerdem mußte die Versorgung der blinden Passagiere in den Frachtkisten während der Fahrt sichergestellt sein. Sie brauchten Nahrungsmittel. Sie brauchten Gefäße für ihre Notdurft. Sie brauchten Kodein gegen Husten.

Im letzten Moment wies Maruschka noch auf ein Problem hin, an das niemand gedacht hatte: «Vergeßt nicht, daß Menschen weniger wiegen als Möbel. Ihr müßt zusätzliche Gewichte in die Kisten packen.»

Maruschka war erst gegen Ende der Vorbereitungen in die Aktion einbezogen worden. Die gefälschte Verplombung war organisiert, das Zugpersonal bestochen, es war alles bereit. Erst zu diesem Zeitpunkt hatte Wesslen sie gefragt, ob sie die Flüchtlinge durch den Wald führen würde.

«Wie kommen sie denn in den Wald?» hatte sie gefragt.

«Kümmere dich nicht darum», hatte er geantwortet. «Sie kommen hin. Du sollst nichts weiter tun, als sie zu führen.»

Dieser Teil der Aufgabe war nun erledigt. Sie ging zurück durch den Wald. Es war vollkommen still. Sie konnte ihren eigenen Atem hören. Sie hatte gerade den Waldrand erreicht, als sie plötzlich Hundegebell vernahm. Und gleich darauf – oder war es nur Einbildung? – Stiefeltritte auf dem Weg. Plötzlich zerriß ein hundert Meter vor ihr quer über die Schneise fallender Lichtkegel das Dunkel. Es war also keine Einbildung gewesen! Sekunden später blitzte hinter ihr ein zweiter Lichtkegel auf. Sie wußte – ohne es sehen zu können –, daß auch links und rechts vor ihr Scheinwerfer aufgeflammt waren. Sie war in einem durch taghelle Lichtschranken begrenzten Quadrat gefangen. Aus dem Gebell hinter ihr schloß sie, daß die Hunde ihre Spur aufgenommen hatten.

Vor ihr floß ein Bach, und wenn ihre Nase sie nicht trog, befand sich am jenseitigen Ufer ein Dunghaufen. Rasch lief sie auf den Bach zu und sprang hinüber. Tatsächlich – vor ihr lag ein Haufen Mist! Sie grub ihre Füße in den Haufen hinein. Als sie sicher war, daß ihre Füße und Beine mit Dung bedeckt waren, lief sie zum Bach zurück – vom Dunghaufen an war ihre Spur jetzt mit Sicherheit nicht mehr zu wittern. So schnell sie konnte, watete sie mit der Strömung den Bach entlang, bis sie einen Teich erreichte, dessen Rand von überhängenden Ästen geschützt war. Sie schwamm ans gegenüberliegende Ufer und wartete im Wasser im Schutz der Bäume ab, bis das Gebell der Hunde verklang. Dann erst zog sie sich ans Ufer.

Sie wußte nicht mehr, wo sie sich befand. In jedem Fall mußte sie die Morgendämmerung abwarten, um dann irgendwie das Wunder zu bewerkstelligen, wieder nach Berlin zurückzugelangen. Unterdes betete sie, daß es den Flüchtlingen besser ergangen war. Außerdem sorgte sie sich wegen Hans, der sich bestimmt zu Tode ängstigen würde, wenn sie nicht nach Hause käme. Die nasse Kleidung klebte ihr am Körper, sie zitterte vor Kälte, und doch dachte sie: Armer Hans – *ich* weiß wenigstens, daß ich noch am Leben bin.

Es war nicht leicht für sie gewesen, dem Mann, den sie liebte, die andere Hälfte ihres Lebens zu verbergen. Aber es war ihr klar, daß es keine andere Möglichkeit gab. Sie hatte Zweifel, ob Hans im Falle einer Verhaftung fähig wäre, den Foltermethoden der Gestapo zu widerstehen. Falls er zusammenbräche und den Namen seiner Beschützerin preisgäbe, stünde mehr auf dem Spiel als nur ihr eigenes Leben, da Maruschka aktiv im Widerstand engagiert war, und das nicht erst, seitdem sie Hans kennengelernt hatte. «Ich liebe dieses Land so sehr, und ich bin einfach außer mir über das, was hier geschieht», hatte sie nach der Machtergreifung verzweifelt einem Freund anvertraut.

Damals studierte sie noch in München und bereitete sich gerade auf ihre Promotion als Naturwissenschaftlerin vor. Sie zerbrach sich den Kopf darüber, wie diese neue politische Geißel zu bekämpfen sei. Sie trug ihr Teil dazu bei, einem Geistlichen zur Flucht nach Holland zu verhelfen, dessen Verhaftung unmittelbar bevorstand. Sie arbeitete kurze Zeit für eine Zeitung, deren Chefredakteur sie lehrte, zwischen den Druckzeilen vertrauliche Informationen gleichgesinnten Journalisten im In- und Ausland weiterzuvermitteln. In der Öffentlichkeit hielt sie jedoch ein anderes Image aufrecht – das der charmanten, wohlerzogenen jungen Gräfin, die sich hervorragend als unterhaltsame Tischdame bei Abendeinladungen eignete und von Politik absolut nichts verstand. Die scheinbar so unschuldigen Fragen, die sie den bei sämtlichen Botschaftsfesten und High-Society-Dinners unweigerlich geladenen hohen Nazifunktionären stellte, trugen ihr eine reiche Ernte an nützlichen Informationen ein, die sie dann an andere Mitglieder der Widerstandsbewegung weitergeben konnte.

Als sie 1936 nach einer kurzen Ehe mit einem Kabarettisten von München nach Berlin übergesiedelt war, hatte sie sehr schnell Kontakte zu den entsprechenden Leuten geknüpft. Einmal entging sie nur deshalb um Haaresbreite einer Verhaftung, weil sie in letzter Minute beschloß, ein als Tee-Empfang getarntes Organisationstreffen von Nazigegnern nicht zu besuchen. Am nächsten Tag erfuhr sie, daß sämtliche Anwesenden festgenommen worden waren. Später wurde sie auf Grund ihrer Sprachkenntnisse – sie sprach Englisch, Französisch, Spanisch, Lateinisch und Griechisch – genötigt, Postüberwachungsaufgaben im Dienst der Wehrmacht zu übernehmen. Die gesamte Post verschiedener verdächtiger Personen ging durch ihre Hände. Sobald sie die Briefe durchgesehen hatte, nahm sie Verbindung mit den Absendern auf, um sie auf ihre Unvorsichtigkeit und Indiskretion hinzuweisen. Eines Tages denunzierte sie irgend jemand – wer es war, vermochte sie nie herauszubekommen – bei der Gestapo. Nach einigen Tagen ließ man sie wieder frei, ohne Anklage gegen sie zu erheben. Sie hatte sich so lautstark darüber empört, daß man es wage, sie als Staatsfeindin zu verdächtigen, daß die Gestapo froh war, sie nach einigen Verhören wieder loszuwerden.

Während jener Zeit hatte sie in Erfahrung gebracht, welch außergewöhnliche Fähigkeiten und Möglichkeiten die Zensoren hatten, Geheimbotschaften zu dechiffrieren, und sie konnte diese Informationen an den Widerstand weitergeben.

«Widerstand» – das war eine Bezeichnung, die alle, die sich ihm verpflichtet fühlten, benutzten, obwohl sie mit den eigentlichen Aktivitäten nichts zu tun hatte. Eine Widerstandsbewegung im herkömmlichen Sinne – als Initiator von Sabotageakten, Attentaten, Provokationen – gab es faktisch nicht. Vielmehr war fast die gesamte Aktivität dieser Leute defensiver Natur, darauf gerichtet, das Leben gefährdeter Personen zu retten – verfolgter Juden in erster Linie, aber auch politisch Andersdenkender und solcher, die den Verfolgten zu helfen versucht hatten und dabei selbst zu Verfolgten geworden waren. Viele dieser Hilfeleistungen kamen von Privatleuten, die nichts weiter anzubieten hatten als Geld oder eine Übernachtungsmöglichkeit für die Gejagten. Der Löwenanteil wurde jedoch von verschiedenen kirchlichen Organisationen, einer deutschen und mehreren skandinavischen, geleistet. Mit einer dieser skandinavischen Organisationen, der Schwedischen Kirche, arbeitete Maruschka zusammen.

Entstanden war diese Verbindung bei einer zufälligen Begegnung zwischen ihr und einem protestantischen Geistlichen namens Siwkowicz beim Geburtstagsfest eines gemeinsamen Freundes im Jahre 1939. Im Laufe ihrer Unterhaltung deutete Maruschka damals an, daß das Sinnvollste, was Menschen wie sie beide in dieser Zeit leisten könnten, darin bestünde, anderen bei ihrer Flucht aus Deutschland zu helfen. Siwkowicz äußerte sich nicht dazu. Wenig später gesellte er sich zu einer anderen Gruppe und informierte sich während der folgenden halben Stunde ausführlich über Maruschka. Als sie sich voneinander verabschiedeten, sagte er: «Noch etwas zu Ihrem Gedanken von vorhin: Vielleicht setzen Sie sich einmal mit dem Pastor der Schwedischen Kirche in Verbindung.»

Ein paar Tage später rief Maruschka diesen Pastor namens Birger Forell an. Er tat so, als verstünde er nicht recht, wovon sie sprach. Er sagte nur: «Wir bleiben in Verbindung.»

Was auch immer die Schweden beabsichtigten, ohne die Hilfe Deutscher war es nicht möglich. Sie konnten es sich keineswegs leisten, das Anerbieten einer wohlsituierten Gräfin mit untadeligem Ruf leichtfertig abzutun. Einige Wochen nach ihrer ersten Kontaktaufnahme mit der Kirche erhielt Maruschka einen Anruf von Forell. «Jemand, den wir kennen, braucht eine Unterkunft für ein paar Tage», sagte er. «Glauben Sie, daß Sie etwas Geeignetes finden könnten?»

Sie bestand diese Probe und noch einige weitere, die während der nächsten Jahre folgten. Erst 1942 fand die erste Begegnung mit Erik Wesslen statt. Wesslen war ein junger Schwede von nahezu cherubinischem Aussehen mit dunklem, glatten Haar. Er war erst vor wenigen Monaten nach Berlin gekommen, angeblich, um Landschaftsarchitektur zu studieren. Als eine Art Gemeindehelfer stand er in inoffizieller Verbindung mit der Kirche. Wesslens eigentliche Aufgabe war es, bestimmte Leute aus den Händen der SS zu befreien – sie «zurückzukaufen», wie er sich ausdrückte –, sie zu verstecken und schließlich außer Landes zu schaffen. Viele dieser Schützlinge waren Juden, aber es waren auch politische Oppositionelle darunter. Er legte seine Prioritäten nie offen. Sein Mittelsmann war angeblich ein hoher SS-Offizier. Den Namen dieses Mannes teilte er Maruschka nie mit, und sie fragte auch nie danach. Er pflegte einfach nur zu sagen: «Heute abend bekomme ich ein paar Leute heraus. Kannst du ihnen eine Unterkunft und etwas zu essen beschaffen?» Sie fragte nie, wer diese Leute waren. Sie hatte ihre Teilaufgabe zu erfüllen. Alles andere ging sie nichts an.

Im Laufe der Zeit begegnete Wesslen Maruschka mit immer größerer Hochachtung, und er verließ sich immer mehr auf sie. Nun machte Maruschka häufig Vorschläge, welche Leute freigekauft werden sollten. Von ihren Informanten in der Nachbarschaft – Hauspersonal, Hausfrauen, Kaufleuten, manchmal sogar der Polizei selbst – erfuhr sie, wann bestimmte Leute abgeholt worden waren, und gab diese Hinweise dann an Wesslen weiter.

Wesslen hatte sich auf ein gefährliches Spiel eingelassen. Er wußte, daß er im Falle seiner Verhaftung von der schwedischen Gesandtschaft keine Hilfe zu erwarten hatte. Über das, was ihn dann erwartete, wollte er lieber gar nicht nachdenken. Er hielt sich einfach nur so gradlinig wie möglich an seinen Auftrag. «Ihr habt einen Soundso festgenommen», sagte er. «Wieviel?»

«Ein Kilo Kaffee, ein Kilo Zucker, zwei Stangen Zigaretten, und Sie können ihn haben», lautete die stereotype Antwort. Sobald die Bezahlung erfolgt war, wurde der betreffende Gefangene auf freien Fuß gesetzt.

Zwangsläufig belastete Wesslen diese Tätigkeit sehr. Maruschka konnte es an der strengen Linie um seinen Mund, an seinem angestrengten Gesichtsausdruck erkennen. «Das war heute ein harter Tag», erzählte er ihr einmal. «Ich habe mehrere Leute freigekauft. Die SS war ganz schön stur. Sie verlangen immer mehr. Sie haben gemerkt, daß wir die Leute unbedingt haben wollen. Da haben sie hart verhandelt.» Er ließ sich im Sessel zurückfallen, rieb sich das Gesicht und gab einen langen Seufzer von sich. «Ist es nicht widerlich, ein Paket Zigaretten, ein Glas Marmelade oder ein Kilo Kaffee gegen ein Menschenleben verhökern zu müssen?»

Sobald sie die Leute befreit hatten, mußten sie ihnen eine Unterkunft, etwas zu essen und falsche Aufenthalts- und Arbeitsgenehmigungen für Berlin besorgen. Hierbei trat Maruschka in Aktion. Ihr war eine ganze Reihe sicherer Wohnungen bekannt, in denen Flüchtlinge ein- oder zweimal übernachten konnten. Überdies hatte sie eine ausgezeichnete Bezugsquelle für gefälschte Lebensmittelkarten, einen chinesischen Drucker, der in einem Keller im Norden der Stadt arbeitete. Für falsche Ausweise benötigte man echte Blankoformulare, die über sympathisierende Polizeibeamte beschafft wurden – manchmal gegen Bestechung, oft aber auch umsonst. Wenn ein gefälschter Ausweis vorlag, blieb noch ein weiteres Problem zu lösen: Er mußte mit einem Behördenstempel versehen werden. Dazu wurde ein Stempelabdruck von einem alten Ausweis angefertigt und auf den neuen übertragen. Maruschka löste dieses Problem mit Hilfe eines alten Tricks aus ihrer Schulzeit. Sie rollte ein abgeschältes, hartes Ei über den ursprünglichen Stempel und drückte dann vorsichtig die auf dem Ei haftende Stempelfarbe auf den neuen Ausweis.

Die alten Ausweise stammten größtenteils vom Schwarzmarkt. Manche waren ihnen auch von Flüchtlingen überlassen worden, die sie nicht mehr benötigten, weil sie außer Landes gebracht werden sollten. Mindestens ein Ausweis gelangte auch durch Diebstahl in ihren Besitz. Maruschka hatte sich eines Tages beim Kaufmann hinter einer Frau aufgestellt, die ein weit offenstehendes Handtäschchen am Arm hängen hatte. Darin steckte deutlich sichtbar ihr Paß. Während die Frau aufmerksam beobachtete, wie der Kaufmann die einzelnen Posten ihrer Rechnung zusammenzählte, erleichterte Maruschka sie ganz behutsam um das wertvolle Dokument.

Je länger die gegen die Juden gerichteten Vernichtungsmaßnahmen andauerten, desto schwieriger wurde es, sie freizukaufen. Ständig stiegen die Preise, und überdies wurden die Menschenhändler, mit denen Wesslen verhandeln mußte, immer durchtriebener. Eines Tages berichtete er voller Ingrimm von ihrer neuesten Taktik: Sie verfolgten die Leute. Gleich nachdem sie sie freigelassen hatten, verhafteten sie sie ein zweites Mal und forderten erneut Auslösung für sie.

Im Laufe der folgenden Wochen ersann Wesslen eine Fülle von Fluchtrouten, die eine erneute Gefangennahme ausschließen sollten. Er bat Maruschka, ihm dabei zu helfen. Eines Abends holte er sechs ältere Juden bei der Gestapo ab und fuhr sie zu einem Treffpunkt, wo er Maruschka die Befreiten übergab. Während sie sie durch einen Kanalisationsschacht führte, merkte sie, daß sie verfolgt wurden. Sie verbarg sich in einer Biegung des Tunnels, bis der Verfolger an ihr vorübergegangen war, und schoß ihm ins Bein. Der Schuß hallte, als wäre ein Dutzend Kanonen gezündet worden. Maruschka und die Juden liefen hastig weiter.

Am nächsten Tag berichtete Maruschka Wesslen von dem Vorfall. Er tobte. «Das war das Dümmste, was du tun konntest», brüllte er. «Du hättest ihn erschießen sollen.»

Maruschka streckte ihm die Hände entgegen. «Ich kann niemanden umbringen, der keine Waffe hat», sagte sie.

«Natürlich hatte er eine.»

«Aber er hat sie nicht gezogen.»

«Du bist zu nichts nütze», erwiderte Wesslen heftig. «Jetzt

ist dieser Fluchtweg für uns unbrauchbar geworden.» Eine Zeitlang sprach er kein Wort mit ihr.

Doch nach einigen Tagen hatte er ihr verziehen. Schließlich war sie seine wichtigste Verbündete, und außerdem hatte er ihr eine zentrale Rolle bei der Durchführung des genialsten aller bisher ersonnenen Pläne, Juden aus Berlin zu schleusen, zugedacht.

Und nun, sechs Wochen später, hatte sie diese Aufgabe ausgeführt und saß im Wald in der Falle. Wie sollte sie nur unbemerkt nach Hause kommen?

Der Morgen dämmerte. Maruschka war starr vor Kälte und hungrig, aber sie wagte noch immer nicht, sich zu rühren. Bestimmt warteten ihre Verfolger nur darauf, daß sie den Wald verließ. Ihre nassen, schmutzigen Kleider würden sie sofort verraten.

Sie blieb den ganzen Tag über in ihrem Versteck und betete um einen Luftangriff, der ihr die einzige Chance zu sein schien, sich in Sicherheit zu bringen. Mit Einbruch der Dunkelheit waren auch die vier Scheinwerferlichter wieder da. Sie wurde also tatsächlich noch immer gejagt.

Plötzlich begannen die Sirenen zu heulen. Welch süßer, lieblicher Ton!

Gleich darauf erloschen die Scheinwerfer. Sie hörte das Dröhnen der sich nähernden Bomber und dann die dumpfen Detonationen. Jetzt oder nie, dachte sie. Geduckt lief sie bis zum Waldrand. Sie hatte ihn gerade erreicht, als eine Bombe mit einer gewaltigen Detonation in eine Fabrik einschlug. Gleich darauf stand das Gebäude in Flammen, die die Umgebung taghell erleuchteten. Maruschka sah, daß die Straße menschenleer war. Als die Entwarnung kam, lief sie, so schnell sie konnte, auf die Fabrik zu. Wie sie gehofft hatte, waren alle Leute viel zu sehr mit dem Feuer beschäftigt, um sich um sie zu kümmern.

Eine Stunde lang half sie, die Flammen zu bekämpfen. Die Kleider der Leute um sie herum waren nun genauso naß und schmutzig wie ihre eigenen. Sobald das Feuer unter Kontrolle gebracht war, wandte sie sich an einen leitenden Angestellten der Fabrikverwaltung. «Ich bin nicht aus dieser Gegend», erklärte sie. «Ich habe Freunde besucht und bin dabei in den Fliegeralarm geraten. Ich habe mitgeholfen, das Feuer zu löschen. Können Sie mir vielleicht eine Bestätigung darüber ausstellen?» Sie bekam das Papier ohne weitere Fragen.

Am Nachmittag war Maruschka wieder in Wilmersdorf. Als sie sicher war, daß niemand sie sehen konnte, kletterte sie über die Kirchhofsmauer in der Kaiserallee. Auf ihr Klopfen wurde ihr von Wesslen geöffnet. Auch Erik Perwe, der Pfarrer, der ein Jahr zuvor Forell abgelöst hatte, war da. «Sie werden doch nicht umkippen?» fragte er.

«Ich glaube nicht», sagte sie.

Perwe packte sie und führte sie zu einer Couch.

«Was ist mit den Leuten?» fragte sie.

«Sie haben es geschafft», sagte Wesslen. «Sie müßten jetzt unterwegs nach Schweden sein.»

Perwe reichte ihr ein Glas Sekt. Sie nahm einen kleinen Schluck und wurde ohnmächtig.

So aktiv Maruschka auch war und so große Risiken sie auf sich nahm, war ihr doch nie der ganze Umfang des Engagements der Schwedischen Kirche bei der Rettung verfolgter Juden bekannt. Selbst die Leute, die offiziell oder – wie Wesslen – inoffiziell im Dienst dieser Kirche standen, wußten nicht über alle ihre Aktivitäten Bescheid. Es gab nur einen, der alles wußte.

23

Er pflegte stundenlang im Hof des Kirchengebäudes zu hokken und an seinem uralten, holzgasgetriebenen Automobil herumzuwerken. Die Kirchenangestellten konnten den Sinn seiner endlosen Basteleien nie recht erkennen und prägten einen eigenen Ausdruck dafür: «Er poliert schon wieder seine Schrauben.» In seinem Arbeitskittel und mit der Baskenmütze auf dem Kopf sah er aus wie ein französischer Automechaniker. Besucher, die zum erstenmal kamen, fragten ihn gewöhnlich, wo denn der Herr Pastor zu finden sei. «Bitte, nehmen Sie doch Platz», antwortete Erik Perwe dann. Die Fremden brauchten meist eine Weile, um zu begreifen, daß der Mann, in dessen Händen sämtliche Fäden der am besten organisierten Initiative Berlins zur Rettung der noch verbliebenen Juden zusammenliefen, leibhaftig vor ihnen stand.

Perwe war ein kleiner, kräftig gebauter Mann, etwa Ende dreißig, mit braunen Augen, die forschend unter buschigen Augenbrauen hervorspähten. Meist lag ein angespannter, beschäftigter Ausdruck auf seinem Gesicht, als wolle er anderen von vornherein signalisieren, daß sie Abstand zu ihm und seinen Geheimnissen halten sollten. Doch wenn er wollte, konnte er auch übers ganze Gesicht lachen wie ein Clown. Darüber hinaus verfügte er über die Gabe des vollendeten Diplomaten, jederzeit das Richtige zu sagen und zu tun. Er gab nie mehr von sich zu erkennen, als die Situation erforderte, doch verlangte sie zum Beispiel eine erheiternde Anekdote, so wußte er mit Sicherheit eine zu erzählen. Er versuchte sich für jeden Verfolgten des Nazi-Regimes einzusetzen, sobald er mit dessen Nöten konfrontiert wurde, doch seine Hauptenergie verwandte er auf die Probleme der Juden, die bei ihm Hilfe suchten.

Eines Tages im September 1942, zwei Wochen nach ihrem Einzug in die gleichzeitig als Kirche, Gemeindehaus und Pfarrhaus dienende geräumige Stadtvilla, fand Martha Perwe, als sie in das im Souterrain gelegene Büro ihres Mannes kam, um ihn zum Essen zu rufen, zu ihrem Erstaunen eine Schar Juden vor, die mit gesenkten Köpfen und Davidsternen auf den Mänteln vor seiner Tür warteten.

Perwe erschien an diesem Tag nicht zum Essen. Statt dessen saß er den ganzen Nachmittag hinter seinem Schreibtisch und hörte sich die Geschichten seiner Besucher an. Als er am Abend endlich nach oben kam, setzte er seine Hornbrille ab, rieb sich die geröteten Augen und sagte zu Martha: «Ich komme mir vor wie eine ausgequetschte Zitrone.»

«Was kannst du für diese Menschen tun?» fragte sie.

«Ich kann ihnen etwas zu essen besorgen. Ich kann Unterkünfte für sie beschaffen. Ich kann Briefe für sie aufgeben.»

«Genügt ihnen das?»

«Meistens nicht.»

«Was machst du dann?»

«Ich nehme sie in die Arme.»

Perwes Hingabe an sein Amt erwuchs aus seinem festen Glauben, daß Gott ihn dazu berufen habe. Das nicht weniger große Engagement der Kirche, die er repräsentierte, hatte sowohl weltanschauliche als auch historische Gründe. Ihr besonderes Verhältnis zu den Juden war vor etwa hundert Jahren entstanden, in der Anfangszeit der jüdischen Einwanderungsbewegung nach Schweden. Damals hatte die Kirche zwiespältig reagiert. Einerseits hatte sie die Juden unter Berufung auf jene klassische oberflächliche Denkweise, die immer wieder in der Geschichte als Rechtfertigung antijüdischer Maßnahmen gedient hatte, als Mörder Christi angegriffen; andererseits war sie bestrebt gewesen, sie zu bekehren.

Das intensive Engagement der Schwedischen Kirche für die Juden im Dritten Reich ließ sich jedoch – wenn überhaupt – nur zu einem geringen Teil aus dem Interesse an deren Bekehrung erklären. Hinter dem Einsatz der Kirche steckten vielmehr tiefverwurzelte Schuldgefühle wegen ihrer früheren Ressentiments. Die Aktivität der Kirche während der Hitlerzeit entsprang dem dringenden Bedürfnis nach einer Wiedergutmachung dieser ursprünglichen Haltung.

Zum Glück existierten bereits praktische Voraussetzungen für ihre Aktivitäten. Im Jahre 1903 hatte die Schwedische Kirche begonnen, Missionen in jenen ausländischen Großstädten einzurichten, in denen eine große Zahl ehemaliger Gemeindeglieder gestrandet war, die Schweden verlassen hatten mit dem Ziel, nach Amerika auszuwandern. Sobald die Bedrängnis der Juden offensichtlich wurde, war es nur natürlich, daß sich die von der Kirche in den siebziger Jahren des 19. Jahrhunderts zum Zwecke ihrer sozialen und seelsorgerischen Betreuung – und ihrer Bekehrung – eingerichtete Schwedisch-Israelische Mission dieser Kanäle bediente.

Die erste große Rettungsaktion begann 1930 in Wien, nachdem die Nazis die Bemühungen österreichischer Priester, getaufte Juden vor der Verfolgung zu bewahren, vereitelt hatten. Damals bat die oberste Synode der Evangelischen Kirche Österreichs den schwedischen Geistlichen Göte Hedenqvist, nach Wien zu kommen und den Konvertiten zu helfen. Vor Ort begann Hedenqvist jedoch, zunehmend auch nicht getaufte Juden zu unterstützen. «Wenn sie mich um Hilfe anflehen, kann ich sie doch nicht fragen, ob sie Christen sind oder nicht», erklärte er seinen Vorgesetzten.

Eintausend Kinder und zweitausend jüdische Erwachsene wurden aus Österreich geschleust, ehe der Krieg dort alle weiteren Bemühungen unmöglich machte. Hedenqvist kehrte nach Schweden zurück und übernahm die Leitung der Schwedischen Mission für Juden – eine andere Bezeichnung für die Schwedisch-Israelische Mission – und überdies die Aufgabe, den nun mit Hilfe der Kirche aus Deutschland kommenden Juden in Schweden eine neue Heimat zu geben.

Zu dieser Zeit amtierte in der Berliner Pfarrei der Kirche Pastor Birger Forell, ein Mann, der sich – der Beschreibung eines seiner Gemeindemitglieder zufolge – «in Dinge verbeißen konnte wie ein Hund in ein Hosenbein». Forell war seit 1929 in Berlin. Von der Machtergreifung durch die Nazis im

Jahre 1933 an hatte er Juden und anderen Verfolgten mit einer Zähigkeit beigestanden, gegen die die Behörden in vielen Fällen machtlos waren. In den folgenden Jahren war Forell jedoch immer wieder von maßgeblichen Nazis unter Drohungen aufgefordert worden, seine Rettungsaktionen einzustellen. 1941 mußte er schließlich einsehen, daß er nichts mehr erreichen konnte. In einem Brief an Perwe schrieb er: «Sie sollten sich bereitmachen, mich abzulösen.»

Perwe war zum erstenmal während eines Aufenthaltes in Wien im Jahre 1935 mit der Not der Juden in Berührung gekommen. Er hatte dort die Bemühungen seines alten Freundes und Amtsbruders Hedenqvist verfolgt. Als er wieder in Schweden war, hielt er zahlreiche öffentliche Vorträge über die Lage der Juden in Österreich. Einer nach dem anderen verschwänden sie, berichtete er. Während seiner Vorträge pflegten schwedische Nationalsozialisten lautstark in den Saal zu marschieren und ihn durch Zwischenrufe zu stören. Perwe ließ sich jedoch nicht davon abhalten, weiterzureden. Eines Tages wurde Erzbischof Earling Eidem auf seine Vorträge aufmerksam und befand, daß Perwe, den er noch aus seiner Studienzeit kannte, der geeignete Mann für Berlin sei. 1939 übertrug ihm der Erzbischof sein neues Amt. Sein besonderer Auftrag lautete, Juden aus Deutschland hinauszuschaffen.

Die Situation, mit der sich Perwe in Berlin konfrontiert sah, war niederschmetternd. Die Juden wurden inzwischen mit einer Härte und in einem Ausmaß verfolgt, wie er es sich bis dahin nicht hatte vorstellen können. Schlimmer noch war für ihn die Erfahrung, daß seine deutschen Amtsbrüder größtenteils keine Anstalten machten, etwas dagegen zu unternehmen. Einzelne Geistliche versuchten mit Hilfe ihrer Gemeinden, getaufte Juden zu retten, aber bis auf wenige Ausnahmen rührte niemand auch nur eine Hand, um der großen Mehrheit der nichtgetauften Juden zu helfen. Am bedrückendsten aber fand Perwe die Tatsache, daß die Kirchen offiziell Stillschweigen bewahrten. Abgesehen von ein paar mahnenden Worten, die gelegentlich in einer Predigt fielen, gab es keinerlei Protest.

Was war der Grund für diese Passivität? Diese Frage beschäftigte Perwe immer wieder. Hatten die Kirchen so große Existenzängste in diesem Terrorstaat mit seinen heidnischen Reminiszenzen und seinem Führerkult? Oder hatten sie viel größere Angst vor dem Sozialismus und hielten es aus nationalistischen Motiven für notwendig, das Regime kritiklos zu stützen, da es Deutschland wieder erstarken zu lassen versprach? Waren auch die Kirchen, wie die meisten Deutschen, der Ansicht, daß es nur zum Nutzen des Landes geschah, wenn man den Einfluß der Juden innerhalb des Geschäftslebens, der akademischen Berufe und der Kunst beschnitt? Oder lag es letztlich daran, daß die Juden den deutschen Kirchen untergründig unheimlich waren, weil ihre Partizipation an der Gesellschaft deren germanischen Wesenskern aufzuweichen drohte – weil die Kirchen, Geistliche wie Gemeindemitglieder, schlicht und einfach voreingenommen gegen die Juden waren?

Wie auch immer die Antworten auf diese Fragen lauten mochten – Perwe war zutiefst schockiert. 1941 kehrte er erschüttert nach Schweden zurück. Forells Brief, den er kurz darauf erhielt, stürzte ihn in Gewissensqualen. Er war nicht im geringsten darauf erpicht, mit seiner Frau und seinen drei Töchtern – von denen die älteste gerade sieben war – in ein Kriegsgebiet umzusiedeln. Aber durfte er diese Aufgabe zurückweisen, wo doch seine Anwesenheit in Deutschland verfolgten Juden das Leben retten konnte, auch wenn es noch so wenige sein mochten? «Ist das die Antwort auf die Frage unserer Zukunft?» schrieb er in sein Tagebuch, in das er regelmäßig Eintragungen machte – Notizen, die in aller Knappheit die quälenden Fragen und Gedanken, die ihn beschäftigten, zum Ausdruck brachten.

Im Frühjahr 1942 ließen die Nazis Forell wissen, daß er in Deutschland nicht länger erwünscht sei. Forell informierte Perwe. «Gott ruft mich. Ich muß gehorchen», schrieb Perwe in sein Tagebuch. Am 21. Juni erhielt er ein Telegramm aus Berlin, das seine Ernennung zum Pfarrer der dortigen Gemeinde bestätigte. «Gott möge mir und uns allen beistehen», notierte er. Die Familie Perwe verließ Schweden am letzten Augusttag. Es war ein schwerer Schritt, der für Perwe und seine Familie eine große emotionale Belastung darstellte. Nur andeutungsweise kommt dies in zwei Tagebucheintragungen zum Ausdruck: «*31. August 1942*: Abreise von Norrköping nach Berlin. Viele Leute am Zug, um sich von mir zu verabschieden. Rührend, schmerzlich, ermutigend. *1. September 1942*: Zugfahrt nach Berlin. Viele Menschen. Sehr heiß. Von einem Wagen der Legation abgeholt. Im Pfarrhaus Schwester Vide kennengelernt. Gott segne unsre Ankunft.»

Die Schwedische Kirche war in der Empfangshalle einer großen, stattlichen Villa in der Landhausstraße in Berlin-Wilmersdorf untergebracht. Die Straße war von Linden gesäumt. Hinter der Villa lag ein riesiger, verwilderter Garten, der sich bis zur Kaiserallee erstreckte, einer der Hauptdurchfahrtsstraßen zur drei Kilometer weiter nördlich gelegenen Stadtmitte. Allen, die hier arbeiteten oder Hilfe suchten, erschien das Haus mit dem parkähnlichen Garten inmitten der vom Krieg schwer strapazierten Stadt wie eine Welt für sich – ein Eindruck, der bald darauf in ganz wörtlichem Sinne zutreffen sollte: Zu beiden Seiten der Villa wurden so viele Häuser durch die Bomben dem Erdboden gleichgemacht, daß die Kirche schließlich nahezu frei stand.

Dennoch war es nicht so sehr die äußere Isolation des Gebäudes als vielmehr die dort herrschende Atmosphäre, die die Kirche von ihrer Umwelt abhob. So moralisch, fromm und geradezu borniert es dort vor dem Krieg zugegangen war, so offen, so rege und elektrisiert wirkte sie jetzt – fröhlich, lebensbejahend, flexibel und tolerant. Besucher wurden häufig mit Cognac und Zigarren bewirtet, was vor dem Krieg so gut wie nie vorgekommen war. Stets standen ein Topf Suppe und eine Kanne Kaffee auf dem Herd. Zu jeder Tages- und Nachtzeit wurde Essen an Hungrige ausgeteilt. Fleischstreifen hingen jetzt von den Haken herab, an denen früher die Kirchgängerinnen ihre Pelzmäntel aufgehängt hatten. Es kamen so häufig unerwartete Gäste, daß die Gemeindebediensteten ihre Schlafräume oft mit Fremden teilen mußten. Aber das störte sie ebensowenig wie die Tatsache, daß sie oft achtzehn Stunden am Tag arbeiteten. Sie wußten, daß sie hier die Gemeinschaft erlebten, die sie sich von der Tätigkeit im Dienst der Kirche erhofft, aber noch nie zuvor gefunden hatten. Die Menschen, denen sie halfen, vergalten ihnen ihre Mühen durch tiefe

Dankbarkeit – für sie waren sie Retter, eine ermutigende Etappe auf dem Weg zur Freiheit. Sie wußten, daß sie gebraucht wurden, und das half ihnen, mit den hohen Anforderungen, die die Arbeit an sie stellte, fertig zu werden.

Die herausragendste Gestalt unter ihnen war Vide Ohmann, eine gelernte Krankenschwester, die in diesen Notzeiten als Gemeindehelferin fungierte. Schwester Vide war eine lebhafte, junge Frau, deren feines Gesicht ihre turbulenten Gefühlsbewegungen weithin sichtbar widerspiegelte. Sie hatte ihr ganzes Leben in Berlin zugebracht. Um so größer waren die Verzweiflung, der Zorn und die Verwirrung, die sie angesichts der von der NSDAP geschaffenen Situation empfand und die sie in ihrer Entschlossenheit bestärkten, alles in ihrer Macht stehende zu tun, um den Opfern des NS-Regimes zu helfen. Es gab kaum etwas, das sie und ihre Mitarbeiterinnen nicht zu tun bereit gewesen wären, um den Juden das Leben zu erleichtern.

Die Hauptaufgabe der weiblichen Kirchenbediensteten bestand darin, sich um die heimatlos umherirrenden Juden zu kümmern, die sich regelmäßig in der Kirche einfanden. Zeitweise waren es bis zu zwanzig Personen. Perwe unterhielt sich mit jedem von ihnen. Einmal sagte er zu Vide: «Ich lebe nicht *ein* Leben, ich lebe jeden Tag zwanzig Leben.» Was der Pastor im einzelnen für die Juden tat, wußten die Frauen nicht, sie schoben die Frage einfach beiseite. «Versuchen Sie bitte nie, das, was Sie hier erleben, zu ergründen», hatte er sie gebeten. «Es ist besser, wenn Sie nichts darüber wissen.»

Ein Teil seiner Aktivitäten bestand darin, den Leuten zu einer neuen Identität zu verhelfen. Der beste Identitätsnachweis war die Kennkarte, der obligatorische Ausweis. Um eine solche Kennkarte ausgestellt zu bekommen, mußte man einen Taufschein vorlegen. Taufscheine ließen sich zwar leicht fälschen, aber die Angaben mußten mit den in den Kirchenbüchern dokumentierten Daten identisch sein. Deshalb wurden Juden, denen man falsche Taufscheine ausstellte, zusätzlich in die bis 1905 zurückdatierenden Taufregister «eingetragen».

Darüber hinaus fanden weiterhin die geheimen Tauschgeschäfte mit der Gestapo statt, bei denen Juden über Mittelsmänner freigekauft wurden. Auch für diese Transaktionen war

Perwe verantwortlich, aber er überließ es größtenteils Wesslen, sie zu organisieren. Wesslen war ihm ein Rätsel. Diesen Mann schien die Gefahr anzuziehen. Warum sonst sollte sich jemand Anfang der vierziger Jahre, nach Beginn der Luftangriffe, ausgerechnet Berlin als Aufenthaltsort aussuchen? Der Wunsch, dort Landschaftsplanung zu studieren, konnte doch unmöglich der einzige Grund für diesen Entschluß gewesen sein. Wesslen war dreißig, doch schien er zuweilen das Leben mit den Augen eines abenteuerdurstigen Schuljungen zu betrachten. Je größer das Risiko war, desto wohler fühlte er sich.

Auch in seinem Äußeren wirkte er ein wenig wie ein Schuljunge, was vor allem auf seine naive, treuherzige Art zurückzuführen war. Er schien so offen und aufrichtig, daß niemand ihm etwas Unlauteres zutraute. In Wirklichkeit hatte er jedoch ein besonderes Geschick darin, sich aller erdenklichen Schliche zu bedienen. Er war ein Meister der Kunst, mit der Gestapo auszukommen und sie für seine Zwecke zu benutzen. Seine geheimen Kontakte schienen allumfassend zu sein. Dank seiner fieberhaften Aktivität wußte er, wo man eine Flasche Schnaps gegen einen Satz Reifen oder ein Pfund Butter gegen eine Tankfüllung Treibstoff tauschen konnte. Seine Vorräte an Tauschwaren – Lebensmitteln, Wein und Zigaretten schwedischer Herkunft – waren ebenso unerschöpflich wie seine Verbindungen und seine Energie.

Der wertvollste Dienst, den die Kirche den Juden erweisen konnte, bestand letztlich darin, ihnen ein sicheres Versteck zu beschaffen. Perwe verwaltete diese Adressen, die er zum größten Teil von einem Deutschen namens Reuter bezog, der für die Instandhaltung der Kirche zuständig war. Reuter war ein älterer, mittelgroßer Mann mit weißem Haar, einem traurigen, reglosen Gesicht und einer großen Nase, auf der eine uralte Brille saß. Seine Kleidung war alt und ausgebeult. Er erweckte in jeder Hinsicht den Eindruck eines armen, unbedeutenden Alten, und die weiblichen Kirchenbediensteten fürchteten ihn, weil er oft sehr unfreundlich war. Er erschien ziemlich regelmäßig zu den Mahlzeiten, doch aß er nur selten zusammen mit den übrigen Kirchenbediensteten und wechselte so gut wie nie ein Wort mit ihnen. Bei ganz außergewöhnlichen Anlässen konnte es einmal vorkommen, daß er lächelte, und dann erschien er wie ausgewechselt. Woher Reuter seine Adressen bezog, wußte nicht einmal Perwe. Er wußte nur, daß er sich auf alle Angaben, die von Reuter stammten, verlassen konnte.

Zwei bis drei Wochen nachdem die Juden ihre Verstecke aufgesucht hatten, erschienen sie jedoch gewöhnlich erneut in der Kirche und behaupteten, daß die Gestapo ihnen auf den Fersen sei. Perwe konnte nie in Erfahrung bringen, ob es stimmte, was sie erzählten. Es mochte ebensogut nur Einbildung sein. Vielleicht waren auch die Deutschen, die sie beherbergt hatten, ihrerseits nervös geworden. In jedem Falle bedeutete es, daß er neue Quartiere für sie finden mußte. Manchmal hatte er keine Adressen mehr. Dann brachte er sie für einige Tage, zuweilen aber auch Wochen, im Kellergeschoß der Kirche unter. So konnte es nicht ausbleiben, daß eines Tages der erste Jude notgedrungen zu einem ständigen Mitbewohner des Kirchengebäudes wurde.

Dieser Mann hieß Erich Müller. Er stammte aus Leipzig, war in den Vierzigern und von Beruf Geiger, ein unauffälliger Mensch, der weder durch sein Aussehen noch sein Verhalten besonders hervortrat und nur schwer als Jude zu erkennen war. Bisher hatte ihn diese Kombination von Eigenschaften geschützt. Als Perwe ihn jedoch in den ersten Wochen seines Aufenthaltes in Berlin kennenlernte, schien er kurz vor einem Nervenzusammenbruch zu stehen. Einige Jahre zuvor hatte Birger Forell Müllers Sohn zur Flucht nach Schweden verholfen. Jetzt trug Müller erneut eine dringende Bitte vor. Er habe mit seiner jüdischen Verlobten und deren Mutter zusammengelebt, erklärte er. Nun sei seine Verlobte schwanger, und er müsse unbedingt eine Abtreibung arrangieren. Ob der Pastor ihm helfen könne?

Doch bevor sich Perwe in dieser Gewissensfrage entscheiden konnte, erlitt die junge Frau eine Fehlgeburt. Als sie sich erholt hatte, beschloß sie, Berlin zu verlassen und zu Verwandten nach Fribourg in der Schweiz zu ziehen. Müller tat alles in seinen Kräften Stehende, um sie von diesem Vorhaben abzubringen, aber sie blieb dabei. Perwe stattete sie mit einem

Rucksack, Kleidung und Lebensmitteln aus, und sie machte sich auf die Reise. Wochenlang traf kein Lebenszeichen von ihr ein. Müller war so deprimiert, daß er drohte, sich das Leben zu nehmen. Die Mutter seiner Verlobten forderte ihn auf, ihre Wohnung zu verlassen. Am 1. Dezember 1942 bezog Müller sein neues Quartier in der Kirche. Er bewohnte eine Dachkammer, einen winzigen Raum, den Forell als Arbeitszimmer benutzt hatte. Perwe hatte mit ihm vereinbart, daß er bis zehn Uhr abends in seinem Zimmer bleiben müsse. Danach durfte er sich auf der zum Garten hin gelegenen Terrasse aufhalten.

Müller hielt sich gewissenhaft an dieses Abkommen. Er öffnete nicht einmal die Tür, wenn Martha Perwe ihm sein Essen auf einem Tablett brachte. Wenn sie dann nach einer Stunde zurückkam, um das Tablett zu holen, stand es noch immer am selben Platz, und das Essen war unberührt. Vergebens drängte sie ihn durch die geschlossene Tür, doch etwas zu sich zu nehmen. Oft reagierte er nicht einmal. Tagelang sahen und hörten sie nichts von ihm, und er fastete noch immer. Sie fürchteten schon, daß die Isolation und die Trennung von seiner Verlobten ihn langsam in den Wahnsinn trieben. In ihrer Verzweiflung schüttete Martha schließlich ein amphetaminhaltiges Mittel in eine Tasse Tee, die sie ihm vor die Tür stellte. An jenem Abend kam Müller endlich herunter und sagte, daß es ihm besser gehe. Am Heiligen Abend erschien er wieder und spielte ihnen auf seiner Geige vor.

Im März 1943 zogen zwei weitere Juden als Dauergäste in das Kirchengebäude. Bis zu diesem Zeitpunkt waren Martin Weissenberg, ein Mann Anfang sechzig, und seine Frau Margot den Nazis hauptsächlich dank der Unterstützung einer Schwester Horst Wessels entkommen. Wessel, der 1930 an den Folgen eines Überfalls gestorben und daraufhin zum Märtyrer der nationalsozialistischen Bewegung erklärt worden war, hatte das «Horst-Wessel-Lied» verfaßt, das offizielle Parteilied der NSDAP, das im Dritten Reich zur zweiten Nationalhymne wurde. Als Kinder waren Margot und er befreundet gewesen. Nach der Machtergreifung hatte Wessels Schwester die Weissenbergs überredet, ihre Kinder nach England zu schicken, ihnen Kleidung und Medikamente aus ihren eigenen knappen Beständen zukommen lassen, sie gewarnt, wenn neue Aktionen gegen die Juden bevorstanden, und sie sogar einmal zwei Minuten vor Ankunft der Gestapo noch aus einem Versteck herausgeschleust. Als ihre Geldmittel erschöpft waren, hatten die Weissenbergs sich nachts auf der Straße, in verlassenen Gebäuden, Toreinfahrten und Parks aufgehalten, bis Perwe sich ihrer annahm.

Ein Freund, der bis zur Machtergreifung und dem Verbot aller übrigen Parteien durch die Nazis aktiver Sozialdemokrat gewesen war, hatte ihnen empfohlen, Verbindung mit Perwe aufzunehmen, der bereits einer Reihe jüdischer Bekannter von ihm Zufluchtsmöglichkeiten vermittelt hatte. Drei Tage nachdem sie ihn aufgesucht hatten, hatte Perwe sie benachrichtigen lassen, daß er ein Quartier für sie in einem Rentnerwohnheim am Südrand Berlins gefunden habe. Das Heim wurde von einer älteren Deutschen geleitet. Sie gab sich große Mühe, dem Ehepaar Mut zu machen. Es hätten schon andere Juden bei ihr gewohnt, bis sie noch sicherere Lebensumstände gefunden hätten, vertraute sie ihnen an, und nicht ein einziges Mal habe sich die Gestapo eingeschaltet.

Wenige Wochen später stattete diese dem Heim jedoch einen überraschenden Besuch ab. Einer der Alten war zur Polizei gegangen und hatte behauptet, daß die Heimleiterin Juden versteckt hielte. Glücklicherweise waren die Weissenbergs gerade unterwegs, um mit den Lebensmittelkarten, die sie unmittelbar zuvor von Perwe erhalten hatten, Vorräte einzukaufen. Solche Unternehmungen waren für sie insofern zumindest etwas weniger riskant geworden, als Weissenberg über ihren ehemaligen Postboten im Tausch gegen zehn Zigarren zwei Postausweise hatte organisieren können. Als die Gestapo-Beamten keine Juden im Haus und auf dem Grundstück vorfanden und die Heimleiterin erbittert alle diesbezüglichen Anschuldigungen bestritt, glaubten sie ihr schließlich, taten die Anzeige als Hirngespinst eines Greises ab und stellten keine weiteren Nachforschungen an.

Im Januar und Februar 1943 lebten die Weissenbergs ohne weitere Zwischenfälle in dem Heim. Frau Perwe brachte ihnen zusätzliche Nahrungsmittel, und auch der Pastor selbst besuchte sie hin und wieder. Martin Weissenberg, der allein im Jahre 1940 zwanzig seiner engsten Verwandten, darunter sechs Geschwister, verloren hatte und dessen eigene Gesundheit durch die Zwangsarbeitseinsätze – er hatte Kohlen schaufeln müssen – angegriffen war, hätte dieses Leben geradezu als Erlösung empfinden können, wäre es nicht von einer täglichen Mahnung überschattet gewesen: dem allmorgendlichen lauten Gesang der ganz in der Nähe kasernierten SS-Einheiten, der verkündete: «Und wenn das Judenblut vom Messer spritzt, dann geht's noch mal so gut!»

Dann wurde jedoch im März das Heim durch eine Bombe zerstört. Opfer waren nicht zu beklagen, da sich sämtliche Bewohner in die Luftschutzkeller begeben hatten, aber die Weissenbergs waren so erschüttert über den Verlust ihrer Zufluchtsstätte, daß es Augenblicke gab, in denen sie sich fragten, ob nicht der Tod der erneuten Ungewißheit, mit der sie der Zukunft entgegensahen, vorzuziehen sei.

Da holte Perwe sie in seine Kirche.

Die Kirchenbediensteten hatten den Geiger Müller nie leiden können. Er war empfindlich und streitsüchtig, beklagte sich häufig und drang hartnäckig darauf, daß Perwe seine Flucht nach Schweden arrangieren solle. Die Weissenbergs dagegen, die sich als überaus dankbare, fröhliche und hilfsbereite Mitbewohner erwiesen, mochten sie von Anfang an. Margot Weissenberg nahm sich der Hausarbeiten an, und ihr Mann wurde zum «Luftangriffexperten» des Hauses. Er besaß einen großen Stadtplan von Berlin, der Ähnlichkeit mit einem Spielbrett hatte. Am oberen Rand war er mit einer Buchstaben- , am seitlichen mit einer Zahlenreihe versehen. Wenn sich Flugzeuge der Alliierten der Stadt näherten, verfolgte das in Zoonähe gelegene Flakzentrum ihre Route und gab die Koordinaten über den Rundfunk bekannt: «Bombergeschwader jetzt über A2. Nimmt Richtung auf G5.» Weissenberg suchte dann die angegebenen Planquadrate auf seiner Karte auf und konnte auf diese Weise in jeder Phase eines Bombenangriffs darüber Auskunft geben, ob der Kirche unmittelbare Gefahr drohe.

Den Kirchenbediensteten stand der Luftschutzkeller der schwedischen Gesandtschaft im Tiergarten zur Verfügung, und obgleich sie mehrere Kilometer zurücklegen mußten, um dorthin zu gelangen, blieb ihnen dank der rechtzeitigen Bombenwarnungen immer genügend Zeit, um vor Beginn eines Angriffs dort zu sein. Meistens blieben sie jedoch während der Angriffe im Kirchengebäude, da sie aus Erfahrung wußten, daß gerade in diesen Schreckensminuten viele Juden und andere Verfolgte unter dem «Schutz» des Alarms zu ihnen kamen und Hilfe suchten. Sie hatten sich in einer im Garten gelegenen Kartoffelmiete einen notdürftigen Schutzraum eingerichtet. Sobald die Bomben in unmittelbarer Nähe zu fallen begannen, suchten sie dort Zuflucht.

Eines Tages – Martin Weissenberg hörte gerade die Rundfunkmeldungen – betraten plötzlich zwei Polizisten in Uniform sein Versteck. Ihm blieb beinahe das Herz stehen. Doch die beiden Männer gaben ihm zu verstehen, daß sie nicht gekommen waren, um ihn zu holen. Sie wollten nur die Sendung mitanhören. Es war Weissenbergs erste Begegnung mit den beiden wichtigsten Verbündeten Perwes, dem Wachtmeister und dem Reviervorsteher der schräg gegenüber der Kirche gelegenen Polizeiwache. Der Wachtmeister hieß Hoffmann. Er war ein untersetzter Mann mittleren Alters mit einem buschigen Schnurrbart, dem es erstaunlicherweise gelang, in diesen Zeiten, da niemand mehr genug zu essen hatte, noch immer wohlgenährt auszusehen. Der Reviervorsteher hieß Mattek. Er war klein, kräftig und etwa in Hoffmanns Alter. Auch er trug einen feschen Schnurrbart. Sein Mund war ständig zu einem freundlichen Grinsen verzogen, das sich in ein strahlendes Lächeln verwandeln konnte, bei dem sich sein ganzes Gesicht in unzählige Falten legte. Die beiden hatten zur alten Garde der Sozialdemokraten gehört und waren zugleich Preußen bis ins Mark. Wie so viele Polizisten waren sie mit den brutalen, gegen die Vorschriften und Gesetze verstoßenden Methoden der Nazis nicht einverstanden. Ordentliche Polizeibeamte holten nun einmal keine Menschen mitten in der Nacht ohne Haftbefehl aus den Betten.

Hoffmann, der die Verantwortung für den gesamten Außendienst der Wache trug, war Nazi-Gegner und gab sich keine Mühe, seine Einstellung zu verbergen. Mattek, der Reviervorsteher, nahm jedoch erst recht kein Blatt vor den Mund. Er haßte Joseph Goebbels. «Der kleine Klumpfuß erzählt wieder Märchen», pflegte er jede neue Rede des Propagandaministers zu kommentieren.

Hoffmann und Mattek gingen in der Kirche aus und ein. Sie kamen, um BBC-Sendungen zu hören oder eine Partie Schach mit dem Herrn Pastor zu spielen. Beide wußten sie, daß sich in der Kirche Juden versteckt hielten, ja sie suchten sogar Kontakt zu ihnen. Perwe besorgte den beiden Kaffee, Butter, Alkohol, Zigarren und andere gängige Tauschwaren, die sie zur Beschaffung zusätzlicher Lebensmittel für ihre Familien verwenden konnten. Mattek hatte neben seinen Angehörigen noch einen Fahnenflüchtigen zu versorgen, den er im Keller der Polizeiwache versteckt hielt. Als Gegenleistung achteten die beiden Polizisten darauf, daß sich keine verdächtigen Personen im Umkreis der Kirche herumtrieben. Einmal nahm Hoffmann zwei Männer fest, die ein auffälliges Interesse an dem Treiben in der Kirche gezeigt hatten, und stellte sich äußerst überrascht, als sie sich als Gestapo-Beamte entpuppten. Eines Tages erschien ein Gestapo-Mann auf der Polizeiwache, um dort von einem Fenster aus zu beobachten, wer die Kirche betrat oder verließ. Mattek schlüpfte zur Hintertür hinaus, ging den Häuserblock hinunter, überquerte die Straße und gelangte durch mehrere ineinander übergehende Keller in die Kirche, wo er Perwe informierte. Dieser stellte daraufhin an jeder Ecke des Häuserblocks einen Posten auf, der die Illegalen warnen sollte.

Der wichtigste Wachtposten bei allen Aktivitäten der Kirche war jedoch Perwe selbst, da er von Natur aus sehr vorsichtig und bedachtsam war. Sein bester Schutz bestand darin, nach außen hin seine Rolle als Geistlicher der Kirche eines neutralen Landes möglichst perfekt zu wahren, und er gab sich große Mühe, dies zu tun. Er war regelmäßig zu Gast bei Empfängen in Diplomatenkreisen, wo er in scheinbar gutem Einvernehmen mit den Repräsentanten der NSDAP verkehrte. Seine Frau pflegte ihn bei solchen Anlässen zu begleiten. In ihrer schlichten Pfarrfrauentracht mit den dunklen Strümpfen, derben Schuhen und der keuschen, schmucklosen Frisur schien sie nicht in die elegante Diplomatenwelt zu passen. Das streng zurückgekämmte Haar ließ jedoch ihre feingeschnittenen Gesichtszüge noch deutlicher zur Geltung kommen, und die Gäste waren ausnahmslos fasziniert von dieser Frau, die ein Weinglas in der Hand hielt, ohne je auch nur einen Schluck zu trinken, und die mit den Diplomaten plauderte, als hätte sie ihr Leben lang nichts anderes getan. Allenfalls ihr Mann ließ es gelegentlich an den gebotenen Umgangsformen fehlen. So bemerkte er einmal bei einem Empfang, wie die Asche der Zigarette eines Bruders Heinrich Himmlers immer länger wurde. «Aha», sagte Perwe schließlich, «die Endlösung.» Himmlers Bruder beeilte sich, die Asche abzustreifen.

Perwe wußte, daß er allein schon seines Vorgängers wegen argwöhnisch beobachtet wurde, und war deshalb stets auf der Hut. Eines Tages erschien eine Frau in der Kirche und erzählte ihm die klassische Leidensgeschichte. Ihre Familie sei auseinandergerissen worden, sie habe weder Papiere noch etwas zu essen, wisse nicht, wo sie unterkommen könne und ziehe seit Wochen durch die Straßen. Ob er ihr helfen könne? Perwe musterte sie kühl. «Wer so gut frisiert, gekleidet und genährt ist wie Sie», entgegnete er, «läuft nie und nimmer seit Wochen auf der Straße herum.» Er stand auf, wies zur Tür und forderte sie auf zu gehen: «Würden Sie die Güte haben – ich habe zu tun.»

Erstaunlicherweise versuchte es wenige Wochen darauf eine andere Frau mit dem gleichen simplen Trick. Perwe war davon überzeugt, daß die Gestapo dahintersteckte. Er hatte jedoch keine Ahnung, wieviel sie wußte.

Während der ganzen Zeit führte Perwe sein Tagebuch weiter. Seine Eintragungen waren stets knapp, faßten jedoch prägnant zusammen, vor welchen Problemen er stand, welche Ungewißheiten ihn quälten und welcher Lohn ihm zuteil wurde, wenn er Menschen geholfen hatte, in die Freiheit zu gelangen.

«*7. September 1942*: Besuch von Fräulein Elias, ‹nichtarisch›, betreut Flüchtlinge in der Stadt.

11. September 1942: Der Jude Müller wegen seines Sohnes Rolf, der in Schweden lebt.

16. September 1942: Müller mit seiner Verlobten – in tiefer Verzweiflung und großer Gefahr.

30. September 1942: Sprechtag. Mehrere Anfragen wegen Verwandten in Theresienstadt.

16. Oktober 1942: Bei der Gesandtschaft wegen Erlaubnis, Eidem Informationen über gewisse für alle Christen wichtige Ereignisse zukommen zu lassen ... Erlaubnis verweigert.

17. Oktober 1942: Beerdigung des jungen Nyberg, der als Geisteskranker ‹wie üblich› im Krankenhaus umgebracht wurde.

21. Oktober 1942: Frau Ida Kuranski wegen ihres Kindes, das sie nach Schweden schicken will.

23. Oktober 1942: Eine Reihe deutscher Parteigrößen aus dem Bereich des Erziehungswesens, darunter ein Staatssekretär und ein Bruder Himmlers. Jede Menge Heil Hitler und so weiter.

31. Oktober 1942: Eine jüdische Frau mit zwei kleinen Mädchen, die Sterne tragen. Wollte die Kinder in Schweden adoptieren lassen.

17. November 1942: Sprechtag. Eine Frau wegen Verbindungen des Schwedischen Roten Kreuzes zu Theresienstadt, wohin ihre Mutter deportiert wurde.

18. November 1942: Frau Rubin, Jüdin, auf dem Weg nach Schweden, für ein paar Tage als Gast aufgenommen.

11. Dezember 1942: Erfahren, daß der deutsche Schriftsteller Klepper letzte Nacht sich, seine Frau und seine Tochter umgebracht hat. Frau und Tochter hatte Deportation gedroht. Sie waren Mischlinge! [Mischlinge, Abkömmlinge aus Mischehen, lagen Perwe besonders am Herzen, aber im Fall Jochen Klepper lagen die Fakten anders, als der Pastor glaubte. Klepper, ein gläubiger Schriftsteller und Verfasser von Kirchenliedern, war nichtjüdischer Herkunft, hatte jedoch eine jüdische Witwe geheiratet und deren zwei Töchter adoptiert. Die ältere Tochter war Mitte der dreißiger Jahre nach England ausgewandert, die jüngere hatte es jedoch vorgezogen, bei der Mutter zu bleiben. Klepper verzweifelte an der Tatsache, daß die evangelische Kirche, der er angehörte, nur äußerst zaghaft gegen die Behandlung der Juden protestierte.]

12. Dezember 1942: Autofahrt nach Tempelhof mit Frau Jenny Rubin, die froh ist, nach Schweden zu kommen.

14. Dezember 1942: Sprechtag. Unter anderem Fräulein Tali Paul, die gestern Kritik an der Partei übte, für die Sache der Juden eintrat und mir eine verzerrte Sicht des Christentums vorträgt: Gott sei für alles verantwortlich – an allem schuld. Frau Wehmeier, die ebenfalls die Partei kritisierte und über Politik, unter anderem über die Judenverfolgung, sprach.

16. Dezember 1942: Essen mit Bischof Meiser. Interessanter Mann, aber extrem vorsichtig. [Der deutsche Bischof Meiser erklärte Perwe, er könne ihm drei gute Ratschläge geben: «Erstens: Seien Sie vorsichtig. Zweitens: Seien Sie vorsichtig. Drittens: Seien Sie vorsichtig.» – «Dann kann ich ebensogut gleich meine Sachen packen und nach Schweden zurückkehren», hatte Perwe erwidert.]

29. Dezember 1942: Viele Nichtarier wegen der zugespitzten Situation.

1. Januar 1943: Besuch eines jüdischen Ehepaares, das eine Unterkunft suchte. Berg-Weissenberg.

4. Januar 1943: Zahlreiche obdachlose Juden.

13. Januar 1943: Viele unglückliche Nichtarier.

1. März 1943: Luftangriff schlimmster Sorte. Drei Brandbomben auf das Haus, davon eine in mein Zimmer in der Wohnung. Das blaue Großmuttersofa und ein schwarzer Tisch zerstört. Es gelingt uns im Nu, das Feuer zu löschen. Berlin ist ein Flammenmeer.

2. März 1943: Zu Hause Vorkehrungen gegen kommende Luftangriffe getroffen. Gott sei mit uns!

5. März 1943: Martha und die Kinder nach Schweden. Traurig, aber notwendig. Gott schütze sie alle!

7. März 1943: Bis in die Nacht mit Dr. Lehfeld an einem Bericht an die schwedische Regierung betr. Judenverfolgung gearbeitet.

17. August 1943: Luftalarm. Schrecklicher Angriff durch 900 Flugzeuge mit 5000 Mann Besatzung. 1700 Tonnen Bomben. Zwei Bomben in 300 Meter Entfernung, Phosphorbomben im

Park, zwanzig Meter vom Haus entfernt ... zwei Häuser neben unserem in Flammen, viele Fensterscheiben kaputt ... Kirche und Haus unversehrt. Nebenan mitgeholfen. Zu Bett um 6 Uhr 30 morgens.

24. August 1943: An unseren zerstörten Fensterscheiben gearbeitet. Die Stadt sieht furchtbar aus.

22. November 1943: Luftangriff, bisher der schlimmste überhaupt. Unsere Zuflucht, das Legationsgebäude, in Trümmern, die Stadt in Aufruhr. Geholfen, Gesandtschaft zu evakuieren. Dann im Auto zur Kirche. Drei Stunden Kampf gegen Flammen und Rauch.

26. November 1943: Luftangriff von zwei Stunden. Entsetzlich. Neue furchtbare Zerstörung. Ein Drittel Berlins vernichtet. Die Kirche steht noch. Gott sei Dank!

31. Dezember 1943: So geht dieses Jahr zu Ende, ein furchtbares Jahr. Möge sich Gott der Frevel dieses Jahres, der Täter und der Opfer, erbarmen.»

24

Von einem Juden festgenommen! Fritz Kreuger konnte es kaum fassen. Schon vor Monaten hatte man ihn vor den Fängern gewarnt. «Diese Leute arbeiten für die Gestapo», hatte ihm ein ebenfalls untergetauchter Jude erklärt. Anfangs hatte er diese ungeheuerliche Vorstellung nicht wahrhaben wollen. Dennoch war er mehr als zuvor darauf bedacht gewesen, jedes Risiko zu vermeiden. Einige Wochen nach dieser Warnung war ihm ein Jude, den er kannte, auf der Straße entgegengekommen, und er hatte sich blitzschnell in einen Hauseingang geflüchtet, ehe der andere ihn hatte bemerken können. Doch dieses Mal war er in die Falle gegangen, und nun erwartete ihn dank Fedor Friedländer der Abtransport nach Auschwitz.

Fritz konnte zu diesem Zeitpunkt nicht ahnen, daß er von einem der beiden berüchtigsten Fänger gefaßt worden war, die zwischen 1942 und 1944 die Straßen Berlins durchstreiften, um, den Instruktionen der Gestapo folgend, nach «schwarzen Haaren und großen Nasen» Ausschau zu halten: Rolf Isaaksohn. Er war ein junger, überheblich wirkender Mann von kleiner Statur, der einen florierenden Handel mit falschen Papieren für illegale Juden betrieben hatte, bevor er selbst von der Gestapo festgenommen worden war.

Am Tag seiner Verhaftung war Isaaksohn gerade mit Frau Mecklenburg, einer jüdischen Schneiderin, handelseinig geworden, die für einen nichtjüdischen Freund arbeitete und auch in dessen Wohnung lebte. Isaaksohn holte sich die ausgehandelte Bezahlung ab – Geld und einen Anzug – und versicherte, er werde bald mit den Papieren zurückkommen. Als er ausblieb, flüchtete die Schneiderin aus der Wohnung. Am nächsten Tag erschien die Gestapo, um nach ihr zu forschen. Vermutlich war Frau Mecklenburg das erste jüdische «U-Boot», das Isaaksohn denunzierte.

Es gab nur eine Person, die Isaaksohn seine traurigen Rekorde streitig machte: die Frau, mit der er unmittelbar nach Fritz' Verhaftung im Frisiersalon gesprochen hatte. Sie hieß Stella Kübler. Auf dem Höhepunkt ihrer «Karriere» war sie gerade zwanzig Jahre alt, eine Frau von einer extravaganten Schönheit, die allgemein «das blonde Gespenst» genannt wurde. Stella Kübler arbeitete oft mit Isaaksohn zusammen. Es wird behauptet, daß sie zusammen 2300 Juden der Gestapo ausgeliefert haben – eine Schätzung, die sich nie wird beweisen lassen.

Stella Kübler, deren Mädchenname Goldflack lautete, wurde 1923 geboren. Ihr Vater war ein bekannter Komponist, die Mutter Kabarettistin. 1941 heiratete sie als Achtzehnjährige einen jungen Mann namens Manfred Kübler. Die Ehe war nicht von langer Dauer. 1943 arbeitete sie zusammen mit ihrer Mutter in einer großen Fabrik. Während der «Fabrik-Aktion» am 27. Februar versteckten sich beide Frauen in einem Sandbehälter an ihrem Arbeitsplatz und entgingen auf diese Weise der Verhaftung. Am nächsten Morgen waren sie kurz vor dem Ersticken. Ihr lautes Röcheln alarmierte zwei Vorarbeiter, die auf dem Behälter saßen und ihr Frühstücksbrot aßen.

Es sind einander widersprechende Gerüchte darüber geäußert worden, wann und wie Stella Kübler für die Gestapo zu arbeiten begann. Einer Version zufolge hat sie sich freiwillig dazu erboten, nachdem ihre Mutter und sie von anderen Fabrikangestellten an die Gestapo ausgeliefert worden waren. Eine andere Version lautet, daß sie im März 1943 gemeinsam mit Isaaksohn in einem Café verhaftet worden sei, als dieser gerade mit ihr über den Verkauf von Papieren für sie und ihren Vater verhandelt habe. Als Beweis für ihre Kooperationswilligkeit habe ein gewisser SS-Hauptscharführer Doberke, der das Verhör geleitet habe, von ihr gefordert, ihren eigenen Mann zu denunzieren. Das habe sie auch getan. Jedenfalls erklärte sich die Kübler bereit, mit Isaaksohn und anderen Fängern, darunter auch Fedor Friedländer, zusammenzuarbeiten.

Ihre gefährlichste Waffe war ihr attraktives Aussehen. Einmal sprach sie einen Mann auf der Straße an und bat ihn, sie zum Essen auszuführen, da sie schon seit längerem nichts mehr gegessen habe und auch kein Geld mehr besitze. Im Restaurant vertraute sie ihm dann an, daß sie Jüdin sei und in der Illegalität lebe. Der Mann reagierte mit einem entsprechenden Geständnis. Wenige Minuten später stand sie auf, um, wie sie andeutete, die Toilette aufzusuchen. Kurz darauf erschien die Gestapo.

Dennoch litt sie offenbar unter ihrer Tätigkeit, da sie andererseits Juden, die auf ihren Abtransport warteten, half, indem sie ihnen Lebensmittel beschaffte und als Botin fungierte.

Als Fritz seine Erfahrungen mit anderen jüdischen Häftlingen austauschte, wurde ihm klar, wer der Mann, der ihn verhaftet hatte, und die junge Frau unter der Trockenhaube gewesen waren. Nun, da er langsam das ganze Ausmaß der Kollaboration von Juden mit der Polizei begriff, zweifelte er nicht mehr daran, daß auch die beiden jungen, dunkelhaarigen Männer, die ihn am Abend nach seiner Verhaftung von der Polizeiwache abgeholt hatten, der «jüdischen Gestapo» angehörten. An jenem Abend war es wegen der Verdunkelung draußen so finster gewesen, daß er unwillkürlich an Flucht gedacht hatte. Aber wieder hatte ihm einer seiner Bewacher eine Pistole vorgehalten und ihm gedroht: «Wenn Sie Anstalten machen sich abzusetzen, erschieße ich Sie auf der Stelle.»

Sie brachten ihn in die Haftanstalt in der Großen Hamburger Straße. Dort befahlen ihm die Untersuchungsbeamten, seine Brieftasche und seine Hosen- und Jackentaschen zu leeren. Als er ihrer Aufforderung Folge leistete, verschlug es den Beamten die Sprache. Vor ihnen auf dem Tisch lag ein kleines Vermögen an Bargeld und Edelsteinen.

Fritz schluckte und wandte sich ab. Es fiel ihm schwer, die Fassung zu wahren. An diesen Wertgegenständen hing sein Leben. Er hatte den Schmuck und das Geld immer bei sich getragen, damit seine Wertsachen nicht in die Hände der Gestapo fallen konnten, wenn sie einmal in seiner Abwesenheit eines seiner Verstecke durchsuchen sollte. Gott sei Dank hat

Clara ihre Hälfte noch, dachte er. Sie hatten die Wertgegenstände unter sich aufgeteilt, so daß jeder von ihnen für eine Weile finanziell abgesichert war, wenn der andere verhaftet wurde.

Sie gaben ihm seine leere Brieftasche zurück und brachten ihn in den Keller des Gebäudes, wo er für die Nacht in eine kleine, überfüllte Zelle eingeschlossen wurde.

Einige Tage lang wurde er von Juden verhört. Noch nie hatte er Menschen so gehaßt wie diese Kollaborateure, deren Umtriebe ihm noch viel verachtungswürdiger vorkamen als die Handlungsweise der Gestapo-Beamten. Fritz widerstand allen ihren Versuchen, ihm Informationen zu entlocken.

Sie hatten sich Akten über ihn von der Jüdischen Gemeinde besorgt und wußten daher, daß er verheiratet war und ein Kind hatte. Natürlich wollten sie nun von Fritz wissen, wo sich die beiden aufhielten.

«Wo sind Ihre Frau und Ihr Kind?» wurde er gefragt.

«Das weiß ich nicht», lautete seine Antwort. «Meine Frau lebt schon seit längerer Zeit mit einem Deutschen zusammen und hat das Kind von mir ferngehalten. Ich habe sie seit Monaten nicht mehr gesehen.»

«Wo haben Sie gewohnt?»

«Bei Prostituierten in der Augsburger Straße.»

«Wo befinden sich Ihre Sachen?»

«Bei der Gepäckaufbewahrung am Bahnhof Zoo.»

«Wo ist denn Ihr Gepäckschein?»

«In meiner Brieftasche.»

Sie sahen nach. In seiner Brieftasche war kein Gepäckschein zu finden.

«Tut mir leid», sagte Fritz, «aber als Sie mir meine Brieftasche abgenommen haben, war er noch darin.»

«Wie sieht Ihr Gepäck denn aus?»

Fritz beschrieb ihnen in allen Einzelheiten einen Koffer, den er nie besessen hatte. Daraufhin wurde er wieder in die Zelle geführt.

Zwei Tage später verhörten sie ihn erneut.

«Bei der Gepäckaufbewahrung befindet sich kein solcher Koffer», erklärte einer der Männer.

«Natürlich nicht», erwiderte Fritz. «Derjenige, der den Abschnitt aus meiner Brieftasche gestohlen hat, hat auch den Koffer an sich gebracht.»

Die Männer sahen ihn wütend an. Dann wollten sie wissen, woher die Lebensmittelmarken stammten, die man bei Fritz gefunden hatte.

«Von einem Mann, dessen Namen ich nicht kenne», sagte Fritz. «Ich treffe ihn jeden Monatsersten am Bahnhof Zoo und kaufe ihm für tausend Mark Lebensmittelmarken ab.» Tatsächlich war dies der marktübliche Preis.

«Beschreiben Sie diesen Mann.»

Wieder erfand Fritz eine Beschreibung. Wieder ließen sie von ihm ab.

Nach ein paar Tagen wurde er erneut vorgeführt.

«Wir haben keinen Mann gefunden, auf den Ihre Beschreibung zutrifft», eröffnete ihm einer seiner Peiniger.

Fritz zuckte die Achseln. «Ich kann Ihnen nur versichern, daß er während der letzten vier Monate jeden Ersten dort war. Er hat bestimmt Vorsichtsmaßnahmen getroffen, und als er gemerkt hat, daß ich nicht da bin, ist er wahrscheinlich auf Ihre Leute aufmerksam geworden und hat sich seinen Reim drauf gemacht.»

So ging es stundenlang weiter. Fritz erfand eine Geschichte nach der anderen und hatte auf jede Frage eine Antwort parat. Je länger er sie an der Nase herumführte, desto mehr verachtete er sie.

Schließlich machten sie ihm ein Angebot: «Nennen Sie uns die Namen von zehn illegalen Juden, und sagen Sie uns, wo wir sie finden, dann können Sie bis zum Kriegsende hierbleiben.»

Mit einem Ausdruck des Bedauerns antwortete Fritz: «Ich kenne wirklich keine illegalen Juden. Wie oft soll ich Ihnen denn das noch sagen.»

Wieder ließ man ihn einen Tag lang in Ruhe. Dann, zwei Wochen nach seiner Einlieferung, wurde ein kleiner, schmächtiger Mann in seine Zelle geführt, der Mitte fünfzig sein mochte.

«Mein Name ist Koplowitz», sagte er. «Darf ich mich setzen?» Fritz deutete auf die Pritsche. Koplowitz setzte sich neben ihn und warf ihm einen mitfühlenden Blick zu. Damit wies er sich als Leidensgefährte aus. Er könne, sagte er, Fritz' unglückliche Lage nur zu gut verstehen. Er erzählte, daß er dank seiner Ehe mit einer arischen Frau zu den privilegierten Juden zähle und daß ihm deshalb keine Deportation drohe. Allerdings befürchte er, daß er diesen Schutz nicht mehr lange genießen werde. Vorerst habe ihn die Gestapo in ihre Dienste gepreßt. Er tue diese Arbeit nicht freiwillig, betonte er. Sie zerfresse ihn innerlich. Er könne sich nur damit trösten, daß er die Juden immerhin behutsamer und respektvoller behandle als die Gestapo selbst.

Fritz hörte ihm schweigend zu. Er hätte gern gesagt, was er dachte: «Wenn du diese Arbeit ohne Rücksicht auf die Folgen für dich selbst verweigert hättest, wären all die Juden noch auf freiem Fuß, die du ans Messer geliefert hast.» Doch er schwieg und wartete ab, was für einen Handel Koplowitz ihm vorzuschlagen hatte. Er brauchte nicht lange zu warten.

Koplowitz erging sich über die Schrecken des Krieges. Er malte aus, wie schlimm es doch war, in diesen Zeiten als Jude in Deutschland zu leben, wie furchtbar es sein mußte, allein nach Auschwitz zu gehen, und um wieviel leichter es doch sicherlich wäre, diese Fahrt gemeinsam mit den Angehörigen anzutreten. Dann erkundigte er sich nach Fritz' Familie.

«Von meiner Familie weiß ich überhaupt nichts», sagte Fritz.

«Aber Sie müssen doch wissen, was Ihre Familie macht.»

Fritz wiederholte die Geschichte, die er bereits den Gestapo-Kollaborateuren erzählt hatte.

«Hören Sie», sagte Koplowitz, wobei er seine Hand vertrauensselig auf Fritz' Knie legte, «ich bin auch Jude. Sie werden in den nächsten Tagen nach Auschwitz gebracht. Was sollen Ihre Frau und Ihr Kind ganz allein ohne Sie anfangen? Sie werden entweder verhungern, oder man wird sie finden. Und dann müssen sie den ganzen schweren Weg allein gehen. Sagen Sie mir doch, wo sie sind, dann könnten Sie alle zusammen fahren.»

«Ich sage Ihnen doch», beteuerte Fritz, «ich habe keine Ahnung, wo sie sind. Und selbst wenn ich es wüßte, würde ich nicht wollen, daß meine Frau mich begleitet. Sie ist ein fürchterliches Weib. Sie hat mich verlassen. Stellen Sie sich doch nur vor, wie das ist, wenn eine jüdische Frau in diesen Zeiten mit einem Nichtjuden davonläuft.»

Koplowitz sank sichtlich in sich zusammen. «Vielleicht sagen Sie ja die Wahrheit. Ich will Ihnen ein letztes Angebot machen: Nennen Sie mir die Namen von zwei illegalen Juden und deren Aufenthaltsort, und Sie können Ihre Frau und Ihr Kind wiedersehen. Was halten Sie davon?»

«Das kann ich nicht», erwiderte Fritz. Er hatte beinahe Mitleid mit diesem Menschen, der so ungeschickt, primitiv und dumm zu Werke ging und bereit war, alles zu tun, um seine eigene Haut zu retten.

Ohne ein weiteres Wort verließ Koplowitz den Raum.

25

Es lebte damals in Berlin eine berühmte Hellseherin namens Ursula Kardos, zu deren Klienten trotz der Ungesetzlichkeit ihrer Tätigkeit auch Nationalsozialisten gehörten. Die Kardos war eine lebhafte Frau in den Vierzigern. Maruschka hatte sie ein Jahrzehnt zuvor kennengelernt, als sie, noch während ihrer Studentenzeit, einen Freund zu einer Sitzung in der Wohnung der Hellseherin begleitet hatte. Nach Beendigung der Beratung war Frau Kardos mit ihrem Klienten aus der Tür gekommen, hatte Maruschka angesehen und zu ihr gesagt: «Sie werden mit vielen Tieren leben.» Im Laufe der Jahre waren sie Freundinnen geworden. Eines Tages hatte die Kardos Maruschka geraten, ihre Kontoauszüge der beiden letzten Monate zu überprüfen, da sie betrogen worden sein müsse. Und tatsächlich stieß Maruschka auf beträchtliche Buchungsfehler. Nun, gegen Ende 1943, schickte die Hellseherin ihr Hausmädchen mit einem Brief zu Maruschka. «Irgendein Ereignis etwa um drei Uhr», stand auf dem Zettel. «Ich kann nicht erkennen, ob am Tag oder in der Nacht.»

Maruschka war alles andere als abergläubisch, aber sie war dennoch betroffen. Sie wußte, daß sie während der letzten Monate das Schicksal herausgefordert hatte. Die Aktion mit dem Zugtransport nach Schweden hätte sie beinahe das Leben gekostet. Seither hatte sie sich noch intensiver in der Untergrundarbeit engagiert. Die Zahl der Juden, die Nacht für Nacht bei ihr in der Wohnung Unterschlupf fanden, war gefährlich angestiegen. In einer Nacht waren es zwanzig gewesen. Die meisten von ihnen blieben nur kurze Zeit, bis man Papiere für sie beschafft hatte. Das Geschäft mit den falschen Ausweisen hatte auf Grund der ständigen Luftangriffe einen deutlichen Aufschwung genommen. Aus Angst vor einer möglichen Vernichtung der Einwohnermeldekartei hatten die Berliner Behörden ihre Zentralkartei in einen außerhalb der Stadt gelegenen Bunker ausgelagert, wo sie praktisch unzugänglich war. Die verschiedenen Polizeireviere der einzelnen Stadtbezirke verfügten über Duplikate der entsprechenden Karteikarten. Die polizeiliche Meldung bei diesen Revieren berechtigte die Einwohner, an ihrem jeweiligen Wohnort zu leben und Lebensmittelkarten zu beziehen. Viele dieser Polizeireviere waren jedoch inzwischen von Bomben getroffen worden, und somit waren die Unterlagen vernichtet. Da die Zentralkartei ausgelagert war, ließ sich in den Fällen, in denen keine Durchschriften mehr existierten, keine Überprüfung der Identität mehr vornehmen. Für die Juden, die keine Papiere besaßen und sich eine neue Identität verschaffen mußten, war dies eine günstige Gelegenheit.

In Begleitung einer anderen Person, die für fünfzig Mark oder ein halbes Pfund Butter bereit war, ihre Identität zu bestätigen, suchten sie die Behörden auf und erklärten, daß sie ausgebombt seien und sämtliche Papiere bei der Zerstörung ihrer Wohnung verloren hätten. Die Adressen mußten mit Bedacht ausgewählt werden – bevorzugt wurden Gebäude, die durch einen Bombenangriff dem Erdboden gleichgemacht worden oder völlig ausgebrannt waren und deren sämtliche Bewohner dabei den Tod gefunden hatten. Die Juden pflegten den Beamten zu erklären, daß sie sich zum Zeitpunkt des Angriffs in einem anderen Stadtteil aufgehalten hätten. Manche von ihnen behaupteten auch, in Hamburg, wo im August ein verheerender Luftangriff 800000 Menschen obdachlos gemacht hatte, ausgebombt worden und anschließend nach Berlin übergesiedelt zu sein. Vier Monate früher wären derartige Angaben möglicherweise noch an die Gestapo weitergeleitet worden, doch jetzt, nachdem so viele Menschen durch die Bombenangriffe obdachlos geworden waren, erregten sie keinen Verdacht mehr. Wer zweimal ausgebombt worden war, war jetzt einfach nur ein besonders bemitleidenswerter Mensch, und so stellte die Polizei gewöhnlich ohne große Umstände neue Papiere aus.

Wenn auch die meisten Polizeibeamten bereit waren, mit der Gestapo zusammenzuarbeiten, gab es doch zahlreiche Ausnahmen, zum Beispiel die beiden der Schwedischen Kirche wohlgesonnenen Polizisten Mattek und Hoffmann, deren Beweggründe für ihre Ablehnung der Nazis auch von vielen anderen geteilt wurden: ihre Vorgehensweise sei nicht korrekt – und schon gar nicht für preußische Beamte. Maruschka und die übrigen Mitarbeiter der Kirche wußten inzwischen, welche Beamten mit ihnen sympathisierten und welche von diesen gegen ein kleines Bestechungsgeld oder bisweilen auch umsonst bereit waren, ihnen Blankoformulare zu besorgen, die sie für die Herstellung gefälschter Ausweise benötigten. Sie waren inzwischen alle recht geschickt darin, mit Hilfe hartgekochter Eier die Stempel von alten Ausweisen auf die neuen zu übertragen. Aber auch dieses primitive Verfahren war jetzt in den meisten Fällen nicht mehr notwendig, da man inzwischen über gefälschte Gummistempel verfügte, die in Schweden hergestellt und nach Berlin geschmuggelt worden waren.

Alles in allem mußten die Behörden, während die Bomber täglich über die Stadt hinwegdröhnten, ihre Aufmerksamkeit zunehmend auf die immer größer werdenden Probleme der in äußerste Not geratenen, verstörten Bevölkerung konzentrieren. Die um sich greifende Zerstörung und Desorganisation brachte für viele im Untergrund lebende Juden Vorteile. Viele – zu viele, so meinte Maruschka – waren nun davon überzeugt, daß sie den Krieg überleben würden, und begannen, unvorsichtig zu werden, wodurch sie nicht nur sich selbst gefährdeten, sondern auch ihre Helfer. Ihr Verhalten war verständlich – zu lange schon waren sie in ihren Dachkammern, Souterrains und Büroräumen eingesperrt. Doch die Folgen ihrer Leichtsinnigkeit waren oft bitter. Der «Mundfunk» berichtete von zahlreichen Juden, die nach Jahren zum erstenmal auf die Straße hinausgegangen und prompt den Fängern oder der Polizei in die Hände gefallen waren.

Eine Reihe solcher Gründe hatte Maruschka schließlich veranlaßt, Holländer, Hans' Freund und ehemaligen Kollegen, vor die Tür zu setzen. Er hatte weiterhin darauf bestanden, tagsüber die Wohnung zu verlassen, da dies die einzige Zeit war, in der er seine Freundin besuchen konnte. Maruschka hatte dieser den Vorschlag gemacht, Holländer die Woche über in ihrer eigenen Wohnung unterzubringen, und sich bereit erklärt, ihn jeweils am Wochenende selbst in die Detmolder Straße zurückzugeleiten. Die Frau hatte sich jedoch geweigert, auf diesen Vorschlag einzugehen, und Holländer war nicht bereit gewesen, seine Ausflüge einzustellen. Schließlich hatte Maruschka keine andere Möglichkeit mehr gesehen und ihn aufgefordert, ihre Wohnung zu verlassen. Diese Trennung war für Hans ein schwerer Verlust – und doch hatte er Maruschka in ihrer Entscheidung unterstützt, ja ihr diesen Schritt sogar selbst nahegelegt.

Und nun dieser Brief der ungarischen Hellseherin: «Irgendein Ereignis etwa um drei Uhr.» Welches? Und wann? Nachmittags? Mitten in der Nacht? Am gleichen Tag? In einer Woche? In einem Monat? Maruschka konnte ihr Leben nicht nach einer derart ungewissen Aussage ausrichten, die auf nichts als einer Ahnung basierte. Also lebte sie ihr gewohntes Leben weiter, ein wenig vorsichtiger vielleicht, aber zunehmend überzeugt davon, daß es eben nur eine Ahnung gewesen war.

Bis es dann eines Tages, um drei Uhr nachmittags, geschah.

Für Maruschka hatte der Tag gut begonnen. Sie war ständig auf der Suche nach Möglichkeiten, zusätzliches Geld herbeizuschaffen, um Hans und die anderen Illegalen, die sich immer wieder in ihrer Wohnung versammelten, mit Essen zu versorgen. An diesem Tag war sie auf einen Schatz gestoßen – eine Sammlung in Leder gebundener englischer Bücher, die aus der Hinterlassenschaft einer vor dem Krieg nach England emigrierten Jüdin stammte. Ein Arzt hatte ihr sein Auto geliehen, damit sie sie abholen konnte. Um drei Uhr nachmittags war sie gerade dabei, sie in ihre Wohnung zu bringen. Als sie den ersten Stapel hineintrug, sprach sie eine Nachbarin, die Frau eines Schneiders, an.

«Ich habe diese Karte hier mit Ihrem Namen drauf gefunden», sagte sie. «Können Sie etwas damit anfangen?» Die Frau händigte Maruschka eine gelbe Karte aus. Darauf stand, mit der Hand geschrieben: «Bei Maltzan wohnen J.»

Maruschka traute ihren Augen nicht. Sie wußte, daß «J.» für

«Juden» stand. Sie warf einen prüfenden Blick auf die Schneidersfrau. Verrieten ihre Augen Argwohn? Die Frau schaute sie offen an, anscheinend ohne jedes Mißtrauen. «Wo haben Sie die Karte gefunden?» fragte sie.

«Auf dem Fußboden. Heute mittag waren zwei Herren hier und haben nach Ihnen gefragt. Einer von ihnen muß sie fallen gelassen haben.»

«Was haben Sie ihnen gesagt?»

«Daß Sie bei der Arbeit sind.»

Maruschka murmelte ein paar Dankesworte, wandte sich um und eilte in ihre Wohnung. Sie setzte die Bücher auf dem Küchenbüfett ab und stürzte ins Wohnzimmer. «Um Gottes willen, Hans, die Gestapo ist da», flüsterte sie. «Versteck dich in der Couch.» Die Begrüßung erstarb Hans auf den Lippen. Wortlos kroch er in sein Versteck.

Maruschka atmete ein paarmal tief durch, um ruhiger zu werden. Vergebens strengte sie ihre Willenskraft an, ihr laut pochendes Herz dazu zu zwingen, leiser zu schlagen. Schließlich nahm sie sich zusammen und ging wieder auf die Straße hinaus, um einen neuen Stapel Bücher zu holen.

Da sah sie sie – eine Frau und zwei Männer. Die Frau war jung, blond, attraktiv und elegant gekleidet.

Aus den Augenwinkeln beobachtete Maruschka, während sie sich nach den Büchern bückte, wie die beiden Männer auf sie zukamen. Sie trug die Bücher in ihre Wohnung. Als sie sie auf dem Küchentisch abgelegt hatte, waren die beiden bereits an ihrer Hintertür angelangt. Der eine war klein, übertrieben elegant gekleidet, mit einem goldenen Armband und einem Diamantring geschmückt. Er war etwa dreißig. Als er sie ansah, runzelte er mißmutig die Stirn. Der andere war um die vierzig, blond, mit einem offenen, freundlichen Blick.

«Wir kommen von der Gestapo», sagte der kleine Mann.

«Was wollen Sie von mir?»

«Wir wissen, daß bei Ihnen Juden wohnen.»

«Was? Das ist ja lächerlich.»

«Wir wissen, daß ein jüdisches Mädchen zwei Wochen lang Ihre Wohnung benutzt hat.»

«Das ist schlicht nicht wahr.»

«Wollen Sie abstreiten, daß hier ein junges Mädchen gewohnt hat?» fragte der kleine Mann.

«Nein. Ein Mädchen hat hier gewohnt. Aber sie war keine Jüdin. Ihre Papiere waren absolut in Ordnung.»

«Die Papiere waren gefälscht.»

«Woher sollte ich das wissen?»

Der kleine Mann sah sie mit einem verächtlichen Blick an. «Das Mädchen war nicht die einzige. Wir wissen, daß Sie hier Juden versteckt haben.»

Maruschka richtete sich kerzengerade auf. Sie ging auf den kleinen Mann zu, bis sie ihn beinahe mit der Brust zurückdrängte. «Jetzt passen Sie mal auf: Wer Sie auch sein mögen – ich werde mir diese Beleidigungen nicht länger gefallen lassen.» Ohne den Blick von ihm abzuwenden, streckte sie den Arm aus und deutete auf ein Bild ihres Vaters, das an der Wand hing. «Mein Vater war der Graf von Maltzan, ein Offizier unseres Kaisers. Meine Mutter war als Antisemitin bekannt. Ich bin eine gute Deutsche. Wie kommen Sie auf den Gedanken, daß ich irgend etwas mit Juden zu schaffen haben könnte?»

Das Lächeln des kleineren Mannes verwandelte sich jetzt in eine maliziöse Grimasse. «Dann haben Sie ja sicher nichts dagegen, daß wir Ihre Wohnung durchsuchen?»

«Wie Sie wollen», sagte Maruschka und bedeutete ihnen mit einer Geste, sie in Ruhe zu lassen.

Der ältere Mann trat jetzt zu ihr. «Ich hoffe, Sie verstehen», sagte er entschuldigend. «Nur eine Formalität.»

Das alte Spiel, dachte Maruschka. Der eine spielt den Bösewicht, der andere ist freundlich.

Der Kleine durchsuchte die ganze Wohnung, sogar die Schränke. Schließlich kam er zu dem Schrank, in dem Hans seine Kleidung aufbewahrte. «Und wem gehört das hier?» fragte er triumphierend.

«Wenn Sie so viel über mich wissen, dürfte Ihnen nicht entgangen sein, daß ich vor einiger Zeit ein Kind geboren habe», sagte Maruschka eisig. «Ich kann Ihnen versichern, daß dieses Kind nicht vom Heiligen Geist stammt!»

«Dürften wir dann wohl erfahren, wer der Vater war?»

«Bitte. Er heißt Eric Svensson und ist Schwede.»

Während die Männer die Wohnung durchstöberten, versuchte Maruschka, Gleichgültigkeit und Gelassenheit zur Schau zu tragen, und verfolgte gleichzeitig in äußerster Anspannung, ob die Couch ihren Argwohn erwecken würde. Der kleine Mann sah zweimal zu ihr hin, wandte aber jedesmal den Blick rasch wieder ab.

In der Küche stießen die beiden Männer auf einen versteckten Vorrat an Kaffee in einer schwedischen Verpackung. Maruschka hatte ihn von der Schwedischen Kirche erhalten. Der Kleine rief nach ihr. Sie ging in die Küche. «Woher haben Sie das hier?» fragte er.

«Ich habe Ihnen doch gerade erklärt, daß mein Freund Schwede ist.» Maruschka sah die beiden mit einem hämischen Blick an. «Ich würde Ihnen ja gern eine Tasse Kaffee anbieten – aber dann werfen Sie mir auch noch Bestechung vor.»

Das Gesicht des Kleinen verfinsterte sich. «Hören Sie, Gräfin, übertreiben Sie es nicht. Ich kann Sie in ein Konzentrationslager bringen lassen.»

«Mit welcher Begründung?» wollte Maruschka wissen.

Der ältere Mann trat in die Küche. «Bitte, meine Herrschaften», sagte er. «Es hat doch keinen Sinn, sich zu streiten. Wir tun doch nur unsere Pflicht.» Er lächelte Maruschka an, als sei er ein Priester und sie die reuige Sünderin. «Wenn Sie etwas Unrechtes getan haben, möchten Sie dann nicht Ihr Gewissen erleichtern?»

Jetzt konnte sie sich das Lachen nicht mehr verkneifen.

Über eine Stunde lang durchwühlten die beiden Männer sämtliche Winkel und Nischen der kleinen Wohnung. Der Kleine kam immer wieder ins mittlere Zimmer zurück und betrachtete die Couch. Schließlich ging er auf sie zu, blieb einen Moment lang vor ihr stehen und setzte sich schließlich darauf. Er blickte Maruschka scharf an und sagte: «Woher soll ich wissen, daß da keiner drin ist?»

«Sie können gerne nachsehen.»

Der Kleine schob die Polster beiseite und versuchte, das Oberteil aufzuklappen. Als es sich nicht rührte, sagte er: «Klappen Sie das bitte auf.»

«Ich glaube nicht, daß es geht», sagte Maruschka. «Die

Couch habe ich erst seit drei Wochen. Ich hab sie mir gekauft, als mein altes Mobiliar durch die Bomben zerstört worden ist. Es ist mir nicht gelungen, das Ding aufzuklappen – ich hab's schon versucht.»

«Das glaube ich Ihnen nicht. Da drinnen ließe sich leicht jemand verstecken.»

«Oh!» rief Maruschka aus. «Jetzt reicht es aber. Ich habe es jetzt satt. Ich habe auch noch andere Dinge zu tun. Wenn Sie der Meinung sind, daß sich da drin jemand versteckt, dann gibt es einen einfachen Weg, das herauszufinden. Sie haben doch bestimmt eine Pistole. Nehmen Sie sie und schießen Sie durch die Couch. Aber über eins müssen Sie sich im klaren sein: *Sie* ersetzen mir den Stoff und bezahlen das Aufpolstern.»

Der Kleine zögerte, ganz offensichtlich verunsichert.

«Los! Schießen Sie! Und dann verlassen Sie meine Wohnung! Ich habe schließlich nicht den ganzen Tag Zeit für diesen Unsinn!»

Sie starrten sich an; Maruschka blieb die Stärkere. Er wandte sich ab. «Ach!» sagte er. «Ich glaube Ihnen immer noch kein Wort.» Dann stolzierte er hinaus. Der Ältere folgte ihm.

Während der nächsten zehn Minuten saß Maruschka einfach nur still da und versuchte sich zu beruhigen. Sie schwieg während dieser Zeit, und auch Hans machte keine Anstalten, sie anzusprechen. Plötzlich klopfte es an der Hintertür. Maruschka sprang auf. Es war eine junge Jüdin, die um eine gefälschte Aufenthaltserlaubnis bat. «Gehen Sie weg», flüsterte Maruschka. «Die Gestapo war eben hier.» Die Augen des Mädchens weiteten sich vor Schreck. Binnen einer Sekunde war es verschwunden.

Eine halbe Stunde später hörte Maruschka, wie Hans den Deckel von innen entriegelte. Sie mußte ihm aus der Couch heraushelfen.

26

Nach seiner Flucht aus der Großen Hamburger Straße war Wilhelm Glaser nach Tempelhof gefahren. Er wollte Gilbert Mach, einen nichtjüdischen Jugendfreund, um Hilfe bitten. Er hatte Gilbert mit siebzehn kennengelernt, als sie als Statisten in der Oper gearbeitet hatten. Sie hatten beide kein Geld gehabt und waren beide große Musikliebhaber gewesen. Bei ihrer Arbeit als Statisten hatten sie das Angenehme mit dem Nützlichen verbinden können. Wenn sie nicht auftraten, besuchten sie gemeinsam Aufführungen. Sie saßen dann ganz oben auf den billigsten Plätzen. Und noch eine Leidenschaft war ihnen gemeinsam: Vor der Hitlerzeit waren sie beide überzeugte Sozialdemokraten gewesen. 1924 hatte Wilhelm von Mach zum Geburtstag eine Beethoven-Biographie geschenkt bekommen. Als Widmung hatte Mach hineingeschrieben: «Alle Menschen werden Brüder. Dies sei unser höchstes Ziel.» Als Wilhelm in der S-Bahn nach Tempelhof saß, war er davon überzeugt, daß Mach dieses Gelübde nun bestimmt einlösen würde.

Doch Mach, der inzwischen Fruchtsäfte herstellte, befand sich gerade auf einer Geschäftsreise. Wilhelm hatte so fest damit gerechnet, ihn anzutreffen, daß er zunächst völlig hilflos auf diese Mitteilung reagierte. Als er sich wieder gefaßt hatte, ging er zu einem Lebensmittelladen, dessen Inhaber er kannte. Er betrat den Laden durch den Hintereingang. Der Lebensmittelhändler berichtete ihm, daß ein Gestapo-Beamter nach ihm gefragt habe. Dieser Mann stünde jetzt noch auf der anderen Straßenseite. Offenbar hatte jemand sich bei der Gestapo beliebt machen wollen und der Polizei eine Liste sämtlicher nichtjüdischer Freunde Wilhelms übergeben. Der Kaufmann flehte ihn an, seinen Laden wieder zu verlassen. Er ging.

Die Nacht verbrachte er in einem Wald. Am nächsten Morgen begann er, in der Stadt umherzustreifen, er hatte kein Geld. Der Hunger quälte ihn. Seit dem vorangegangenen Morgen hatte er nichts mehr gegessen. Er blieb vor einer Bäckerei stehen und sog gierig den Duft des frischgebackenen Brotes ein. In unbeachteten Momenten sammelte er Zigarettenkippen vom Gehsteig auf und rauchte sie weiter, bis sie ihm die Finger verbrannten. Wieder schlief er im Wald.

Am nächsten Tag kehrte Gilbert Mach zurück und nahm sich sofort seiner an. Er konnte ihn nicht bei sich aufnehmen – wegen der Nachbarn, wie er sagte –, aber er besorgte ihm ein Versteck, und er brachte es sogar fertig, ihm Arbeit als Glaser zu beschaffen. Wilhelm sollte helfen, wenigstens einige der tausend Tag für Tag durch die Bomben zerstörten Fensterscheiben zu ersetzen.

Mach schien ohne jede Furcht zu sein. Wilhelm war nicht der einzige Jude, dem er weiterhalf. Darüber hinaus unterstützte er auch noch andere Verfolgte. Eine Zeitlang hatte er die Witwe eines von den Nazis hingerichteten Kommunisten beherbergt. Er machte keinen Hehl daraus, daß er die Nazis verachtete. Jeden Morgen begrüßte ihn der Postbote mit einem lauten: «Heil Hitler!», und jedesmal antwortete Mach mit «Guten Morgen».

Mach schärfte Wilhelm ein, mit größter Sorgfalt auf sein Äußeres zu achten, um möglichst kein Aufsehen zu erregen. Das war nicht einfach. Er besaß nur noch den Anzug, den er am Leibe trug, und der war abgetragen und speckig. Da er so mager geworden war, drohte die Hose ständig herunterzurutschen. Seine Schuhe waren ausgetreten, die Sohlen durchgelaufen. Aber er tat sein Bestes. Von nun an trug er stets eine Aktenmappe bei sich, in der sich Rasierzeug befand. Wenn er keine Bleibe hatte, rasierte er sich auf Bahnhofstoiletten. Unrasiert herumzulaufen war ein noch größeres Risiko, als öffentliche Waschräume zu benutzen. Meistens hatte er für die Nacht ein Dach über dem Kopf, aber gelegentlich mußte er auch im Wald schlafen, weshalb er stets eine kleine Decke in seiner Tasche bei sich trug.

An seinem ersten freien Tag fuhr er ins Stadtzentrum und ging in die Philharmonie. Dort stellte er sich in die Eingangshalle und musterte den Sitzplan am Kartenschalter, als sei er damit beschäftigt, sich einen günstigen Platz auszusuchen. Während er nach Saaldienern Ausschau hielt, lauschte er der Orchesterprobe. Die Musik war für ihn wie ein Rausch.

Am nächsten Morgen ging er zu Fuß zu seiner Arbeitsstätte. Kurz vor dem Ziel blieb er bestürzt stehen. Wo sich noch am Vortag die Glaserei befunden hatte, türmte sich jetzt ein Schuttberg vor ihm auf.

Als Fritz Kreuger am 17. November festgenommen und in die Große Hamburger Straße gebracht worden war, hatte sich dort nur eine Handvoll Juden befunden. Erst wenige Tage zuvor war ein Transport von fünfzig Personen abgegangen. Doch rasch begann sich das Gefängnis wieder zu füllen. Jeden Tag kamen ein oder zwei neue Häftlinge an. Allen war klar: Sobald wieder fünfzig beisammen waren, würde man einen neuen Transport zusammenstellen. Es ging das Gerücht um, daß die Deportationsopfer in Güterwaggons getrieben wurden, die mit Stroh ausgelegt waren, und daß sie in dieser Enge essen, schlafen und ihre Notdurft verrichten mußten, bis sie Auschwitz erreicht hatten. Über das, was nach ihrer Ankunft im KZ mit ihnen geschah, gab es endlose Streitgespräche. Viele Häftlinge glaubten, daß man sie zu irgendeiner Art von Zwangsarbeit einsetzen würde, andere behaupteten, daß in Auschwitz Juden vergast würden.

Zu Beginn seiner Haftzeit wurde Fritz wie alle anderen Gefangenen tagsüber eingeschlossen. Diese Maßnahme begründete man damit, daß am Tag vor dem Abgang des letzten Transports einem Juden die Flucht gelungen war. Auch der früher übliche Hofgang auf einem hinter dem Gebäude gelegenen Friedhof war untersagt worden. Nach einer Woche wurde es den Häftlingen jedoch wieder gestattet, sich auf den Fluren zu treffen.

Dabei fiel Fritz auf, daß er nun mit Menschen zusammen

war, mit denen er nie vorher zu tun gehabt hatte. Bis auf die Zeit bei der Eisenbahn war er bisher hauptsächlich mit Intellektuellen und Geschäftsleuten aus der jüdischen Mittel- und Oberschicht zusammengetroffen. Nun war er fast ausschließlich von Arbeitern umgeben. Doch es fiel ihm nicht schwer, sich mit ihnen zu unterhalten. Es gab ein Gesprächsthema, das ihnen allen am Herzen lag: ihr gemeinsames Elend.

Jeder von ihnen hatte seine eigene Geschichte, die er unbedingt den anderen mitteilen wollte. So gab es dort einen Schuhmacher, einen winzigen, etwa fünfunddreißigjährigen Mann mit roten Haaren. Er litt unter Minderwertigkeitsgefühlen wegen seiner mangelnden Schulbildung. Seine Eltern, beide Polen, waren vor dem Ersten Weltkrieg nach Berlin gezogen. Sie hatten es sehr schwer gehabt. Die Deutschen hegten eine Abneigung gegen die Polen, und polnischen Juden begegneten sie mit doppelter Geringschätzung. Der Schuster hatte entsetzliche Angst vor Auschwitz. Jeden Tag suchte er Fritz' Gesellschaft, nicht um zu reden – er hatte kein Bedürfnis mehr, sich anderen mitzuteilen –, sondern um einfach in seiner Nähe zu sein, was ihn beruhigte. Als sie eines Tages allein auf dem Flur saßen, beugte sich der Schuhmacher dicht an Fritz' Ohr und flüsterte ihm zu: «In meinem linken Schuh befinden sich zehn Hundertdollarnoten und im rechten zwei Diamanten. Ich habe sie in die Sohlen eingenäht, weil ich mir gedacht habe, daß sie uns die Schuhe bestimmt nicht wegnehmen.» Er zögerte. «Wenn mir etwas zustößt, möchte ich, daß Sie meine Schuhe an sich nehmen.» Wie der Schuhmacher an das Geld gelangt war, sollte Fritz nie erfahren, aber das Angebot rührte ihn tief.

Eines Tages bemerkte Fritz auf dem Flur eine etwa vierzigjährige Frau, die er bisher noch nicht gesehen hatte. Er vermutete, daß sie erst am Vortag verhaftet worden war. Sie weinte. Er sprach sie zunächst nicht an. Als er nach einigen Minuten wieder an ihr vorüberkam, saß sie noch immer weinend an der gleichen Stelle. Diesmal ging er zu ihr, in der Absicht, sie zu trösten. Doch die Geschichte, die sie nun zu erzählen begann, brachte auch ihn aus der Fassung. Sie hatte gemeinsam mit ihrer Nichte in einem Versteck gelebt. Die Nichte war festgenommen worden. Die Gestapo hatte ihr angeboten, sie gegen Auslieferung zweier anderer Juden freizulassen. Sie hatte ihre Tante und eine Freundin der Familie denunziert. «Meine eigene Nichte», schluchzte die Frau immer wieder.

O Gott, wie weit ist es mit uns gekommen, dachte Fritz.

Ein paar Tage später wurde ein Mann eingeliefert, der aus Auschwitz geflohen war. Seine Ankunft versetzte die Häftlinge in große Aufregung. Fritz schätzte ihn auf vierzig, doch er erfuhr bald darauf, daß er erst fünfundzwanzig war. Er war groß und dunkelhaarig und hatte, obgleich er fast bis zum Skelett abgemagert war, noch immer ein hübsches Gesicht. Fritz wäre nie auf den Gedanken gekommen, daß er Jude sein könnte. Dieser Mann erzählte Fritz, daß er während eines Arbeitseinsatzes außerhalb des Lagers geflüchtet war. Ein polnischer Bauer hatte ihm etwas zum Anziehen gegeben und seine Gefangenenkleidung verbrannt. Er hatte sich nur bei Nacht fortbewegt. Nach drei Wochen war er schließlich in Berlin, seiner Heimatstadt, angekommen. Er hatte gehofft, hier ein Versteck zu finden. Aber inzwischen war seine ganze Familie verschwunden, und er hatte keinen einzigen seiner Freunde auffinden können. Ohne Geld und Unterkunft hatte er durch die Straßen ziehen müssen. Irgendwann war er dann einer Militärstreife in die Hände gefallen, die nach Deserteuren gefahndet hatte. Und nun war er wieder auf dem Weg nach Auschwitz.

«Stimmt es, daß sie Juden umbringen?» fragte Fritz.

«Es stimmt», sagte der Mann. Bei der Ankunft würden die Kräftigen von den Schwachen getrennt. Die Schwachen verschwänden sofort auf Nimmerwiedersehen. Die Kräftigen müßten arbeiten, bis auch sie schwach würden, und dann würden sie ebenfalls verschwinden.

Sie saßen auf dem Fußboden des Korridors. Der junge Mann lehnte den Kopf gegen die Wand, schloß die Augen und atmete tief durch die Nase. «Ich habe dort ein Kind gesehen, das man von der Mutter getrennt hatte. Die Mutter mußte mit den Kräftigen gehen, und das Kind blieb bei den Schwachen. Der Kleine begann laut zu schreien. Die Aufseher wurden wütend. Sie packten ihn bei den Beinen und schlugen ihn gegen die Wand, bis sein Schädel zerschmettert war.»

Fritz bedeckte die Augen mit den Händen und begann leise stöhnend den Oberkörper vor und zurück zu wiegen. Allmächtiger Gott, betete er, bitte laß Corinna niemals in ihre Hände fallen.

Seit dem Moment seiner Festnahme hatte Fritz nicht aufgehört, über Fluchtmöglichkeiten nachzudenken. Aber ein Entkommen schien ausgeschlossen. Alle Fenster waren vergittert, alle Türen verriegelt. Nie ließ man sie hinaus. Nachts war das Gefängnis in Flutlicht getaucht und wurde von bewaffneten Aufsehern mit Hunden bewacht.

Dennoch war es Fritz gelungen, Verbindung mit Clara aufzunehmen. Jeden Tag erschien ein jüdischer Friseur, um die Häftlinge zu rasieren, da sie selbst kein Rasierzeug besitzen durften. Er galt als privilegierter Jude, da er mit einer nichtjüdischen Frau verheiratet war und seine Kinder christlich erziehen ließ. Er lebte noch immer unbehelligt in seiner Wohnung. Eines Tages sprach ihn Fritz während des Rasierens an: «Ich möchte Sie um einen Gefallen bitten. Ich habe eine Freundin. Könnten Sie sie nicht aufsuchen und ihr mitteilen, daß ich hier festgehalten werde?» Fritz gab ihm seine leere Brieftasche. «Nehmen Sie sie», sagte er.

«Ich werde sie meinem Sohn zu Weihnachten schenken», sagte der Friseur.

Fritz hätte gelacht, wenn er diesen Ausspruch in einem Theaterstück gehört hätte. Nun starrte er den Friseur nur wortlos an und wandte sich zum Gehen.

Fritz hatte dem Friseur die Telefonnummer seines russischen Freundes Makarow gegeben, da er wußte, daß dieser Clara benachrichtigen würde. Am nächsten Tag berichtete der Friseur, die junge Frau sei bei ihm gewesen. Er habe ihr erzählt, daß Fritz «dieses Leben hinter sich gelassen habe» und auf dem Weg nach Auschwitz sei. Sie habe ihm einige Paare wollener Socken und Unterwäsche gebracht. Er schob Fritz die Sachen heimlich zu. Zwischen den Kleidungsstücken steckte ein Zettel. Darauf stand, es gehe ihnen gut und er solle sich keine Sorgen um sie machen. Kein Wort von ihrem Schmerz.

Von nun an kam der Friseur jeden Tag mit einem kleinen Wäschebündel und einem Briefchen. Abends, wenn er ging, nahm er einen Brief von Fritz für Clara mit. Die Zettel enthielten zum größten Teil nur belanglose Mitteilungen. Doch am 5. Dezember schrieb Fritz: «Verlaßt Berlin. Die Stadt wird vernichtet werden.»

Er teilte Clara nicht mit, daß jetzt fünfzig Juden im Gefängnis versammelt waren.

Der Moment für einen letzten verzweifelten Ausbruchsversuch war gekommen. Seit Tagen hatte er sich bereits heimlich mit einem Mann namens Metz beraten, der eine äußerst zwielichtige Stellung innerhalb des Gefängnisses hatte. Vielleicht war er Halbjude. Jedenfalls hatte er einen privilegierten Status, etwa den eines Kalfaktors. Zu seinen Vergünstigungen gehörte ein ganz besonderes Recht: Er durfte das Gefängnis verlassen. Mehrere Häftlinge hatten ihn im Verdacht, daß er in den Zeiten seiner Abwesenheit als Gestapo-Spitzel tätig war. Alles in allem war er kein sehr vertrauenswürdiger Verbündeter, aber Fritz sah keine andere Chance, als sich diesem Mann anheimzugeben.

Metz hatte ihn von sich aus angesprochen. Er habe Tausende von Juden kommen und gehen sehen, hatte er erklärt. Er wisse genau, daß es kaum noch Juden in Berlin gäbe. Anfänglich seien noch tausend Personen auf einen Transport gekommen, nun schicke man schon jeweils fünfzig in die Lager. Er frage sich, was mit ihm geschehen werde, wenn die letzten abtransportiert seien und man ihn nicht mehr bräuchte. Die Antwort sei eindeutig. Es sei Zeit für ihn, sich abzusetzen. Allerdings wisse er, wie teuer es sei, als «U-Boot» zu überleben, und er habe keinen Pfennig.

Dann war er zur Sache gekommen.

Er wisse, daß Fritz bei seiner Verhaftung Edelsteine bei sich getragen habe, und schließe daraus, daß er über gute Verbindungen verfüge. Er komme seinerseits an sämtliche Gefängnisschlüssel heran und sei sich sicher, daß sie unbemerkt hinausgelangen könnten. Er wolle fünftausend Mark gleich und weitere fünftausend, sobald sie draußen wären. Ob Fritz das Geld auftreiben könne?

Nach kurzem Zögern war Fritz auf Metz' Forderungen eingegangen.

Fritz übergab Metz eine Nachricht für Makarow, in der er diesen bat, dem Überbringer fünftausend Mark auszuzahlen. Er unterzeichnete mit den Ziffern 5.39, der Karatzahl eines Steines, den sie beide vor kurzem gemeinsam gekauft hatten.

Kurz bevor der Transport abgehen sollte, kam der Friseur noch einmal auch zu Fritz, um ihn zum letztenmal zu rasieren. «Hätten Sie vielleicht einen Groschen für mich?» fragte Fritz ihn.

«Wofür brauchen sie denn in Auschwitz einen Groschen?»

«Als Andenken», antwortete Fritz.

Der Friseur zuckte die Achseln und gab ihm die Münze. Als er sich für einen Moment abwandte, ergriff Fritz eine seiner Scheren und ließ sie in seiner Tasche verschwinden. Er hatte noch nie zuvor etwas gestohlen. Er wußte nicht einmal, wofür er die Schere gebrauchen wollte, aber immerhin war sie so etwas wie eine Waffe.

Den ganzen Tag und den Abend über betete Fritz. Am nächsten Morgen versuchte er, an Metz' Gesicht abzulesen, ob alles wie geplant vonstatten gegangen war. Aber Metz wich seinem Blick aus. Schließlich ging Fritz auf ihn zu und fragte: «Haben Sie das Geld erhalten?»

Fritz vermochte den Blick, den Metz ihm zuwandte, nicht zu deuten. «Ja, bekommen habe ich es», sagte Metz, «aber als ich zurückkam, bin ich durchsucht worden.»

Wortlos wandte Fritz sich ab. Er glaubte ihm nicht. Er war davon überzeugt, daß Metz die Nerven verloren und das Geld der Gestapo übergeben hatte, um sich anzubiedern, Eindruck zu schinden und sich womöglich sein Leben zu erkaufen. Wie dem auch sein mochte, fest stand, daß nun auch seine letzte Hoffnung dahin war und er bald in Auschwitz sein würde – und daß dieser letzte, verpfuschte Versuch, sein Leben zu retten, möglicherweise auch noch Makarow in Gefahr gebracht hatte.

In jener Nacht mußten die Juden auf dem Korridor antreten. Ein Gestapo-Beamter, der Leiter des Gefängnisses, teilte ihnen mit, daß man sie am nächsten Morgen zum Charlottenburger Güterbahnhof bringen und verladen würde. Nach dieser Ankündigung schritt der Beamte die Reihe der Häftlinge ab. Er blieb vor Fritz stehen und starrte ihn an. «Sind Sie Kreuzer?» brüllte er.

Plötzlich begann seine Gestalt vor Fritz' Augen zu schwanken. Jetzt ist es soweit, dachte er noch. Dann sackte er in sich zusammen.

«Einen Arzt! Rasch einen Arzt!» rief der Beamte.

Einer der Häftlinge trat aus der Reihe, kniete sich hin und horchte Fritz' Brustkorb ab. «Das Herz», sagte er.

«In mein Büro mit ihm», befahl der Beamte.

Mehrere Häftlinge trugen Fritz in das Büro des Gefängnisleiters.

Dieser wartete, bis Fritz die Augen aufschlug, und sagte dann: «Kreuger, wir haben Ihr Geld.»

«Welches Geld?» erwiderte Fritz. «Ich habe Ihnen mein ganzes Geld gegeben, als man mich hierher gebracht hat.»

Der Beamte grinste. «Hier, sehen Sie», sagte er und öffnete seine Schreibtischschublade. «Hier habe ich Ihre fünftausend Mark.» Er nahm das Geld heraus. «Damit wollten Sie doch ihre Flucht organisieren, stimmt's? Wen wollten Sie bestechen?»

«Ich weiß nicht, wovon Sie reden.»

Der Gestapo-Mann glaubte offenbar, daß er einer großen Sache auf der Spur war. Er schien entschlossen zu sein, Korruption in seinem Zuständigkeitsbereich aufzuspüren und zu bestrafen. Dafür benötigte er aber einen vernehmungsfähigen Zeugen. «Schafft ihn ins Krankenrevier», befahl er den Aufsehern.

Als die Wachen Fritz abführten, stand ihm deutlich vor Augen, wie lächerlich und absurd diese Situation war. Er war zu krank, um nach Auschwitz verfrachtet zu werden! In wenigen Tagen wollte man ihn umbringen, aber er war gesundheitlich nicht in der Lage mitzuspielen.

Das Krankenrevier lag im dritten Stock. Es war ein kleiner Raum, in dem zwei Betten standen. Auf dem einen lagen ein etwa dreißigjähriger Mann und ein kleiner Junge. Zwischen den Betten befand sich ein Fenster. Fritz traute seinen Augen nicht: Es war nicht vergittert. Er wandte sich zu dem Mann um, eine unmißverständliche Frage im Blick. Der Mann nickte verstehend. «Ich konnte es nicht versuchen, wegen des Jungen», sagte er. Er griff unter seine Matratze und zog ein Seil, das er selbst angefertigt zu haben schien, hervor.

«Warten Sie», flüsterte Fritz. Er ergriff einen Besen und klemmte damit den Türgriff fest, so daß sich die Tür von außen nicht mehr öffnen ließ.

Das Seil war aus Wolldeckenstreifen zusammengeknüpft. Fritz zog ein wenig daran und stellte fest, daß es nicht halten würde. Aber es gab ja noch mehr Material. Fritz knüpfte ein zweites Seil. Dann flocht er die beiden Stricke ineinander. Unterdessen berichtete er seinem Gefährten von dem bevorstehenden Transport. Sie kamen überein, es in der Nacht zu versuchen.

Am Abend erloschen draußen die Scheinwerfer, und kurz darauf hörte Fritz die Bomber herandröhnen. Bomben begannen durch die Luft zu heulen. Die ersten Detonationen klangen wie dumpfe Trommelschläge. Die Brandbomben setzten nach und nach den Horizont in Flammen, und das Dunkel wich nach oben wie der Vorhang zur Hölle. Um zehn Uhr öffnete Fritz behutsam das Fenster und lugte hinaus. Die Wachen waren verschwunden. Zweifellos waren auch sie in ihre Schutzräume geflüchtet.

An diesem Abend erfolgten mehrere Angriffe nacheinander. Mit jeder Angriffswelle rückten die Detonationen näher. Inzwischen war der ganze Himmel rot, und nur wenige Häuserblocks weiter brannte es bereits. Immer wieder spähte Fritz aus dem Fenster. Es waren keine Wachen zu sehen, und die Straßen schienen menschenleer.

«Wir warten bis zwei Uhr», flüsterte Fritz. «Dann gehen wir in entgegengesetzte Richtungen los.» Der Mann nickte. Sie knobelten wie Kinder um die Wahl der Richtung – Stein, Schere, Papier. Fritz zeigte Schere, der andere Stein. Stein macht Schere stumpf. Der Mann hatte gewonnen. Er entschied sich für die linke Seite.

Fritz löste seinen Gürtel, nahm zweihundert Mark aus einer verborgenen kleinen Tasche und reichte sie dem Mann hin. Dann gab er ihm noch ein Paar Socken, das Clara ihm geschickt hatte, und riet ihm, sie über seine Schuhe zu ziehen, um den Hunden das Aufnehmen der Witterung zu erschweren.

Wenige Minuten vor zwei band Fritz den kleinen Jungen auf den Rücken seines Vaters. Dann schob er das Fenster auf und nickte dem anderen zu. Der Mann schwang sich über das Fenstersims nach draußen. Trotz der völligen Dunkelheit konnte Fritz das Weiß seiner angstgeweiteten Augen erkennen. Auch das Gesicht des Jungen drückte große Furcht aus, aber er gab keinen Laut von sich.

Sobald der Mann unten angekommen war, schwang Fritz sich hinaus. Sie verharrten einen Augenblick regungslos. Dann flüsterte Fritz: «Los!» Der Mann verschwand nach links, den Jungen noch immer auf dem Rücken.

Dann begann Fritz zu rennen. Er lief, als wäre er sein Leben lang an den Erdboden gefesselt gewesen und nun plötzlich befreit worden. Die Socken dämpften seine Schritte, und doch schien das Dunkel das Geräusch tausendfach zurückzuwerfen. Er hörte hinter sich lautes Rufen und wußte sofort, daß der Mann und der Junge ergriffen worden waren. Der Lärm ließ ihn noch schneller laufen. Fünfhundert Meter vom Gefängnis entfernt schlüpfte er in ein ausgebombtes Haus, gelangte in den Keller und blieb an eine Wand gelehnt stehen. Er versuchte, ruhiger zu atmen. Er konnte die Hunde hören. Ihr Gebell wurde immer lauter. Keine hundert Meter waren sie mehr entfernt. Er hatte keine Chance, ihnen zu entkommen. Sie würden ihn niederreißen.

Dann wurde das Gebell leiser – die Hunde waren vorbeigelaufen. Fritz blieb noch eine Stunde in seinem Kellerversteck hocken. Während dieser Zeit schnitt er sich mit Hilfe der gestohlenen Schere den Schnurrbart ab. Schließlich wagte er sich auf die Straße hinaus. Die Laternen brannten nicht, und der Mond war verdeckt. Eine halbe Stunde lang ging er, sich dicht an den Hauswänden haltend, in südlicher Richtung, bis er in einen anderen Stadtteil kam. Jetzt erst betrat er eine Telefonzelle.

Er holte den Groschen aus seiner Tasche, den ihm der Friseur als «Andenken» überlassen hatte, steckte ihn in den Automaten und begann, Makarows Nummer zu wählen.

Da ließ ihn sein Gedächtnis im Stich. Viele hundertmal hatte er diese Nummer gewählt, und nun, da sein Leben davon abhing, war sie ihm entfallen.

Nur Makarow konnte Clara informieren. Fritz durfte es

nicht riskieren, sie und Corinna zu gefährden, indem er ihre Wohnung aufsuchte. Also mußte er sich an Makarow wenden. Auch das war ein Risiko, da Metz die Gestapo womöglich auf Makarow aufmerksam gemacht hatte. Doch ihm blieb keine andere Wahl.

Durch die verlassenen Straßen ging er bis in die unmittelbare Nähe der Wohnung des Russen. Fünfzig Meter vom Haus entfernt blieb er stehen. Spielten seine Augen ihm einen Streich, oder glomm dort im Dunkeln wirklich eine Zigarette? Fritz schob sich langsam rückwärts bis zur nächsten Straßenecke. Dann umkreiste er den Block und näherte sich dem Haus von der anderen Seite. Wieder sah er das Glimmen, und diesmal erkannte er einen Mann im Dunkeln. Hastig machte er kehrt. Er glaubte, Schritte hinter sich zu hören. Er ging schneller. Die Schritte schienen sich zu nähern. Er sah sich um. Zwei Männer folgten ihm. Er rannte los, und die beiden Männer liefen hinter ihm her. Ihr kriegt mich nicht, dachte er, nur eine Kugel kann mich einholen. Er lief auf die Hauptstraße zu. Eine Straßenbahn kam ihm entgegen. Sie schien auf dem Weg vom Depot zu ihrer Einsatzhaltestelle zu sein. Drinnen saß nur der Fahrer, ein Schaffner war nicht zu sehen. Fritz stürzte auf die Straße und schwang sich auf die Plattform. Erst jetzt wagte er, sich umzusehen. Seine beiden Verfolger waren stehengeblieben. Er glaubte, sie aus der Großen Hamburger Straße zu kennen. Es waren privilegierte Juden, Mischlinge vielleicht, oder mit nichtjüdischen Frauen verheiratet. Es war ihnen nicht so wichtig, ihn zu ergreifen, da für sie nichts auf dem Spiel stand. Wären sie Fänger gewesen, dachte Fritz, hätten sie mich erledigt.

In diesem Augenblick fiel ihm Makarows Nummer wieder ein. Einige Häuserblocks weiter sprang er ab und betrat eine Telefonzelle. Makarow meldete sich. «Hier ist Fritz», rief er. «Ich bin geflohen.»

«Gott sei Dank.»

«Es kann sein, daß Ihr Haus von der Gestapo überwacht wird. Bitte sehen Sie doch nach, ob draußen jemand steht.»

Einen Augenblick später kam Makarow wieder an den Apparat und berichtete, daß er niemanden sehen könne.

«Bitte benachrichtigen Sie Clara. Sagen Sie ihr, ich bin in Halensee. Dann weiß sie Bescheid.» Nicht einmal Makarow hatte gewußt, daß Fritz dort ein Versteck hatte.

Die Straßen belebten sich langsam. Der Arbeitstag begann. Fritz tauchte in der Menge unter und machte sich auf den Weg nach Halensee. Dort erzählte er dem Hauswart, er sei gerade aus Polen gekommen und habe seinen Schlüssel vergessen. Der Mann öffnete mit einem Zweitschlüssel die Wohnung. Gierig leerte Fritz ein paar Gläser Wasser. Dann zog er sich aus, schlüpfte in seinen Schlafanzug und legte sich ins Bett. Eine Stunde später weckte ihn ein Klopfen an der Tür. Es war Clara. Sie umarmte ihn und wollte ihn nicht mehr loslassen.

27

Jetzt begann die Jagd bitter ernst zu werden. Jetzt verboten sich laute hebräische Gebete zur Nachtzeit endgültig. Jetzt war es vorbei mit den gelegentlichen Streifzügen durch die Straßen Berlins. Von nun an würde es keine von Unrast getriebenen Ausflüge zum Bahnhof mehr geben, endlich war Hans bereit, seine Feinde ernst zu nehmen, sie realistisch einzuschätzen. Er wußte, daß sie ihm auf der Spur waren. Offiziell gab es ihn nicht mehr, aber die Hartnäckigkeit eines einzigen Spitzels oder Gestapo-Beamten würde ausreichen, um diesen Schwindel aufzudecken.

Nach dem Besuch der Gestapo in Maruschkas Wohnung mußten rasch Vorsichtsmaßnahmen getroffen werden. Vor allem mußte Maruschka sofort dafür sorgen, daß kein Jude mehr bei ihr Zuflucht suchte. Mindestens zehn Illegale konnten in den nächsten Tagen auftauchen, um sich ihre Lebensmittel abzuholen. Maruschka rief eine Freundin, ein Fräulein von Düring, an und verabredete ein Treffen mit ihr. Bei dieser Begegnung übergab sie ihr eine Liste von Namen und Adressen. Sie sollte allen Personen, die sie antreffen würde, die gleiche Botschaft übermitteln: «Halten Sie sich von der Wohnung fern.»

Als nächstes mußte Hans für eine Weile verschwinden, da Maruschka davon überzeugt war, daß die Gestapo wiederkommen würde. Sie rief Freunde an, die ein Haus am Fercher See in der Nähe von Potsdam besaßen. Sie erklärten sich bereit, Hans für einige Zeit zu beherbergen. Aber wie sollte er unbeobachtet aus dem Haus gelangen? Sie wußte, daß sie überwacht wurden. Am Morgen nach dem Besuch der Beamten hatte ein Mann mit einer Zeitung unter der Laterne auf der anderen Straßenseite gestanden, als Maruschka zur Universität ging. Am nächsten Tag war er ebenfalls da.

Am dritten Tag ging Maruschka quer über die Straße direkt auf ihn zu. «Hören Sie», sprach sie ihn an, «ich habe eine Verabredung und bin sehr spät dran. Ihre Taxirechnung bezahlt doch die Gestapo. Könnten Sie mich nicht mitnehmen?»

Einen Moment lang sah er sie ungläubig an, dann grinste er plötzlich. «Aber natürlich», sagte er.

Am nächsten Tag war er wieder da. Doch am Morgen darauf konnte Maruschka ihn nirgends entdecken. Gab es vielleicht noch andere, an anderen Stellen? Sie durfte kein Risiko eingehen. Als das Wochenende gekommen war, schlüpfte Hans aus der Hintertür und durch die Toreinfahrt eines Nachbargebäudes hinaus auf die nächste Seitenstraße. Zur Tarnung nahm er die Hunde mit. Wer würde schon einen Mann verdächtigen, der seine Hunde ausführt?

Schon bald stellte sich heraus, daß Hans die Wohnung gerade noch rechtzeitig verlassen hatte. Noch am gleichen Abend bemerkte Maruschka, wie eine ihrer Katzen, die auf der Fensterbank in der Küche saß, eine gespannte Lauschhaltung einnahm. Maruschka sah aus dem Fenster. Sie konnte nichts Verdächtiges entdecken. Dennoch war sie sich sicher, daß sie das gleiche Geräusch gehört hatte wie die Katze – das Geräusch sich bewegender Menschen.

An allen Abenden der darauffolgenden Woche spürte sie immer wieder am Verhalten der Katze, daß diese etwas Auffälliges hörte, und kurz darauf vernahm dann auch Maruschka jedesmal Geräusche. Schließlich beschloß sie, dem Treiben dort draußen, was auch immer es sein mochte, ein Ende zu machen. Am frühen Abend des folgenden Tages ging sie in den Hof hinaus und zog mehrere Stolperdrähte. Dann goß sie heißes Wasser – das besonders rasch gefriert – auf den Plattenweg. Eine Stunde später hörte sie, wie draußen jemand mit einem lauten, dumpfen Geräusch auf den Boden schlug. Dann folgte eine Kaskade von Flüchen. Maruschka rief sofort die Polizei, die in Minutenschnelle zur Stelle war. Im Hof befanden sich – neben einem Dutzend Nachbarn – zwei Gestapo-Beamte.

Wenige Tage darauf stellte die Gestapo ihre Überwachungsmaßnahmen ein. Vierzehn Tage später holte Maruschka Hans in ihre Wohnung zurück.

Wilhelm Glaser war in einem strenggläubigen Elternhaus aufgewachsen. Seinen Bar-Mizwa hatte er in der Synagoge in der Lindenstraße gefeiert. Doch um 1920 hatte sein religiöser Eifer bereits beträchtlich nachgelassen, eine Folge seiner Auseinandersetzung mit wissenschaftlichen Theorien über die Entstehung der Welt und mit marxistischem Gedankengut. Erst seitdem er unter dieser ständigen Bedrohung lebte, betete er wieder, und zwar mehr als je zuvor. Wenn die Not am größten, ist Gottes Hilf am nächsten, sagte er sich oft.

Wieder war er ohne feste Bleibe. Mach hatte ihm immer wieder neue Verstecke besorgt. In jedem hatte er höchstens zwei Nächte bleiben können. Trotz verschiedener Gelegenheitsarbeiten, die ihm ebenfalls sein Freund vermittelt hatte, war er doch die meiste Zeit arbeitslos und bettelarm. Dennoch: Seine Erlebnisse in diesem kalten Winter 1944 ließen ihn immer fester glauben, daß es einen Gott gab, der ihn beschützte. Natürlich konnte man es auch einfach Glück nennen, aber irgendwoher mußte dieses Glück doch letztlich kommen.

So hatte er beispielsweise einige Wochen nach der Zerstörung der Glaserei nach einer Nacht im Park völlig durchgefroren ein belebtes Café am Moritzplatz aufgesucht. Beim Kaffee hatte er sich, ausgehungert nach Nachrichten jeder Art, gerade in den *Völkischen Beobachter* vertieft, als er jemanden sagen hörte: «Ihre Papiere bitte.» Langsam hob er den Blick von seiner Zeitung. Ein Gestapo-Mann stand vor einem Gast am Nebentisch. Wilhelm griff nach Hut und Aktentasche, erhob sich, nickte dem Gestapo-Beamten freundlich zu und hängte den *Völkischen Beobachter* an den Haken zurück. Dann schlenderte er langsam davon, den Rücken in der Erwartung des Befehls, stehenzubleiben, brettsteif angespannt.

Als er sich einige Zeit später wieder gefaßt hatte, mutmaßte er, daß die Zeitung ihn gerettet hatte. Seit der Machtergreifung war der *Völkische Beobachter*, das Zentralorgan der NSDAP, zur größten deutschen Zeitung geworden, die 1944 eine Auflagenhöhe von 1,7 Millionen erreichte. Wer in der Partei war oder anderweitig seine Staatstreue demonstrieren wollte, las den *Völkischen Beobachter.* Und so hatte wohl auch der Gestapo-Mann Wilhelm für einen Gesinnungsgenossen gehalten.

Ein andermal hatte Wilhelm auf die S-Bahn gewartet, als zu seinem Entsetzen zwei Uniformierte mit Hunden auf dem Bahnsteig aufgetaucht waren. Sie gehörten zu den berüchtigten «Kettenhundpatrouillen», die die Straßen nach Fahnenflüchtigen durchkämmten. Einer von ihnen hatte in Wilhelms Richtung geblickt, sich umgewandt und einige Worte mit seinem Begleiter gewechselt. Sie waren mit ihren Hunden den Bahnsteig entlang auf ihn zu gekommen. Gerade in diesem Moment war der Zug eingefahren. Wilhelm war eingestiegen, hatte gewartet, bis die beiden Männer einen anderen Wagen betreten hatten, und war dann, als sich die Türen schlossen, rasch wieder hinausgeschlüpft.

Sein größtes Glück war jedoch die Begegnung in der Schneiderwerkstatt eines Bekannten namens Löwental gewesen. Er suchte diese Schneiderei häufig auf, um Löwental Stoffe zu bringen, die er auf dem Schwarzmarkt erstanden hatte. Manchmal durfte er auf dem Zuschneidetisch übernachten. Eines Tages betrat eine Frau die Werkstatt, als Wilhelm gerade gehen wollte. «Wer ist dieser Mann?» fragte sie Löwental. Er erklärte ihr, daß Wilhelm einen kriegswichtigen Posten innehabe. Die Frau wandte sich an Wilhelm. «Werter Herr», sagte sie, «mein Mann ist bei der Wehrmacht, ich lebe allein mit meiner Tochter und habe schreckliche Angst vor den Fliegerangriffen. Ich nehme an, Sie wohnen in einem möblierten Zimmer. Möchten Sie nicht vielleicht lieber zu uns ziehen?»

Wilhelm konnte sein Glück kaum fassen, und der Empfang, der ihn am Abend in der Wohnung der Frau erwartete, übertraf seine kühnsten Träume. Sie trug ihm das köstlichste Mahl auf, das er seit Jahren zu Gesicht bekommen hatte.

Die Nacht verbrachte er im Bett seiner Gönnerin. Ihre Tochter lag zwischen ihnen. Wenn es sich dabei um eine Vorsichtsmaßnahme der Frau handelte, wie Wilhelm vermutete, so war sie in jedem Falle gänzlich überflüssig, da er nicht die geringste Absicht hatte, sich ihr zu nähern. Am Morgen verwöhnte sie ihn mit Kaffee und Brötchen und machte ihm belegte Brote für die «Arbeit» zurecht. Pflichtschuldig verließ er nach dem Frühstück das Haus, zog den Tag über draußen umher und kehrte am späten Nachmittag, «nach Feierabend», zurück.

So ging es mehrere Wochen. Sobald die Sirenen aufheulten, brachte Wilhelm Mutter und Tochter in den Luftschutzkeller. Die Frau bewunderte seinen Mut und war äußerst zufrieden mit dieser Übereinkunft.

Doch eines Tages kehrte der Ehemann heim. Es störte ihn nicht im geringsten, daß ein Fremder in seinem Bett geschlafen hatte. Im Gegenteil: Er dankte Wilhelm mit herzlichen Worten dafür, daß er sich um seine Familie gekümmert hatte.

Wieder war Wilhelm ohne Unterkunft.

28

Mit großer Aufmerksamkeit verfolgte Hans Rosenthal seit August 1943 die massiven nächtlichen Luftangriffe der Alliierten auf Berlin. Er wünschte der Bevölkerung der in Trümmern liegenden Stadt nichts Böses – und doch waren die Angriffe die Höhepunkte seines Daseins. Jede Bombe, die herabfiel, rückte das Ende des Krieges ein wenig näher, und er hatte es diesen Angriffen zu verdanken, daß er jede Nacht unter den Obstbäumen hinter Frau Jauchs Laube stehen und das Gefühl der Freiheit genießen konnte. Er war sich sicher, daß ihn niemand dabei beobachten würde. Für die Deutschen war es nicht nur ein Gebot der Vorsicht, sondern darüber hinaus gesetzliche Verpflichtung, während der Luftangriffe in ihren Schutzräumen zu bleiben und sich nicht im Freien aufzuhalten. Hans wußte, daß man sich auf eines felsenfest verlassen konnte: auf die Gesetzestreue der Deutschen.

Während der letzten Monate hatte es jedoch auch ihn immer rascher wieder ins Innere seiner Behausung zurückgetrieben, zum einen wegen des feuchtkalten Winterwetters, das nun einzusetzen begann, zum anderen, weil immer häufiger Bomben in der Nähe seines Unterschlupfes niedergingen. Eines war Hans klar: Wenn eine Bombe die Laube treffen sollte, würde das sein sicheres Ende bedeuten – ganz gleich, ob er nun im Garten stand oder im Geräteschuppen blieb. Doch er wollte seine Überlebenschancen nicht dadurch noch weiter verringern, daß er sich einem jederzeit möglichen Splitterhagel aussetzte.

Und eines Nachts, als er zusammengekauert in seinem Verschlag lag, hörte er dann tatsächlich eine Bombe unmittelbar über sich herabsausen. Sie detonierte nur wenige Meter vom Haus entfernt in einer Ecke des Gartens. Drei Lauben in der Nachbarschaft waren vollkommen zerstört. Frau Jauchs Häuschen blieb stehen – unversehrt bis auf die Fensterscheiben, die bei der Explosion aus dem Rahmen geflogen waren. Hans spürte, wie er am ganzen Körper zitterte, aber er war unverletzt.

Für Frau Jauch stand fest, daß Gott «ihren» Juden beschützt hatte. Hans wußte es besser: Da die Bombe tief in den Boden eingedrungen war, war die Druckwelle über das Häuschen hinweggegangen. Doch er ließ Frau Jauch in ihrem Glauben.

Der nächste Morgen wartete dagegen mit einer Gefahr auf, die für Hans weitaus bedrohlicher war als alle Bomben. Zwei Männer von der NSDAP-Kreisleitung erschienen, um den Schaden zu begutachten. Hans konnte ihre Stimmen hören. Sie gingen von Garten zu Garten und kamen immer näher. In panischer Hast versteckte er alle Gegenstände in seiner Kammer, die auf seine Anwesenheit hindeuten konnten, ehe er hinter die Liege kroch und mit dem offenen Messer in der Hand an die Wand gepreßt liegenblieb.

Kaum eine Minute hatte er so gelegen, als die Männer Frau Jauchs Haus betraten. Sie erklärten ihr, daß sie einen Antrag ausfüllen müßten, wenn sie neue Fensterscheiben bekommen wolle. «Bitte», sagte sie.

Die Männer begannen, den Schaden zu inspizieren, und machten sich eifrig Notizen. «Was ist mit der Scheibe da?» fragte der eine und deutete zum Geräteschuppen hinüber.

«Ja, die auch», entgegnete Frau Jauch.

«Vielleicht sollten wir auch da einen Blick hineinwerfen», meinte der andere.

«Ganz wie Sie wünschen», sagte Frau Jauch so laut sie konnte.

Hans umklammerte das Messer fester. Wenn sie mich finden, so schwor er sich, werde ich zumindest einen von beiden erledigen. Er hörte, wie Frau Jauch den Vorhang beiseite zog und die Tür zum Geräteschuppen öffnete. Nun waren sie keine zwei Meter mehr von ihm entfernt.

Plötzlich spürte er einen starken Druck – die Männer hatten

sich auf die Liege gesetzt. Er hörte Papiergeraschel. Einer füllt jetzt wohl das Formular aus, dachte er.

«Möchten Sie vielleicht eine Tasse Tee?» hörte er Frau Jauch fragen. Ihre Stimme klang gelassen. Sie schien absolut gefaßt. Die Männer nahmen das Angebot dankend an. Frau Jauch ging aus dem Raum. Die beiden Männer schwiegen. Hans konnte sie atmen hören. Er war sicher, daß auch sein eigener Atem zu hören war und daß sie nur deshalb nichts merkten, weil sie nicht damit rechneten, daß noch jemand im Raum war.

Dann spürte er ein Kratzen im Hals, das rasch stärker wurde. Nur nicht husten jetzt! Er schloß die Augen. Er nahm seinen ganzen Willen zusammen, um den Reiz zu unterdrücken. Er versuchte, seine Kehle zusammenzupressen, er schluckte krampfhaft, betete – das Kratzen hielt an und wurde immer heftiger. Nur nicht husten – dann ist alles aus! Langsam und vorsichtig atmete er ganz tief durch den Mund ein und hielt dann den Atem an. Der Hustenreiz ließ nach. Frau Jauch kam mit dem Tee zurück.

Der Druck gegen seinen Körper wurde geringer, als die Männer sich vorbeugten. Jetzt greifen sie nach ihren Teetassen, dachte Hans. Einen Augenblick später nahm der Druck wieder zu – die Besucher lehnten sich zurück. Hans hörte, wie sie ihren Tee schlürften, und dann sagte einer von ihnen zu Frau Jauch, daß die Bomben kein Grund zur Aufregung oder Beunruhigung seien. «Wir werden den Krieg gewinnen», versicherte er ihr. «Bald ist alles vorbei.»

Plötzlich war das Kratzen wieder da, so jäh und heftig, daß Hans glaubte, das Husten nun nicht länger verhindern zu können. Wieder öffnete er den Mund und zog die Luft ein, diesmal ohne Erfolg. Dann hörte er Frau Jauchs Stimme und dachte: Wenn ich husten muß, dann ist auch für sie alles aus. Er hielt das Messer jetzt so fest umklammert, daß seine rechte Hand vor Anstrengung zitterte und seine Nägel sich tief ins Handinnere gruben. Mit äußerster Vorsicht führte er die linke Hand an den Hals und kratzte sich in der kleinen Grube zwischen den Schlüsselbeinen. Irgendwie lenkte ihn dieser Reiz von dem Kitzeln in seiner Kehle ab.

Geht doch! flehte er im stillen. Geht doch endlich!

Und fünf Minuten später gingen sie tatsächlich. Sobald Hans die Tür zufallen hörte, begann er zu husten. Eine ganze Zeit lang wollten weder der Husten noch das Zittern nachlassen, das ihn auf einmal befallen hatte.

Endlich ging der lange Winter zu Ende. Der gefrorene Boden taute langsam wieder auf. Die Obstbäume begannen zu blühen. Ihr Duft, der die Luft erfüllte, war geradezu unpassend in dieser Zeit der Zerstörung und Not. Wer auch nur über das geringste realistische Wahrnehmungsvermögen verfügte, mußte erkennen, daß Berlin dem Untergang geweiht war, daß das Leben der Stadt mit jedem Tag und jedem neuen Bombenhagel ein wenig mehr verlosch.

Eines Nachts schlug eine Brandbombe zehn Meter von Frau Jauchs Laube entfernt ein und ließ ein benachbartes Häuschen in Flammen aufgehen. Der Wind trieb Funkenregen auf ihr Haus und eine Reihe anderer Gebäude zu. Hans hörte, wie die Nachbarn draußen beratschlagten, was zu tun sei. Sie kamen schnell zu einem Ergebnis: Das brennende Gebäude mußte niedergerissen werden. Nur so waren die übrigen Häuser zu retten. Hans war sich darüber im klaren, daß die Leute sich fragen würden, wer er sei, wenn er hinausginge, um ihnen zu helfen. Wenn er dagegen in seinem Versteck blieb und das Feuer auf Frau Jauchs Laube übergriff, würde er womöglich verbrennen. Ihm blieb keine Wahl. Er schlüpfte nach draußen.

Einige Nachbarn bekämpften die Flammen mit Spitzhacken und Spaten, die meisten griffen jedoch mit den bloßen Händen zu und versuchten, die Teile des Häuschens beiseite zu ziehen, die das Feuer noch nicht erfaßt hatte. Die größten Probleme bereitete den Leuten das Dach. Es war wie die Dächer aller Häuschen in der Umgebung mit Teerpappe gedeckt, und nun schmolz der Teer in der Hitze und tropfte herab. Als Hans nach einem Stück des Daches griff, spürte er plötzlich einen unerträglichen Schmerz. Siedender Teer hatte sich in die Haut seiner linken Hand gebrannt.

Sobald das Feuer eingedämmt war, zog Hans sich unauffällig aus der Menschenmenge zurück und ging langsam auf Frau Jauchs Häuschen zu. Bevor er die Laube betrat, blickte er sich vorsichtig um und vergewisserte sich, daß ihn niemand beobachtete. Drinnen besah er sich seine Hand. Der geschmolzene Teer hatte die Haut der Handfläche und des kleinen Fingers völlig verbrannt. Die gräßlichen Schmerzen ließen nicht nach. Die Wunde sah schlimm aus. Ihm wurde klar, daß er einen Arzt aufsuchen mußte.

Zum erstenmal seit über einem Jahr verließ er die unmittelbare Umgebung des Häuschens und lief die Straße hinunter, vorbei an brennenden Lauben und anderen Gebäuden, zu dem drei Kilometer entfernten SS-Krankenhaus in Herzberge. Eigentlich hätte es sehr beängstigend für ihn sein müssen, nach dieser ganzen langen Zeit sein Versteck zu verlassen, aber der Schmerz ließ keinen Raum für andere Gefühle und Gedanken.

Im Krankenhaus angekommen, lief er zur Aufnahme, riß den Arm mit einer zackigen Bewegung hoch und rief: «Heil Hitler!» Diesen Gruß hatte er in den letzten Jahren oft genug beobachten können.

«Wie ist Ihr Name?» fragte die Aufnahmeschwester. «Hans Busch», antwortete Hans. Das war der Name eines Schulfreundes, von dem er wußte, daß er jetzt Soldat war.

«Ihre Papiere?»

«Ich habe mir die Hand beim Löschen eines Feuers verbrannt. Ich bin direkt hierhergekommen. Meine Papiere liegen zu Hause.»

Ein SS-Arzt behandelte seine Hand. Er wies Hans an, am nächsten Morgen wiederzukommen, da der Verband gewechselt werden müsse, und ermahnte ihn, seine Papiere mitzubringen. Hans versprach es. «Heil Hitler!», sagte der Arzt. «Heil Hitler!», sagte Hans.

29

Wieder spielte sich Hans Hirschels gesamtes Leben innerhalb der vier Wände der Dreizimmer-Parterrewohnung in der Detmolder Straße in Wilmersdorf ab. Sie zu verlassen, wagte er nicht, aus Angst, von einem Fänger gesichtet zu werden. Nur nachts ging er für ein paar Minuten nach draußen auf den Hinterhof. Er hatte dabei etwa das gleiche Freiheitsgefühl wie ein Häftling, der seine Runden um den Gefängnishof dreht. Rings um den engen Hof standen Wohnhäuser, nirgends war die Sicht frei, nur nach oben, zum schwarzen, gleichgültigen Himmel.

Auch Maruschka war ihm kaum eine Hilfe. Sie brachte viele Stunden am Tag beim Tierschutzverein zu, wo sie mittlerweile leitende Tierärztin geworden war. Sie kam gewöhnlich zwischen sieben und acht zum Abendessen nach Hause, plauderte noch ein wenig mit Hans und verließ ihn wieder. Sie war immer noch – teils im Zusammenhang mit der Schwedischen Kirche, teils allein oder im Rahmen der Aktionen anderer Gruppen – damit beschäftigt, Juden und anderen Illegalen Zufluchtstätten, Lebensmittelmarken und falsche Papiere zu besorgen. Vorsichtshalber hatte sie auch sich selbst einen falschen Identitätsnachweis beschafft, einen Studentenausweis, der auf den Namen Maria Müller ausgestellt war. Mit Ausnahme des Geburtsortes stimmten sämtliche Angaben mit denen ihres echten Ausweises überein, so daß sie nicht in Schwierigkeiten geraten konnte, wenn sie bei einer Überprüfung Fragen nach ihren Lebensdaten auswendig beantworten mußte. Tagsüber trug sie ihre echten Papiere bei sich, abends tauschte sie sie gegen die falschen aus. Unter ihrem richtigen Namen hätte sie die Gestapo im Falle einer Verhaftung leicht auf Hans' Spur lenken können. Wenn sie sich dagegen als Maria Müller auswies, war diese Gefahr gering.

Sie war schrecklich müde. Die langen Arbeitstage und die ständige Spannung zehrten an ihren Kräften. Doch die kleinen Erfolge hielten sie aufrecht. Eines Tages kam der Polizeibeamte Hoffmann unter dem Vorwand zu ihr in die Wohnung, zwei Beschwerden, die gegen sie vorlägen, nachgehen zu müssen. Zum einen sollten ihre Hunde angeblich zuviel Lärm machen, zum andern habe sie es unterlassen, am 20. April, dem Geburtstag des Führers, die Fahne aus dem Fenster zu hängen. Bezüglich der ersten Beschwerde versicherte sie ihm, daß sie ohnehin dabei sei, einige Hunde zu verkaufen. Auf die zweite Beschuldigung entgegnete sie: «Ich besitze keine Fahne. Für Fahnen habe ich kein Geld.»

«Das hätte ich auch nicht vermutet», sagte Hoffmann. Sie lachten beide. Maruschka wußte, daß Hoffmann – einer der Polizisten, die die Schwedische Kirche und Perwe so hilfreich unterstützten – eine ähnliche Einstellung hatte wie sie. Er hätte ebensogut einen anderen Beamten beauftragen können, den Beschwerden über sie nachzugehen, aber er hatte diese Gelegenheit wahrnehmen wollen, endlich einmal sein Herz auszuschütten. «Mir geht das alles gegen den Strich», sagte er jetzt seufzend. «Was sie von uns verlangen, verstößt gegen jeden menschlichen Anstand. Menschen aus ihren Wohnungen herauszuholen, von denen man weiß, daß sie anständige Leute sind – was hat denn das mit Recht und Ordnung zu tun?»

Maruschka dachte einen Moment lang nach. «Wissen Sie, es wäre sehr schön, wenn Sie an eine Liste der Leute, die verhaftet werden sollen, herankommen und mir schon vorher ein paar Namen mitteilen könnten.»

Hoffmann nickte. «Das wäre wirklich ganz fein», sagte er.

In dieser Zeit konnte sie mehrere Leute vor der Verhaftung retten, und dieser Triumph gab ihr Auftrieb für Tage. Aber es gab auch bittere Ereignisse, die sie in Verzweiflung versetzten. Eine Krankenschwester des Jüdischen Krankenhauses war zu ihr in die Wohnung gekommen. Maruschka hatte ihr geholfen, Papiere zu beschaffen, auf denen das Deutsche Rote Kreuz ihre

Versetzung unter falschem Namen an einen Ort in der Nähe der Schweizer Grenze genehmigte. Von dort aus sollte sie mit Unterstützung verbündeter Widerstandsmitglieder zu Fuß über die Grenze flüchten. Zwei Wochen nachdem Maruschka die Krankenschwester in den Zug gesetzt hatte, erfuhr sie, daß diese zwar die Grenze unbemerkt erreicht, sich dann jedoch in der Annahme, schon auf der Schweizer Seite zu sein, auf einen Stein gesetzt hatte, um etwas zu essen. Dort war sie dann von einer deutschen Grenzstreife aufgegriffen worden. Diese Nachricht erschütterte Maruschka schwer. Hier hatte sich nicht nur ein Mensch ganz unnötig seinen Henkern ausgeliefert, zugleich war dadurch ein weiterer Fluchtweg für immer versperrt worden.

Es gab in Hans' und Maruschkas Zusammenleben noch eine weitere Quelle ständiger Spannungen: das Geld. Menschenleben zu retten war unglaublich kostspielig geworden. Maruschkas Gehalt, der Erlös ihrer Schwarzmarktgeschäfte und ihre Leibrente zusammen reichten inzwischen bei weitem nicht mehr aus, um sie selbst, Hans und den ununterbrochenen Strom der Illegalen, die sie um ihre Hilfe baten, zu ernähren. Schließlich sah sie nur noch eine Chance, ihre finanziellen Probleme zu lösen: ein Besuch bei ihrer Schwägerin auf dem Familiengut. Ihr Bruder, ein überzeugter Anhänger der Nationalsozialisten, war während des Frankreichfeldzuges 1940 gefallen. Er hatte die «Freie Standesherrschaft Militsch» als einziger Sohn vom Vater geerbt. Ein weiterer Teil war ein kleines Gut, das verkauft worden war, um den Töchtern ihre Anteile auszuzahlen. Maruschka hatte ihren Anteil als einzige noch nicht erhalten. Statt dessen wurde ihr immer noch eine Leibrente ausgezahlt.

An einem Tag im Spätfrühling 1944 fuhr Maruschka, nachdem sie zuvor die Hunde bei einem Freund untergebracht und einen weiteren Freund damit betraut hatte, Hans täglich etwas zu essen zu bringen, für eine Woche nach Schlesien, um sich ihren Vermögensanteil von ihrer Schwägerin, die bis zur Volljährigkeit des Sohnes als Nacherbin ihres Mannes eingesetzt war, auszahlen zu lassen. Die Schwägerin weigerte sich, auf Maruschkas Forderungen einzugehen.

Als sie nach Berlin zurückkehrte, berichtete sie Hans traurig von den Einzelheiten ihres Unternehmens. Geld war in Militsch in Hülle und Fülle vorhanden. Aber auch Maruschkas Vorschlag, in Westösterreich Bauernhöfe zu kaufen und rechtzeitig Kunstgegenstände zu retten, wurde nicht akzeptiert. Der Glaube, doch noch den Krieg zu gewinnen, war stärker als jedes logische Argument. «Sieh mal», hatte Maruschka argumentiert, «wir verlieren diesen Krieg, und wir werden den Besitz und jedes verflixte Stück, das wir besitzen, verlieren, wenn wir nicht jetzt etwas unternehmen.» Unglücklicherweise hatte ihre Schwägerin inzwischen ihren späteren zweiten Mann kennengelernt, der bei der Armee war und ihr eingeredet hatte, daß Deutschland den Krieg gewinnen würde.

Hans hatte Maruschka noch nie so niedergeschlagen erlebt wie nach ihrer Rückkehr aus Schlesien. Er tat, was er nur konnte, um sie aufzuheitern. Nur langsam erholte sie sich von ihrem Tief, und diese Besserung ihres Zustandes war nur zu einem kleinen Teil auf Hans' Bemühungen zurückzuführen. Es waren vor allem zwei andere erfreuliche Umstände, die ihr zu neuem Lebensmut verhalfen: ein Wurf von vier Scotchterrierwelpen und die Anwesenheit ihres Lieblingsneffen Brumm. Die Welpen, gerade sechs Wochen alt, wurden für Maruschka zur ständigen Quelle des Entzückens. Sie tauften sie auf die Namen Archibald, Anne, Amy und Andy. Als die jungen Hunde schließlich nach ein paar Wochen herumzutollen und zu spielen begannen, ließen sie Hans und Maruschka jeden Tag wenigstens für ein paar Minuten die Bomben, die Schikanen und Intrigen vergessen. Keiner von ihnen sprach aus, was beiden bewußt war: daß die Hunde bald verkauft werden mußten.

Der zweite Grund zur Freude für Maruschka war die Tatsache, daß in dieser Zeit ihr Lieblingsneffe Brumm – Friedrich-Karl von Reichenau – regelmäßig bei ihr ein- und ausging. Er war der Sohn ihrer zweitältesten Schwester Alix und des Feldmarschalls Walter von Reichenau, ihres schwer durchschaubaren Schwagers, der als einer der ersten hohen Offiziere mit den Nationalsozialisten paktiert hatte und der dennoch nichts gegen Hans, über den er Bescheid wußte, unternahm. Wenn er in

Berlin war, besuchte er Maruschka, um sich bei ihr ein paar Gläser Türkenblut – sein Lieblingsgetränk, zu gleichen Teilen aus Burgunder und Sekt bestehend – zu genehmigen. Eines Tages versprach er Maruschka, ihr zu schenken, was immer sie sich wünschen mochte. Als sie ihn um einen Roten Kardinal bat, trieb er tatsächlich einen auf. Kurz bevor er einem Schlaganfall erlag, hatte er Maruschka gewarnt, daß nicht einmal er ihr helfen könnte, wenn sie je wegen ihrer Verbindung mit einem Juden mit der Gestapo in Konflikt geriete.

Walter von Reichenaus Sohn Brumm war kein Nazi, ja noch nicht einmal ein überzeugter Soldat. Er hatte sich nicht freiwillig zum Kriegsdienst gemeldet. Zwar diente er jetzt bei einer in Rußland kämpfenden Fronteinheit, doch war er als Kradmelder tätig, wodurch es ihm erspart blieb, auf Menschen zu schießen, die er nicht töten wollte – bis er eines Tages in ein gerade von den Deutschen zurückerobertes Wäldchen hineingefahren und dort auf die Leichen zahlreicher Kameraden gestoßen war, die von russischen Panzern gegen Bäume gedrückt und zermalmt worden waren. Am nächsten Morgen nahm Brumms Einheit etliche russische Soldaten gefangen und richtete unter ihnen ein Massaker an. Brumm trug sein Teil dazu bei. Als er später auf Urlaub in Berlin war, erzählte er Maruschka davon und gestand ihr, daß er Selbstmordgedanken habe. Sie nahm ihn in die Arme, ließ ihn sich ausweinen und versuchte ihn damit zu trösten, daß der Krieg die Menschen dazu triebe, ihren Verstand zu verlieren. So übel ihr auch wurde, wenn sie sich vorstellte, was er getan hatte, war sie im stillen doch froh darüber, daß es – wie ihr Brumms Reaktion bewies – doch noch junge Deutsche gab, die ihr Gewissen nicht vollkommen zum Schweigen gebracht hatten.

Sie wäre allerdings nie auf den Gedanken gekommen, an ihrem Neffen zu zweifeln. Einst hatte er gemeinsam mit Freunden an der Grenze zwischen Österreich und der Schweiz die Flucht einiger Juden per Ski in die Schweiz organisiert. Als er ein anderes Mal – zu Recht – der Konspiration mit einer Gruppe von Nazigegnern bezichtigt worden war, hatte ihn nur der Umstand gerettet, daß ihm der Richter – wohl wissend, wessen Sohn er vor sich hatte – die Worte seiner Aussage in den Mund gelegt hatte: «Sie wußten sicher nicht, mit wem Sie es da zu tun gehabt haben», hatte der Richter gesagt, und Brumm hatte geantwortet: «Nein, Euer Ehren.»

Nun war Brumm auf Urlaub in Berlin und hatte sich zu Maruschkas Freude in ihrer Wohnung einquartiert. Sie liebte es, ihn zu bemuttern, wenn er auch nur zwölf Jahre jünger war als sie. Brumm war ein unglaublich gutaussehender junger Mann und ein chronischer Herzensbrecher. Wie und warum Irmelin, seine nicht minder hübsche Verlobte, seine Eskapaden ertrug, hatte Maruschka nie begreifen können. Wenn sie die beiden jedoch zusammen sah, so jung und strahlend und so offensichtlich verliebt, dann regte sich in ihr die Hoffnung, daß eine bessere Zukunft jenseits des Schreckens auf sie wartete.

30

Fünf Monate waren vergangen, seit Fritz Kreuger aus dem Gestapo-Gefängnis in der Großen Hamburger Straße geflohen war. Es war riskanter für ihn geworden, sich außerhalb seines Verstecks aufzuhalten, da sein Gesicht nun vielen Gestapo-Leuten bekannt war. Nie wieder würde er ihnen in die Falle gehen, hatte er sich nach seinem Ausbruch geschworen. Aufmerksam musterte er die Gesichter der entgegenkommenden Passanten, und seine rechte Hand blieb stets in der Manteltasche, locker um den Griff einer kleinen Pistole geballt.

Er versuchte jetzt nicht mehr, sich unauffällig zu verhalten. Im Gegenteil: Er trat so imposant wie möglich auf. Den Krückstock und sein Hinken hatte er im Gefängnis abgelegt. Seine Tarnung bestand nun darin, mittels seiner äußeren Erscheinung eine besondere Bedeutsamkeit zu suggerieren. Er trug seinen Ledermantel, Lederhosen und Stiefel und dazu einen breitkrempigen, grauen Filzhut, wie ihn Gestapo-Leute zu tragen pflegten. Wie diese zog Fritz die vordere Krempe tief ins Gesicht. Wenn man ihn für einen Gestapo-Mann hielt, konnte ihm das nur nützlich sein.

Er lebte weiterhin in seinem Laden in Halensee. Claras und Corinnas Wohnung in der Bayerischen Straße suchte er nur spät am Abend auf, in den zwanzig Minuten, die zwischen der Radiomeldung von der Ankunft der Bomber über Hannover und Braunschweig und deren Eintreffen über Berlin lagen. Der Alarm erfolgte fast immer zwischen halb eins und ein Uhr nachts. Fritz hatte beinahe zwei Kilometer zu gehen, aber wenn er sich beeilte, konnte er es rechtzeitig schaffen. Im Luftschutzkeller des massiven Wohnhauses in der Bayerischen

Straße hatte Clara ihn als Wilhelm Kramer, einen Vetter ihres Mannes, vorgestellt. So hofften sie, die offensichtliche Ähnlichkeit zwischen Corinna und ihm plausibel erklären zu können. Corinna nannte ihn «Onkel Fritz», da sie es ihr seit ihrem zweiten Lebensjahr nicht anders beigebracht hatten.

Der Keller war dunkel und muffig, und sobald in der Nähe eine Bombe explodierte, war die Luft voll Mörtelstaub, so daß alle Schutzsuchenden zu husten begannen. Die Angst und der Husten ließen sie schneller atmen, was ihre Atemnot noch verschlimmerte. Wenn das Pfeifen und die Detonationen der Bomben besonders laut wurden, zuckten alle in Erwartung eines Treffers zusammen. Es kam oft vor, daß nach einer Stunde angespannten Wartens Frauen zu weinen begannen und die Menschen, die in ihrer Nähe hockten, sie trösten mußten. In ihrer gemeinsamen Not hatten die Leute, die sich in diesem Keller versammelten, ein starkes Zusammengehörigkeitsgefühl entwickelt.

Sobald Fritz den Keller betrat, hob er den Arm zum Hitlergruß. Während der Luftangriffe saß er häufig neben einem Hausbewohner namens Adam, einem Standartenführer. Adam war ein Mann mittleren Alters mit ausgesprochen militärischem Auftreten. Er war außerhalb Berlins stationiert, kam jedoch oft mit seinem Fahrer in die Stadt und verbrachte dann die Nacht in seiner im ersten Stock des Hauses gelegenen Wohnung.

«Warum tragen Sie keine Uniform?» fragte er Fritz eines Abends.

«Streng geheim», erwiderte Fritz mit fester Stimme. Adam spitzte die Lippen und nickte verständnisvoll. Er schien sich mit dieser Antwort zu begnügen. Bei der nächsten Gelegenheit beschaffte sich Fritz einen Stapel technischer Zeitschriften, prägte sich die Fachbegriffe, die häufig in den Artikeln benutzt wurden, ein und erzählte Adam bei ihrer nächsten Begegnung im Luftschutzkeller unter der Bedingung strengster Verschwiegenheit, daß er in einer Flugzeugfabrik am Rande der Stadt arbeite. Doch hatte er zu diesem Zeitpunkt ohnehin schon das Gefühl, daß ihm von Adam keine Gefahr mehr drohte. Die Gespräche, die sie miteinander führten – was

Adam sagte und was nicht –, bestärkten Fritz in seinem Eindruck, daß der Standartenführer ein rationaler Mensch war, der für die Nazis nicht viel übrig hatte.

Als Fritz eines Nachts nach der Entwarnung nach Halensee zurückkehrte, mußte er feststellen, daß seine Ladenwohnung von einer Bombe getroffen und seine ganze Habe, bis auf das, was er am Leibe trug, vernichtet worden waren. Zum Glück hatte er die Edelsteine wie immer bei sich getragen. Nun blieb ihm nichts anderes übrig, als zu Clara und Corinna zu ziehen. Er tat es mit gemischten Gefühlen, da dieser Schritt neue Probleme und Risiken mit sich brachte.

Die Hauptschwierigkeit war, daß er tagsüber im Haus nicht in Erscheinung treten durfte, da er ja angeblich in der Flugzeugfabrik tätig war. Daraus folgte nicht nur, daß er das Haus nicht verlassen konnte, um seinen Geschäften nachzugehen, sondern auch, daß er während der bei Tage stattfindenden Luftangriffe nicht den Schutzkeller aufsuchen konnte. Es war fraglich, was schlimmer war. Ein Bombentreffer hätte ihn umgebracht, aber ohne Geld für Schwarzmarktwaren hatte er ebenfalls keine Chance zu überleben.

Doch es fand sich von selbst ein Ausweg. Fritz war für die Juweliere so unentbehrlich, daß sie sich innerhalb weniger Wochen daran gewöhnten, ihn nun ihrerseits in der Wohnung in der Bayerischen Straße aufzusuchen. Sie gaben vor, «Frau Krause» einen Besuch abzustatten. Fritz vertraute ihnen. Er kannte sie alle seit vielen Jahren. Sie kamen zu ihm, da es ihm immer wieder gelang, das reichhaltigste Juwelensortiment in ganz Berlin anzubieten. Seine Bezugsquelle kannte außer ihm selbst nur Clara: ein Kurier des Handelsministeriums, der in einer komplizierten Mission allwöchentlich zwischen Berlin und Amsterdam hin und her reiste. Fritz gab ihm jedesmal zwischen 50000 und 100000 Reichsmark mit und erhielt dafür Edelsteine und englische, niederländische und französische Goldmünzen.

Ein größeres Problem stellten die immer häufiger auch tagsüber einsetzenden Luftangriffe dar. Fritz mußte jedesmal warten, bis sämtliche Hausbewohner den Luftschutzkeller aufgesucht hatten. Dann schlich er sich die Treppe hinunter und versteckte sich in einem Teil des Kellergeschosses, in dem die zu den einzelnen Wohnungen gehörigen Vorratskeller lagen. Dort saß er dann, horchte auf die Geräusche der Bomben und malte sich aus, welche Folgen es für ihn hätte, wenn das Haus getroffen würde. Immer mehr Häuser in der unmittelbaren Nachbarschaft wurden zerbombt. Hilflos, ohne Aussicht auf Änderung, mußte er den Gedanken ertragen, daß er sich auf ein äußerst riskantes Spiel eingelassen hatte.

Einige Wochen später geschah es dann. Das Haus wurde während eines Nachtangriffs getroffen. Sie konnten die Erschütterung im Keller spüren. Sobald die Entwarnung kam, stürzten alle hinauf. Der Dachstuhl stand in Flammen. Alle Hausbewohner halfen beim Pumpen und Wassertragen, bis das Feuer gelöscht war. Erschöpft verließen sie schließlich den Dachboden. Als auch Fritz, der die anderen hatte vorangehen lassen, gerade hinabsteigen wollte, stellte er fest, daß der Fußboden der unmittelbar unter dem Dach gelegenen Wohnung noch immer schwelte. Außer ihm war nur noch ein alter, halbseitig gelähmter Mann namens Koch anwesend. Fritz mußte rasch handeln. Er ergriff eine Axt, riß die Fußbodenbretter, die schon zu brennen begannen, heraus und warf sie aus dem Fenster.

Dieser Einsatz hatte ihm zu großem Ansehen unter den Mietern verholfen. Nun lächelten sie ihm bei jeder Begegnung zu, als wollten sie ausdrücken: «Herr Kramer ist hier. Dann ist ja alles gut.»

Das einzig Positive, was Wilhelm Glaser im Frühjahr 1944, nach fast anderthalb Jahren Untergrundexistenz, seinem derzeitigen Dasein abgewinnen konnte, war die Tatsache, daß er überhaupt noch am Leben war. Seitdem er vor Monaten durch die Heimkehr des Mannes seiner Beschützerin wieder obdachlos geworden war, hatte er ständig im Wald übernachtet. Seine Kleidung war völlig zerschlissen. Er hatte fünfzig Pfund abgenommen und mußte seine Hose inzwischen mit einem Bindfaden zusammenhalten, damit sie ihm nicht über die Hüften rutschte. Seine Schuhsohlen waren durchgewetzt und seine Socken so durchlöchert, daß er beim Gehen das Straßenpflaster unter den bloßen Fußsohlen spürte. Ständig war er durchnäßt und unterkühlt, was dazu führte, daß er an einer beinahe schon chronischen Bronchitis litt. Oft konnte er sich nur jeden zweiten oder dritten Tag etwas zu essen beschaffen. Ab und zu durfte er sich am Hintereingang des Lebensmittelgeschäftes seines Bekannten ein wenig Proviant abholen. Einmal bekam er bei dieser Gelegenheit ein Stück Butter, das er weiterverkaufen konnte. Vom Erlös lebte er mehrere Tage lang. Ein andermal gab ihm ein Freund Brotmarken. Hin und wieder konnte er einem Schwarzhändler behilflich sein und sich auf diese Weise etwas Salat und ein paar Karotten verdienen. Aber ganz satt wurde er nie. Mehr noch als der Hunger quälte ihn jedoch das Gefühl, zum Bettler verkommen zu sein. Wie gern hätte er gearbeitet, aber es war nicht möglich. So mußte er seine Tage damit zubringen, sich sein Essen zusammenzubetteln und Zigarettenkippen aufzusammeln, die er entweder gleich bis zum letzten Tabakskrümel aufrauchte oder so lange sammelte, bis er sich eine Pfeife stopfen konnte.

Tagsüber zog er durch die Straßen, allein mit seinen Gedanken. Bei allem Magenknurren waren doch die durchgetretenen Schuhe sein größtes Problem. Hin und wieder besorgten ihm der Lebensmittelhändler oder andere Freunde ein neues Paar, aber es war jedesmal schnell wieder verschlissen.

Er mußte ständig in Bewegung bleiben, um nicht aufzufallen. So legte er täglich viele Kilometer zu Fuß zurück. Morgens sah er zu, wie die Berliner zur Arbeit gingen, und abends beobachtete er am Bahnhof Friedrichstraße traurig, wie sie wieder nach Hause zurückkehrten. Er sah die Operngäste um Eintrittskarten anstehen. Zweimal wagte er, ins Metropol-Theater zu gehen, wo freundliche Platzanweiser ihn umsonst hineinschlüpfen ließen, aber an einen Opernbesuch war wegen seiner zerlumpten Kleidung nicht zu denken. Jeden, der darüber nachdachte – und Wilhelm hatte mehr als genügend Zeit dazu –, mußte es verblüffen, daß eine Stadt zugrunde gehen und sich in Trümmerhaufen auflösen konnte, während ihre Bewohner in langen Schlangen vor den Kinokassen anstanden und bereit waren, sich Karten für die zahlreichen Theaterstükke zu kaufen, die weiterhin aufgeführt wurden.

Das Wort «Schadenfreude» wäre eine unzureichende Bezeichnung für Wilhelms Gefühle angesichts der Zerstörung der Stadt. Einerseits empfand er eine gewisse Genugtuung und wünschte, daß die Alliierten noch gründlicher, noch schneller und härter vorgehen mögen. Aber die Menschen, die er in Opern, Theater und Kinos eilen sah, erinnerten ihn daran, wie Berlin einmal ausgesehen und was diese Stadt ihm bedeutet hatte.

Wilhelms Zuhause war eine Bank in einem Winkel eines Pankower Parks am Kissingenplatz. Er betrachtete sie längst als «seine» Bank. Über das für alle Juden geltende Verbot, sich auf Parkbänke zu setzen, setzte er sich ebenso hinweg wie über die Tatsache, daß Juden der Zutritt zu öffentlichen Toiletten untersagt war. Da Berlin seit dem 19. Mai 1943 offiziell als «judenfrei» galt, mußte es nun darum gehen, sich der immer größer werdenden Masse der durch die Bomben aus ihren Lebenszusammenhängen gerissenen und gutenteils völlig ruinierten normalen Bürger anzupassen. Wilhelm wußte, daß Berlin keineswegs judenfrei war und daß auch jetzt noch, ein Jahr nach der offiziellen Erklärung, immer wieder jüdische «U-Boote» vorübergehend auftauchten, um wie er selbst, die Stadt auf der Suche nach Nahrungsmitteln und Tauschobjekten zu durchstreifen. Er hütete sich jedoch vor anderen Juden nicht weniger als vor Polizeistreifen, da er – zu Recht, wie die Erfahrung zeigte – befürchtete, ein Leidensgenosse könne in ihm das geeignete Tauschobjekt für den Erwerb der eigenen Freiheit sehen.

So betrachtete er nun seine Parkbank als seine Zufluchtstätte, wo er sich einige Stunden lang ungestört fühlen und ein wenig entspannen konnte. Wenn er dort saß, betrachtete er die Bäume, beobachtete die Vögel und nickte manchmal trotz aller damit verbundenen Risiken für eine Weile ein.

Als er eines Tages wieder einmal seine Bank aufsuchen wollte, fand er sie zu seiner Bestürzung besetzt. Die junge Frau, die seinen Platz eingenommen hatte, war damit beschäftigt, Uniformen zu flicken. Offenbar war sie zwangsweise zu dieser Arbeit eingeteilt worden. Er fragte sich, ob sie vielleicht eine privilegierte Jüdin war. Ihr Äußeres gab ihm wenig Aufschluß. Mit ihren dunklen Haaren und den feingeschnittenen Gesichtszügen glich sie zahllosen anderen – jüdischen wie nichtjüdischen – Frauen in Deutschland, die nicht dem blonden, blauäugigen «Arierinnen»-Ideal entsprachen. Wilhelm wollte kein Risiko eingehen und ging wortlos an ihr vorüber.

Als er am nächsten Tag erneut seinen Stammplatz aufsuchte, saß die Frau wieder da. Sie sah auf und lächelte ihn an. Diesmal setzte er sich neben sie.

«Guten Tag», sagte sie.

Wilhelm murmelte ein paar unverständliche Begrüßungsworte.

«Wie kommt es, daß Sie nicht bei der Arbeit sind?»

«Ich habe Nachtschicht», log Wilhelm.

Am nächsten Tag stellte sich ihm die Frau, die Anfang dreißig und somit etwa zehn Jahre jünger als er sein mochte, als Ruth Gomma vor. Er nickte, überging jedoch die Möglichkeit, ihr auch seinen Namen zu nennen.

Sie trafen sich von nun an jeden Tag bei der Bank, führten unverfängliche Gespräche über belanglose Dinge. Eines Tages schlief Wilhelm neben ihr ein. Ruth Gomma öffnete seine Aktenmappe, die er stets bei sich trug. Sie fand darin neben Zahnbürste, Seife, einem Handtuch und seiner Decke eine Ausgabe von ‹*Schuld und Sühne*›. Ihr war sofort klar, daß Wilhelm sie angelogen hatte.

Er trug das Buch nicht bei sich, um es zu lesen – das hatte er bereits vor Jahren mit wenig Freude getan. Es sollte vielmehr durch sein Gewicht vortäuschen, daß er Butterbrot in der Aktentasche bei sich trug, wie es jeder von einem Mann, der zur Arbeit ging, erwartete.

Während des Gesprächs, das Ruth mit ihm führte, nachdem er aufgewacht war, stellte er rasch fest, daß sie ihn gezielt ausfragte. Sie schien herausfinden zu wollen, über welche Bildung er verfügte. Wieder antwortete er ausweichend, da er ihr nichts über seine Lebensgeschichte mitteilen wollte, was Aufschluß über seine Identität hätte geben können.

Doch dann fragte sie ihn, ob er sich für Theater interessiere, und zum erstenmal seit Jahren schien sich ihm in der Mauer, die ihm nun schon so lange jede Art von Kunstgenuß versperrte, ein winzig kleiner Spalt aufzutun. Eine Stunde lang sprachen sie über ihre Lieblingsstücke und bevorzugten Autoren. Am Ende des Gesprächs lächelten sie sich an. Sie hatten entdeckt, daß es eine Basis für eine Freundschaft zwischen ihnen gab. Ruth bestätigte Wilhelms Vermutungen: Sie war tatsächlich eine Jüdin. Ihr inzwischen verstorbener Vater war Jude gewesen, ihre Mutter dagegen, mit der sie eine in der Nähe des Parks gelegene Wohnung teilte, war Christin. Plötzlich fragte sie ihn ganz beiläufig, ob er nicht mitkommen und bei ihr zu Hause etwas essen wolle. Wilhelm wünschte sich nichts sehnlicher als das und die damit verbundene Möglichkeit, für ein paar Stunden Ruhe zu finden, aber er lehnte die Einladung ab. Er hatte ja keinen Beweis dafür, daß sie ihm die Wahrheit über sich erzählt hatte. Das Risiko, mit ihr zu gehen, erschien ihm zu hoch.

Am nächsten Tag wiederholte sie ihr Angebot. Und nun lud sie ihn so lange Tag für Tag zu sich ein, bis Wilhelm schließlich der Versuchung erlag. Sie bereitete ein einfaches Abendbrot zu – und doch war er vor Dankbarkeit den Tränen nahe. Sie fragte ihn nach seinem Namen. Er weigerte sich, ihr Auskunft zu geben. «Es ist besser, wenn Sie ihn nicht kennen», erklärte er ihr.

Von nun an ging er regelmäßig bei ihr aus und ein. Ruth versuchte weiterhin, seinen Namen zu erfahren, doch er wehrte ihre Fragen beharrlich ab. Einmal zitierte er Lohengrin: «Nie sollst du mich befragen ...»

«Ich hab's!» rief sie lachend. «Ich werde dich einfach ‹Lo› nennen.»

Sie hatte sich die Wahrheit längst in groben Zügen zusammengereimt. Gleich bei ihrer ersten Begegnung im Park waren ihr seine schwarzen Haare, seine langen Koteletten und sein Schnurrbart aufgefallen, und sie hatte ihn zunächst für einen Fremdarbeiter gehalten. Als sie festgestellt hatte, daß er ein fehlerfreies Deutsch sprach, war sie rasch zu dem Schluß gekommen, daß er ein untergetauchter Jude sein mußte. Irgend etwas an ihm hatte sie gefesselt, und die Kenntnisse, die er bei ihrem Gespräch über das Theater gezeigt hatte, hatten sie enorm beeindruckt. Auch für sie hatten die Gespräche, die sie mit diesem Mann führte, ein wenig Licht in die Dunkelheit gebracht, von der sie sich umgeben fühlte, seitdem sie 1940 zur Zwangsarbeit verpflichtet worden war.

Vier Monate lagen diese ersten Gespräche nun bereits zurück, und aus dem Licht war eine große Helligkeit geworden. So unwahrscheinlich, ja verrückt es auch erscheinen mochte, sie mußte sich eingestehen, daß sie ihn mochte – und sie spürte, daß es ihrem Lo nicht anders erging.

32

Noch immer dauerte der Bombenhagel auf die Industrieanlagen Wittenaus und auf andere nahegelegene strategische Ziele, vor allem die Gaswerke und den Flughafen Tegel, an. Angesichts der Tag für Tag größer werdenden Zerstörung hatten Josef und Kadi Wirkus bis jetzt enormes Glück gehabt. In den ganzen acht Monaten seit Beginn der massiven Luftangriffe der Alliierten war das Haus, in dem sie wohnten, von keiner Bombe getroffen worden. Wenn sie darüber hinaus noch das Risiko in Betracht zogen, das sie eingegangen waren, als sie die Riedes bei sich aufgenommen hatten, erschien ihnen ihr Glück wie ein Wunder. Seit einem Jahr lebten Kurt und Hella nun schon bei ihnen, und in dieser ganzen Zeit hatte nichts je darauf hingedeutet, daß die Gestapo ihnen auf der Spur war. In den Monaten ihres Zusammenlebens war eine so intensive, liebevolle Beziehung zwischen den beiden Paaren entstanden, daß sie sich inzwischen als eine Familie betrachteten. Dank der Nahrungsmittel, die ihnen Beppos und Kadis Eltern von ihren Bauernhöfen zukommen ließen, hatten sie genug zu essen. Der kleine Wilfried war inzwischen anderthalb Jahre alt, ein lebhaftes, fröhliches Kind, das sich unter den vier Erwachsenen wohl fühlte. Beppo und Kadi, die sehr gläubig waren, konnten sich des Gedankens nicht erwehren, daß ihr Glück in dieser Zeit des Schreckens eine Belohnung Gottes für ihre Bereitschaft war, Kurt und Hella Schutz zu gewähren.

Im Mai 1944 erhielt Beppo eine gute Nachricht: Die Krankenkasse hatte ihm einen vierwöchigen Urlaub im tschechischen Kurort Marienbad genehmigt. Kadi und Wilfried durfte er mitnehmen. Es handelte sich um einen Kuraufenthalt.

Die Heilbäder sollten die Beschwerden lindern, die ihm sein verwachsener Ellbogen in den vergangenen Monaten zunehmend bereitet hatte. Doch darüber hinaus bot sich der Familie Wirkus auf diese Weise die Möglichkeit, eine Zeitlang Ruhe vor den Bombenangriffen zu finden und zum erstenmal seit Kriegsbeginn richtig Urlaub zu machen.

Die Reise stellte die vier nun vor ein Problem, über das sie schon oft gesprochen hatten: Was sollte geschehen, wenn die Familie Wirkus Wittenau vorübergehend verlassen müßte und die Riedes allein zurückblieben? In ihren Diskussionen über diese Frage hatten sie schließlich einen abenteuerlichen Plan entwickelt: Falls in der Zeit irgend jemand kommen sollte, um Nachforschungen anzustellen, sollten sich Kurt und Hella als Beppo und Kadi Wirkus ausgeben und sich mit ihren gefälschten Papieren ausweisen. Die Antwort, die sie geben wollten, wenn man sie nach einem Ehepaar fragen würde, das angeblich bei ihnen wohne, hatten sie seit langem einstudiert: Zwar habe ein ausgebombtes Ehepaar eine Zeitlang bei ihnen gelebt, doch sei es bereits vor Wochen wieder abgereist. Allen war klar, daß sie ein ungeheueres Risiko eingingen. Würden sie überhaupt eine noch größere Belastung als bisher ertragen können?

Schließlich reisten Beppo und Kadi ab, besorgt wegen der zurückbleibenden Riedes, aber doch voller Freude über ihr eigenes Glück. Vor ihrer Abfahrt riefen sie ihren Vermieter Robert Jerneitzig an, der inzwischen ausgebombt war, und luden ihn und seine Frau ein, ihr Zimmer während ihrer Abwesenheit zu benutzen. Der Gemüsehändler erzählte ihnen, daß er Berlin wegen neuer geschäftlicher Pläne für eine Weile verlassen müsse, aber seine Frau nahm das Angebot dankend an.

Eines Morgens, wenige Tage nach der Abreise der Familie Wirkus, klingelte es bereits kurz nach Sonnenaufgang an der Gartentür. Hella, die früh aufgestanden war, sah aus dem Fenster und erblickte zwei Männer vor dem Tor. Beide hatte sie nie zuvor gesehen. Die Vorstellung, mit ihnen reden zu müssen, erfüllte sie mit Entsetzen, aber sie hatte keine andere Wahl. Die anderen Bewohner des Hauses – Kurt, Frau Jerneitzig und ihre beiden Kinder und die junge Fabrikangestellte Ursula – schienen noch zu schlafen.

Während Hella mit automatischen Bewegungen zur Gartentür ging, hörte sie ihr Herz laut pochen, als wolle es ihr aus der Brust springen. Alle Muskeln waren bis zum äußersten gespannt, bereit zur Flucht.

«Ja bitte?» sagte sie.

Was dann geschah, erschien ihr wie ein Traum. Einer der beiden Männer zog einen Ausweis aus der Innentasche seines Mantels, zeigte ihn ihr und sagte: «Wir kommen von der Gestapo.» Es war ein gutaussehender Mann Mitte dreißig. Erstaunt bemerkte sie, daß er ihr zulächelte. Sie öffnete die Gartentür. Die Männer folgten ihr den Plattenweg entlang zum Haus. Ihre Beine zitterten. Hoffentlich schaffe ich es bis zur Tür, dachte sie. Schon oft hatte sie sich diesen Augenblick ausgemalt, aber nie wäre ihr die Vorstellung in den Sinn gekommen, daß ein Gestapo-Mann ihr mit einem Lächeln entgegentreten könnte.

Der freundlich aussehende Mann befahl seinem Kollegen, draußen zu warten. Dann faßte er Hella beim Arm und führte sie in die Veranda. «Sie sehen etwas wacklig aus», sagte er mit einem fürsorglichen Blick. «Vielleicht sollten Sie einen Schnaps trinken.»

«Nebenan schläft eine Untermieterin», sagte Hella mit schwacher Stimme, als sie die Veranda betraten.

Er schloß die Tür. «Es braucht niemand zu hören, was wir zu besprechen haben», sagte er. Nun ist es also soweit, dachte Hella. Es verwirrte sie, daß der Mann noch immer geradezu wohlwollend lächelte.

«Sind Sie hier die Hausherrin?»

«Die bin ich.»

«Könnte ich bitte Ihre Papiere sehen?»

Hella holte ihr einziges Dokument, den Schwangerenausweis mit ihrem Bild und Kadis Namen, und händigte es dem Gestapo-Beamten aus, der einen Moment lang ihre zitternde Hand musterte und dabei erneut zu lächeln begann. Er studierte den Ausweis eingehend. Dann richtetete er seinen Blick wieder auf sie. «Und wo befindet sich Herr Wirkus?» fragte er.

«In Marienbad, auf Erholungsurlaub, er läßt dort seinen Ellbogen behandeln.» Hoffentlich wacht Kurt jetzt nicht auf, flehte Hella im stillen, während sie dem Beamten antwortete. Jeden Moment konnte er von oben herunterrufen: «Was ist denn, Hella?» Wenn nur Ursula nicht kommt und womöglich «Guten Tag, Frau Riede» zu mir sagt, dachte sie. Und was mache ich, wenn Frau Jerneitzig und ihre Kinder oben zu rumoren beginnen?

«Man hat Sie angezeigt, weil Sie angeblich ein jüdisches Ehepaar beherbergen», sagte der Mann.

«Das verstehe ich nicht», entgegnete Hella. «Hier sind keine Juden.» Jedes einzelne Wort mußte sie durch ihre trockene Kehle würgen.

«Hat hier je ein Ehepaar gewohnt?»

«Ja, vor einiger Zeit. Wir haben die beiden im Café getroffen. Sie haben uns erzählt, daß sie ausgebombt seien. Sie taten uns leid. Deshalb haben wir sie für ein paar Tage aufgenommen. Aber sie sind schon lange wieder weg, und wir haben sie seither nicht mehr gesehen.» Hella hatte nun in ihre Rolle hineingefunden. Erschrocken biß sie sich auf die Unterlippe. «Es war *meine* Idee. Mein Mann bekommt doch wohl deswegen keine Schwierigkeiten bei der Arbeit?»

Der Gestapo-Beamte lächelte wieder. «Wann sind sie denn das letzte Mal hiergewesen?»

«Das ist mindestens schon einen Monat her.»

«Aha», sagte der Mann. Als wolle er sie beruhigen, legte er mit sanftem Druck die Hand auf ihren Arm. «Ich möchte, daß Sie jetzt die ganze Geschichte meinem Kollegen erzählen, damit er sie zu Protokoll nehmen kann.» Er sah ihr in die Augen. «Sind Sie sicher, daß Sie nicht doch einen kleinen Schnaps möchten?» fragte er.

«Nein, danke.» Sie stand auf. «Entschuldigen Sie mich bitte einen Augenblick.» Sie verließ die Veranda, ging zur Pumpe und hielt sich einige Sekunden lang tief durchatmend daran fest. Dann ließ sie sich kaltes Wasser über die Handgelenke rinnen. Als sie wieder in die Veranda trat, brachte der Gestapo-Beamte sie hinaus, wo er sie die Geschichte in Gegenwart seines Kollegen wiederholen ließ. Wenn sie stockte, half er ihr weiter, so daß ihre Darstellung noch überzeugender wurde als beim erstenmal. Kein Zweifel – der Beamte war auf ihrer Seite. Wenn Kurt nur nicht aufwachte! Wenn nur Ursula und die Jerneitzigs auf ihren Zimmern blieben!

Nach endlosen Minuten klappte der zweite Beamte schließlich sein Notizbuch zu und steckte den Federhalter weg. Die beiden Männer machten sich wieder auf den Weg zur Gartentür. «Auf Wiedersehen», sagte Hella.

Der freundliche Beamte drehte sich daraufhin noch einmal um. «Lieber nicht», rief er. Dann traten die beiden auf die Straße hinaus und gingen davon.

Verblüfft blieb Hella noch eine Weile vor der Haustür stehen. Die letzten Worte des Beamten zeigten deutlich, daß er sie durchschaut hatte.

Marienbad, wenige Tage später: Als Beppo eines Mittags von seinen Bädern ins Hotel zurückkehrte, eilte der Geschäftsführer auf ihn zu. «Ihre Frau ist vor ein paar Minuten ohnmächtig geworden. Sie liegt oben in ihrem Bett.»

Beppo stürzte die Treppe hinauf. Kreideweiß im Gesicht übergab Kadi Beppo mit zitternden Händen Kurts Brief, in dem dieser in allen Einzelheiten über den Besuch der Gestapo berichtete. Aus dem Brief ging ferner hervor, daß die Riedes noch am gleichen Tag – nachdem sie Ursula notgedrungen eingeweiht hatten, um ihr klarzumachen, daß sie bleiben und für die Hühner sorgen müsse – das Haus verlassen hatten. Sie waren dann mehrere Stunden lang mit der S-Bahn umhergefahren und in ihrer Not schließlich zu dem ebenfalls untergetauchten Juden Willy Katz gegangen, mit dem Kurt eine Zeitlang in der Lederwarengroßhandlung des Freiherrn zusammengearbeitet hatte. Als Hella Katz und seine Frau auf Knien angefleht hatte, waren sie schließlich bereit gewesen, sie aufzunehmen, wenn auch nur für einige Tage.

Nun, da dieses lebensgefährliche Versteckspiel zu Ende war, brach der Damm, den Kadi in sich gegen die Angst errichtet hatte, und eine Woge der Panik überflutete sie. «Wir müssen hier weg», sagte sie zu Beppo. «Sie werden uns finden und umbringen.»

«Nein. Wir bleiben hier», entschied Beppo. «Wenn die Gestapo uns holen will, findet sie uns überall.»

33

Die ganze Zeit, in der Hans Rosenthal in dem winzigen Geräteschuppen gefangensaß, erhielt er einmal am Tag Besuch von einem Mitglied der drei im antifaschistischen Widerstand aktiven Familien aus der Nachbarschaft, die wußten, daß er sich bei Frau Jauch verbarg, und dieser halfen, ihn mit dem Nötigsten zu versorgen. Immer brachten die Besucher ein paar Kartoffeln, eine Rübe oder ein Stück Brot mit, immer wechselten sie im Flüsterton ein paar Worte mit Hans, um dann wieder durch das Häuschen und den Laden auf die Straße hinauszuschlüpfen. Außerdem besuchte ihn Agnes Rosenthal, seine Großmutter, gelegentlich. Auch sie brachte immer etwas zu essen mit, doch konnte sie nie lange bleiben, da sie sich offiziell aus geschäftlichen Gründen bei Frau Jauch aufhielt. Was sie an Neuigkeiten mitbrachte, teilte sie Hans flüsternd mit. Einmal wollte sie ihm etwas über seine ebenfalls untergetauchte Cousine Ruth Thomas erzählen, aber Hans unterbrach sie sofort. Er wollte möglichst wenig über seine Leidensgefährten wissen. Nur so konnte er sicher sein, daß er sie nicht doch schließlich unter der Folter, die ihm nach einer Verhaftung drohte, verraten würde.

So hatte Hans während der fünfzehn Monate, die er nun schon in dieser Laube zubrachte, im Grunde nur Frau Jauch zur Gesprächspartnerin. Eine seltsamere Lebensgefährtin für einen jungen Mann von achtzehn Jahren kann man sich schwerlich vorstellen. Ihre Beiträge zu den kurzen Gesprächen, die sie abends miteinander führten, waren noch immer die gleichen wie zu Beginn seines Aufenthaltes in der Laube: auf ihr Bibelstudium gegründete Deutungen aktueller Ereignisse und Voraussagen für die Zukunft. Hans pflegte zustimmend zu allen ihren Ausführungen zu nicken, war jedoch nicht bereit, sein Überleben irgendwelchen biblischen Prophezeihungen zuzuschreiben.

Als Hans im März 1943 bei Frau Jauch untergetaucht war, hatte er nicht damit gerechnet, daß dieses Leben im Verborgenen länger als drei, höchstens vier Monate dauern würde. Hätte er gewußt, daß er fünfzehn Monate später noch immer in diesem Versteck hocken sollte, hätte er es vielleicht nicht geschafft, diese lange Zeit durchzustehen. Frau Jauch schien seine Platzangst und Unrast zu spüren, denn sie bemühte sich nicht nur, ihm täglich die Zeitung zu besorgen, um ihn wenigstens für ein paar Stunden abzulenken, sondern hatte ihm überdies ein primitives Radio beschafft. Nachts konnte er, das Ohr gegen den Lautsprecher gepreßt, die Berliner Sender abhören. Anfang 1944 überraschte sie ihn dann erneut mit einem besseren Gerät, mit dem er in den frühen Morgenstunden sogar die BBC hören konnte. Der Empfang war äußerst schwach, und der Ton verlor sich immer wieder im Ätherrauschen – und doch erfüllte ihn jeder Kontakt zu jener anderen Welt mit neuer Hoffnung.

Auf ihre stille Art hatte es Frau Jauch, diese kleine, gebrechliche Frau, geschafft, ihn während der ganzen unvorstellbar einsamen Zeit zu stützen. Ihr Dasein war die Voraussetzung für sein Überleben. Er war gewissermaßen durch eine Nabelschnur mit ihr verbunden, durch die nicht nur Nahrung strömte, sondern auch alles, was er brauchte, um nicht den Verstand zu verlieren. Hans wollte gar nicht darüber nachdenken, was aus ihm werden sollte, wenn Frau Jauch eines Tages bei einem Luftangriff verletzt würde oder ums Leben käme.

Er wußte nicht, ob Frau Jauch ihrerseits je darüber nachdachte, was sie für Hans bedeutete. Jedenfalls sprach sie nie darüber, und auch ihr Verhalten deutete auf keine derartigen Gedanken hin. Hätte sie einen Sohn gehabt, hätte er wohl ungefähr in Hans' Alter sein müssen. Aber sie war ja unverheiratet und nie Mutter gewesen, und sie hatte bei allem, was sie für ihn getan hatte, niemals direkt oder indirekt von ihm gefordert, daß er ihr Gefühle entgegenbrachte, wie sie eine Mutter von ihrem Kind hätte erwarten können.

Und in gewisser Weise war das auch gut so. Für einen Juden in Deutschland waren Gefühle – wie Hans inzwischen nur zu gut wußte – in dieser Zeit von vornherein ein Risiko. Seine Eltern waren tot. Sein Bruder Gert war deportiert worden. Niemand wußte, was aus ihm geworden war. Ein Onkel von ihm war in Buchenwald umgekommen, der andere zu Hause, nachdem er zwei Wochen lang von der Gestapo gefoltert worden war. Nach diesen Erfahrungen schreckte er davor zurück, sein Herz an einen anderen Menschen zu verschenken. Der Schmerz, die Trauer würden ihn zu stark erschüttern, wenn er diesen Menschen schließlich doch verlor.

Aber dann, eines Nachts im Juli, mußte Hans erkennen, wie sehr er sich die ganze Zeit über etwas vorgemacht hatte.

In jener Nacht klagte Frau Jauch plötzlich über heftige Schmerzen im Unterleib. Sie hatte hohes Fieber. Zum zweitenmal seit seiner Ankunft vor fünfzehn Monaten verließ Hans die unmittelbare Umgebung seines Verstecks. Er lief zu einem Nachbarn, von dem er wußte, der er ihm wohlgesonnen war. Dieser rief einen Krankenwagen und begleitete Frau Jauch ins Krankenhaus. Vierundzwanzig Stunden später war sie einem Eingeweidebruch erlegen.

Hans war verzweifelt. Er begriff nun, daß Frau Jauch für ihn nicht nur zu einer zweiten Mutter geworden war, sondern daß er noch mehr für sie empfunden hatte als nur Sohnesliebe. In dieser ganzen langen Zeit war sie der einzige Mensch gewesen, auf den er alle seine Gefühle gerichtet hatte. Ihr Tod, so erkannte er nun, war für ihn wie der Verlust einer ganzen Familie.

Praktisch gesehen war er eine Katastrophe. Es war unmöglich für ihn, allein in ihrem Haus wohnen zu bleiben, ohne entdeckt zu werden. Es würde sicher bald wieder bezogen werden. Licht, Geräusche, Gerüche – alles konnte ihn verraten. Außerdem würde er sich keine Nahrungsmittel beschaffen können. Wenn ihm kein Ausweg einfiel, überlegte er, blieb ihm nur eines übrig: sich der Gestapo zu stellen. Da fiel ihm Marie Schönebeck ein, eine Frau, die zwei Gärten weiter wohnte. Ihr Mann war in Rußland, ihr Sohn bei der Marine, und sie lebte allein in ihrem Häuschen. Hans wußte, daß sie die Nazis verachtete, und er beschloß, sie um Hilfe zu bitten.

Frau Schönebeck war nicht überrascht, als Hans bei ihr erschien. Frau Jauch hatte ihr einige Wochen zuvor erzählt, daß sie einen «Neffen» bei sich aufgenommen hatte. Als er ihr jedoch seine Geschichte in allen Einzelheiten enthüllte, war sie fassungslos. Einen Moment lang hielt Hans ihre Verblüffung für ein Zeichen der Ablehnung und ließ allen Mut sinken. Doch dann sagte Frau Schönebeck mit ruhiger Entschlossenheit: «Sie brauchen sich nicht zu stellen. Sie können bei mir bleiben.» Hans wäre ihr vor Erleichterung beinahe um den Hals gefallen.

Frau Schönebeck teilte zwei Nachbarn, denen sie vertraute, mit, daß sie Hans aufgenommen hatte. Mit Hilfe dieser Nachbarn und der Antifaschisten, die mit Frau Jauch befreundet gewesen waren, gelang es, genügend Lebensmittel für Hans aufzutreiben. Dennoch lebte er bei Frau Schönebeck weitaus ungeschützter und daher gefährlicher als bei Frau Jauch. Tagsüber hielt er sich im Schlafzimmer auf. Nachts zog er ins Wohnzimmer um, wo er auf dem Sofa schlief. Wenn Besuch kam, mußte er sich schnell verstecken. Außerdem hatte er mit größter Sorgfalt darauf zu achten, daß nie zwei Teller oder zwei Gläser auf Frau Schönebecks Tisch standen.

Einige Wochen lang blieb Hans während der Bombenangriffe, wenn alle anderen die Luftschutzkeller aufsuchten, einfach im Haus. Eines Abends drängte ihn jedoch einer der freundlichen Nachbarn, mit in einen Luftschutzraum zu kommen, den sie ganz in der Nähe eingerichtet hatten, eine roh ausgehobene Grube, mit Baumstämmen gedeckt, auf denen wiederum eine Schicht Erde lag. Mißtrauisch lehnte Hans ab. «Kommen Sie», sagte der Nachbar, «da drinnen weiß sowieso jeder von Ihnen.»

Der Nachbar beharrte so hartnäckig auf seinem Angebot, daß Hans schließlich nachgab. Ängstlich folgte er ihm in den Schutzraum. Als er eintrat, hielt er unwillkürlich die Fäuste geballt. Nachdem sich jedoch seine Augen an die Dunkelheit gewöhnt hatten, merkte er, daß alle ihm zulächelten und grüßend zunickten. Sie schienen nicht nur damit einverstanden, sondern geradezu froh darüber zu sein, daß er mit ihnen in ihrem primitiven Bunker hockte. Es dauerte nicht lange, bis er den Grund für ihre Freude herausfand. Sie wußten, daß er sich in Frau Jauchs Haus versteckt gehalten hatte, als bei dem Bombeneinschlag die umliegenden Häuser zerstört worden waren. Solange der Jude, der Frau Jauchs Haus vor der Vernichtung bewahrt hatte, unter ihnen war, fühlten sie sich vor den Bomben sicher.

34

Vor der Abreise nach Marienbad hatte Beppo die Riedes genau darüber informiert, wann Kadi, Wilfried und er zurückkehren würden. So standen denn, als sie spät an einem kühlen Juniabend wieder in Berlin ankamen, Kurt und Hella am Anhalter Bahnhof, um sie abzuholen. Obwohl Beppo der Schock über den Besuch der Gestapo noch in den Knochen saß, registrierte er einmal mehr verblüfft, wie erstaunlich unauffällig die Riedes in der Menge aufgingen. Hella schien mit ihren blonden, geflochtenen Haaren die typischste Deutsche auf dem ganzen Bahnsteig zu sein. Und Kurt mit seinen dicken Brillengläsern war für jedermann einsichtig vom Wehrdienst befreit. Dennoch ertappte sich Beppo immer wieder dabei, daß er den Bahnsteig nach SS-Streifen oder Gestapo-Männern mit ihren unverkennbaren Filzhüten absuchte.

Kurt versorgte die Eheleute Wirkus rasch mit den neuesten Informationen. Das kleine Gärtnerhäuschen in Birkenwerder, in dem sich Willy Katz und seine Frau versteckt hielten, hatte sich rasch als zu klein für vier Leute erwiesen. Katz hatte für die Riedes ein neues Versteck bei einer nichtjüdischen Familie in der Nähe gefunden. Das Ehepaar Wirkus versprach, die Riedes dort bald zu besuchen, vorausgesetzt, sie würden bei ihrer Rückkehr nach Wittenau feststellen, daß nicht noch weitere Nachforschungen angestellt worden waren.

Zu ihrer Erleichterung berichtete ihnen Ursula, daß nichts mehr vorgefallen war, was auf eine Fortführung der Untersuchung hindeutete. Und auch jetzt, wo sie wieder in ihrer Wohnung waren, erschien niemand, um sie zu verhören. Zwei Tage darauf rief Beppo die Riedes an und verabredete sich mit ihnen. Die beiden Ehepaare trafen sich in einem nahegelegenen Wald, wo sie sich gemeinsam im Schatten niederließen. Hier berichtete Hella noch einmal ausführlich, was sich zugetragen hatte.

Weder Kurt noch Hella konnten sich denken, wer sie wohl denunziert haben mochte. Sie waren zu dem Schluß gekommen, daß ein Fänger Hella auf der Straße gesehen, Verdacht geschöpft und sie bis nach Hause verfolgt haben mußte.

«Ein Fänger?» fragte Kadi.

Hella berichtete ihr daraufhin, daß die Gestapo Juden einsetzte, um andere Juden ausfindig zu machen und ihr auszuliefern. Die Juden, erklärte sie, hätten oft ein instinktives Gespür dafür, wer Jude sei und wer nicht.

Dann gestanden Hella und Kurt, daß es ihnen in ihrem neuen Versteck sehr schlecht ging. Der Mann und die Kinder behandelten sie zwar sehr freundlich, die Frau jedoch war völlig hysterisch vor Angst, daß die Anwesenheit der Riedes die Familie ins Verderben stürzen könnte. Einige Tage nach ihrer Ankunft hatte sie sich wohl ein wenig beruhigt, doch dann war Hella an Ruhr erkrankt, was zu einem erneuten Ausbruch ihrer Hysterie geführt hatte. Außerdem kostete sie der Aufenthalt ein Vermögen. Die Riedes scheuten sich, über alle diese Belastungen ausführlich zu sprechen, doch es war ihnen deutlich anzumerken, daß sie, wenn irgend möglich, gern nach Wittenau zurückkehren würden.

Nach dem Besuch der Gestapo hatte Beppo zunächst nichts ferner gelegen, als die Riedes zur Rückkehr aufzufordern. Doch während ihres Berichts wurde er immer wütender über die Leute, die Kurt und Hella jetzt beherbergten. Sie schienen alles daranzusetzen, den beiden immer wieder vor Augen zu führen, wie abhängig sie von ihnen waren. Auch Kadi ertrug es nicht, Hella auf diese Weise gedemütigt zu wissen. Und sie waren beide tief erschüttert über Hellas Tränen – Hella, die ihre Gefühle immer für sich behalten hatte, weinte. Sie begannen ernsthaft zu erwägen, die Riedes nach Wittenau zurückzuholen – so widersinnig und gefährlich eine solche Entscheidung auch sein mochte.

Während der folgenden Wochen überprüfte das Ehepaar

Wirkus sorgfältig alle Stellen, von denen aus Gestapo-Beamte ihr Haus hätten observieren können. Schließlich waren sie sich sicher, daß sie nicht beobachtet wurden. Doch es gab noch ein weiteres Problem: Robert Jerneitzig, der Hausbesitzer – er war vor kurzem zur Wehrmacht einberufen worden –, schrieb ihnen, daß er nicht mehr zulassen könne, daß sich die Riedes weiterhin in seinem Haus aufhielten. Der Brief war unmißverständlich. «Es ist höchste Zeit», hieß es darin. «Die Sache wird zu gefährlich.»

Jerneitzig erreichte mit seinem Schreiben genau das Gegenteil dessen, was er bezweckt hatte. Sein Brief räumte die letzten Bedenken, die das Ehepaar Wirkus noch gehabt hatte, aus dem Weg. «Wer A sagt, muß auch B sagen», schrieb Beppo zurück. «Sie haben die beiden doch zu uns gebracht. Und jetzt wollen Sie sie wieder wegschicken? Wo bleibt denn da die Logik?»

Als Beppo nach zehn Tagen noch keine Antwort erhalten hatte, beschloß er, Jerneitzigs Schweigen als Zeichen des Einverständnisses zu werten. Er setzte sich mit den Riedes in Verbindung und forderte sie auf zurückzukommen. Nur eine Bedingung stellte er: Sie durften tagsüber das Haus nicht verlassen. Da das Badezimmer nur von draußen zu betreten war, sollten sie einen Nachttopf benutzen, den Kadi jedesmal nach Gebrauch leeren würde.

Die wichtigste Sicherheitsvorkehrung bestand jetzt allerdings in der Schaffung eines Verstecks für den Fall, daß die Gestapo wieder bei ihnen auftauchen sollte. Es wurde auf dem Dachboden eingerichtet, hinter einer falschen Wand, die den Abstellplatz von einem größeren leeren Raum abteilte. Vom vorderen Teil des Bodens aus betrachtet, erschien die Wand solide. Sie ließ sich jedoch leicht beiseite schieben und, sobald die Riedes in den anderen Raum geschlüpft waren, von hinten wieder an ihren Platz rücken.

Beppo rechnete aus, daß es etwa sieben bis zehn Minuten dauern würde, bis Kadi oder er vom Haus bis zur Gartenpforte gegangen, dort mit den Besuchern – wer auch immer es war – ein paar Worte gewechselt haben und wieder zum Haus zurückgekehrt sein würden. Außerdem vermutete er, daß das Erdgeschoß ohnehin zuerst durchsucht werden würde. Diese

Frist konnten Kurt und Hella nutzen, um ihre Habseligkeiten zusammenzupacken, durch eine verborgene Tür auf den Dachboden zu gelangen, ihr Versteck aufzusuchen und die Wand wieder in die alte Stellung zu bringen. Beppo bestand darauf, daß sie in den ersten Tagen nach ihrer Ankunft die ganze Aktion solange übten, bis sie in der Lage waren, sie in weniger als sieben Minuten geräuschlos auszuführen. Manchmal ging Beppo sogar zur Gartentür, ohne es vorher anzukündigen, läutete und stoppte die Zeit, die die Riedes benötigten, um in ihr Versteck zu gelangen. Innerhalb weniger Tage hatten sie gelernt, in knapp fünf Minuten zu verschwinden, ohne Spuren zu hinterlassen.

Gern hätten die beiden Paare wieder in der gleichen heiteren Atmosphäre zusammengelebt wie früher, und sie gaben sich große Mühe, sie wiederherzustellen. Doch schwebte nun eine neue Gewißheit wie ein Damoklesschwert über ihnen: Einer dort draußen wußte über sie Bescheid. Er hatte beschlossen, sie zu verschonen, vermutlich deshalb, weil ihm Hella gefallen hatte – aus einer Laune heraus also, die jederzeit in ihr Gegenteil umschlagen konnte.

IV

Die Befreiung

35

Als der Sommer zu Ende ging, wurde es immer offensichtlicher, daß der Krieg eigentlich entschieden war. Nach der sowjetischen Sommeroffensive stand die Rote Armee jetzt vor der ostpreußischen Grenze. Rumänien fiel an die Russen, und damit büßten die Deutschen ihr einziges Erdölreservoir ein. Am 25. August 1944 war Paris befreit worden. Vier Jahre lang war die Stadt in den Händen der Feinde gewesen. Die Überreste der deutschen Wehrmacht in Frankreich fluteten zurück nach Deutschland. Britische und kanadische Truppen unter der Führung von Feldmarschall Bernard Montgomery befreiten Belgien und eroberten die unversehrte Stadt Antwerpen, wodurch die Alliierten jetzt über einen hervorragend geeigneten Hafen verfügten, um die Invasionstruppen ständig mit Nachschub zu versorgen. Nach dem Verlust von 500000 Soldaten – etwa zur Hälfte Kriegsgefangene – mitsamt ihrer Ausrüstung war eine effektive Verteidigung nicht mehr möglich. Nur ein Wahnsinniger konnte daran glauben, daß Deutschland noch eine Chance hatte, diesen Krieg zu gewinnen. Aber eben solch ein Wahnsinniger war noch immer an der Macht.

Hans und Maruschka waren genauestens über die politischen und militärischen Entwicklungen informiert, teils durch die BBC, teils auch durch ihre Freunde. Bereits wenige Stunden nach dem Attentat vom 20. Juli hatten sie von diesem mißglückten Anschlag auf Hitlers Leben und der umgehenden Hinrichtung der Verschwörer erfahren. Dieser Attentatsversuch im Verein mit den militärischen Niederlagen war ein unmißverständliches Vorzeichen. Als sich der Herbst ankündigte, waren die beiden Liebenden davon überzeugt, daß die Feindseligkeiten bald enden würden.

Je mehr die Einwohner Berlins unter den Folgen der sich abzeichnenden Niederlage litten, desto optimistischer wurden Hans und Maruschka. Es konnte nicht ausbleiben, daß dieser neue Auftrieb in Hans den Wunsch wachrief, ganz seinem Gefängnis zu entkommen. Zu seinem großen Erstaunen und Entzücken war Maruschka einverstanden. Ihre Überzeugung, daß Hans ohne Gefahr sein Versteck verlassen konnte, beruhte jedoch nicht auf den neuesten Nachrichten, sondern auf der Tatsache, daß es ihnen mit Hilfe ihres Freundes Werner Keller gelungen war, Hans einen neuen Ausweis zu beschaffen. Dieses Dokument wies ihn als Beauftragten der für die Verteidigung von Berlin verantwortlichen Behörde aus. Es berechtigte ihn, jedermann – auch Armee-, Verwaltungs- und sogar Parteiangehörige – zu jeder von ihm gewünschten Hilfeleistung heranzuziehen.

«Meinst du, damit gehe ich noch ein Risiko ein?» fragte Hans, als er das Dokument zum erstenmal studierte.

«Nicht das geringste», erwiderte Maruschka. «Du mußt nur energisch auftreten, die Leute herumkommandieren.»

Hans konnte es kaum erwarten, Gebrauch von seinem Ausweis zu machen. Die Gelegenheit dazu bot sich ihm schneller, als er erwartet hatte. Als es kalt zu werden begann, fiel Maruschka wieder ein, daß sie einen Pelzmantel im Haus eines Freundes auf dem Land in Sicherheit gebracht hatte. Sie konnte sich jedoch unmöglich lange genug von ihrer Arbeit freimachen, um ihn abzuholen. «Was meinst du?» fragte sie Hans eines Abends. «Kannst du das übernehmen?»

Am nächsten Nachmittag im Zug machte sich Hans nicht einmal die Mühe, den Blick von seinem *Völkischen Beobachter* zu heben, während er dem Schaffner seinen Ausweis zeigte. Der las, verbeugte sich, knallte die Hacken zusammen und ging weiter. Als Hans einen längeren Aufenthalt hatte, weil er umsteigen mußte, präsentierte er sein Papier im Bahnhofsrestaurant, wo ihm unverzüglich eine Mahlzeit aufgetragen wurde. Als er schließlich am Ziel seiner Reise angekommen war, stellte man ihm für die Fahrt zu dem Haus, in dem Maruschkas Freund wohnte, einen Wagen nebst Chauffeur zur Verfügung. Auch bei seiner Rückkehr nach Berlin hätte er sich mit dem Auto nach Hause fahren lassen können, doch er lehnte das Angebot ab und behauptete, sich die Beine vertreten zu wollen. Er machte einen komplizierten Umweg, bis er ganz sicher war, daß ihm niemand folgte. Dann erst ging er triumphierend nach Hause.

Die Wohnung hatte inzwischen etwas Theatralisches, beinahe so, als wäre sie zur Kulisse für ein Bühnenstück über das Leben in Berlin während der Kriegsjahre bestimmt, genauer gesagt: über das Leben in einer Wohnung, die aussah wie nach einem Bombentreffer – was ja auch den tatsächlichen Gegebenheiten entsprach. Der Stützbalken, den sie im letzten Herbst aufgestellt hatten, nachdem das ganze Haus bis auf Maruschkas Wohnung und die darüber gelegene durch eine Bombe zerstört worden war, stand noch immer. Inzwischen steckte eine dünne Sperrholzplatte zwischen dem oberen Ende des Pfahles und der Zimmerdecke, damit die Stücke, die sich aus dem Putz lösten, nicht herabfielen. Trotzdem lagen jeden Morgen Staub und Verputzteilchen überall im Zimmer verstreut, gelockert durch die Erschütterungen der nächtlichen Fliegerangriffe.

Nach dem Bombeneinschlag hatte der Portier des Gebäudes, der in der Wohnung über ihnen gelebt hatte, diese für unbewohnbar erklärt und in einem anderen Haus Unterkunft gefunden. Die Wohnung war von einer polnischen Familie übernommen worden, die bis dahin buchstäblich kein Dach über dem Kopf gehabt hatte. Immer mehr Gebäude fielen den Luftangriffen zum Opfer, und die Zahl der Obdachlosen nahm ständig zu. Maruschka beherbergte jetzt einen steten Strom umherziehender Menschen – und zwei neue Mitbewohnerinnen, die völlig unerwartet zu ihnen gestoßen waren und deren Erscheinen Hans' und Maruschkas Leben von Grund auf veränderte.

Eines Tages besuchte sie eine Kinderschwester, die früher einmal die Kinder einer der Schwestern Maruschkas versorgt hatte. Sie erklärte Maruschka, daß sie auf der Suche nach einem Zuhause für zwei kleine russische Mädchen sei, die nach der deutschen Invasion in der Sowjetunion von dort zusammen mit anderen russischen Kindern nach Deutschland in ein Kinderlager verschleppt worden waren. Dieses Lager wurde nun aufgelöst, da es nicht mehr unterhalten werden konnte, und die Kinder wurden bei Nazifamilien untergebracht, die bereit waren, ihnen als Lohn für Dienste, die sie für sie zu verrichten hatten, Unterkunft und Essen zu gewähren. Für die meisten Kinder sei inzwischen auf diese Weise gesorgt, berichtete die Frau, nur zwei von ihnen erwiesen sich als besondere Problemfälle. Es handle sich um zwei Schwestern, dreizehn und sieben Jahre alt, die sich gegen eine Trennung sträubten. Die Dreizehnjährige sei alt genug, um zu arbeiten, ihre siebenjährige Schwester werde jedoch als unliebsamer zusätzlicher Esser angesehen. Niemand wolle sie aufnehmen. Und dann fragte die Krankenschwester, ob nicht Maruschka bereit sei, für die beiden Mädchen zu sorgen.

«Ich muß es mir überlegen», sagte Maruschka.

Sobald die Schwester gegangen war, kam Hans aus dem Schlafzimmer, wo er sich versteckt hatte. «Laß uns die beiden um Gottes willen aufnehmen», sagte er. «Sie werden vergast, wenn keiner sie haben will.»

Die Sache war jedoch gar nicht so einfach. Es mußten Formulare ausgefüllt und eine Bewilligung durch die Gestapo eingeholt werden. Erst vier Wochen später erhielt Maruschka die Genehmigung. Sie fuhr zu einem Gebäude in der Nähe des Alexanderplatzes, das mit Kindern überfüllt war. Dort sah sie Tamara und Lucie Jeroczewicz zum erstenmal.

Noch nie waren ihr derart mißtrauische Kinder begegnet. Wo sie hingebracht werden sollten, wollten sie wissen. Sie wollten den Kontakt zu ihren Freunden nicht verlieren. Ob sie denn zusammenbleiben würden? Wenn nicht, würden sie einfach nicht mitgehen. Tamara, die sehr klein war für ihr Alter, aber erstaunlich weit entwickelt und sichtlich intelligent und lebhaft, sprach etwas deutsch. Sie dolmetschte für die siebenjährige Lucie, die wie eine Tatarin aussah. Nach der Übergabe der Papiere bedurfte es einiger Überzeugungskraft, um die Kinder zu bewegen, mit Maruschka nach Hause zu fahren.

Als die beiden Mädchen zur Tür hereinkamen, empfing

Hans sie mit einem geradezu glückseligen Lächeln. «Ich habe für euch einen Pudding gemacht», verkündete er. Der Pudding bestand aus Mehl, verfeinert mit Orangenextrakt und Saccharin, viel zu viel Saccharin, wie sich bald herausstellte, aber die Mädchen schlangen ihn hinunter und säuberten, als sie mit dem Löffel nichts mehr herauszukratzen vermochten, ihre Schalen mit den Fingern.

«Ich glaube, ich werde jetzt erst mal Wasser heiß machen», verkündete Maruschka, als die Kinder begannen, mit den Hunden herumzutoben. Als das Wasser warm genug war, führten Hans und Maruschka die Kinder ins Bad, wo sie sie auszogen und in die Badewanne steckten. Maruschka wusch Tamara, während Hans sich um Lucie kümmerte. Die Mädchen hatten sich nicht mehr waschen können, seitdem sie im Lager gewesen waren. Ihre braunen, gelockten Haare waren voller Läuse und ihre Körper mit Krätze bedeckt. «Noch nie in meinem Leben habe ich etwas so Schmutziges gesehen», sagte Hans, als er sich daranmachte, Lucie zu schrubben. Er mußte schreien, um Lucies Gezeter zu übertönen.

Als die Kinder abgetrocknet waren, bat Tamara, den russischen Rundfunksender hören zu dürfen. «Mein Vater ist ein wichtiger Mann in der Partei», prahlte sie, «und außerdem ist er General an der Front.» Ob sie die Wahrheit sagte? Hans und Maruschka hatten keine Möglichkeit, ihre Behauptungen zu überprüfen.

Am nächsten Morgen brachte Maruschka die Mädchen zum Friseur – dem gleichen, der ihr beigebracht hatte, einem Mann die Haare zu schneiden. Er machte den Mädchen eine heiße Dauerwelle, wodurch alle noch lebenden Läuse endgültig ausgerottet wurden.

«Was bin ich Ihnen schuldig?» fragte Maruschka.

«Nichts», antwortete der Friseur.

Als sie nach Hause kamen, hatte Hans wieder eine Mahlzeit zubereitet. Nach langen Jahren der Unselbständigkeit schien er plötzlich fröhlich und voller Tatkraft zu sein. Er malte sich bereits aus, wie er die Kinder unterrichten würde.

Am nächsten Morgen ging ihm jedoch schon eine seiner Schülerinnen verloren. Als Lucie sah, daß Maruschka das

Haus verließ, weinte sie so bitterlich, daß Maruschka schließlich einwilligte, sie mit ins Tierheim zu nehmen – eine, wie sich schnell herausstellte, glückliche Entscheidung, da Lucie nicht nur völlig fasziniert von dieser Umgebung war, sondern es Maruschka darüber hinaus durch ihre Anwesenheit erleichterte, einen Anknüpfungspunkt zu finden, um den Leuten, die sie aufsuchten, abgelegte Kleider für ihre neuen Pfleglinge abzuschwatzen.

Hans und Tamara blieben zu Hause. Als sie mit der Hausarbeit fertig waren, setzte er sich mit ihr an einen Tisch, um ihr ihre – wie sie ihm gestand – erste Unterrichtsstunde seit drei Jahren zu geben. Als erstes stand Deutsch auf Hans' «Lehrplan», dann Geschichte. Sie zeigte großes Interesse, war sogar mit Eifer bei der Sache, und doch erschien sie Hans zugleich distanziert. Hans wußte nicht, warum, doch er beschloß, sie nicht zu drängen. Bald darauf ergab sich die Erklärung von selbst.

Am nächsten Morgen trug Maruschka Tamara auf, beim Bäcker Brot zu kaufen, und gab ihr Geld und Lebensmittelkarten. Tamara sah sich die Lebensmittelkarten an. Eine war für Maruschka, eine für Lucie und eine für sie selbst. «Wo ist seine?» fragte sie mit einem Blick auf Hans.

«Er hat keine», sagte Maruschka behutsam. In der Stille, die diesen Worten folgte, konnte sie das Flattern der Tauben draußen auf dem Sims hören.

«Ist er ein Illegaler?» fragte Tamara.

Hans stand da und wußte nicht, wie er sich verhalten sollte. Wo hat sie nur diesen Ausdruck aufgeschnappt? dachte er.

«Ja», antwortete Maruschka.

Jetzt musterte Tamara Hans eingehend, wobei sich ihre Augen verengten, bis auch sie wie eine kleine Tatarin aussah. «Politisch oder Jude?» fragte sie.

Da kniete sich Hans vor ihr auf den Boden und nahm sie in die Arme. «Ich bin Jude, Tamara, und die Nazis hassen mich genauso, wie sie dich als Russin hassen. Wir müssen zusammenhalten.»

Tamara betrachtete ihn prüfend. Schließlich sagte sie: «Dann hast du nichts mit den Nazis zu tun?»

«Nichts», versicherte Hans.

Wieder entstand eine Pause. Tamara schien eine Weile zu brauchen, um die Erkenntnis zu verdauen, daß sie in ein Haus geraten war, wo man gegen die Nazis war. Dann schlug sie plötzlich die Arme um Hans, und Lucie, die nicht recht begriff, was vor sich ging, aber doch wußte, daß es etwas Gutes sein mußte, umarmte ihre Schwester.

Maruschka hatte das Geschehen schweigend beobachtet. Nun sagte sie mit Tränen in den Augen: «Tamara, du darfst nie, nie irgend jemanden wissen lassen, daß ein Mann im Haus ist. Du mußt das deiner Schwester beibringen. Denn wenn er geschnappt wird, dann werde ich auch geschnappt, und wenn ich geschnappt werde, dann bedeutet das den Tod für uns alle.»

36

Erik Perwe, der Pastor der Schwedischen Kirche in Berlin, war ein begeisterter Zigarrenraucher. Nur im Notfall begnügte er sich mit einer Pfeife. Die Enden seiner Zigarren waren jedesmal innerhalb weniger Minuten zerkaut, und die Mundstücke seiner Pfeifen bald so zerbissen, daß sie nicht mehr zu gebrauchen waren. Diese Angewohnheit war der einzige sichtbare Ausdruck seiner inneren Spannung, die sich jetzt, im November 1944, auf ein kaum noch erträgliches Maß gesteigert hatte.

Seit März 1943 lebte er nun bereits, von einigen kurzen Stippvisiten in Schweden abgesehen, von seiner Familie getrennt in dieser Stadt, für deren Bewohner die schrecklichen Geräusche und vernichtenden Einschläge der Bomben inzwischen zu einem festeren Bestandteil des täglichen Lebens geworden waren als Essen und Schlafen. Selbst die wenigen Nachtstunden, in denen er sich zur Ruhe zwang, waren belastet: die Gesichter, Namen und Adressen der Juden, die er überall in der Stadt untergebracht hatte, gingen ihm im Kopf herum. Er wußte längst nicht mehr genau, wie viele Juden in diesen Verstecken lebten, aber er war sicher, daß ihre Anzahl in die Hunderte ging. Er wußte auch, daß die Gefahr für alle diese Menschen ständig wuchs, schon allein deshalb, weil einige von ihnen festgenommen worden waren. Keiner von ihnen ahnte, wo sich andere Juden aufhielten, deshalb waren Denunziationen untereinander ausgeschlossen. Aber alle wußten, daß die Unterstützung, die sie erhalten hatten, von der Schwedischen Kirche ausgegangen war. Was würde geschehen, wenn auch nur ein einziger von ihnen diese Information unter der Folter preisgäbe?

Die schwedische Gesandtschaft hatte Perwe wiederholt gewarnt, daß sie ihm nicht würde helfen können, wenn man ihm auf die Spur käme. Mehr als die Gefährdung seiner eigenen Person beunruhigte ihn jedoch der Gedanke an das Schicksal, das die Juden und die Deutschen, die sie versteckten, erwartete, wenn es der Gestapo gelänge, ein Mitglied des Gemeindepersonals dazu zu bringen, jenen kleinen Hinweis zu geben, den sie bräuchte, um das ganze Netz aufzudecken. Würde sie durch diesen Hinweis auf Reuter aufmerksam werden, den undurchschaubaren alten Hausmeister, der so viele zuverlässige Unterkünfte ausfindig gemacht hatte? Würde Reuter, falls es je soweit käme, den Folterverhören standhalten können? Und wie standhaft würde er selbst wohl sein?

Die geheimen Aktivitäten, die er nun seit über zwei Jahren leitete, bargen inzwischen zu viele Unsicherheitsfaktoren. Es war an der Zeit, sie zu reduzieren.

Mitte November 1944 teilte Perwe seinen Mitarbeitern mit, daß er in den nächsten Wochen für kurze Zeit nach Schweden fliegen werde. Er wolle versuchen, erklärte er, Geld für Weihnachtsspenden für die Bedürftigen Berlins zu organisieren. Vide Ohmann, die unermüdliche Gemeindehelferin, vermutete, daß er in Wahrheit die Aufnahme der Juden vorbereiten wolle, die er in Kürze nach Schweden zu schmuggeln beabsichtigte. Doch sie verzichtete darauf nachzufragen. Sie hatte sich daran gewöhnt, daß Perwe nie mehr sagte als das, was er für unbedingt nötig hielt.

Vide verehrte Perwe. Er war für sie der außergewöhnlichste Mensch, dem sie je begegnet war. Die Augenblicke ihrer gemeinsamen Fahrt zum Flughafen am Morgen des 29. November waren ihr sehr kostbar. Er war entspannt, froh darüber, nach Hause zu kommen, wenn auch nur für einen kurzen Besuch. Eigentlich hatte er erst für Anfang Dezember einen Flug gebucht, aber Arvid Richert, der oberste schwedische Gesandte in Berlin, hatte ihm seinen eigenen Platz in einer früheren Maschine angeboten.

Das Flugzeug startete um neun Uhr. Vide beobachtete, wie es sich in Bewegung setzte und vom Boden abhob. Neben ihr stand eine besorgte Frau, die gerade ihre Mutter an Bord gebracht hatte. «Ich hoffe nur, daß der Flug gut verläuft», sagte sie.

«Oh, keine Angst», antwortete Vide, «der Herr Pastor ist mit an Bord.»

Eine Stunde und fünfundzwanzig Minuten später stürzte die deutsche Passagiermaschine über der Südspitze Schwedens in der Nähe von Falsterbo ab. Es ist ungeklärt, ob sie abgeschossen wurde oder explodierte. Es gab keine Überlebenden.

Martha Perwe, die bereits im Vorjahr nach Schweden zurückgekehrt war, saß gerade mit ihren Kindern vor dem Radiogerät, als in den Einuhrnachrichten über das Flugzeugunglück berichtet wurde. «Wie gut, daß Vater nicht in diesem Flugzeug saß», sagte sie erleichtert. «Er kommt ja erst nächsten Montag.» Eine Stunde später überbrachte ihr ein von Arvid Richert beauftragter Bote die traurige Nachricht.

Unter den Schweden und Deutschen, denen Perwes Mission bekannt war, grassierten Spekulationen darüber, ob die Maschine einem Sabotageakt zum Opfer gefallen war, der Perwes Aktivitäten ein Ende setzen sollte. So vorsichtig Perwe auch zu Werk gegangen war, hatten seine Bemühungen doch auf Dauer nicht unbemerkt bleiben können. Seine Freunde und Mitarbeiter nahmen an, daß er von der Existenz mehrerer hundert Illegaler in Berlin wußte und möglichst viele von ihnen «exportieren» wollte. Diese Vermutung wurde schnell zur vermeintlichen Tatsache. Schon bald wurden Zahlen genannt: Perwe sei, so wurde behauptet, nach Schweden geflogen, um dort die Unterbringung von vierundzwanzig Juden im Laufe der nächsten Wochen vorzubereiten. Er habe, so hieß es, persönliche Daten und Fotografien dieser Leute in seiner Aktenmappe bei sich gehabt. Wie viele Menschen wohl in den ersten Stunden nach dem Flugzeugabsturz gebetet haben, daß Perwes Aktentasche samt Inhalt vernichtet worden sein möge ...

Es erscheint wenig plausibel, daß man wegen eines Attentats den Tod einer ganzen Flugzeugbesatzung und den Verlust einer Maschine in Kauf genommen hätte, aber vernünftige Überlegungen hatten in den ersten Stunden nach Perwes Tod kein großes Gewicht. Die Nachricht erschütterte die Mitarbeiter der Gemeinde, aber ungleich tiefere Bestürzung löste sie bei den Juden aus, die ihre ganze Zukunft in Perwes Hände gelegt hatten. Sobald sie über den «Mundfunk» von der Katastrophe erfuhren, kamen sie einzeln oder paarweise zur Kirche, um sich die Gerüchte bestätigen zu lassen. Sobald man ihnen dort die traurige Auskunft erteilt hatte, zogen sie sich in die Winkel des Souterrains zurück, um mit ihrem Schmerz allein zu sein.

Ihr Leid lastete nun auf den Schultern eines jungen schwedischen Priesters, der kaum darauf vorbereitet war, es zu tragen. Erik Myrgren hätte sich lieber mit Botanik beschäftigt, die ihn so sehr faszinierte, daß er die lateinischen Namen von 900 verschiedenen Pflanzen auswendig wußte. Mit seinem glatten, schwarzen Haar und seinem hübschen, breiten Gesicht sah er weder wie ein Schwede noch wie ein Geistlicher aus, und er hatte sich auch nicht aus freien Stücken für diesen Beruf entschieden. Seine Eltern, tiefgläubige nordschwedische Bauersleute, hatten ihn dazu gedrängt. Es war ihnen jedoch nicht gelungen, ihm durch diesen Zwang seine Lebensfreude auszutreiben. Noch immer zog der im Jahre 1942 ordinierte Myrgren das Lautenspiel und das Singen von Volksliedern dem Predigen vor. Er war 1943 nach Stettin berufen worden, um dort die regelmäßig im Hafen anlegenden schwedischen Seeleute zu betreuen. Am 17. August 1944 wurde die Schwedische Kirche in Stettin bei einem schweren Luftangriff, der zahlreiche Opfer forderte, von einer Bombe zerstört. Myrgren wurde nach Schweden zurückbeordert. Im November war er erneut nach Deutschland gereist, um Perwe während dessen Abwesenheit zu vertreten. Die Arbeit fiel ihm außerordentlich schwer. Noch nie hatte er direkt mit Deutschen zu tun gehabt, und er war in keiner Weise auf das Maß an menschlicher Zerrüttung und Demoralisierung vorbereitet, mit dem er nun Tag für Tag konfrontiert wurde.

Einer der ersten, die ihn aufsuchten, war Herbert Frankenfeld, ein hagerer, gebeugter und sichtlich verängstigter Mann, den Myrgren auf fünfundsechzig schätzte. Tatsächlich war er Anfang vierzig. Frankenfeld hatte vor der Machtergreifung als Anwalt gearbeitet und war mit einer nichtjüdischen Frau verheiratet, die sich trotz der ständigen Pressionen der Nazis geweigert hatte, sich von ihm scheiden zu lassen. Mehrere Jahre lang hatte er mit von ihren Lebensmittelmarken gelebt. Perwe habe ihm versprochen, ihn nach Schweden zu schmuggeln, erklärte er Myrgren. Wenn dies nun nicht mehr möglich sei, wolle er sich doch wenigstens in der Kirche verstecken.

«Wir haben keinen Platz», antwortete Myrgren. «Außerdem wird Ihre Frau bestimmt nicht gesucht. Bei ihr sind Sie am sichersten.»

«Ich flehe Sie an, lassen Sie mich hierbleiben», beschwor ihn Frankenfeld.

Um ihn zu besänftigen, erlaubte ihm Myrgren, an diesem und am folgenden Tag je zwei Stunden bei ihm zu bleiben. Doch nachdem ihm dieses Recht einmal zuerkannt worden war, beanspruchte Frankenfeld es auch weiterhin hartnäckig. Tag für Tag erschien er, um an Myrgrens Seite zu sitzen. Schließlich verbot Myrgren ihm, diese Besuche fortzusetzen. Am Tag darauf wurde er von einem Mann angerufen, der sich als Arzt vorstellte. Er sagte, er habe einen Patienten – er wolle keinen Namen nennen –, der von ihm erzählt habe und dessen Leben davon abhinge, daß er von ihm aufgenommen wurde. «Ich bitte Sie dringend, es zu tun», mahnte der Arzt.

«Er soll kommen», sagte Myrgren.

Der «Patient» kam. Es war Frankenfeld.

«Sie brauchen mir nichts vorzumachen», sagte Myrgren, «ich habe Ihre Stimme am Telefon erkannt.»

Der Anwalt fiel auf die Knie und kroch auf Myrgren zu. «Ich flehe Sie an!» rief er. «Lassen Sie mich hierbleiben.»

Der Anblick war so peinlich, daß Myrgren sich abwandte. Ein alter Mann, der vor einem jungen auf den Knien kroch! Erst in diesem Augenblick begann Myrgren wirklich, das Naziregime zu hassen.

Frankenfeld blieb im Kirchengebäude. Nun hielten sich hier bereits elf «Dauergäste» auf. Bei seiner ersten Begegnung mit diesen Leuten hatte Myrgren sie für ausgebombte Freunde Perwes gehalten. Erst später hatte er erfahren, daß sie Juden waren. Besonders sympathisch waren ihm Martin und Margot Weissenberg, da sie sich so große Mühe gaben, trotz der Gefahren und Probleme ihre Fröhlichkeit zu bewahren.

Immer mehr Juden erschienen in der Kirche. Sie alle beriefen sich auf Perwes Versprechen, ihnen zur Flucht aus Deutschland zu verhelfen. Nun wollten sie wissen, ob Myrgren dieses Versprechen seines Vorgängers einlösen werde.

So war Erik Myrgren, der noch keine dreißig war und erst vor knapp zwei Jahren sein Theologiestudium beendet hatte, bereits zum verantwortlichen Leiter einer Institution geworden, die über Leben und Tod zahlloser Menschen zu entscheiden hatte. Abends spielte der junge Pastor, sooft er konnte, auf seiner Laute und sang die alten Volkslieder, um seine überlasteten Nerven zu besänftigen.

37

Ob die Luftangriffe tatsächlich verstärkt worden waren oder ob Beppo sie infolge seiner durch den ständigen Bombenhagel gesteigerten Angst inzwischen intensiver wahrnahm, wußte er nicht zu sagen. Er wußte nur, daß sie jetzt, im November 1944, entsetzliche Ausmaße angenommen hatten. Wenn er sich zu Beginn eines Angriffs in seinem Büro befand, lief er zum Luftschutzkeller im dritten Untergeschoß hinunter. Dort entnahm er den Meldungen im Radio, auf welche Stadtgebiete die Bomben niedergingen, und er fragte sich jedesmal voller Sorge, ob das Haus in Wittenau bei seiner Heimkehr noch stehen würde. Inzwischen waren bereits Teile des Daches und zahlreiche Fenster beschädigt. Wenn eine Bombe ihr Haus treffen würde, wäre zwar die Wahrscheinlichkeit, daß sie selbst – Kadi, das Baby und er – mit dem Leben davonkämen, sehr hoch. Schließlich konnten *sie* ja den öffentlichen Luftschutzkeller aufsuchen. Doch man würde sich unweigerlich fragen, wer die unter den Trümmern begrabenen Leichen seien. Es könnte zu Nachforschungen kommen – und das würde auch für sie selbst das Ende bedeuten.

Tag für Tag flogen die Alliierten Angriffe auf ihren Bezirk, weil sich dort zahlreiche wichtige Fabriken befanden. Im Haus verfolgte Kadi die Route der Flugzeuge mit Hilfe einer Militärkarte. Sie hörte den Militärsender ab, der die betroffenen Planquadrate bekanntgab. Sobald feststand, daß die Flugzeuge Kurs auf Wittenau nahmen, lief sie mit Wilfried zum Luftschutzbunker. Dieser befand sich in der Nähe eines bevorzugten Angriffszieles – einer Fabrik, die Panzerkettenrollen herstellte –, so daß Kadi unbedingt rechtzeitig das Haus verlassen mußte, um vor den Flugzeugen dort zu sein. Eines Tages stellte sie beim Orten der Flugroute der Bomber fest, daß sie an Berlin vorübergezogen waren. Als sie sich gerade wieder an die unterbrochene Hausarbeit machen wollte, wurden plötzlich neue Koordinaten durchgegeben, die anzeigten, daß die Flugzeuge kehrtgemacht hatten und zu einem Überraschungsangriff auf die Stadt ansetzten. Entsetzt riß sie Wilfried hoch und hastete aus dem Haus. Die ersten Bomben fielen, noch ehe sie den Bunker erreicht hatte. Erdbrocken, von einer Explosion in die Luft geschleudert, prasselten auf sie nieder. Kadi fiel zu Boden und riß Wilfried mit sich. Sie versuchte aufzustehen, konnte sich jedoch nicht rühren. Ein Mann kam herbeigelaufen und wollte ihr helfen, aber sie war vor Angst wie gelähmt. Schließlich gelang es dem Mann, sie aufzurichten und in den Bunker zu zerren, wo sie sich zwischen all die anderen, ebenso verängstigten Menschen kauerten. Jetzt erst schaute sie Wilfried an. Seine Augen waren feucht. Ein Ausdruck der Verstörung lag auf seinem Gesicht. «Ich bin doch artig gewesen», schien er sagen zu wollen. «Was also hat das alles zu bedeuten?»

Wenn die Flugzeuge abgezogen waren, kehrten sie nach Hause zurück, Kadi und Wilfried aus dem Luftschutzkeller, Beppo aus seinem Büro. Sie saßen dann mit den Riedes zusammen und besprachen die Ereignisse des Tages. Wie lange würden sie wohl noch verschont bleiben? Noch immer wunderte sich Beppo über die großen Unterschiede zwischen Kurt und Hella. Während Kurt das Geschehen als Bedrohung aufnahm, die ihn ängstlich und depressiv stimmte, war Hella gefaßt, beinahe heiter in ihrem festen Glauben, daß die Bomben sie nicht treffen würden. Ihre Gelassenheit und ihre Zuversicht verblüfften Beppo. Nach jedem schweren Angriff erkundete sie, welche Bezirke zerstört worden waren, um sie anschließend aufzusuchen und sich für die dort ausgegebenen Sonderlebensmittelmarken anzustellen.

Eines Tages wurden jedoch Beppos Sympathie und Bewunderung für Hella auf eine harte Probe gestellt. Als er gegen fünf von der Arbeit zurückkehrte, fand er ihre Eltern, Robert und Figa Papendick, in der Küche vor. Er erkannte sie sofort, da er sie einmal in ihrer Wohnung in Brandenburg besucht hatte.

Beppo mochte die beiden – den glatzköpfigen, breitschultrigen, korpulenten Herrn mit den Lachfältchen im Gesicht, der um seiner Frau willen zum Judentum übergetreten war und nun auf Grund dieses lange zurückliegenden Aktes Zwangsarbeit leisten mußte, wie auch die vollbusige Figa mit ihren kurzen, dunklen Haaren, ihrem runden Gesicht und der auf ihrer Nase thronenden Brille. Aber niemand hatte ihn gefragt, ob sich die Papendicks ebenfalls bei ihnen verstecken dürften – und eine andere Erklärung, dessen war er sich sicher, konnte es für ihre Anwesenheit nicht geben. Er vermutete richtig. Robert Papendick war einem Arbeitskommando zugeteilt worden, das Militärbaracken errichtete und Schützengräben aushob. Als ehemaliger Christ war er selbst nicht weiter gefährdet, aber er befürchtete, daß Figa in seiner Abwesenheit abgeholt und deportiert werden könnte. Kurt hatte seine Schwiegereltern überredet, sofort nach Berlin zu kommen.

Beppo konnte seinen Ärger über die Selbstverständlichkeit, mit der die Papendicks über ihn verfügten, kaum zurückhalten. Er wußte, daß alle auf seine Antwort warteten. Was sollte er tun? Er hatte A gesagt. Nun mußte er auch B sagen.

«Wo Platz für zwei ist, ist auch Platz für vier», sagte er laut.

Ursula war inzwischen in eine andere Fabrik außerhalb Berlins versetzt worden. Es war also niemand im Haus, dem sie irgendeine Erklärung für die Anwesenheit der Papendicks geben mußten. Für Nahrungsmittel war dank Beppos und Kadis Eltern in ausreichendem Maße gesorgt. Doch wo sollten die Papendicks untergebracht werden? Ursulas ehemaliges Zimmer war zu klein für zwei Leute. Es blieb nur eine Möglichkeit: Die Papendicks würden in das kleine Zimmer ziehen, das Kurt und Hella bisher bewohnt hatten, und diese mußten sich das größere Schlafzimmer mit dem Ehepaar Wirkus teilen. Angesichts der Umstände empfand keiner der vier diese Lösung als unangenehm. Im Gegenteil: Der Vorschlag löste jene befreiende Heiterkeit aus, derer sie alle so dringend bedurften.

Und doch gab es noch einen Grund zur Sorge. Die Papendicks hatten vom Bahnhof Brandenburg aus zwei Koffer bahnlagernd nach Hohenneuendorf und einen weiteren Koffer, ebenfalls bahnlagernd, nach Birkenwerder geschickt. Dieses

Gepäckstück war dort nicht eingetroffen. War ihnen jemand auf die Spur gekommen? Sie warteten vergebens auf den Koffer. Als er nach einer Woche immer noch nicht angekommen war, folgerte Beppo, daß sich irgend jemand, der die Notlage der Papendicks kannte und wußte, daß sie keine Nachforschungen anstellen würden, den Koffer angeeignet hatte. Damit schien sich das Problem ohne ihr Zutun gelöst zu haben.

Die Papendicks erwiesen sich als ruhige Gäste, die in der Lage waren, für sich selbst zu sorgen. Es war für sie eine Selbstverständlichkeit, ihren Essensanteil zu bezahlen. Da Frau Papendick sich streng an die jüdischen Ernährungsvorschriften hielt, bereitete sie sich ihre Mahlzeiten überwiegend selbst zu. Als zum erstenmal seit der Ankunft der Papendicks Bomben in der Nähe fielen, zeigte sich, von wem Hella ihre gefestigte innere Haltung geerbt hatte. Frau Papendick war allenfalls noch gefaßter als ihre Tochter. Ihre Stütze war ihr Glaube. Ihre Worte – denen Hellas so ähnlich – klangen beinahe wie eine Segnung: «Gott wird nicht zulassen, daß einem Haus, in dem soviel Gutes geschieht, Unheil widerfährt.»

Aber dann widerfuhr ihnen doch Unheil, zumindest beinahe. Eine unfaßbare Unvorsichtigkeit der Papendicks brachte sie alle in große Gefahr.

Am 23. Dezember, einem Sonnabend, klingelte es an der Gartenpforte. Alle zuckten unwillkürlich zusammen. Kurt und Hella sprangen sofort auf und stiegen hastig auf den Dachboden. Aber für die Papendicks gab es kein Versteck.

Beppo spähte durchs Fenster. Zwei ältere Leute, ein Mann und eine Frau, standen vor der Pforte. Er kannte sie nicht. Als Figa Papendick einen raschen Blick hinauswarf, seufzte sie kläglich auf. «Ich kenne die beiden», sagte sie. «Sie heißen Zagemann. Sie dürfen Sie nicht hereinlassen.»

«Wieso klingeln sie denn bei uns?» flüsterte Beppo. Figa konnte ihm vor Scham kaum in die Augen sehen. «Ich habe ihnen Ihren Namen gesagt», berichtete sie.

Beppo war sprachlos. Das konnte doch einfach nicht wahr sein! Schließlich ging er zur Gartentür. Die Zagemanns erklärten ihm, sie seien auf der Suche nach den Papendicks.

«Die Papendicks sind nicht hier», sagte Beppo. «Wir sind

in Gefahr. Sie sind alle weg.» Lügen war verzeihlich, sagte er sich, wenn es dazu diente, fünf Menschen das Leben zu retten.

Die Zagemanns erklärten, daß sie ihr Versteck in Brandenburg hatten verlassen müssen. Sie flehten ihn an, sie aufzunehmen. «Das ist unmöglich. Wir haben keinen Platz», entgegnete Beppo. Er konnte die Verzweiflung in ihren Gesichtern nicht länger ertragen. «Passen Sie auf», sagte er hastig, «vielleicht kann ich etwas für Sie auftreiben. Kommen Sie in ein paar Stunden noch einmal wieder.» Er ging ins Haus zurück. Gemeinsam mit Kadi überlegte er, was zu tun war. Sie beschlossen, sich dem katholischen Ehepaar, das auf der anderen Straßenseite wohnte, anzuvertrauen und sie um Hilfe zu bitten. Der Mann arbeitete als Wächter im selben Gebäude, in dem sich Beppos Büro befand. Das Ehepaar erklärte sich nach einigem Zögern bereit, die Zagemanns für höchstens zwei Tage aufzunehmen.

Die Zagemanns blieben acht Tage, zur Bestürzung der Gastgeber, die sie immer wieder zum Gehen drängten. Sie hatten nicht genug Platz für zwei weitere Menschen, und sie wußten, was sie erwartete, wenn man die Juden bei ihnen fände. Aber die Zagemanns weigerten sich, das Haus zu verlassen. Immer wieder sprachen sie Beppo an und brachten beharrlich ihre Überzeugung zum Ausdruck, daß die Papendicks sich doch bei ihm versteckt hielten. Beppo leugnete ebenso beharrlich. Er wußte, daß er keine andere Wahl hatte. Unter der Folter der Gestapo würden die Zagemanns sie alle denunzieren. Beppo war wütend auf die Papendicks, aber er ließ sie seinen Zorn nur selten spüren. Die Atmosphäre war angespannt genug. Die Papendicks selbst waren entsetzt über das, was sie angerichtet hatten.

Am achten Tag fand Beppo ein neues Quartier für die Zagemanns. Alle waren erleichtert. Doch schon wenige Tage später riefen die Leute, die sie aufgenommen hatten, Beppo an und baten ihn inständig, das Ehepaar wieder abzuholen. Schließlich stellten sie ihm ein Ultimatum. In seiner Verzweiflung drohte Beppo den Zagemanns, er werde die «jüdische Gestapo» informieren, wenn sie Wittenau nicht auf der Stelle verließen. Als es den beiden endlich gelungen war, Verbindung zu

Bekannten aufzunehmen, und sie tatsächlich gingen, brach Beppo in Tränen aus und schämte sich so sehr, daß er tagelang mit niemandem sprechen wollte.

Gegen Ende des zweiten Jahres seiner Untergrundexistenz fragte sich Fritz Kreuger häufig, ob es wohl noch andere Juden in Deutschland gab, die unter so ungewöhnlichen, für Untergetauchte untypischen Umständen lebten wie er und seine Familie. Zwar konnte man nicht gerade von Luxus sprechen, aber es war eine Tatsache, daß er, Clara und Corinna dank seiner florierenden Juwelengeschäfte alles hatten, was sie brauchten – und das in einem Land, in dem Lebensmittel rar wie Gold geworden waren. Corinna konnte sogar heiße Schokolade trinken, sooft sie wollte, und Fritz genehmigte sich abends nach dem Essen, wenn ihm danach zumute war, eine gute Zigarre. Doch es war ihnen nicht möglich, diese Dinge wirklich zu genießen. Der alles überlagernde Beigeschmack der Angst verdarb ihnen die Freude daran.

Vor den Nachbarn brauchten sie sich nicht mehr zu fürchten. Sie hatten es ihm hoch angerechnet, daß er einen Brand in ihrem Haus verhindert hatte. Als größtes Problem erwiesen sich nun die Schwarzmarktgeschäfte, der Verkauf von Steinen und der Ankauf von Lebensmitteln. Jeder Besuch eines angeblichen Edelsteininteressenten konnte mit ihrer Verhaftung enden, jeder Einkaufsgang Claras das Ende ihres Zusammenlebens bedeuten. Sie lebten nun schon so lange in der Illegalität, daß sie ihnen zur Gewohnheit geworden war. Und gerade diese Routine konnte ihnen zum Verhängnis werden. Unter allen Umständen mußten sie wachsam bleiben, denn jeden Tag gab es neue Kämpfe zu bestehen. Die Situation änderte sich ständig, da Berlin systematisch zerstört wurde. Ein Treffpunkt, der sich monatelang bewährt hatte, konnte eines Morgens ganz einfach nicht mehr dasein. Ein Schwarzmarkthändler, der sich als zuverlässig erwiesen hatte, konnte über Nacht verschwunden, der SS oder der Gestapo in die Hände gefallen sein, die mit jeder militärischen Niederlage hektischer zu agieren schienen. Jede Veränderung erforderte eine neue Anpassung – wie den Kreugers im Dezember 1944 sehr deutlich vor Augen geführt wurde.

Weihnachten stand vor der Tür. Fritz und Clara hatte dieses Fest nie etwas bedeutet. Jetzt lebten sie jedoch als Nichtjuden in einem Mietshaus voller deutscher Familien, die alle mit großer Hingabe die Weihnachtsfeier vorbereiteten. Corinna war inzwischen drei und der Liebling der Hausbewohner. Fritz und Clara konnten sich nur allzu gut vorstellen, worüber sich die Mieter während der Luftangriffe mit ihr unterhalten würden. Sie würden wissen wollen, ob sie zu Hause auch einen schönen Weihnachtsbaum hätten und was sie sich denn vom Weihnachtsmann gewünscht habe. So beschlossen Fritz und Clara, daß auch sie «Weihnachten feiern» mußten.

Fritz brachte einen Baum mit. Sie schmückten ihn mit Kerzen. Clara trieb Spielzeug auf, das sie Corinna schenken konnten. Als Fritz zum erstenmal die Kerzen anzündete und das freudige Staunen in Corinnas Augen sah, betete er im stillen, den Tag erleben zu dürfen, an dem er zur Feier des jüdischen Lichterfestes Chanukka die Menora-Kerzen für sie würde anzünden können. Vorerst mußten sie darauf verzichten wie auch auf ein Chanukka-Geschenk für Corinna, da sie es sicherlich sofort den Bewohnern des Hauses erzählt hätte.

Während des ganzen Krieges hatte Fritz die Orientierung nach dem jüdischen Kalender beibehalten, so daß er stets darüber Auskunft geben konnte, wann die hohen jüdischen Feiertage waren. Da es schon seit Jahren keine gedruckten Kalender mehr gab, mußte er ihr Datum mit Hilfe eines alten Exemplars berechnen. Wenn er sich nicht irrte, hatte das achttägige Chanukka-Fest am 11. Dezember begonnen.

Von diesem Datum an hatten sie jeden Abend gewartet, bis Corinna eingeschlafen war, und dann kleine, in ein Brett gesteckte Kerzen entzündet und des Chanukka-Wunders gedacht. 165 v. Chr. hatte das Heer des Judas Makkabäus die syrischen Eindringlinge aus dem Heiligen Land vertrieben. Nachdem die Juden ihren von den Syrern mit einer Zeusstatue entweihten Tempel in Jerusalem zurückerobert hatten, wollten sie das Ewige Licht wieder entzünden, das in jedem ihrer Tempel brannte, um an den Geist Gottes zu gemahnen. Obgleich sie gerade genug Öl zur Verfügung hatten, um die Flamme einen Tag lang brennen zu lassen, erlosch sie erst nach acht Tagen. Alle sahen darin ein Zeichen für die Gegenwart Gottes.

Seit jener Zeit waren die Juden unzählige Male aus ihren Tempeln vertrieben worden, zuletzt jetzt im Dritten Reich. Wenn Fritz und Clara die traditionellen Gebete verrichtet hatten, beteten sie um ein neues Chanukka-Wunder, um einen weiteren Beweis dafür, daß Gott über sie wacht.

38

Hans und Maruschka staunten immer wieder über die Reife ihrer beiden russischen Pflegekinder. Sie hatten gefürchtet, daß die siebenjährige Lucie beim Spielen draußen auf der Straße irgend jemandem verraten könnte, daß bei ihr zu Hause ein Jude lebte. Doch es zeigte sich rasch, daß sie sich in dieser Hinsicht keine Sorgen zu machen brauchten. Tamara, ihre dreizehnjährige Schwester, schärfte Lucie ein, daß sie auf gar keinen Fall etwas über die Leute, bei denen sie lebte, erzählen dürfe, und von dem Moment an war Lucie verstummt.

Im Berliner Lager waren Tamara und Lucie katholisch getauft worden. Die Mädchen bestanden darauf, jeden Abend ihr Nachtgebet aufzusagen und sonntags in die Kirche zu gehen. An ihrem ersten gemeinsamen Sonntag ging Maruschka nach der Messe mit den Mädchen zur Schwedischen Kirche hinüber, wo sie ein reichhaltiges Essen bekamen und überdies Seife und Zahnbürsten. Von da an aßen die Mädchen oft in der Kirche, die nur einen Katzensprung von der Wohnung entfernt lag, zu Mittag. Bald schon waren sie die erklärten Lieblinge sämtlicher Kirchenbediensteter, ungewöhnliche und gerngesehene Gäste inmitten der endlos scheinenden Schwierigkeiten – wie Blumen im Dezember.

Wo auch immer Maruschka mit ihnen erschien – die Reaktion war stets die gleiche. Eines Tages nahm sie sie mit zu einem Nonnenkloster, wo sie Fleischbeschau an geschlachtetem Vieh durchführen mußte. «Ich bin sicher, daß Sie alle Hände voll zu tun haben», sagte die Äbtissin zu Maruschka, nachdem diese ihr die Mädchen vorgestellt hatte. «Warum bringen Sie uns nicht einfach Ihre Wäsche?» Jedesmal, wenn die Mädchen nun die Wäsche brachten oder abholten, schenkten die Nonnen ihnen selbstgenähte Unterwäsche und Stoffpuppen.

Die Mädchen waren sehr verschieden, in ihrem Wesen wie in ihrem Äußeren. Lucie war ein Wildfang und konnte es kaum abwarten, auf die Straße hinauszulaufen und mit den wenigen noch in der Nachbarschaft verbliebenen deutschen Kindern zu spielen. Tamara dagegen spielte niemals. Nach dem Unterricht half sie am liebsten bei den Haushaltsarbeiten. Jeden Tag führte sie die Hunde aus. Auf der Straße behütete sie Lucie wie eine überängstliche Mutter. Erst wenn sie in der Wohnung waren, wurde Tamara wieder zum Kind.

Eines Abends, zwei Wochen nach ihrer Ankunft, sprach Tamara Hans an: «Ich will mit dir reden.»

«Gewiß», sagte Hans.

«Lucie und ich möchten, daß ihr beide unsere Eltern sein sollt.»

Hans vermochte vor Rührung nicht gleich zu antworten.

Tamara zog die Stirn kraus. «Ist das etwa nicht richtig?»

«O doch», sagte Hans, der seine Fassung wiedergefunden hatte, «das ist sehr, sehr gut so.»

Von diesem Tag an sprachen Tamara und Lucie Hans und Maruschka nicht nur als «Vater» und «Mutter» an, sie nannten sie auch in ihren Gesprächen untereinander so. «Mutter ist wieder da», rief Lucie beispielsweise, «sie hat etwas Gutes zu essen mitgebracht.»

Dann erschien Brumm, Maruschkas geliebter Neffe. Er war auf Heimaturlaub und quartierte sich mit seiner Verlobten Irmelin bei Maruschka ein. Zunächst wußten die Mädchen nicht, was sie von ihm halten sollten. Nichts, was Hans und Maruschka zu ihrer Beruhigung sagen konnten, wog die Tatsache auf, daß er eine deutsche Soldatenuniform trug. Die entscheidende Wende ereignete sich schließlich eines Nachts, als sie während eines Luftangriffs in ihrem Schutzkeller saßen.

«Brumm», sagte Lucie unvermittelt, «haben Soldaten im Krieg Angst?»

«O ja», antwortete Brumm.

«Hast du Angst?»

«Natürlich habe ich Angst.»

«Ich auch», sagte Lucie. Es war in ihren Augen offensichtlich ein wichtiges Geständnis und ebenso offensichtlich eine tröstliche Erkenntnis, daß ein Soldat auch Angst haben konnte. Tamara war natürlich mit Lucie einer Meinung, als ihre Schwester ihr erklärte, was sie von Brumm erfahren hatte.

Das war der Beginn einer engen Freundschaft zwischen Brumm und den Mädchen – und überdies der Anfang der Geschichten vom «großen, dicken Brummer Philipp».

Hans hatte das Gespräch schweigend verfolgt. Als sie nach der Entwarnung den Keller verließen und wieder nach oben gingen, sagte er zu Maruschka: «Das geht so nicht. Wir können nicht zulassen, daß die Kinder Angst haben.» Als sie das nächste Mal im Keller Schutz suchen mußten, sagte er zu den Kindern: «Hört nicht auf die Bomben. Hört mir zu.» Und dann begann er ihnen von Philipp zu erzählen – wie er sich auf Hitlerbilder zu setzen und dort kleine schwarze Flecken zu hinterlassen pflegte, wie er in die Wohnungen der Nazi-Größen flog und kleine Maden in ihrer Butter hinterließ, wie er sich draußen auf einem Misthaufen niederließ und anschließend über das Butterbrot eines Nazis marschierte. Die Mädchen und Brumm johlten vor Schadenfreude und begannen nun ihrerseits Geschichten über Philipp zu erzählen.

Um diese Zeit erfuhr Maruschka, daß ein anderer Neffe von ihr, Giesbert von Reinersdorf, Leutnant an der russischen Front, gefallen war. Giesbert hatte ihr nicht so nahe gestanden wie Brumm, aber sie hatte ihn genauso gern gehabt. Außerdem kam seinem Tod dadurch eine besondere Bedeutung zu, daß er der letzte in einer ganzen Reihe von Trauerfällen in der Familie war. Maruschka ging zu ihrem Schreibtisch, holte ein Foto von Giesbert hervor, blieb dann sitzen und betrachtete es still. Sie spürte, wie ihr die Trauer die Kehle zuschnürte, und mußte sich zwingen, die Wehmut niederzuhalten, die sie zu lähmen drohte. Der ganze unterdrückte Schmerz und Gram der vergangenen Jahre wollte aus ihr hervorbrechen. Sie schloß die Augen, weil sie Giesberts Bild nicht mehr länger ansehen konnte, aber da wurde das Dunkel zum Vorführsaal, wurden ihre Lider zur Leinwand für alle die Augenblicke in ihrem Leben, in denen die Bindung zu ihrem Neffen gewachsen war. Nun erst wurde ihr bewußt, daß jemand neben ihr stand. Es war Tamara. «Er war mein Neffe», sagte Maruschka leise. «Er war Soldat und ist jetzt gefallen.»

Tamara nahm das Foto und schaute es schweigend an. Dann ging sie hinaus. Am nächsten Morgen sprach sie Maruschka an. «Eigentlich sollte ich mich freuen, wenn ein deutscher Soldat getötet wird», sagte sie. «Aber ich freue mich nicht. Ich habe seit gestern die ganze Zeit an deinen Neffen denken müssen, und jetzt glaube ich, daß es immer schlimm ist, wenn jemand sterben muß, ob er nun Russe, Jude oder Deutscher ist.»

Verblüfft und erneut den Tränen nahe, schloß Maruschka Tamara in die Arme.

Kurz vor Neujahr wurde Brumm zu seiner Truppe zurückbeordert. Die Mädchen waren alles andere als froh, als der Abschied nahte. Tamara gestand, daß sie Angst habe, Brumm könne ebenso wie sein Vetter Giesbert getötet werden. Sie forderte ihn auf, ihr zu versichern, daß er das nicht geschehen lassen würde. «Weißt du, du bist jetzt unser einziger Vetter, und es geht nicht, daß wir dich auch verlieren», erklärte sie ihm.

«Mir passiert schon nichts», versprach Brumm. «Ihr braucht einfach nur auf mich zu warten. Irgendwann bin ich wieder da.»

«Er ist ein guter Soldat und bestimmt sehr vorsichtig», versuchte Maruschka die Mädchen zu beruhigen, als Brumm abgereist war. Es war vergeblich – sie weinten lange.

Das neue Jahr begann unter schlechten Vorzeichen. Zwei Vorfälle zeigten Hans und Maruschka unübersehbar, daß neben der Schwedischen Kirche ihre Wohnung die bekannteste Anlaufstelle für verfolgte Juden in Berlin war. Eines Nachts, wenige Wochen nachdem Brumm abgereist war, klopfte es an der Tür. Hans schlüpfte rasch ins Schlafzimmer und machte sich bereit, in die Couch zu kriechen. Maruschka öffnete die Tür. Draußen stand ein gehetzt und verstört wirkender junger Mann, der vor Atemlosigkeit kaum zu sprechen vermochte. «Lassen Sie mich rein, lassen Sie mich schnell rein», flehte er, wobei er versuchte, sich an ihr vorbei durch die Tür zu drängen.

«Einen Moment mal. Wer sind Sie? Und was ist los?»

«Mein Name ist Hammerschmidt. Ich bin gerade der Gestapo entwischt.»

Auf diese Worte hin zog Maruschka den jungen Mann in die Wohnung hinein. Als er wieder zu Atem gekommen war, erzählte er ihr seine Geschichte. Er war Halbjude. Vor wenigen Tagen war er von der Gestapo verhaftet und nach Oranienburg, einem Lager im Norden Berlins, gebracht worden. Dort hatte ihm die Gestapo einen Handel angeboten – seine Freilassung gegen die Namen von zehn Juden. «Ich kann Ihnen ein paar Namen nennen. Aber ich weiß sie nicht auswendig. Ich muß in meiner Wohnung nachsehen», hatte Hammerschmidt gesagt.

«Und was geschah dann?» fragte Maruschka.

«Sie brachten mich in die Wohnung. Ich bat darum, auf die Toilette gehen zu dürfen. Dann bin ich durchs Fenster geflohen.»

«Wir können nur beten, daß Sie nicht verfolgt worden sind», sagte Maruschka.

«Ich bin mir ganz sicher. Ich habe mich zwei Stunden lang versteckt, ehe ich hierher gekommen bin.»

Maruschka seufzte. «Sind Sie gar nicht auf den Gedanken gekommen, daß die Gestapo Sie möglicherweise mit Absicht entkommen ließ, um zu sehen, wohin Sie gehen?»

Hammerschmidt schloß die Augen. Dieser Gedanke war zuviel für ihn. «Kommen Sie», sagte Maruschka. Als sie ihm auf die Beine half, bemerkte sie, daß er Fieber hatte.

Am nächsten Morgen maß sie seine Temperatur. Vierzigeinhalb Grad zeigte das Thermometer an. Maruschka gab ihm ein fiebersenkendes Mittel und wies Hans an, ihm ständig Flüssigkeit zuzuführen. Als sie jedoch mittags nach Hause zurückkehrte, hatte sich Hammerschmidts Zustand weiter verschlechtert.

«Ich bin mir nicht sicher, ob er es schafft», erklärte Maruschka den anderen im Wohnzimmer. «Was machen wir, wenn er stirbt?»

«Dann stecken wir ihn in einen Sack und legen ihn in den Park», schlug Tamara vor.

«Das halte ich nicht für sehr praktisch», entgegnete Maruschka.

Am Nachmittag suchte Maruschka einen Arzt auf, der sich, wenn der Krieg nicht gewesen wäre, sicher schon längst aus Altersgründen zur Ruhe gesetzt hätte. Dieser Arzt war ein Freund einer Veterinärin, mit der sie zusammenarbeitete. Sie war sich nicht ganz sicher, ob sie ihm vertrauen konnte, doch sie mußte das Risiko eingehen. Am Abend kam der Arzt, um Hammerschmidt zu untersuchen. Er stellte eine Lungenentzündung fest und verordnete die entsprechenden Medikamente. Am folgenden Morgen ging es Hammerschmidt besser. Bereits nach einer Woche verzehrte er solche Riesenmengen an Lebensmitteln, daß Maruschka ihn nicht länger mitversorgen konnte und sich darum bemühen mußte, eine andere Unterkunft für ihn zu finden. Sobald ihr das gelungen war, verließ er die Wohnung.

Wenige Tage später erschien der nächste Besucher, ein hochgewachsener Mann mit dunklem Haar in einem schmuddeligen Anzug. Er sei aus Oranienburg geflohen, erklärte er Maruschka, als er ihr im Wohnzimmer gegenüberstand.

«Wie sind Sie auf die Idee gekommen, sich an mich zu wenden?» fragte ihn Maruschka. Sie traute dem Besucher nicht und schob sich, während sie auf seine Antwort wartete, langsam hinter den Schreibtisch, in der Hoffnung, durch ein Loch in der Schublade ihre Pistole ergreifen zu können.

Doch der Mann erkannte ihre Absicht. «Tun Sie das nicht», warnte er sie. Dann erklärte er ihr, daß ihm sowohl ihre Adresse als auch die der Kirche längst bekannt gewesen seien. Als die Kirche ihm nicht habe helfen können, sei er zu ihr gekommen.

«Nun gut, wenn Sie schon hierbleiben, dann beschaffe ich Ihnen wohl besser etwas zu essen», sagte Maruschka. Sie rief Tamara herbei und wies sie an, zur Kirche zu gehen, dort eine Mahlzeit für den Mann zu besorgen und außerdem nachzuprüfen, ob er tatsächlich dort gewesen sei.

Während Tamara unterwegs war, schilderte der Mann seine Flucht. Er war dazu eingeteilt worden, einen Haufen SS-Uniformen zu säubern. Es war ihm gelungen, eine Uniform zu entwenden und in dieser Verkleidung das Lager zu verlassen. Schließlich kam Tamara zurück und brachte die Nachricht, daß am selben Tag tatsächlich ein Mann in der Kirche erschienen sei, auf den die Beschreibung des Fremden paßte. Während der Besucher aß, beschwor ihn Maruschka, wieder zu gehen. «Sie sind hier in tödlicher Gefahr», sagte sie. «Die Gestapo patrouilliert jede halbe Stunde durch diese Straße. Wenn Sie hier geschnappt werden, dann bedeutet das nicht nur Ihren Tod, sondern meinen und den der anderen obendrein.» Er erklärte sich daraufhin bereit zu gehen – sie müsse ihm nur etwas zu essen mitgeben. Später in der Nacht führte ihn Maruschka durch eine Reihe ineinander übergehender Keller zu einem anderen Ausgang ein Stück weiter die Straße hinunter. «Herrgottnochmal», explodierte sie, als sie wieder zurück war, «von jetzt an machen wir keinem Menschen mehr die Tür auf, den wir nicht kennen.»

Als nächstes stand jedoch ein guter Freund vor ihrer Tür: Werner Keller, der ehemalige Flieger, der jetzt für Albert Speer arbeitete. Doch die Nachricht, die er brachte, war weit beunruhigender als die Gegenwart irgendeines eigensinnigen Fremden. Das schlesische Familiengut der Maltzans war von den Russen besetzt worden. Jetzt gelang es Maruschka nicht mehr, ihre Gefühle im Zaum zu halten. Sie warf sich auf die Couch und weinte. Trotz der Entfremdung von ihrem Bruder und den Schwierigkeiten mit ihren Schwestern hatte sie sich doch immer in diesem Stück schlesischen Bodens verwurzelt gefühlt. Dort war sie als Kind mit ihrem Vater umhergestreift. Dort stand der Walnußbaum, den sie selbst gepflegt hatte und an dem sie besonders hing. Sie hatte jeden Baum, jeden Graben, jeden Bach gekannt. Dieses Stück Land, so glaubte sie, hatte ihr mehr gegeben als ihre Mutter. Nun war es für immer verloren.

Die Kinder sahen schweigend zu, außerstande, ganz zu begreifen, wodurch und warum ihr eigenes Volk Maruschka so großen Kummer bereitete. Hans konnte es zwar verstehen, doch er war machtlos. Es hatte keinen Sinn, sie darauf hinzuweisen, daß sie sich über den drohenden Verlust immer im klaren gewesen war. Dieser Situation war nicht mit rationalen Argumenten zu begegnen.

Schließlich hörte Maruschka auf zu weinen. Statt dessen begann sie nun, erregt im Wohnzimmer auf und ab zu gehen, und die Scotchterrier liefen getreulich hinter ihr her. Über eine Stunde ging das so, bis Hans schließlich sagte: «Setz dich bitte hin.» Unausgesprochenes klang in diesen Worten mit: daß es sich immerhin nur um verlorenen Grund und Boden handelte, nicht um Menschenleben, und daß es gewichtigere Anlässe zur Trauer gab, daß *ihre* Mutter schließlich nicht von den Nazis umgebracht worden war. Maruschka begriff genau, was gemeint war, doch sie vermochte weder den Mut noch die Kraft aufzubringen, etwas darauf zu erwidern.

Das tat am nächsten Tag der Schriftsteller Georg Zivier, ein Freund von ihr, für sie. Er war, nachdem er die Nachricht vernommen hatte, gekommen, um sie zu trösten. Jeder Fremde hätte empfunden, daß zwischen Hans und Maruschka ein Mißverständnis lag, doch Zivier kannte beide gut genug, um zu erraten, was der Grund dafür war. «Hans», sagte er, «es sind nicht immer nur die Juden betroffen. Die Deutschen leiden auch. An der Front kämpfen Leute, die diesen Krieg überhaupt nicht gewollt haben. Ihre Familien sind ausgebombt worden. Man darf nicht davon ausgehen, daß die eine Seite leidet und die andere ein herrliches Leben führt. Maruschka hat auch Familienangehörige verloren. Dir geht es nicht gut, aber schau sie dir mal an. Sie sieht aus wie ein lebender Leichnam.»

Dann schwiegen beide, in dem Wissen, daß dies eine Auseinandersetzung war, bei der es keinen Sieger geben konnte.

39

Die drei Monate seit Perwes Tod waren für Erik Myrgren eine Zeit nahezu unerträglicher Qual und Anstrengung gewesen, in der er sich der ganzen schrecklichen Realität des von den Nazis verübten Genozids und seiner eigenen, ihm so unversehens angetragenen Widerstandstätigkeit hatte stellen müssen. Auch die Geschichten der im Schutz der Dunkelheit oder der Luftangriffe auf Schleichwegen in die Kirche gelangten Juden ließen für ihn nur einen Bruchteil all dessen vorstellbar werden, was er in der Folgezeit im Zusammenhang mit den Aktivitäten der Kirche im Labyrinth des Untergrunds hatte lernen müssen.

Dieses Wissen war ihm nicht in den Schoß gefallen. Erik Wesslen, der versierte Unterhändler mit den nützlichen Kontakten zur Gestapo, war der einzige, der über alles im Bilde war, und er war Myrgren zu Beginn ihrer Zusammenarbeit nicht eben offen gegenübergetreten. Wesslen mochte diesen jungen Pfarrer mit seiner Leidenschaft für Volkslieder, er empfand ihn als eine belebende Bereicherung für ihre Gemeinschaft; ihn jedoch als Partner in diesem Spiel auf Leben und Tod zu akzeptieren, dem er sich Tag für Tag aussetzte, war eine ganz andere Sache. In Perwe hatte er einen bewährten Verbündeten gehabt, der engagiert, ausgeglichen und erfahren genug gewesen war, um seine Rolle durchzuhalten. In Myrgren sah er zunächst eine unerfahrene, noch nicht durch die Realitäten dieses Nazi-Deutschlands geprägte jugendliche Frohnatur, ein naives Gemüt, das trotz der sich häufenden Beweise noch immer nicht glauben wollte, daß derart bestialische Verbrechen in diesen vermeintlich aufgeklärten Zeiten möglich waren. Ob man sich auf seine Schweigsamkeit, sein Durchhaltevermögen, seine Energie, seine Mutreserven, sein Engagement, selbst auf seine intellektuellen Fähigkeiten auch unter extremsten Bedingungen verlassen konnte, war noch keineswegs erwiesen. Überdies hatte er so gut wie keinen Einblick in die Aktivitäten der Organisation. So war es nicht verwunderlich, daß Wesslen in der ersten Zeit nach Perwes Tod beunruhigt und vorsichtig war und zögerte, den Nachfolger in alle Geheimnisse einzuweihen.

Dennoch ließ sich das auf die Dauer nicht umgehen. Erik Myrgren, der gerade erst das Seminar verlassen hatte, war jetzt das offizielle Oberhaupt der Gemeinde, und nur mit seiner Unterstützung ließen sich ihre Aktivitäten fortführen, da er die Verfügungsgewalt über die Vorratsbestände hatte, die die Grundlage aller ihrer Aktionen darstellten. Diese Vorräte dienten Wesslen als Tauschware bei den Geschäften mit seinen Mittelsmännern bei der Gestapo, und ohne die Zustimmung des Gemeindepfarrers kam niemand an sie heran.

In jenen ersten Tagen der Bestürzung, die auf die Unglücksnachricht folgten, beobachtete Wesslen Myrgren sehr genau, und was er sah, empfand er, einem geradezu perversen Gedankengang folgend, als beruhigend. Das strahlende Lächeln war fast völlig aus Myrgrens Gesicht verschwunden. Seine Augen funkelten nicht mehr. Je mehr Juden ihre Leiden auf seine Schultern luden, desto mehr Kraft schien er auch zu entwikkeln.

Auch persönliche Faktoren trugen dazu bei, daß Wesslen langsam begann, Vertrauen zu Myrgren zu finden. Der Altersunterschied zwischen ihm und Myrgren war, verglichen mit Perwe, viel geringer. Den beiden jungen Schweden erschien die Verantwortung, die ihnen zugefallen war, furchteinflößender und überwältigender, als ältere, abgeklärtere Männer sie vielleicht empfunden hätten. Darüber hinaus verbanden sie als Angehörige der gleichen Generation ähnliche Erinnerungen mit Schweden. Und sie interessierten sich beide leidenschaftlich für die Botanik, der sie jede freie Minute widmeten – Myrgren als verhinderter Pflanzenforscher, Wesslen als zukünftiger Landschaftsplaner, den ursprünglich seine Studien nach Berlin geführt hatten. Gemeinsam bestaunten sie die Anmut und Schönheit der Naturreservate dieser Stadt, die die Bombardements erstaunlicherweise bislang ohne schwere Schäden überdauert hatten. Sie entdeckten die Seen, die Parks und die Wälder der Stadt, die sie mit ihrem dichten Birkenbestand so sehr an schwedische Landschaften erinnerten. Solche Vergleiche kamen ihnen gewöhnlich ganz unvermittelt in den Sinn, und sie hingen dann beide schweigend, mit abwesenden Blicken, ihren Gedanken nach.

Aber Gespräche über ihre Heimat und die Pflanzenwelt blieben – nachdem Myrgren einmal Wesslens Vertrauen gewonnen hatte – den seltenen, kostbaren Augenblicken der Muße vorbehalten. Der Gegenstand ihrer allmorgendlichen Zusammenkünfte in der Kirche war wesentlich ernster: die Kunst, Waren gegen Menschenleben einzutauschen.

Wesslen vermittelte Myrgren alles, was Perwe gewußt hatte. Der junge Pastor lernte, Schnaps und Geld, die der Kirche für diese Zwecke in unerschöpflichen Mengen zur Verfügung zu stehen schienen, in Dinge wie Benzin und Kohlen umzusetzen, die sie unbedingt brauchten, um ihre Aktivitäten fortzuführen. Er lernte, Lebensmittelmarken und falsche Papiere für die Illegalen zu beschaffen. Mit Hilfe der Kirchenbücher, in denen alle in Berlin geborenen Schweden verzeichnet waren, konnte Myrgren die Illegalen buchstäblich mit neuen Vergangenheiten versehen. Eines Tages, im zweiten Monat seines Amtes, suchte ihn eine fünfunddreißigjährige Jüdin auf, sichtlich erschöpft nach zwei Jahren Illegalität und ohne weitere Zufluchtsmöglichkeiten. «Können Sie mir nicht eine falsche Identität verschaffen?» flehte sie ihn an.

«Das kann ich», antwortete Myrgren. Er durchforschte das Taufregister nach einem vor fünfunddreißig Jahren geborenen Mädchen mit schwedischen Eltern. Dann vergewisserte er sich, daß diese Person und ihre Eltern nicht mehr in Berlin lebten. Schließlich stellte er einen Taufschein aus, der sämtliche Daten der Taufregistereintragung enthielt. Die Frau ging unverzüglich mit diesem Taufschein zu einem Polizeirevier, dessen Akten zerstört worden waren, und bekam dort eine neue Kennkarte.

Zu Myrgrens Ausbildung gehörte es ferner, unter den Menschen, die zu ihm kamen, echte Juden von Gestapo-Spitzeln unterscheiden zu lernen. Da er das Alte Testament während seines Studiums gründlich kennengelernt hatte, wußte er nicht nur eine Menge über die Geschichte der Juden, sondern auch über ihre religiösen Bräuche. Dieses Wissen kam ihm nun sehr zustatten. Zunächst pflegte er den Besuchern Routinefragen nach ihrem Geburtsort, den Namen ihrer Eltern und ähnlichen Dingen zu stellen und sich zu erkundigen, ob sie einer jüdischen Religionsgemeinschaft angehörten. Dann stellte er ihnen einige einfache Fragen zur jüdischen Geschichte.

Eines Tages suchte ihn ein hochgewachsener, blonder Mann auf, der sich als illegaler Jude ausgab. Myrgren hatte auf den ersten Blick Verdacht geschöpft, daß es sich um einen Gestapo-Beamten handelte. Er fragte ihn eine Viertelstunde lang aus. Die Antworten zeigten offenkundig, daß er kein Jude war.

«Was führt Sie hierher?» fragte er ihn schließlich. Der Besucher gab an, auf der Suche nach einem Freund zu sein. Den Namen, den er nannte, hatte Myrgren nie zuvor gehört. «Ich kenne ihn nicht», sagte er.

«Dürfte ich wohl noch etwas hierbleiben? Vielleicht taucht er ja noch auf.»

«Nein, das tut er bestimmt nicht. Und bleiben können Sie auch nicht.»

Was Myrgren über den Hitler-Staat wußte, hatte er zum größten Teil aus Begegnungen mit den Opfern des Regimes gelernt. Die eindringlichste Lektion sollte ihm jedoch eines Abends um die Weihnachtszeit durch einen deutschen Besucher zuteil werden.

Er kam spät und unangemeldet in sein Zimmer. Er war etwa fünfzig Jahre alt und machte einen äußerst sachlichen Eindruck. Er sei mit Erik Perwe befreundet gewesen, berichtete der Mann. Er besitze eine Bürstenfabrik. In seinem Betrieb seien zahlreiche Juden unter falschem Namen tätig, vertraute er Myrgren an. Sie seien alle blind. Dann kam er auf den Zweck seines Besuches zu sprechen. Er berichtete dem jungen Pastor, daß er aufgefordert worden sei, ein Angebot über die Belieferung einiger Konzentrationslager mit Bürsten einzureichen. Da er mit den besonderen Bedürfnissen solcher Lager nicht vertraut gewesen sei, habe er um die Genehmigung nachgesucht, sie sich anzusehen. Die Erlaubnis sei ihm erteilt worden, doch vor Ort habe er sich damit begnügen müssen, der Lagerleitung Fragen zu stellen. Die Lagereinrichtungen selbst habe er nicht besichtigen dürfen. Schließlich sei er in einem der Lager an einen Unteroffizier, einen wahren Schwätzer, geraten, der ihm ausführlich berichtet habe, was dort vor sich gehe. Die Juden würden vergast. Danach zöge man ihnen die Zähne, um das Gold herauszuschmelzen. Ihre Knochen würden zu Dünger zermahlen und ihr Körperfett zu Seife verarbeitet. In der hierfür zuständigen Fabrik würden täglich über zweihundert Juden ausgeschlachtet, wie sich der Feldwebel ausgedrückt habe.

Nachdem der Bürstenfabrikant dies erzählt hatte, saß er mehrere Minuten lang schweigend dem schwedischen Pfarrer gegenüber.

«Warum erzählen Sie mir das alles? Was wollen Sie von mir?» fragte Myrgren schließlich.

«Ich möchte, daß Sie diese Informationen verbreiten», antwortete der Mann. «Ich möchte, daß sie nach Schweden gelangen. Vielleicht können Sie bewirken, daß sie veröffentlicht werden.» Er hielt einen Augenblick inne. «Was Sie auch tun können – ich danke Ihnen», sagte er. Dann stand er auf und ging.

Myrgren blieb reglos sitzen. Er fühlte sich von einer ungeheuren Last auf seinem Stuhl niedergehalten. Er wußte, daß soeben ein Abschnitt seines Lebens zu Ende gegangen war.

Eine halbe Stunde verging, ehe er sich zum Aufstehen zwang. Es muß etwas passieren, dachte er. Er trat in die Empfangshalle hinaus und hielt Ausschau nach Wesslen. Er würde ihm die ganze Geschichte erzählen. Und dann würden sie sich beide gemeinsam einen Weg einfallen lassen müssen, noch mehr Juden nach Schweden zu schaffen.

Seit Monaten bereits hatten zahllose Personen, die in irgendeiner Weise Anspruch auf die schwedische Staatsbürgerschaft erheben konnten, bei der Gesandtschaft Anträge auf Evakuierung nach Schweden gestellt. Die wenigsten von ihnen hatten die nötigen Papiere, aber die Beamten in der Botschaft waren bereit, im Zweifel zugunsten der Antragsteller zu entscheiden.

Man begann, ohne Wissen des Botschafters Notfallpässe auszustellen. Nun mußte nur noch ein einziger weiterer Schritt getan werden, um auch deutschen Juden – auf Grund persönlicher Bekanntschaften oder auf Myrgrens und Wesslens Fürsprache hin – provisorische Pässe auszuhändigen und sie einzeln zusammen mit den offiziellen Auswanderern nach Lübeck zu schicken, wo sie sich, wenn alles gut ging, nach Schweden einschiffen konnten. Das Risiko war allerdings groß, da die Nazis die Pässe stichprobenweise überprüften, und außerdem zog sich dieses Verfahren über eine viel zu lange Zeit hin. Myrgren suchte nun zusammen mit Wesslen nach Möglichkeiten, eine ganze Gruppe von Juden auf einen Schlag nach Schweden zu schaffen.

Eine solche Möglichkeit ergab sich plötzlich im Februar 1945, als Graf Folke Bernadotte, der Vize-Präsident des schwedischen Roten Kreuzes, in Berlin eintraf. Bernadotte hatte eine schwierige Mission zu erfüllen: Er hoffte, die Deutschen dazu bringen zu können, dem Roten Kreuz die Evakuierung sämtlicher in den Konzentrationslagern festgehaltener Skandinavier zu gestatten. Er wollte zu diesem Zweck Busse und Lastwagen per Schiff nach Deutschland bringen lassen. Darüber hinaus plante er, Hunderte von deutschen Staatsbürgern schwedischer Abstammung, größtenteils Frauen und Kinder gefallener oder vermißter Deutscher, evakuieren zu lassen. Vereinzelt war es bereits Angehörigen dieser Bevölkerungsgruppe gelungen, Deutschland zu verlassen, und was sie bei ihrer Ankunft in Stockholm berichtet hatten – von Druckbomben, die die Menschen in den Luftschutzbunkern noch aus größerer Entfernung töten konnten, von Deutschen, denen durch die Explosion die Schuhe weggerissen wurden und die ihre Füße mit Zeitungspapier umwickelten, von jungen Männern, die die SS an den Laternenpfählen aufknüpfte und mit Schildern versah, auf denen stand «Er kämpfte nicht mutig genug» oder «Er ist zu früh zurückgewichen» – all diese Berichte und das verängstigte und zerlumpte Aussehen der Flüchtlinge hatten die Öffentlichkeit bewogen, entschlossener auf Evakuierungsmaßnahmen zu drängen.

Bernadotte war der geeignete Mann für diese Mission. Er

hatte das Auftreten und die Kultiviertheit des Aristokraten, doch war er im Grunde seines Herzens ein bescheidener Mensch von großem Mitgefühl und einer unerschöpflichen Geduld. Überdies war er ein genauer Beobachter und vor allem ein vom Glauben an das Gute im Menschen beseelter Optimist. Diese Eigenschaften sollte er dringend benötigen, da er mit dem zweitmächtigsten Mann des Dritten Reiches, Heinrich Himmler, zu verhandeln hatte, dem «Reichsführer der SS», Chef der Gestapo und des gesamten deutschen Polizeiapparates, Reichsinnenminister, Befehlshaber des Ersatzheeres und Oberbefehlshaber an der Ostfront, dem Mann, wie Bernadotte später in seinen Memoiren ‹*Das Ende*› (1945) schreibt, «der durch seine Terrororganisationen die Politik auf eine bisher unerhörte Weise kriminalisiert hatte und nunmehr das wankende Dritte Reich am Rande des Abgrundes mit eiserner Faust zusammenhielt». Der kleine, asketische, dem Führer und dessen Zielen treu ergebene Himmler mit dem fliehenden Kinn und dem unergründlichen Lächeln war sich seines Renommees als erfolgreichster Scharfrichter der Geschichte wohl bewußt.

Zunächst wies er alle Bitten Bernadottes zurück. Besonders aufgebracht war er, als Bernadotte vorschlug, die in den Lagern befindlichen Dänen und Norweger nach Schweden zu bringen und unter schwedische Kuratel zu stellen. «Wenn ich auf Ihren Vorschlag einginge», sagte er, «würden die schwedischen Zeitungen in fetten Schlagzeilen verkünden, der Kriegsverbrecher Himmler suche sich in allerletzter Minute noch loszukaufen und vor der Welt reinzuwaschen, weil er sich vor den Folgen seiner Tat fürchtet.» Auf Bernadottes zweiten Vorschlag reagierte er sachlicher, aber ebenso ablehnend. «Ich bin nicht gewillt, deutsche Kinder nach Schweden zu schicken. Sie werden dort zum Haß gegen ihr Vaterland erzogen und von ihren Kameraden dafür, daß ihre Eltern Deutsche waren, angespuckt werden.» Als Bernadotte ihm entgegenhielt, daß es für diese Väter sehr tröstlich sein müsse, ihre Kinder in Schweden in Sicherheit zu wissen, erwiderte Himmler: «Die Väter würden es gewiß lieber sehen, daß ihre Kinder in einer deutschen Hütte aufwachsen, als daß sie auf einem Schloß eine Freistätte finden, in einem Land, das gegen Deutschland so feindselig eingestellt ist wie Schweden.»

Doch bald darauf änderte Himmler seine Meinung. Möglicherweise hatte er sich inzwischen mit dem Gedanken an einen Verhandlungsfrieden mit den Westmächten angefreundet und sah in Bernadotte den gegebenen Unterhändler. Jedenfalls ließ er diesem mitteilen, daß er anordnen wolle, schwedischen Frauen Ausreisegenehmigungen zu erteilen. Sollten Frauen darunter sein, die auf Grund von Schwierigkeiten mit der Polizei kein Visum erhielten, wollte er sich sogar persönlich um diese Fälle kümmern.

Bernadotte kehrte nach Schweden zurück, um sein Unternehmen vorzubereiten. Nach wenigen Wochen traf er mit Bussen, Truppentransportern, mobilen Feldküchen, Krankenwagen und 250 freiwilligen Helfern wieder in Deutschland ein. Die Hauptaufgabe bestand zunächst darin, die norwegischen und dänischen Häftlinge in ein Lager in der Nähe von Hamburg zu bringen, von wo aus die Evakuierung erfolgen sollte. Mitte März kümmerte man sich jedoch auch schon um die Evakuierung der schwedischen Frauen und ihrer Kinder. Der Berliner Sammelpunkt für diese Aktion war die Schwedische Kirche in der Landhausstraße. Eines Morgens kämpfte sich der Polizeibeamte Mattek durch die Menge der dort wartenden Menschen bis zur Kirche vor, wo er Myrgren antraf und in einen stilleren Winkel zog. «Heute wird es keine Gestapo-Kontrollen geben», sagte er leise. «Wenn Sie ein paar Juden in den Bussen mit rausschleusen wollen, tun Sie es ruhig.»

Der Pastor ging rasch in den Keller hinunter und sprach dort mit einem halben Dutzend Juden, darunter Erich Jakob, der bereits seit einem Jahr in der Kirche wohnte. Als eine Stunde später die Busse abfuhren, nahmen sie die sechs Juden mit.

Am gleichen Tag begegnete Myrgren im Kellergeschoß seinen Freunden, dem Ehepaar Weissenberg. Seit beinahe zwei Jahren lebten sie nun schon bei ihm. Auch sie wären gern in die Busse gestiegen, doch sie hatten es nicht gewagt, die Reise ohne Papiere anzutreten. Sie wollten ihre deprimierte Stimmung vor Myrgren verbergen, aber sie waren schlechte Schauspieler.

«Nehmen Sie es nicht so schwer», sagte der Pastor, «Sie sind die nächsten. Wir haben schon einen Plan.»

Mitte März erkrankte der jüngere Sohn des Gemüsehändlers Robert Jerneitzig, der sich zwei Jahre zuvor der Riedes angenommen hatte, an Diphterie. Zwei Wochen darauf war er tot. Jerneitzig wurde für die in Berlin stattfindende Beerdigung von seiner Einheit beurlaubt. Nach der Bestattung brachte er seine Frau und seine ältere Tochter nach Wittenau und teilte dem Ehepaar Wirkus und den Riedes mit, daß er desertieren wolle.

In jener Nacht verbrannten Beppo und Jerneitzig die Uniform des Gemüsehändlers und vergruben die verkohlten Überreste anschließend unter einem Komposthaufen im Garten. Nach einer schlaflosen Nacht in dem überfüllten Haus fuhr Jerneitzig zu einem Freund nach Hermsdorf. Zwei Tage später kam er zurück und erklärte, daß er nun dableiben wolle.

Beppo und Kadi beherbergten nun also vier Juden – Kurt und Hella Riede und die Papendicks – und einen Deserteur unter ihrem Dach. Es kam ihnen nie in den Sinn, diesen Zustand in Frage zu stellen. Sie taten ihr Bestes, um im Keller und im Flur halbwegs bequeme Schlafecken einzurichten.

Am Morgen des 30. März – es war der Karfreitag – erhielt Wesslen einen Anruf von der Gestapo, die ihn für den Abend zu einem Verhör bestellte. Er sicherte zu, daß er kommen werde. Dann legte er langsam den Hörer auf und starrte lange Zeit das Telefon an.

Er hatte diesen Anruf seit Monaten erwartet. In Anbetracht seines Einsatzes bei der Rettung von Juden und anderen Verfolgten war es geradezu ein Wunder, daß die Gestapo ihn bis jetzt unbehelligt gelassen hatte. Er hatte immer gehofft, er würde nicht die Nerven verlieren, wenn es soweit wäre. Zu viele Menschen waren von ihm abhängig, als daß er es sich hätte leisten können, seinen Emotionen nachzugeben. Nun versuchte er, über seine schwierige Lage ebenso systematisch nachzudenken, wie er es bei der Vorbereitung und Durchführung seiner Rettungsaktionen, Schwarzmarktgeschäfte und Bestechungsversuche zu tun gewohnt war. Trotz seiner Bemühungen, seine Nerven unter Kontrolle zu halten, hatte er ein Gefühl, als sei irgendwo ein Achsnagel aus seinem Körper gezogen und als drohe dieser nun, sich beim kleinsten Versuch einer Bewegung in tausend Einzelteile aufzulösen.

Als Myrgren zwanzig Minuten später das Zimmer betrat, saß Wesslen noch immer wie erstarrt an seinem Schreibtisch. Der Pastor hatte soeben den Elfuhrgottesdienst beendet und trug noch seine Amtstracht, den schwarzen, bis auf die Füße hinabreichenden Talar und den steifen weißen Kragen mit den beiden Beffchen vorn am Hals. Er hatte an diesem Vormittag über die Passionsgeschichte und die Kreuzigung Jesu gepredigt und über die Leiden und Katastrophen gesprochen, die die Gottlosigkeit des Menschen über die gesamte Menschheit gebracht hatte. Beim Anblick des Pastors, dessen Tätigkeit während der letzten vier Monate Wesslens anfängliche Zweifel restlos zerstreut hatte, löste sich dessen Beklemmung. Hastig berichtete er von dem Anruf.

Myrgren ließ sich schwer auf einen Stuhl fallen und starrte ihn an. «Das kann nur Okhardt gewesen sein», sagte er schließlich.

Okhardt war ein junger Deutscher, der Verbindung zum Widerstand hatte und von der Gräfin von Maltzan an sie verwiesen worden war. Myrgren und Wesslen hatten mit Hilfe des Hausmeisters Reuter eine sichere Unterkunft für ihn gefunden.

Jetzt sahen die beiden Männer einander schweigend an, beide mit der gleichen bangen Frage beschäftigt: Was würde geschehen, wenn die Gestapo versuchte, Wesslen zum Reden zu zwingen? Würde er ihren Foltermethoden standhalten können? Würden die Kirche, ihre Verbündeten, zum Beispiel die Gräfin, und alle von ihnen in Berlin und der Umgebung der Stadt untergebrachten Juden und anderen Verfolgten im letzten Moment – nun, da das grausame Spiel beinahe vorüber war – enttarnt werden? Vor vier Monaten noch hatte Wesslen die Standfestigkeit des Pastors in Zweifel gezogen. Nun ging es um sein eigenes. Er zitterte plötzlich. «Jetzt ist es aus», sagte er leise.

Myrgren schüttelte den Kopf. «Du brauchst keine Angst zu haben», sagte er. «Der Krieg ist bald zu Ende. Die Gestapo hat alle Hände voll zu tun. Sie wird sich gar nicht mehr um dich kümmern können. Geh einfach nicht hin.»

40

Der Tod war nun allgegenwärtig. Nach jedem Bombenangriff lagen Leichen in den Toreinfahrten, von den Überlebenden dorthin geschleppt. Stunden später erschienen dann Bestattungskommandos, die die Leichen davonkarrten. Sie wurden verbrannt. Es gab zu viele Tote, als daß man sie noch hätte begraben können.

Jeden Tag standen in der Zeitung Berichte über neue Todesopfer. Hans und Maruschka nahmen diese Meldungen mit der gleichen Resignation zur Kenntnis wie eine weitere Erhöhung des Brotpreises. Gefühle waren längst in ihnen erstorben – zumindest glaubten sie das, bis sie die Nachricht erreichte, daß Irmelin, Brumms Verlobte, bei dem großen Luftangriff auf Dresden ums Leben gekommen war.

Sie hatte sich besser mit dem Krieg abgefunden als sie alle, und um so ungerechter erschien ihnen jetzt ihr Tod. Sie hatte sich nie beklagt, nie andere mit ihren Ängsten belastet. Auf sie hatten sie immer zählen können, wenn es darum gegangen war, die Hunde auszuführen oder ihnen die zahllosen kleinen Besorgungen abzunehmen, die sie selbst nicht erledigen konnten – Hans nicht, weil er sich verborgen halten mußte, und Maruschka wegen ihrer Arbeit. Für all das hatte Irmelin keine andere Gegenleistung erwartet, als bei ihnen wohnen zu dürfen, solange Brumm in Berlin war. Jetzt konnten sie sich Brumms Anwesenheit ohne seine schöne und so außergewöhnlich lebenskluge Verlobte nicht vorstellen. Die Verliebtheit dieser beiden hatte sie in der Überzeugung bestärkt, daß es doch noch eine bessere Zukunft für sie alle geben würde. Diese Überzeugung hatte nun einen schweren Schlag erlitten und wich in den ersten Tagen nach Eintreffen der Nachricht von Irmelins Tod einer tiefen Hoffnungslosigkeit.

Nach dem Tod ihres Kindes hatte Maruschka Hans gegenüber die Auffassung vertreten, daß jedes Menschenleben, so kurz es auch immer sein mochte, einen Sinn habe. Auch Irmelins Tod gewann bald in Maruschkas Augen eine Bedeutung. Brumm war erneut verwundet worden – ein Granatsplitter hatte seine Hand verletzt, und er befand sich jetzt, nachdem er von der Front evakuiert worden war, in einem überfüllten Lazarett in der Nähe von Berlin. Maruschka war entschlossen, ihren Neffen nicht noch einmal in den Kampf ziehen zu lassen. Sie suchte das Lazarett auf und ließ sich zum leitenden Militärarzt bringen. «Ich möchte Ihnen etwas vorschlagen», erklärte sie ihm. «Lassen Sie mich meinen Neffen mit nach Hause nehmen. Ich kümmere mich um seine Verwundung, und Sie haben dadurch ein freies Bett.» Der Arzt war begeistert. Sobald Brumm bei ihr in der Wohnung war, infizierte sie die Wunde mit einer von einem Tierkadaver stammenden Bakterienkultur. Dann legte sie sorgfältig den Verband wieder an. Innerhalb von zwei Tagen schwoll Brumms Hand so heftig an, daß er unmöglich eine Waffe hätte führen können. Es würde Wochen dauern, bis er wieder diensttauglich war, und in der Zwischenzeit, so hoffte sie, würde der Krieg vorüber sein.

Es war eindeutig, daß der letzte Akt der Tragödie unmittelbar bevorstand. Die Konferenz von Jalta war soeben beendet. In Berlin war es ein offenes Geheimnis, daß Roosevelt, Churchill und Stalin einen letzten gemeinsamen, von allen Seiten ausgehenden Angriff auf die Stadt beschlossen hatten. Im Osten waren die Russen bereits auf deutsches Gebiet vorgedrungen. Im Westen hatten die Amerikaner und Briten ihre massiven Vorstöße zum Rhein eingeleitet. Über den Ausgang dieser Tragödie gab es keinen Zweifel mehr. Alles deutete darauf hin, daß Hitler um jeden Preis bis zum bitteren Ende kämpfen lassen würde. Berlin würde verteidigt werden, und Berlin würde zerstört werden.

Für die vielen tausend hilflosen Berliner gab es nur eine Möglichkeit: alles daranzusetzen, nicht mit ihrer Stadt zugrunde zu gehen.

Die Tatsache, daß es Maruschka gelungen war, einen weiteren Kampfeinsatz ihres Neffen zu verhindern, beflügelte sie zu dem Versuch, einigen anderen Bekannten zu helfen, die aus den unterschiedlichsten Gründen dem Kriegsdienst entgangen waren, nun jedoch zur Verteidigung Berlins aufgeboten werden sollten. In ihrer Praxis hatte sie häufig ein etwas unorthodoxes Verfahren angewandt, um gelähmte Gliedmaßen bei Tieren wieder funktionsfähig zu machen: Sie gab den Tieren eine Injektion, die hohes Fieber hervorrief, das sich auf den ganzen Körper ausbreitete. Der Körper reagierte mit einer Abwehrmaßnahme: Die Fieberzentren wurden besonders stark durchblutet. Diese vermehrte Durchblutung führte meistens dazu, daß die Lähmung zurückging, woraufhin man das Fieber abklingen lassen konnte. Warum, so fragte sich Maruschka, sollte sie nicht auch bei ihren Freunden eine solche Therapie anwenden. Einige von ihnen erklärten sich mit diesem Plan einverstanden. Um den Eindruck vollkommen zu machen, verabreichte sie ihnen noch eine zweite Injektion, die Durchfall und Erbrechen hervorrief.

Einige Tage darauf sprach sie ein Arzt, den sie flüchtig kannte, auf der Straße an. «Es geht ein verteufelter Infekt um», berichtete er ihr. «Hohes Fieber – weiß der Himmel woher – und dazu Durchfall und Erbrechen. Es tritt nur bei Männern auf, und zwei Tage, nachdem sie geheilt sind, geht es wieder von vorne los.»

«Merkwürdig», sagte Maruschka.

Und dann erschien eines Tages ein kleiner, kränklich aussehender Mann in den Dreißigern bei ihr. Er habe ein Herzleiden, erklärte er, das bislang seine Einberufung verhindert habe. Aber nun solle er, wie alle anderen auch, eingezogen werden. Er habe von ihren Spritzen gehört. Wegen seines Herzleidens habe er Angst vor einer solchen Injektion, aber vielleicht könne sie ihm den Arm brechen?

«Das möchte ich lieber nicht», sagte Maruschka.

«Ich bitte Sie darum», flehte er.

Maruschka seufzte. «Wie Sie wünschen», sagte sie. Sie zog einen Stuhl in die Nähe des Ofens, bat ihn Platz zu nehmen, und band ihn fest, damit er nicht herunterfallen konnte. Dann betäubte sie ihn mit Äther. Sie legte zwei Ziegelsteine auf den Ofen und dann seinen linken Arm so auf die Steine, daß er am Ellbogen und am Handgelenk abgestützt war. Darauf nahm sie ein Beil zur Hand und schlug mit der stumpfen Seite auf seinen Unterarm. Nichts geschah. Sie ließ das Beil ein zweites Mal herabsausen, abermals ohne Erfolg. Sie wußte, woran es lag: Sie schlug nicht fest genug zu. Sie brachte es einfach nicht über sich, einem Menschen einen solchen Schmerz zuzufügen.

Hans erschien, in Schlafanzug und Morgenrock. «Komm, laß mich», sagte er. Er nahm das Beil und schwang es hoch über seinen Kopf.

Maruschka schrie auf. «Nicht mit der scharfen Seite, du Idiot.»

Erschrocken hielt Hans inne. Er sah Maruschka an, dann das Beil, dann wieder Maruschka. Selten hatte sie ihn ein derart dummes Gesicht machen sehen.

Maruschka griff sich ans Herz. Dann lachte sie plötzlich auf. Einen Augenblick später wurden sie beide von einem so heftigen Lachen geschüttelt, daß sie sich an die Wand lehnen mußten.

Schließlich verpaßte Hans dem Mann einen kräftigen Hieb auf den Arm – mit dem stumpfen Ende des Beils. «Ich glaube, du hast es geschafft», sagte Maruschka. Als der Mann zu sich kam, bestätigte er, daß das Werk gelungen war. Er hätte nicht glücklicher sein können.

Am 10. April fand in den Kellerräumen der Schwedischen Kirche eine kleine Abschiedsfeier für Martin und Margot Weissenberg statt. Fünfundzwanzig Monate lang hatten sie sich dort versteckt gehalten. Nun sollten sie am nächsten Tag als das schwedische Ehepaar Martin und Margot Berg nach Stockholm fliegen – sofern es ihnen gelang, mit ihren gefälschten Pässen durch die Kontrollen am Flughafen zu kommen. Die Weissenbergs waren nervös, und deshalb hatte Myrgren dieses Abschiedsfest für sie organisiert. Myrgren sang zur Laute und hoffte, sie etwas beruhigen zu können. Doch es half nur wenig. Die abwesenden Blicke der Weissenbergs verrieten deutlich, daß sie im Geiste bereits den nächsten Morgen durchlebten, an dem sie alles auf eine Karte setzen sollten.

Die Menschen, die ihnen diese Reise ermöglicht hatten, waren gleichermaßen gefährdet. Zu ihnen gehörte Erik Wesslen, der Mitte März, als es leichter geworden war, Pässe von der schwedischen Gesandtschaft zu erhalten, mit den Vorbereitungen begonnen hatte. Die ganze Aktion war über einen jungen Botschaftsangehörigen abgelaufen, angeblich ohne Wissen des Botschafters. Aber nicht einmal Wesslen war sich sicher, ob der Botschafter nicht doch informiert war. Die Pässe waren vor einer Woche eingetroffen. Aber sie allein genügten nicht. Die Weissenbergs brauchten noch eine Reiseerlaubnis. Wesslen hatte den Polizeibeamten Mattek von der Polizeiwache gegenüber gefragt, ob er helfen könne. «Ich werde es versuchen», hatte er geantwortet. Ein paar Tage später war er mit den Papieren erschienen. Er habe sie «von einem Freund» erhalten, sagte er lächelnd. Mehr wollte er nicht verraten.

Myrgren spielte und sang bis spät in die Nacht. Schließlich legte er die Laute beiseite, winkte die Weissenbergs zu sich heran und sagte leise: «Hören Sie, ich bin absolut sicher, daß alles gutgeht. Es ist in letzter Zeit alles viel einfacher geworden. Wir haben jetzt gute Verbindungen zum Flughafen.»

Trotz Myrgrens Bemühungen schliefen die Weissenbergs in jener Nacht schlecht. Früh am nächsten Morgen fuhren Myrgren und Wesslen sie im Dienstwagen der Kirche, einem DKW, zum Flughafen Tempelhof. Zum erstenmal seit über einem Jahr befanden sich die Weissenbergs wieder außerhalb des Kirchengebäudes. Die täglichen Bombenangriffe waren für sie, wie für alle anderen Einwohner Berlins, zum festen Bestandteil des Alltags geworden, doch dieses Ausmaß der Zerstörung, das sich jetzt vor ihnen auftat, hatten sie sich nicht vorstellen können. Während sie durch Schöneberg zum vier Kilometer entfernten Flughafen Tempelhof fuhren und Straßenzug um Straßenzug zerstörter Gebäude passierten, von denen nur noch die Außenmauern standen, konnte Martin Weissenberg nur immer wieder erschüttert ausrufen: «Mein Gott! Mein Gott!»

Auf den Straßen war so gut wie kein Verkehr. Dennoch kamen sie nur quälend langsam voran, da die Fahrbahn mit umgestürzten Bäumen, Trümmern und Autowracks übersät waren. Es dauerte zwanzig Minuten, bis sie ihr Ziel erreicht hatten. Im Flughafengebäude wartete der achtundzwanzigjährige Helge Klintborn, der die Berliner Niederlassung der schwedischen Fluggesellschaft ABA leitete. Wortlos händigte Martin Weissenberg Klintborn die Papiere aus. Der Schwede machte sich damit auf den Weg zur Polizei. Wesslen und Myrgren begleiteten die Weissenbergs in die große Halle, erfolglos darum bemüht, irgendein belangloses Gespräch in Gang zu bringen. Sie warteten. Erik Myrgren schien plötzlich zum Kettenraucher geworden zu sein.

Endlich – Stunden, Tage, Wochen waren vergangen – trat Klintborn aus dem Abfertigungsbüro heraus. Er lächelte und winkte ihnen mit den Papieren zu. Alle kämpften mit den Tränen, die ihnen in die Augen schossen. Als die Passagiere aufgerufen wurden, umarmten sie sich. Dann brachte Klintborn die Weissenbergs an Bord der Maschine.

Nach dem Start warteten Myrgren und Wesslen noch auf dem Flughafengelände, bis die Maschine ihren Blicken entschwunden war.

Am 16. April standen Fritz und Clara bei Sonnenuntergang vor ihrem Tisch, auf dem ein Glas Wein und ein Teller voll gekochter Kartoffeln standen. Petersilie hatten sie nicht, auch kein Lammfleisch, keine Bitterkräuter und sonstige zum traditionellen Passah-Mahl gehörende Zutaten. Zum erstenmal fehlte die Matze, ungesäuertes Brot, wie es die Juden bei ihrer überstürzten Flucht aus Ägypten mit in die Wüste genommen hatten. Den Vorrat, den sie am Heiligen Abend 1942 aus ihrer Wohnung geborgen hatten, hatten sie bereits im Vorjahr aufgebraucht.

Doch diese Mängel fielen nicht ins Gewicht. Fritz und Clara fühlten sich mehr denn je ihren Vorfahren verbunden, die auf ihrer Suche nach dem Gelobten Land soviel Leid und Mühsal auf sich genommen hatten. Als Fritz die Haggadah öffnete und die Gebete vorzulesen begann, schienen diese nicht nur die Geschichte des Exodus zu erzählen, sondern auch die ihrer eigenen, nun schon neunundzwanzig Monate währenden Flucht, bei der sie wie einst die Juden bei ihrem Auszug aus Ägypten nicht nur gegen den Feind, sondern auch gegen ihre eigenen lähmenden Zweifel hatten ankämpfen müssen. Nun beteten sie, in dem Glauben, daß ihre Befreiung unmittelbar bevorstünde:

«Gelobt seist Du, o Gott, daß Du uns Leben und Bestand verliehen und so uns hast erreichen lassen diese Stunde.»

41

Seit beinahe zwei Jahren führte Ruth Thomas nun bereits das Leben einer «Arierin». Am 20. April hatte man ihr sogar bei einer Anprobe im Haus einer Kundin ein Glas Wein angeboten und sie aufgefordert, mit den Anwesenden auf den Geburtstag des Führers anzustoßen. Seit dem Tag, an dem sie ihrem Fänger entkommen war, konnte sie nie mehr eine Straße entlanggehen, ohne in der Menge nach seinem Gesicht Ausschau zu halten und sorgsam auf andere auf sie gerichtete Blicke zu achten. Doch die Schreckensvorstellung, als Jüdin entlarvt zu werden, verblaßte jetzt, im April 1945, zunehmend angesichts einer neuen Gefahr, die sie und ihre Mutter bedrohte.

Sie würden bald nichts mehr zu essen haben.

Seit Wochen teilten sie die ihnen noch verbliebenen Vorräte sorgfältig ein und aßen so wenig, daß sie immer häufiger unter Schwäche- und Schwindelgefühlen litten. Vergeblich bemühte sich Ruth, nicht an Essen zu denken und darüber nachzusinnen, woher sie sich Lebensmittel beschaffen sollten. Je näher die Truppen der Alliierten rückten, die Berlin von allen Seiten eingekesselt hatten, desto knapper wurden ihre Vorräte. Keine zwei Tage würden sie mehr ausreichen. Selbst wenn es noch irgendwo in der Stadt etwas zu kaufen gab – was sehr unwahrscheinlich war –, hätte ihnen das nichts mehr genützt. Sie hatten kein Geld mehr, und auch die Wertgegenstände, die sie in der Nacht ihrer Flucht mitgenommen hatten, hatten sie längst versetzt oder auf dem Schwarzmarkt gegen Lebensmittel eingetauscht. Im Osten standen die Russen an der Oder, fünfzig Kilometer vor Berlin. Im Westen waren die Amerikaner bis an die Elbe vorgestoßen und noch etwa achtzig Kilometer entfernt. Bei dem Tempo, mit dem die alliierten Truppen jetzt vordrangen, konnten sie die Stadtgrenze innerhalb der nächsten Woche erreicht haben. Soweit Ruth informiert war, glich die Stadt selbst jedoch einer Festung. Es konnte noch zwei Monate dauern, bis der Krieg zu Ende war. Welch tragische Ironie läge darin, nach allem, was sie durchgemacht hatten – dreißig Monate illegaler Existenz in der Hochburg des Feindes – kurz vor der Rettung verhungern zu müssen.

Es gab nur einen Ausweg: Lebensmittel vom Bauernhof der Schwiegereltern Hilde Hohns – jener jungen Frau, die mit einem SS-Offizier verheiratet war und dennoch Ruth und ihrer Mutter die ganzen Schreckensjahre hindurch geholfen hatte – herbeizuschaffen. Das war allerding ein gefährliches Vorhaben. Das Gut lag in der Nähe der Elbe, jenseits eines Niemandslandes, das Tag für Tag erneut von Bomben aufgerissen wurde.

Hilde weigerte sich mitzukommen. Sie hatte entsetzliche Angst vor den Bomben. Die Angriffe auf Berlin waren schon schlimm genug, aber hier konnte sie sich wenigstens in einen Luftschutzbunker flüchten. Unterwegs, meinte Hilde, gäbe es jedoch keine sicheren Schutzräume und keinen Bombenalarm, der es ihnen ermöglichen würde, sich rechtzeitig in Sicherheit zu bringen.

Dennoch: Einer mußte das Risiko auf sich nehmen, wenn sie nicht alle verhungern sollten. Hilde sah Ruth an. «Willst du es tun?» fragte sie. «Die Fahrkarten könnte ich dir besorgen.»

«Ich fahre», antwortete Ruth.

Herr Barsch, Hildes Vater, wollte Ruth nicht allein fahren lassen. Er konnte sich nicht vorstellen, wie eine Frau ganz allein dieses Unternehmen durchstehen sollte – und noch dazu eine Jüdin. Die Polizei durchsuchte regelmäßig die Züge nach Deserteuren und illegalen Juden. Herr Barsch bot ihr an, sie zu begleiten. Sie vereinbarten, sich am Bahnhof Zoo zu treffen.

An diesem Tag warfen die Briten Hunderte von Bomben über der Stadt ab. Ein Offizier der Luftwaffe, ein Bekannter von Hilde, nahm Ruth mit in seinen Keller. Hilde kam und brachte die Fahrkarten und ein wenig Geld mit. Sie habe eine große Bitte, sagte sie dann zu Ruth. Zwar könne sie es nicht mit Sicherheit sagen, aber sie habe das Gefühl, daß ihr Mann bald in Berlin auftauchen werde. Wenn dies zuträfe, würde die SS-Uniform früher oder später seinen sicheren Tod bedeuten. Seine einzige Chance bestünde darin, sich für einen Zivilisten auszugeben. Ob Ruth ihr einen seiner Anzüge und einige alte Zivilpapiere mitbringen könne?

Welch ein seltsamer Wandel – Ruth sollte nun also dazu beitragen, einem SS-Offizier das Leben zu retten! Doch sie erklärte sich um Hildes willen bereit. Ohne die Hilfe dieser Frau wäre sie selbst wohl längst nicht mehr am Leben gewesen.

Sobald die Entwarnung kam, brachte der Offizier Ruth zum Bahnhof Zoo. Sie war nicht sonderlich überrascht, als Herr Barsch nicht erschien. Sie beschloß, sich allein auf den Weg zu machen.

Schon in Stendal, der ersten Station ihrer Fahrt, geriet sie in einen Tumult. Soeben war ein schwerer Luftangriff auf die Stadt unternommen worden. Der Wartesaal war so vollgestopft mit Menschen, die die Stadt verlassen wollten, daß Ruth sich kaum noch zu bewegen vermochte. Die elektrischen Leitungen waren zerstört, es gab keinen Strom. Der Raum war mit Kerzen notdürftig erhellt. Das trübe Licht verlieh den verstörten Menschen ein gespenstisches Aussehen. Ein neben ihr stehender Soldat fragte sie, ob sie Hunger habe. Als sie nickte, gab er ihr einen Apfel und ein Stück Brot. Schließlich fand sie ein freies Plätzchen, wo sie sich neben einigen erschöpften Kindern ausstrecken konnte. Während sie im Liegen aß, umgeben von all diesen verängstigten Menschen, mußte Ruth an eine Geschichte aus der Bibel denken, nach der Gott das Rote Meer über den Ägyptern hatte zusammenschlagen lassen, als die Juden das Ufer erreicht hatten. Während dieser ganzen langen Zeit der Verfolgung hatte Ruth nicht mehr gebetet, nun aber kam ihr beständig eine Zeile aus dem Exodus in den Sinn: «Pferd und Reiter hat Er ins Meer geworfen.»

Dann erschien ein neues Flugzeuggeschwader über der Stadt. Schon hörten sie die ersten Bomben explodieren. In panischer Hast verließen die Menschen den Bahnhof. Ruth folgte ihnen. Im Schutz der Menge, überlegte sie, würde sie nicht auffallen. Außerdem war ihr klar, daß in dieser Nacht kein Zug mehr von Stendal aus weiterfahren würde.

Als die Bomber abgezogen waren, ging sie zur Hauptstraße und hielt einen Armeelastwagen an. Der Fahrer nahm sie einige Kilometer weit mit. Dann durfte sie ein Stück auf einem Pferdefuhrwerk mitfahren. Sie hatte seit Stunden nichts mehr gegessen. In der nächsten Stadt suchte sie eine Gaststätte auf und erklärte dem Ober, daß sie zwar Geld, aber keine Lebensmittelmarken habe. Er brachte ihr eine Suppe.

Schließlich kam ein Zug, mit dem sie nach Werben fahren konnte. Sie stieg ein. Kurz hinter der Stadt hörte sie, wie erneut Bomben zu fallen begannen. Der Zug hielt so plötzlich, daß die Fahrgäste ruckartig vornüber geworfen wurden. Sie flohen in einen nahegelegenen Wald. Während die Bomber ihre Ziele anflogen, betete Ruth: «Lieber Gott, laß sie nicht die Lokomotive treffen.»

Um sich selbst machte sie sich keine Sorgen. Bei keinem der zahllosen Luftangriffe, die nun schon hinter ihr lagen, hatte sie je Angst um ihr Leben gehabt. «Die Bomben gelten nicht uns», pflegten sie und ihre Mutter einander immer wieder zu versichern. Das war ein makabrer Optimismus, aber er bewährte sich.

Auch diesmal schienen ihre Gebete erhört worden zu sein – der Zug war unversehrt. Bald darauf erreichte sie Werben. Die restliche Wegstrecke legte sie zu Fuß zurück.

Frau Hohn, Hildes Schwiegermutter, war überglücklich, sie zu sehen. Als erstes steckte sie die nun offensichtlich erschöpfte Ruth ins Bett. Als Ruth erwachte, war auch Herr Barsch inzwischen eingetroffen. Er habe am Bahnhof Zoo denselben Zug genommen wie sie, berichtete er, doch es sei ihm nicht gelungen, sie unter den vielen Menschen ausfindig zu machen. Seine Reise war nicht weniger gefährlich gewesen als ihre, und er war sichtlich aufgewühlt.

Den ganzen Tag über versuchte Frau Hohn hartnäckig, Ruth, die so rasch wie möglich die Rückfahrt antreten wollte, von diesem Vorhaben abzubringen. Die Amerikaner könnten jeden Augenblick da sein, meinte sie, und dann wäre für sie der

Krieg zu Ende, gleichgültig, was in Berlin geschehen mochte. Die Schlacht um Berlin würde die erbittertste des ganzen Krieges werden, dessen sei sie sich sicher. Wenn Ruth nach Berlin zurückführe, liefe sie Gefahr, bei den Kämpfen oder einem Bombenangriff umzukommen. Und selbst wenn ihr dieses Schicksal erspart bliebe, würden sie in jedem Falle Hunger leiden müssen. Und außerdem, da könne sie sicher sein, würden die Russen über sie herfallen und sie vergewaltigen. «Die Russen werden in Berlin keine Maus am Leben lassen. Warten Sie hier auf die Amerikaner», beschwor sie Ruth.

Ihre Worte waren alles andere als beruhigend für Ruth. Seit Wochen häuften sich im *Völkischen Beobachter* die Schlagzeilen über die brutale Behandlung deutscher Frauen durch die russischen Soldaten: Notzucht an siebzigjähriger Frau. Nonne vierundzwanzigmal hintereinander vergewaltigt. Ruth war davon überzeugt, daß diese Schlagzeilen nichts als Propaganda waren, letzte Versuche, die Feinde zu verteufeln. Dennoch wurde das Thema bei ihren Kundinnen häufig erörtert. Das Wort «Vergewaltigung» wurde dabei allerdings nie benutzt, die Frauen begnügten sich mit dem Wörtchen «es». Mit Sicherheit war «es» den Frauen überall entlang des Weges der Eroberer widerfahren. Mit Sicherheit hatten diese Eroberer nicht vergessen, wie deutsche Soldaten *ihre* Frauen während der Invasion in Rußland behandelt hatten. Doch selbst wenn «es» Ruth erspart bliebe – wie sollte sie die Wochen nach der Besetzung Berlins überleben? Ein weiteres Gerücht besagte, daß die Sowjets bei ihrem Einmarsch alle verfügbaren Lebensmittel beschlagnahmen und die Bevölkerung der Stadt zwei Monate lang hungern lassen würden.

Selbst wenn alle diese Gerüchte zutreffen würden, so konnte Ruth doch Frau Hohns sicher berechtigte Ratschläge nicht befolgen. Sollte sie ihre Mutter verhungern lassen und sie schutzlos den Russen preisgeben? «Nun sind wir so weit gemeinsam gegangen», sagte sie. «Wenn wir jetzt sterben müssen, dann werden wir auch diesen Schritt gemeinsam tun.»

In der gleichen Nacht fuhr kein Zug mehr nach Berlin zurück, so daß Ruth und Herr Barsch einen weiteren Tag warten mußten. Am Abend machten sie sich, mit Rucksäcken und

Bündeln voller Lebensmittel bepackt, auf den Rückweg. Sie hatten Hammelfleisch, Hühner, Speck, Eier, Kartoffeln, Zwiebeln und Mehl bei sich – Dinge, die es in Berlin seit Monaten nicht mehr gab.

Sie nahmen den Zug nach Goldbeck. Dort erklärte man ihnen, daß sie mit der Bahn nicht mehr weiterkämen. Sie gingen zur Landstraße und hielten einen mit Heu beladenen SS-Lastwagen an. Herr Barsch stieg oben auf das Heu. Ruth saß neben dem Fahrer. Über ihnen feuerten Flugzeuge Leuchtspurgeschosse ab. Plötzlich zuckte ein grelles Licht über den Himmel. «Ist das ein Gewitter?» fragte Ruth.

«Nein», sagte der Fahrer. «Das sind die Amerikaner.»

So nahe waren sie also schon. Sie brauchte nur noch zu warten und würde sich bald automatisch in dem von Amerikanern besetzten Gebiet befinden. Tausende von Deutschen waren zu Fuß auf dem Weg nach Westen, den Amerikanern entgegen.

Als der Lastwagen Stendal erreichte, war die Stadt beinahe menschenleer. Es fuhren keine Züge mehr. Soldaten rieten ihnen, nach Westen zu fliehen. Herr Barsch schaute Ruth an. «Was wollen Sie tun?» fragte er.

«Nach Berlin zurückkehren.»

Barsch schüttelte den Kopf. «Ich bleibe hier. Die Amerikaner werden bald hier sein. Dann ist für mich der Krieg zu Ende.»

Sie verabschiedeten sich. Ruth ging zur Landstraße und versuchte, ein Fahrzeug anzuhalten. Vergebens. Schließlich stellte sie sich einem Lastwagen in den Weg.

Es war ein Munitionstransporter. Er fuhr bis zu einem Munitionslager kurz vor Berlin. Ruth hielt wieder einen Lastwagen an, der sie bis nach Charlottenburg mitnahm. Als sie ausstieg, fiel ihr Blick auf eine Telefonzelle. Warum soll ich es nicht versuchen? dachte sie. Vielleicht funktioniert der Apparat noch. Er funktionierte wirklich. Ihre letzten Zweifel an der Richtigkeit ihrer Entscheidung, nach Berlin zurückzukehren, verflogen, als sie die Freude in der Stimme ihrer Mutter hörte. Dann rief sie Frau Barsch an, um auch sie zu informieren, daß sie nach Berlin zurückgekehrt war.

Frau Barsch, Ruth und Hilde trafen sich in der Charlottenburger Wohnung. Ruth übergab Hilde die Zivilsachen ihres Mannes und die Lebensmittel, die sie für sie und ihre Mutter mitgebracht hatte. Dann machten sich Ruth und Hilde auf den Weg nach Pankow. Hilde wollte dort in einem Bunker Zuflucht suchen.

Zwei Stunden lang gingen sie durch die verwüstete Stadt. Ruth konnte das Ausmaß der Zerstörung kaum fassen: eingestürzte Häuser, entwurzelte Bäume quer über den mit Mauerbrocken und Kraterlöchern übersäten Straßen, Menschen, die mit müden, kraftlosen Bewegungen zwischen den Ruinen umherirrten, die Haare staubgrau, die Gesichter ausgemergelt von Hunger und Erschöpfung.

Es wurde schon dunkel, als Ruth schließlich bei ihrer Mutter ankam. Auf dem Heimweg hatte sie sich an die Vorstellung geklammert, was sie kochen würde, sobald sie zu Hause wäre. Sie hatte sich für Klöße mit Speck und Zwiebeln entschieden. Und zwei Minuten, nachdem sie in ihre Wohnung zurückgekehrt war, machte sie sich ans Werk.

Doch als sie gerade mit dem Kochen fertig war, erfüllte ein entsetzlicher Lärm die Luft. Zischend und heulend schossen russische Artilleriegranaten über ihre Köpfe hinweg und schlugen mit solcher Wucht ein, daß das Gebäude erzitterte. Von der Straße drangen die Angstschreie der von dem plötzlichen Beschuß überraschten Fußgänger zu ihnen herauf.

Anna Rosenthal kam in die Küche gelaufen, die Augen vor Schreck weit aufgerissen. «Komm in den Keller», schrie sie.

«Nein», sagte Ruth.

Ihre Mutter erstarrte.

«Ich esse jetzt meine Klöße», verkündete Ruth. «Zwei Tage und drei Nächte habe ich gebraucht, um die Lebensmittel hierher zu schaffen. Mich kann jetzt nichts mehr vom Essen abhalten.»

Eine Sekunde lang sah Anna Rosenthal ihre Tochter an, als habe sie eine Verrückte vor sich. Dann stürzte sie wortlos aus der Wohnung und die Treppe hinunter. Ruth setzte sich mit ihrem Teller ans Fenster und aß ihre Klöße, während sie das Mündungsfeuer der Geschütze in der Ferne aufblitzen und die Granaten in Pankow explodieren sah.

42

Die Sowjets waren bis in die Außenbezirke Berlins vorgedrungen, aber das Zentrum der Stadt befand sich – wenn auch nur noch aus der Sicht der Militärstrategen – in den Händen der Deutschen. Tagsüber machten jedoch russische Luftangriffe jegliche Tätigkeit unmöglich. Bürger, die, vom Hunger getrieben, um Lebensmittel anstanden, wurden von Tieffliegern niedergemäht, die so niedrig flogen und so schnell auftauchten, daß die Zivilisten nicht mehr in Deckung gehen konnten. Alle notwendigen Dinge mußten bei Nacht erledigt werden, und selbst dann war die Gefahr noch immens groß. Eines Abends gegen Ende April hatten Maruschka und Brumm die Wohnung verlassen, um sich auf die Suche nach Nahrungsmitteln zu machen. Rings um sie her schien die Stadt zu explodieren, als hätte eine Granate in ein riesiges Munitionslager eingeschlagen und eine Kettenreaktion ausgelöst. Geschosse heulten und pfiffen durch den Abendhimmel, der von dem zuckenden Gewirr der Leuchtspuren ständig erhellt war. Die Luft war so schwer vom Rauch und dem beißenden Geruch von Sprengstoff, daß Brumm und Maruschka sie förmlich schmecken konnten, so erhitzt von den Flammen, daß sie ihre Nasenlöcher versengte und ihre Kehlen austrocknete. Eine ältere Frau mit von Putz und Staub weißgefärbtem Haar ging an ihnen vorbei, ihre Umgebung offensichtlich ebensowenig wahrnehmend wie das Blut, das ihr übers Gesicht lief. An einer Hauswand hing ein verdrecktes Plakat mit der Warnung, daß jeder, der sich ergäbe, erschossen oder gehängt würde.

Ein von Pferden gezogener Munitionswagen kam ihnen entgegen. Plötzlich packte Brumm Maruschka, stieß sie durch eine Tür und stürzte mit ihr eine Kellertreppe hinunter. Einen Augenblick später hörten sie ein ohrenbetäubendes Krachen. Eine russische Granate hatte das Gefährt getroffen und Wagen, Pferde und Fahrer in Stücke gerissen.

Nahezu die gesamte militärische Versorgung innerhalb der Stadt konnte inzwischen nur noch notdürftig mit Hilfe von Pferdefuhrwerken aufrechterhalten werden, da es kein Benzin mehr gab. Überall in den Straßen lagen tote Pferde. Nachts krochen viele Bürger mit Messern bewaffnet aus ihren Schlupflöchern, um sich mit Pferdefleisch einzudecken. Alle waren von dem einen Gedanken besessen: Nahrungsmittelvorräte anzulegen, ehe die Russen dasein würden. Alle waren davon überzeugt, daß es nach dem Einmarsch eine ganze Zeit lang nichts zu essen geben würde.

Auch Maruschka betätigte sich in dieser Zeit erfolgreich als Fleischerin. Selbst inmitten eines Haufens von Menschen, die sich um ein totes Pferd prügelten, war sie noch deutlich im Vorteil. Alle hatten scharfe Messer, aber sie besaß ein Fleischhauermesser, das eigens für diesen Zweck bestimmt war. Außerdem wußte sie genau, welchen Teil des Kadavers sie wollte: das Fleisch zwischen Schulter und Bein. Als sie eines Tage sah, wie sich einige Menschen gegenseitig von einem Pferdekadaver wegstießen, rief sie: «Benehmen Sie sich doch nicht wie Idioten. Bleiben Sie ruhig stehen und lassen Sie mich das Tier zerlegen, dann bekommt jeder seinen Anteil.»

Brumm trug noch immer seine Uniform. Sonst wäre er längst nicht mehr am Leben gewesen. Die SS durchkämmte die Straßen nach Deserteuren und erschoß jeden Menschen auf der Stelle, dessen Papiere auch nur den leisesten Verdacht erweckten. Hans und die Mädchen blieben im Haus versteckt. Maruschka erlaubte ihnen nicht, auf die Straße zu gehen. Sie wollte nicht, daß sie die Spuren des Gemetzels sahen, die das Straßenbild prägten – hier ein Arm, dort ein Bein, Köpfe ohne Gesichter, Körper ohne Köpfe.

Die wichtigste Aufgabe war es nun, sich auf den Einmarsch der Russen vorzubereiten, die Wertgegenstände zu verstecken – Maruschka verbarg ihren Schmuck und ein goldenes Besteck in der Couch, ihr Bargeld in Tontöpfen, die sie anschließend mit Schmalz füllte – und Brumms Hand zu kurieren. Außerdem mußten Zivilkleidung und Zivilpapiere für ihn beschafft werden, da ihm sonst der Tod oder die Gefangenschaft drohten.

Tamara hatte schließlich die rettende Idee. «Ihr müßt einfach behaupten, er hätte die Schwindsucht», verkündete sie. «Die Russen haben entsetzliche Angst vor Schwindsucht. Wenn sie kommen, werde ich ihnen erklären, daß er euer Neffe ist und die Schwindsucht hat.» Daraufhin trugen sie Tamara auf, ein paar Taschentücher zusammenzusuchen und sie mit Eosin zu besprenkeln, einer roten Substanz, die vor allem in getrocknetem Zustand ganz ähnlich wie Blut aussieht.

Beppo Wirkus ging nicht mehr zur Arbeit. Er brachte die Tage mit den anderen im Keller des Hauses zu. Sobald eine Bombe in der Nähe einschlug, lief er nach oben, um nachzusehen, ob es brannte. Eines Nachts gingen vier Phosphorbomben in unmittelbarer Nähe des Hauses nieder. Beppo erstickte die Flammen, so rasch er konnte. Er war sich der Gefahr bewußt, daß seine Silhouette ein leichtes Ziel für einen Scharfschützen abgeben würde. Er hatte keine Ahnung, wo die Russen standen, doch er wußte, daß sie nicht weit entfernt sein konnten.

Der Keller war so klein, daß sich nicht alle Bewohner des Hauses gleichzeitig hinlegen konnten. Die meiste Zeit verbrachten sie halb sitzend, halb liegend, auf Gartenstühlen. Das Kampfgetümmel über ihnen und die Anspannung und Aufregung, die sie alle in Erwartung des bevorstehenden Kriegsendes spürten, ließen sie oft stundenlang wach liegen. Bald waren sie alle bis zum äußersten gereizt. Selbst Hella und Frau Papendick litten jetzt unter Platzangst. Es war unerträglich stickig und feucht in diesem winzigen Raum, und er war überdies von einem säuerlichen Körpergeruch erfüllt. Verdauungsbeschwerden machten ihnen das Leben zusätzlich schwer. Aber dann waren eines Morgens die Gewehre verstummt.

Sie warteten einige Minuten. Sie mochten der Freude nicht

trauen, die sie in sich aufsteigen fühlten. Dann gab Beppo ihnen ein Zeichen. Sie folgten ihm die Treppe hinauf. Vorsichtig spähte er durch ein Fenster, während die anderen gespannt warteten. Er sah russische Soldaten, die an einem nahegelegenen Eisenbahngleis entlangmarschierten. «Wir sind frei», rief er. Sie stürzten nach draußen. Doch ihr Jubel war verfrüht. Polnische und ukrainische Fremdarbeiter stürmten die Straße hinunter in die Stadt, um die Läden zu plündern. Beppo und Kurt sahen einander an. Sie hatten den gleichen Gedanken. «Komm», sagte Kurt. Sie rannten zu dem Geschäft eines Mannes, der immer freundlich zu ihnen gewesen war, obgleich er Grund genug gehabt hatte, an der Identität der Riedes zu zweifeln. «Lassen Sie diesen Laden in Ruhe», rief Beppo der tobenden Menge zu, als sie dort ankamen, und er fügte, einem spontanen Impuls folgend, hinzu: «Der Besitzer ist Jude.»

Daraufhin wichen die Arbeiter zurück. Plötzlich stürzte der Händler aus seinem Laden und lief auf Beppo zu. «Wollen Sie mich umbringen?» rief er. «Wenn die Deutschen nun einen Gegenangriff starten ...»

«Keine Angst, das werden sie nicht tun», sagte Beppo.

«Wenn sie doch angreifen, sind Sie ein toter Mann», tobte der Kaufmann.

Eine Stunde später griffen die Deutschen an. Als die Russen zurückwichen, packten das Ehepaar Wirkus, die Riedes, Papendicks und Jerneitzigs hastig ein paar Taschen und flohen. Ihr Ziel war das sechs Kilometer entfernte Hermsdorf. Keiner von ihnen unternahm auch nur den Versuch, die von der SS an Laternenpfählen und Bäumen aufgeknüpften Toten zu zählen.

Nachdem Ruth Thomas ihre Klöße verzehrt hatte, war auch sie in den Luftschutzkeller hinuntergegangen. Dort hatte sie vergeblich zu schlafen versucht. Schließlich waren die beiden Frauen in ihre Wohnung zurückgekehrt. Kurz vor dem Einschlafen hatte Ruth zu ihrer Mutter gesagt: «Morgen früh wird die Schießerei zu Ende sein. Dann ist der Krieg vorbei.»

Jetzt war es Morgen. Ihre Mutter weckte sie sanft. Sie hatte sich über die Tochter gebeugt und blickte sie aus klaren, glänzenden Augen an. Sie lächelte. «Horch!» sagte sie.

Ruth horchte. Es war still draußen. Sie sprang aus dem Bett und umarmte ihre Mutter. Sie hielten sich umschlungen und tanzten beide durchs Zimmer. «Wir haben es geschafft! Mutter, wir haben es geschafft!» rief Ruth immer wieder.

Dann hörten sie Stimmen. Sie schlichen zum Fenster. Es hatte keine Scheiben mehr, aber sie hatten die Rolläden heruntergelassen. Behutsam spähten sie durch die Ritzen. Im Hinterhof standen russische Soldaten.

Die Berliner Frauen hatten in den vergangenen Wochen immer wieder erörtert, wie sie sich gegen «es» – die Vergewaltigung, vor der sie sich alle fürchteten – schützen könnten. Eine der von ihnen erwogenen Vorkehrungen bestand darin, sich so unansehnlich und alt herzurichten wie irgend möglich. Doch Ruth dachte jetzt nicht einen Moment lang an solche Vorsichtsmaßnahmen. Ihre Freude war viel zu groß. Sie lief zur Kommode, nahm ihr schönstes Tuch aus der Schublade und band es sich um den Kopf. Dann ergriff sie ein weißes Taschentuch und schwenkte es, während sie die Treppe hinunterhüpfte.

«Sei vorsichtig», rief ihr die Mutter nach.

Am Fuß der Treppe stieß sie auf zwei russische Soldaten. Der eine war blond, der andere dunkel. Ihre äußere Erscheinung verblüffte sie. Sie waren groß und hatten kräftige Schultern und Oberkörper und breite, grobgeschnittene Gesichter. Ihre Uniformen saßen wie maßgeschneidert und waren erstaunlich sauber und gepflegt, als seien sie noch nie bei einem Kampfeinsatz getragen worden.

In unbeholfenem Deutsch verlangten sie zu wissen, ob sich oben deutsche Soldaten versteckten.

«Keine Soldaten», sagte Ruth und schüttelte der besseren Verständlichkeit wegen den Kopf.

Die Soldaten gaben ihr durch Gesten zu verstehen, daß sie selbst nachsehen wollten, und forderten Ruth auf, vorauszugehen und ihnen den Weg zu zeigen.

Ruths Mutter, die das Geschehen vom Treppenabsatz aus beobachtet hatte, rief herunter: «Laß sie nicht heraufkommen! Laß sie um Gottes willen nicht heraufkommen!» Doch selbst wenn Ruth es gewollt hätte, es wäre ihr nicht möglich gewesen, die Männer aufzuhalten.

In ihrer Küche zeigte der blonde Soldat auf seine Armbanduhr. «Uri! Uri!» rief er. Ruth nahm an, daß er wissen wolle, ob sie eine Armbanduhr besäße. Sie versuchte ihm klarzumachen, daß dies nicht der Fall sei.

Plötzlich stieß der blonde Soldat Ruths Mutter in den Flur hinaus und warf die Tür hinter ihr zu. Dann ergriff der Dunkelhaarige Ruth. «Nein! Nicht mich! Ich bin Jüdin!» schrie sie. Mühsam befreite sie sich für einen Moment aus dem Griff des Mannes, hob den Saum ihres grauen Flanellrockes und riß ihn auf. Im Innern des Saums befanden sich ihre echten Ausweispapiere, die sie dem Russen hinhielt.

«Jewreka?» fragte er.

«Ja.»

Nun grinste der Soldat. «Mama Jewreka», sagte er. Was er dann sagte, konnte sie nicht verstehen, aber die Bedeutung seiner Worte war unmißverständlich. Da auch seine Mutter Jüdin war, gehörten sie gewissermaßen beide zu einer Familie – und deshalb war es in Ordnung, wenn er sie jetzt nahm. Wieder versuchte er, sie niederzuzwingen, aber Ruth wehrte sich so heftig, daß er sie schließlich losließ.

Ruth lief auf den Flur hinaus. Ihre Mutter war fort. Sie lief in den Keller. Doch auch dort war sie nicht. Niemand wußte, wo sie geblieben war.

Als endlich auch die deutschen Rundfunksender nicht länger verschweigen konnten, daß bereits in Berlin selbst gekämpft wurde, wußte Wilhelm, daß das Ende des Krieges unmittelbar bevorstand. Noch immer leisteten Deutsche Widerstand und sorgten dafür, daß die Gefechte immer wieder aufflackerten, doch Wilhelm ließ sich nicht mehr zurückhalten. Er ging zu Fuß quer durch die zerstörte Stadt, in der Hoffnung, daß ihm nichts mehr geschehen konnte.

Je mehr er sich Ruth Gommas Wohnung näherte, desto schneller wurde sein Schritt. Er spürte eine freudige Ungeduld in sich. Schließlich hatte er sein Ziel erreicht. Ruth, die inzwischen ebenfalls mit ihrer Mutter untergetaucht war, nachdem man versucht hatte, sie zu verhaften, öffnete ihm die Tür. Er riß sie an sich und rief: «Die Russen sind da! Der Krieg ist vorbei! Ich heiße Wilhelm Glaser!»

Seit Wochen wartete Hans Rosenthal nun schon unruhig im Haus von Frau Schönebeck auf das Ende dieser langen, quälenden Zeit der Illegalität. Seit drei Jahren war er auf der Flucht vor der Gestapo. Siebenundzwanzig Monate lebte er bereits in nahezu völliger Isolation. Nur mühsam konnte er seinen Drang zügeln, hinaus auf die Straße zu laufen und seine Befreier willkommen zu heißen.

Anfang 1943 hatte er auf Geheiß des Fabrikanten Alfred Hanne seinen Judenstern abgenommen und ihn, auf den Tag der Befreiung hoffend, sorgfältig zwischen seinen wenigen Habseligkeiten verstaut. Dieser Tag schien nun sehr nahe zu sein. Am Abend zuvor hatte er den Stern mit zitternden Fingern wieder an seinen Mantel genäht. Als er am nächsten Morgen aufwachte, hörte er, wie Panzer die Straße entlangfuhren. Er schlich sich aus dem Haus, robbte zur Straße hinüber und spähte durch die Büsche. Er erschrak. Das Geschützrohr eines russischen Panzers war genau auf ihn gerichtet. «Nicht schießen», rief er. Er zog ein weißes Taschentuch hervor und schwenkte es hastig. Dann stand er auf und hob die Arme, während russische Soldaten auf ihn zukamen. Es waren die längsten Sekunden seines Lebens. Erst in diesem Augenblick begriff er, daß er nun, nachdem er den ganzen Krieg überlebt hatte, Gefahr lief, von den Russen getötet zu werden.

«Jude! Jude!» rief er. «Ich bin Jude!» Er zitterte am ganzen Körper.

Offenbar reichten die Deutschkenntnisse der Soldaten aus, um diese Worte zu verstehen. Dennoch schüttelten sie die Köpfe und hielten die Gewehre in Anschlag.

In diesem Augenblick fuhr ein russischer Offizier auf einem Fahrrad heran. «Was gibt es?» fragte er. Er hörte sich den Bericht der Soldaten an, wobei er die ganze Zeit unverwandt auf Hans' Judenstern starrte. Schließlich trat er näher an ihn heran. «Sind Sie Jude?» fragte er auf deutsch.

«Ja!» antwortete Hans.

«Sagen Sie das Sh'ma.»

Hans seufzte erleichtert auf. «Sh'ma Yisroel adonoy eleohenu adonoy echod», deklamierte er, so laut er konnte.

Der Offizier drehte sich zu den Soldaten um. «Er ist Jude», erklärte er.

Die Soldaten lächelten. Sie nickten. Dann schulterten sie ihre Gewehre.

Der russische Offizier, ein Major, wandte sich wieder Hans zu. «Diese Soldaten gehören zu einer Einheit, die zahlreiche SS-Leute mit aufgenähten Judensternen aufgestöbert hat», erklärte er mit ernstem Gesicht. «Sie haben Befehl, sie ausnahmslos zu erschießen.»

An diesem Morgen entschloß sich der Polizeibeamte Mattek, zu seinen Freunden in der Schwedischen Kirche hinüberzugehen. Er wollte sich erkundigen, wie es ihnen ging. Als er die Straße überquerte, explodierte direkt neben ihm eine Granate. Beide Beine wurden ihm abgerissen. Er war bereits tot, als die ersten Passanten ihn erreichten.

Bis zum Abend hatten die Russen Wittenau erneut besetzt. Die vier Ehepaare und die beiden Kinder kehrten in Robert Jerneitzigs Haus zurück. Als Beppo am folgenden Morgen in die Küche trat, sah er im Garten einen Russen. Er trug einen Sack auf der Schulter. Als der Russe Beppo bemerkte, gab er ihm durch Zeichen zu verstehen, daß er die Gartentür öffnen solle. Beppo tat es. Der Soldat ging hinaus. Als Beppo wieder beim Haus war, stellte er fest, daß die Hennen verschwunden waren.

Er konnte es ihm nicht übelnehmen. Soll er sie ruhig haben, dachte er, während er den ersten stillen Morgen seit Monaten genoß.

Eine Stunde später klingelte es. Ein paar sowjetische Soldaten standen vor der Gartenpforte. «Ich gehe», sagte Herr Papendick. Er hatte als Soldat im Ersten Weltkrieg ein wenig Russisch gelernt.

«Halten sich in diesem Haus deutsche Soldaten versteckt?» wollte einer der Männer von ihm wissen.

«Nein. Hier leben Juden», antwortete er auf russisch. «Die Deutschen in diesem Haus haben uns Zuflucht gewährt.»

Die Soldaten sahen sich verwundert an. Dann verabschiedeten sie sich mit einem Winken, offenbar bereit, diesem Mann zu glauben, der in ihrer Sprache mit ihnen redete.

Später am gleichen Tag richteten die Russen eine Feldküche ein, wo sie Suppe mit Fleischeinlage an die deutsche Zivilbevölkerung verteilten. Auch Kadi und Hella stellten sich an, um sich ihre Ration abzuholen. Auf dem Rückweg gerieten sie an einen russischen Offizier, der fehlerfrei Deutsch sprach. Er berichtete, daß über dem Brandenburger Tor die rote Fahne wehe und das Gerücht umgehe, daß Hitler in seinem Bunker verbrannt sei. Er sei selbst im Führerbunker gewesen, erzählte er, und habe dort die Leichen der Familie Goebbels gesehen. Frau Goebbels und die Kinder hätten sehr friedlich gewirkt, fast als schliefen sie. Ein trauriger Anblick, sagte der Russe.

Wenige unglückselige Augenblicke hatten genügt, um diesen freudigsten aller Tage für Ruth Thomas in einen Alptraum zu verwandeln. Ihre Mutter war plötzlich verschwunden, und keiner wußte, wo sie sich aufhielt. Ruth war machtlos gegen die Hysterie, die wie eine Sturzflut über sie hereinzubrechen begann.

Das Kellergeschoß war voller Russen – einer wie der andere kräftig und wohlgenährt, in gestärkten, sauberen Uniformen, ordentlich und geschäftsmäßig. Sie beachteten sie kaum. Sie ging von einem zum anderen und fragte nach jemandem, der Deutsch sprechen könne. Schließlich fand sie einen Offizier, der sie verstand. «Ich vermisse meine Mutter», schrie sie. «Können Sie mir helfen, sie wiederzufinden? Helfen Sie mir doch um Gottes willen, sie wiederzufinden!» Der Offizier zuckte mit den Achseln und schüttelte den Kopf. Er erklärte, daß sich die andere Seite des Gebäudes noch immer in den Händen der Deutschen befände. Wahrscheinlich sei ihre Mutter aus Versehen auf die deutsche Seite geraten.

Das Wohnhaus lag auf einem schmalen, dreieckigen Grundstück und war ähnlich einem Schiff geformt, dessen Bug sich am Schnittpunkt zweier im spitzen Winkel aufeinander zulaufender Straßen befand. Von hier aus erstreckte sich nach beiden Seiten je ein Flügel des Gebäudes. Im Kellergeschoß waren die beiden Trakte durch eine dicke Mauer voneinander getrennt. Die Deutschen hätten sich im anderen Flügel verschanzt, erklärte der Offizier, und deshalb würden sie – die Sowjets – diesen Gebäudeteil stürmen müssen. Er schüttelte abermals den Kopf. «Ich glaube nicht, daß Sie Ihre Mutter wiedersehen werden», sagte er.

Ruth mußte sich an dem Offizier festklammern, um nicht umzufallen. Da sah sie mehrere Nachbarn. «Meine Mutter! Haben Sie meine Mutter gesehen?» rief sie.

Eine Nachbarin erzählte, sie habe auf der anderen Seite der Mauer jemanden schreien hören. «Es könnte Ihre Mutter gewesen sein.»

Die folgende Stunde schien ihr die längste des gesamten Krieges. Hilflos wartete sie ab, während die Russen den anderen Flügel des Gebäudes stürmten. Noch nie in ihrem Leben hatte sie Gefechtslärm und Geschützfeuer aus solcher Nähe erlebt. Der Krach ging ihr durch Mark und Bein. Sie zitterte. Kalter Schweiß klebte auf ihrem Körper. Ihr Gaumen war wie ausgedörrt. Jede einzelne Explosion hallte in ihrem Kopf nach und jagte ihr stechende Schmerzen den Rücken hinunter. Und doch waren diese körperlichen Reaktionen erträglich im Vergleich zu der Angst, daß ihre Mutter dort drüben auf der anderen Seite der Mauer sein könnte und das gleiche Schicksal erleiden müßte wie die deutschen Soldaten. Nachdem der Gefechtslärm verstummt war, kletterte sie über die Trümmer und suchte mit jagendem Herzen unter den Toten nach ihrer Mutter. Sie konnte sie nirgends entdecken.

Als die Russen weiter vorstießen, blieb Ruth bei ihnen. Sie sah nur eine Chance, diese abrupt aufflackernden und wieder verebbenden Gefechte zu überleben: sich auf die Seite der sicheren Sieger zu schlagen. Dann war es auf einmal still. Ruth verließ das Gebäude, in dem sie zuletzt Zuflucht gesucht hatte, und ging durch die Straßen, die von Leichen und Verletzten übersät waren.

Sie hatte jedes Zeitgefühl verloren. Sie hatte keine Ahnung, wo sie sich befand und wie sie ihre Wohnung hätte erreichen können. Doch selbst wenn sie es gewußt hätte – sie hätte nicht versucht, dorthin zurückzukehren. Welchen Sinn hätte das gehabt? Noch immer war die Situation unübersichtlich, und noch immer wußte sie nicht, wo ihre Mutter steckte. Was für ein makabres Spiel! Zwölf Jahre eskalierenden Schreckens, dreißig Monate illegalen Daseins – über all das hatte sie ihre Mutter hinweggebracht, und nun, im Moment der Befreiung, hatte sie sie verloren.

Ein kalter Wind wehte durch die Straßen und trieb Staubwirbel vor sich her. Blütenblätter mengten sich wie Fremdkörper unter den Staub, und der Blütenduft der Obstbäume in den umliegenden Gärten überlagerte hin und wieder den beißenden Brandgeruch, der aus den Trümmern emporstieg.

Für Ruth schien der Krieg vorüber zu sein. In der Ferne hörte sie den Donner der schweren Geschütze, das Knattern der Flak und das «Tack Tack Tack» der Bordkanonen der immer wieder angreifenden Tiefflieger. Doch in den Straßen, durch die sie irrte, war es ruhig, zumindest im Augenblick. Russische Soldaten errichteten Biwaks in den menschenleeren Hinterhöfen, unter blühenden Obstbäumen. Sie hörte ihre Stimmen und das Klappern ihres Feldgeschirrs und von fern eine Akkordeonmelodie.

Erschöpft betrat sie ein verlassenes Haus und versteckte sich unter einem Bett, wo sie sofort einschlief. Als sie erwachte, brauchte sie eine Weile, um sich ihre Lage zu vergegenwärtigen. Wie lange mochte sie hier gelegen haben? Sie fühlte sich schwach vor Hunger. Als sie es nicht mehr aushalten konnte, wagte sie sich wieder auf die Straße hinaus.

Einige Kilometer weiter stand die Stadt in Flammen. Das muß beim Führerhauptquartier sein, dachte sie, im Zentrum. Die Innenstadt lag südwestlich von Pankow, soviel wußte sie. Jetzt hatte sie einen Anhaltspunkt, um sich zu orientieren. Einige russische Soldaten gaben ihr etwas zu essen. Danach ging sie in das Haus zurück, um sich wieder zu verstecken. Bevor sie es betrat, vergewisserte sie sich, daß niemand sie beobachtete.

Am Morgen war es so ruhig, daß sie hören konnte, wie in der Nähe eine Wasserpumpe quietschte. Sie sah aus dem Fenster. Die Straße war voller Menschen. Sie sahen erschöpft und übermüdet aus. An den Oberarmen trugen sie weiße Binden oder Taschentücher. Ihre Gesichter waren grau und eingefallen.

Ruth verließ das Haus und wandte sich in die Richtung, wo sie am Vorabend die Feuersbrunst gesehen hatte und wo sich auch jetzt noch ein blaßroter Feuerschein gegen den grauen Himmel abhob.

Endlich erreichte sie das Haus, das so lange Zeit ihr Versteck gewesen war. Sie brauchte mehrere Minuten, um die fünf Treppen hinaufzusteigen. Körperlich und seelisch am Ende ihrer Kraft, öffnete sie die Tür und betrat die Wohnung.

Da saß ihre Mutter.

Ruth holte tief Luft und schluchzte. Sie lief auf ihre Mutter zu, ließ ihren Tränen freien Lauf. Als sie sich schließlich beruhigt hatte, erklärte ihr die Mutter alles: Sie hatte sich verirrt, war jedoch sofort nach Beendigung der Kämpfe in die Wohnung zurückgekehrt und hatte hier die ganze Zeit auf ihre Tochter gewartet.

Aus der Ferne war noch immer Gefechtslärm zu hören, doch für Ruth und ihre Mutter war der Krieg nun endgültig vorbei.

Alle hörten den schweren Tritt der Stiefel im selben Moment. Soldaten, mindestens zwei, waren über den Hof gekommen und stiegen jetzt die Treppen hinauf. Hans sprang auf. Er wollte etwas sagen, aber Maruschka legte den Finger auf den Mund. Sie ging zu ihrem Schreibtisch und holte die Pistole hervor, die ihr einst Major von Borke besorgt hatte. Hans trat dicht an sie heran. «Laß mich gehen», flüsterte er.

Maruschka schüttelte den Kopf.

«Dann warte, bis Brumm zurückkommt», drängte Hans.

Wieder schüttelte Maruschka den Kopf. Brumm hatte vor zwei Stunden die Wohnung verlassen, um sich auf die Suche nach Nahrungsmitteln zu machen. Bis er zurückkehrte, konnten die Soldaten dort oben im Haus schon längst alle umgebracht haben. «Ich hole den jungen Polen», flüsterte Maruschka.

Sie schlich die Treppe hinauf und klopfte an die Tür der ausgebombten Wohnung, in der die polnische Familie eine notdürftige Unterkunft gefunden hatte. Der Junge öffnete ihr. Er war nicht älter als sechzehn, aber groß und kräftig. Er schien nicht die geringste Angst zu haben. Sie gab ihm einen Wink, ihr zu folgen.

Sie fanden die Soldaten in einem Winkel des Gebäudes, damit beschäftigt, ein Maschinengewehr zu installieren. Der andauernde Gefechtslärm, der draußen herrschte, ermöglichte es ihnen, sich den beiden Männern unbemerkt zu nähern. Als sie einen guten halben Meter hinter ihnen standen, rief Maruschka: «Hände hoch!» Die Soldaten folgten dieser Aufforderung erschrocken. «Umdrehen», befahl sie. Sie wandten sich ihnen zu. Es waren SS-Männer, beide Anfang zwanzig, mit blonden Haaren und weichen Gesichtszügen. «Ich will nicht, daß in diesem Haus alle zusammengeschossen werden.» erklärte sie ihnen. «Ihr habt die Wahl. Entweder ihr gebt mir eure Waffen und eure Uniformen und bleibt hier bei uns, oder ihr werdet auf der Stelle erschossen. Was wollt ihr?»

«Sie können doch nicht einfach aufgeben!» brüllte einer der beiden zurück. «Wir können den Krieg nicht gewinnen, wenn wir aufgeben!» Der andere nickte zustimmend.

«Ihr dämlichen Idioten, der Krieg ist verloren. Los jetzt, entscheidet euch!»

Einen Moment lang rangen die beiden mit sich. Dann hellten sich ihre Gesichter plötzlich zur gleichen Zeit auf. Sie schienen erleichtert darüber zu sein, daß sie zu einer Entscheidung gezwungen wurden, die sie tief im Innern bejahten und doch nie allein zu treffen gewagt hätten. Maruschka und der Junge trieben sie in den Keller hinunter, nahmen ihnen die Uniformen ab und schlossen sie ein. Der Pole nahm die Uniformen mit auf den Hof hinaus und verbrannte sie.

Eine Stunde darauf kam der erste Russe die Straße entlang. Er trug einen grellfarbigen Sonnenschirm bei sich. Einen Augenblick später erschien ein weiterer Soldat, unmittelbar darauf die Panzerfahrzeuge. Maruschka und ihre Mitbewohner – einschließlich Brumm, der sich mit einem irgendwo draußen aufgetriebenen Brot ins Haus zurückgeschlichen hatte – standen hinter den mit Brettern vernagelten Fenstern und spähten durch die Ritzen.

«Laßt mich nach draußen gehen», schlug Tamara vor. «Ich werde mit ihnen reden.»

«Ich komme mit», erbot sich Maruschka.

Auf der Straße ging Tamara ruhig auf einen der Panzer zu. «Hallo», rief sie in russischer Sprache. «Ich bin ein russisches Kind.» Sie sahen einige Soldaten aus den Panzern lugen. «Ich wohne bei guten Deutschen. Sie sind gegen Hitler.»

Einer der Russen rief einem Kameraden in einem Panzer hinter ihm etwas zu, woraufhin dieser sich ebenfalls umwandte und seinerseits einem anderen etwas zurief. «Sie holen einen Offizier», erklärte Tamara. Dieser erschien unmittelbar darauf, ein hochgewachsener Mann Anfang dreißig, der die beiden ungläubig anstarrte. Tamara wiederholte ihre Geschichte. Der Offizier sagte etwas zu den Soldaten. Einige von ihnen stiegen mit Konservenbüchsen von ihren Panzern.

Maruschka blieb nichts anderes übrig, als sie hereinzubitten. «Das ist mein Adoptivvater», erklärte Tamara, als ihnen Hans entgegentrat. «Er ist Jude.»

Dann kam Brumm aus dem Schlafzimmer. Bei seinem Anblick fuhren die Soldaten auf. «Und das ist der Neffe meiner Mutter», sagte Tamara rasch. «Er hat die Schwindsucht.» Brumm begann vernehmlich in ein fleckiges Taschentuch zu husten. Die Russen wichen zurück. «Meine Mutter hatte Angst, daß die Nazis ihn umbringen, wenn sie ihn in ein Sanatorium schickt. Deshalb hat sie ihn zu Hause behalten», fügte Tamara eilig hinzu.

Die Sowjets schienen mit dieser Erklärung zufrieden zu sein und wandten sich nunmehr ihrem Frühstück zu. Außer den Fleischkonserven hatten sie schwarze Brotlaibe mitgebracht. Während Maruschka Tee zubereitete, ging einer der Russen hinaus und kehrte kurz darauf mit einer Flasche Schnaps zurück. Die Russen wollten nicht trinken. Maruschka leerte ein ganzes Glas in einem Zug.

Fünfzehn Minuten später gingen die Russen wieder. Die Mädchen liefen zu Brumm, tanzten mit ihm durchs Zimmer und in die Küche hinaus. Hans und Maruschka blieben allein im Wohnzimmer zurück. Eine Weile saßen sie sich schweigend gegenüber.

«Es ist vorbei», sagte Hans schließlich.

«Komm», sagte Maruschka, «laß uns auf die Straße hinausgehen.» Dann hielt sie inne. «Aber rasier dir bitte zuerst diesen entsetzlichen Bart ab.»

Lachend verschwand Hans im Badezimmer.

In den vergangenen zwölf Tagen hatte sich Fritz Kreuger in dem zu Claras Wohnung gehörenden Vorratskeller in der Bayerischen Straße versteckt gehalten. Sorgfältig hatte er sich das dort in Flaschen gelagerte abgekochte Wasser eingeteilt und war nur nachts hinausgeschlichen, um seine Notdurft zu verrichten. Kein einziges Mal war er mehr oben in der Wohnung oder im Luftschutzkeller gewesen, zum einen aus Angst vor Militärpatrouillen, die die Stadt nach Fahnenflüchtigen durchsuchten, zum andern, weil er befürchtete, daß seine Befreier, wenn sie kämen, ihn trotz aller Proteste für einen Nazi halten und erschießen könnten.

Doch ihnen drohten noch andere Gefahren. Das Zentrum des Kampfgeschehens war der Olivaer Platz, der keine fünfzig Meter von ihrer Wohnung entfernt lag. Die Bomben und Granaten ließen ihr Haus erzittern. Überall lauerten Heckenschützen, die auf alles schossen, was sich hinter den Fenstern bewegte.

Tagsüber saß oder lag er auf einer Matratze, die er vor zwei Wochen in den Keller gebracht hatte. Er lebte von Konserven und den fünfzig Flaschen mit abgekochtem Wasser. Nachts schlich er sich in den kleinen Garten hinter dem Haus, wo früher die Frauen ihre Wäsche aufgehängt hatten. Einmal stieß er dort im Gras auf die Leichen von zwölf Deutschen.

Doch eines Morgens wurde er von einer ungewohnten Stille geweckt. Beinahe eine Stunde lang wartete er und lauschte hinaus. Schließlich schlich er sich die Kellertreppe hinauf und schlüpfte vorsichtig nach draußen. Er blieb auf der Vortreppe stehen. Auf der Straße standen Russen. Ohne den Blick von den Soldaten abzuwenden, betete er leise. Dann kam ein Russe, offenbar ein Offizier, auf ihn zu. «Soldaten?» fragte er auf deutsch, indem er auf das Haus zeigte.

«Nein», antwortete Fritz. «Nur ein alter Mann.» Er wußte

nicht, ob der Russe ihn verstand, fuhr jedoch fort: «Ich bin Jude. Ich möchte Ihnen danken.» Der Russe schüttelte den Kopf und zuckte die Achseln. Offenbar verstand er ihn nicht. So wiederholte Fritz, was er gesagt hatte, in russischen Worten, die er sich vorsorglich aus einem Wörterbuch zusammengesucht hatte.

Der Offizier schüttelte den Kopf und antwortete nun in gebrochenem Deutsch: «Nix Juden Deutschland. Tot.»

Behutsam hob Fritz eine Hand an die Knöpfe seines Hemdes und begann sie zu öffnen. Dann griff er langsam nach seinem Unterhemd, an dem er seinen jüdischen Ausweis festgesteckt hatte.

Der Offizier betrachtete die Kennkarte ungläubig. «Sind Sie wirklich Jude?» fragte er plötzlich auf jiddisch.

«Das habe ich Ihnen doch gerade erklärt», antwortete Fritz, nachdem er sich von seiner Überraschung erholt hatte.

Der Russe grinste jetzt. Er griff in seine Tasche und holte eine Handvoll Armbanduhren hervor. «Hier», sagte er und gab Fritz eine goldene Uhr, «nehmen Sie eine.»

Nachdem sich Fritz bei dem Offizier bedankt hatte, ging er rasch zurück ins Haus und lief die Treppe hinunter. «Die Russen sind da», verkündete er den im Luftschutzkeller versammelten Hausbewohnern.

Er brachte Clara und Corinna unverzüglich in die Wohnung hinauf. Dort versteckten sie sich einige Stunden lang in der Hoffnung, daß sich die Russen bei ihrer Suche nach Frauen mit den Opfern begnügten, die sie im Keller finden würden, und sich nicht erst in die Wohnung hinaufbemühten. Als Fritz schließlich aus dem Fenster spähte, waren draußen keine Russen mehr zu sehen, nur noch tote und sterbende deutsche Soldaten und Pferde.

Schließlich wagte er, das Fenster zu öffnen. Warme Frühlingsluft strömte herein. Corinna trat ans Fenster. «Ach, Onkel Fritz, es ist so schön draußen!» rief sie.

Fritz legte die Hände auf Corinnas Schultern, drehte sie zu sich herum und schaute ihr fest in die Augen. «Ich bin nicht Onkel Fritz», sagte er. «Ich bin dein Vater. Von jetzt an kannst du Papa zu mir sagen.»

Corinna überlegte einen Augenblick. Dann nickte sie. Sie schien nicht im mindesten überrascht zu sein.

Sie blieben noch eine Stunde lang in ihrem Zimmer und schauten auf die sonnenbeschienene Straße hinunter. Nichts bewegte sich, kein Laut war zu hören, nur ab und zu das Stöhnen sterbender Menschen. Schließlich sagte Fritz zu Clara: «Komm mit raus. Ich möchte, daß die Leute sehen, daß wir noch leben. Ich möchte mich vergewissern, daß wir wirklich frei sind.»

Sie verließen das Haus und gingen die Straße hinunter – Fritz rechts, Clara links und Corinna, die sie beide an den Händen hielt, in der Mitte.

Nachwort

Noch am Tage der Befreiung suchte Fritz Kreuger Frau Kosimer, seine «katholische» Beschützerin auf, um ihr noch einmal dafür zu danken, daß sie ihn und seine Familie in der ersten Nacht ihrer Flucht versteckt hatte. Dabei erfuhr er, daß sie selbst Jüdin war und während der ganzen Kriegsjahre mit falschen Papieren gelebt hatte.

Am 4. Mai 1945, zwei Tage nach Beendigung der Kampfhandlungen in Berlin, setzten russische Soldaten die Schwedische Kirche in der Landhausstraße in Brand. Erik Myrgren, Erik Wesslen und weitere Mitarbeiter der Gemeinde verbrachten noch einige Wochen in der schwedischen Botschaft am Tiergarten und wurden schließlich über die Sowjetunion nach Schweden evakuiert.

Mitte Mai bemächtigten sich mehrere russische Soldaten der kleinen Tamara Jeroczewicz, des dreizehnjährigen russischen Mädchens, das Hans Hirschel und Maria von Maltzan in ihre Obhut genommen hatten. Sie schleppten sie in eine über der Ladenwohnung der Gräfin gelegene ausgebombte Wohnung und vergewaltigten sie. Lucie Jeroczewicz, Tamaras jüngere Schwester, alarmierte Maria von Maltzan, die daraufhin einen vorbeigehenden russischen Offizier zu Hilfe rief. Dieser stellte die Soldaten, als sie das Haus verließen, und sorgte dafür, daß sie sofort festgenommen, abgeurteilt und erschossen wurden.

Ebenfalls im Mai wurde der Weißrusse Makarow, der Fritz Kreuger und seiner Familie während der Kriegsjahre stets ein verläßlicher Freund gewesen war, von den Russen verhaftet und in die Sowjetunion deportiert. Er blieb spurlos verschwunden, wie auch alle übrigen Personen, von deren Deportation in diesem Buch die Rede ist: Fritz Kreugers Eltern und sein Onkel, Hans Hirschels Mutter, Kurt Thomas, die Mutter und der Stiefvater Kurt Riedes, die Mutter Wilhelm Glasers und der neunjährige Bruder Hans Rosenthals.

Bald nach Kriegsende heirateten Wilhelm Glaser und Ruth Gomma wie auch Hans Hirschel und Maria von Maltzan. 1949 ließen sich die beiden scheiden, um dann wenige Jahre vor Hirschels Tod – er starb 1974 – erneut zu heiraten.

Alle übrigen Hauptpersonen dieses Buches sind heute, im Herbst 1982, noch am Leben und wohnen bis auf Josef und Leokadia Wirkus noch immer in Berlin. *Hans Rosenthal,* verheiratet und Vater zweier Kinder, ist heute einer der bekanntesten Showmaster der Bundesrepublik Deutschland. Er leitete bis 1980 die Unterhaltungsabteilung des RIAS Berlin. Seither arbeitet er selbständig. Er moderiert als Quizmaster und Spielmeister zahlreiche beliebte Unterhaltungssendungen im Fernsehen und Rundfunk und amtiert als Präsident des Fußballvereins »Tennis Borussia«. Darüber hinaus ist er Mitglied des Zentralrats der Juden in Deutschland. *Fritz Kreuger* hielt jahrelang, soweit seine Arbeit ihm Zeit dafür ließ, Vorträge vor überwiegend jugendlichen Zuhörern über sein Schicksal und das anderer Juden im Dritten Reich. *Ruth Thomas* wurde wenige Wochen nach Kriegsende bei dem Versuch, ihre Freundin Hilde Hohn zu ihren Angehörigen zu bringen, von einem Wagen angefahren und schwer verletzt. Nach ihrer Genesung begann sie, sich zahlreichen verschiedenen Interessengebieten zu widmen, darunter der Restauration von Textilien. Heute arbeitet sie ehrenamtlich in Museen, wo sie Ausstellungen zusammenstellt und aufbaut. *Anna Rosenthal,* ihre Mutter, ist 1968 in Berlin gestorben. *Wilhelm Glaser* lebt nach einer langjährigen Beamtenlaufbahn heute im Ruhestand. *Kurt Riede,* der als Finanzreferent bei der Jüdischen Gemeinde angestellt war, lebt heute mit seiner Frau *Hella* ebenfalls im Ruhestand. Sie stehen noch immer mit dem Ehepaar Wirkus im Kontakt, das in Düsseldorf lebt, wo *Josef Wirkus* bis 1975 als Beamter in der Universitätsverwaltung tätig war. Seine Frau *Leokadia* war siebzehn Jahre lang als Angestellte in einer Versicherung beschäftigt. *Maria von Maltzan* hat in den fünfziger und sechziger Jahren als Urlaubsvertreterin in zahlreichen Tierarztpraxen im gesamten Bundesgebiet gearbeitet, bis sie schließlich 1971 ihre eigene Praxis in Berlin eröffnete. Sie betrachtet ihren Beruf als Berufung. Nebenher schrieb sie Artikel für den *Berliner Tagesspiegel* sowie *‹Das neue Katzenbuch›*. *Hans Hirschel* ist bis zu seinem Tod als Journalist, Laienrichter und zeitweise als Mitglied des Berliner Rundfunkrates tätig gewesen.

Noch eine weitere Hauptgestalt dieses Buches blieb nach dem Krieg in Berlin: das «blonde Gespenst» *Stella Kübler*, die der Gestapo Hunderte untergetauchter Juden in die Hände spielte. Im Jahre 1946 wandte sie sich an die Jüdische Gemeinde zu Berlin mit der Forderung, sie als Opfer des Nationalsozialismus zu unterstützen. Nachdem sie von etlichen überlebenden Juden wiedererkannt worden war, wurde sie von den Russen verhaftet und zu zehn Jahren Zwangsarbeit verurteilt. Nach ihrer Freilassung im Jahre 1956 kehrte sie nach Westberlin zurück, wo man sie abermals identifizierte, verhaftete und zu einer weiteren zehnjährigen Haftstrafe verurteilte. Diese zweite Freiheitsstrafe wurde dann allerdings auf Grund der bereits erfolgten Verurteilung aufgehoben. Bei alldem blieb Stella Kübler, die angeblich noch immer in Berlin lebt, bei der Behauptung, daß sie mit einer anderen Frau verwechselt worden sei.

Wie viele der in Berlin untergetauchten Juden bei Kriegsende noch am Leben waren, ist nicht restlos geklärt. Manchen Aufstellungen zufolge waren es einige tausend Personen. Andere Schätzungen belaufen sich dagegen auf wenige hundert Überlebende.

Es liegt nahe, die Frage zu stellen, warum gerade diese Menschen – weniger als ein Prozent der vor der Machtergreifung in Berlin ansässigen Juden – das Dritte Reich überlebt haben, während der weitaus größere Teil der Juden umkam. Welche besonderen Eigenschaften mögen Fritz und Clara Kreuger, Hans Hirschel, Ruth Thomas und ihrer Mutter Anna Rosenthal, Wilhelm Glaser, Kurt und Hella Riede und Hans Rosenthal gemeinsam gewesen sein? So simpel die Frage klingt, so schwierig ist die Antwort. Gewiß teilten sie alle den verzweifelten Wunsch zu überleben, aber darin unterschieden sie sich nicht von vielen Juden, denen es nicht gelang. Und ebenso gewiß glaubten sie alle daran, diesen unmenschlichen Überlebenskampf irgendwie überstehen zu können. Aber auch mit dieser Überzeugung standen sie nicht allein. «Alle Überlebenden haben erklärt, sie hätten daran geglaubt, daß sie überleben würden», antwortete Hans Rosenthal, als ich ihn 1978 in Berlin mit dieser Frage konfrontierte. «Aber wie viele von denen, die umkamen, mögen das ebenfalls geglaubt haben?»

Zwei andere Fragen lassen sich eher beantworten. Die erste lautet: Warum verließen die Hauptpersonen dieses Buches und mit ihnen zahllose andere Juden Deutschland nicht, solange es noch möglich war? Und die zweite: Warum blieben sie in Deutschland, nachdem diese Schreckensjahre vorüber waren? Beide Fragen hängen eng zusammen.

Aus heutiger Sicht scheint es, als hätte es für die Juden nach der Machtergreifung Hitlers auf der Hand liegen müssen, Deutschland zu verlassen. Damals jedoch muß es für diese Menschen sehr wenig verlockend gewesen sein, ihre Tradition, ihre Beziehungen und ihren Besitz aufzugeben, um sich der Ungewißheit des Neuanfangs in einem fremden Land mit einer fremden Sprache, noch dazu mit wenig oder keinerlei Startkapital, auszusetzen. So hatten die Juden in Deutschland zu Beginn des Dritten Reiches gute Gründe, den Realitäten nicht ins Gesicht zu sehen, indem sie entweder in den Nazis keine dauerhafte Bedrohung sehen wollten oder aber ihre eigene Gefährdung leugneten. Viele Juden glaubten, auf Grund guter Beziehungen oder schlicht im Vertrauen auf ihr persönliches Glück auf irgendeine Weise davonkommen zu können. Als sie eines Besseren belehrt wurden, war es zu spät. Die Nationalsozialisten ließen sie nicht mehr ausreisen.

Ihrer Haltung mögen jedoch auch noch andere Motive zugrunde liegen. Nach vier Jahren Beschäftigung mit diesem Thema und dem mir zugänglich gewordenen Material kann ich mich des Eindrucks nicht erwehren, daß es diesen Überlebenden ein existentielles Bedürfnis war, zu dokumentieren, daß sie noch mehr waren als nur Juden. Im Nazideutschland war dies von Anfang an nicht mehr möglich, aber das Bedürfnis, trotz alledem Deutsche zu bleiben, hat Parallelen bei allen in der Diaspora lebenden Juden. Erst ihre Anerkennung als Deutsche, Amerikaner, Franzosen oder Engländer bedeutet ihre Anerkennung als Juden. Das Leben der meisten Juden ist von diesem Ringen gekennzeichnet.

Juden sind in einer Weise heimattreu, die für Nichtjuden schwer nachvollziehbar sein mag. Ein Jude braucht das Gefühl, zu Hause zu sein, weniger der mit der Zugehörigkeit verbundenen Privilegien wegen als der Sicherheit, daß er als ein mit allen Rechten ausgestatteter Bürger seines Geburtslandes oder seiner Wahlheimat endlich auch die Freiheit genießt, Jude sein zu dürfen.

Dank

Keines meiner bisherigen Bücher verdanke ich der Mitarbeit so vieler Menschen wie dieses, und nie zuvor wurde mir so großzügige Bereitschaft zuteil, kostbare Zeit auf die Unterstützung meiner Arbeit zu verwenden.

Ich möchte zunächst allen Hauptpersonen dieses Buches danken, die es auf sich genommen haben, sich ihren so schmerzlichen Erinnerungen erneut zu stellen: Fritz Kreuger, Ruth Gomma-Glaser, Wilhelm Glaser, Maria Gräfin von Maltzan, Hella Riede, Kurt Riede, Hans Rosenthal, Ruth Thomas, Josef und Leokadia Wirkus.

Ferner danke ich allen, die mir dabei geholfen haben, die Rolle der Schwedischen Kirche bei der Rettung verfolgter Juden und anderer von den Nationalsozialisten bedrohter Personen zu rekonstruieren. Von Berlin aus führten mich meine Nachforschungen nach Schweden, wo es mir gelang, Erik Myrgren, den während der letzten Kriegsmonate in Berlin amtierenden Gemeindepfarrer, die Gemeindehelferinnen Vide Ohmann und Meri Siocrona sowie Martha Perwe, die Witwe des Pastors Erik Perwe, ausfindig zu machen. Martha Perwe erzählte mir nicht nur ausführlich von der damaligen Tätigkeit ihres Mannes, sondern stellte mir auch dessen Tagebuch zur Verfügung. Göte Hedenqvist, einer der Pioniere dieser Rettungsaktionen, erläuterte mir im Detail die historische Rolle der Schwedischen Kirche. Einer im Juni 1945 in der größten schwedischen Abendzeitung *Expressen* erschienenen dreiteiligen Serie zu diesem Thema konnte ich weitere anschauliche Informationen entnehmen. Ein Teil dieser Artikelserie bestand aus einem Interview mit Martin Weissenberg, das knapp zwei

Monate nach der geglückten Flucht des Ehepaares aus Berlin stattgefunden hatte, als ihm die Erlebnisse im Zusammenhang mit der Kirche noch frisch und plastisch in Erinnerung gewesen waren. Alle Personen, die ich zur Arbeit der Schwedischen Kirche in Berlin befragte, konnten sich noch lebhaft an den Einsatz Maria von Maltzans für die verfolgten Juden, im Rahmen der Aktivitäten der Kirche wie auch auf eigene Initiative, erinnern.

In Stockholm unterstützten mich ferner Staffan Hedblom und Kjell Holm vom schwedischen Außenministerium sowie zwei gute Freunde, Sven Bröman, der Chefredakteur der Zeitschrift *Aret Runt*, und Trent Eglin, ein junger Amerikaner, der damals gerade nach Schweden übergesiedelt war. Zwei weitere Freundinnen, Gunilla Nilars vom Schwedischen Fernsehen und ihre Mitarbeiterin Inger Söderman, lenkten meine Nachforschungen in die richtige Richtung.

In Berlin leistete mir der begabte junge Journalist Ilan Goldmann durch seine unglaubliche Findigkeit und Initiative bei den Recherchen und durch seine Dolmetscherdienste bei allen meinen Interviews unschätzbare Hilfe. Sein großes Interesse bestärkte mich sehr. Dank schulde ich ferner meiner Freundin und Kollegin Christa Maerker, dem Schriftsteller James P. O'Donnell, der für mich auf Grund seines umfassenden Wissens über Berlin und den Zweiten Weltkrieg eine wichtige Informationsquelle war, und Gisela Weissner vom Protokollamt der Stadt Berlin.

Herzlich danken möchte ich auch den Angestellten der Jüdischen Gemeinde zu Berlin, der Wiener Bibliothek in London und Tel Aviv sowie Yad Vashem in Jerusalem für die mir zuteil gewordene Unterstützung und Begleitung. Dr. Dov Kulka von der Abteilung für jüdische Geschichte der Hebräischen Universität von Jerusalem, und sein Assistent Esriel Hildesheimer ermöglichten mir die Lösung zahlreicher Probleme, die ich ohne sie nicht hätte bewältigen können.

Während der gesamten Zeit, in der sich mein Verständnis der damaligen Ereignisse durch Dutzende schriftlicher Materialien und unzählige Berichte Betroffener ständig vertiefte, begleitete mich ein ungewöhnlich ergiebiges Buch: ‹*Das zwölf-*

jährige Reich. Der deutsche Alltag unter Hitler›. (Wien 1971) von Richard Grunberger.

Nach meiner Rückkehr aus Europa hatte ich mehrfach das Bedürfnis, den Rat eines alten Freundes und Kollegen einzuholen. Tom Tugend, heute im Presseamt der UCLA tätig, konnte mir dank seiner in Berlin verbrachten Jugend viele wertvolle Auskünfte geben.

Ich danke Eric Lasher, der mir dieses Projekt ans Herz legte, das ihm selbst so viel bedeutete, und meinem Agenten Sterling Lord, der die Vermittlerrolle übernahm. Während die meisten Schriftsteller günstigstenfalls einen engagierten Lektor als hilfreichen Berater zur Seite haben, durfte ich mich auf drei stützen: Nan Telese, Tom Wallace und Catherine Shaw. Außerdem erfuhr das Manuskript dieses Buches eine sehr genaue und liebevolle Überarbeitung durch Louise Lindemann.

Die meisten Autoren richten einige traditionelle Dankesworte an ihre Familienangehörigen für deren geduldiges Verständnis. Ich möchte mich in diesem Falle bei zwei wichtigen Mitarbeitern bedanken: meiner Frau Jacquelyn, die mich während meiner ausgedehnten Recherchen in Deutschland unterstützte, und meinem Sohn Jeff, dessen Sprachbegabung und historische Kenntnisse – er hat Geschichte studiert – mir in Schweden, Israel und den USA von großem Nutzen waren.

L. G.